장준하 평전

장준하 평전

ⓒ 시대의창, 2009

초 판 1쇄 2009년 6월 25일 발행
초 판 4쇄 2013년 1월 24일 발행
개정판 1쇄 2019년 3월   1일 발행

지은이 김삼웅
펴낸이 김성실
제작처 한영문화사

펴낸곳 시대의창   **등록** 제10-1756호(1999. 5. 11)
주소 03985 서울시 마포구 연희로 19-1 4층
전화 02) 335-6121   **팩스** 02) 325-5607
전자우편 sidaebooks@hanmail.net
페이스북 www.facebook.com/sidaebooks
트위터 @sidaebooks

ISBN 978-89-5940-692-0 (03990)

잘못된 책은 구입하신 곳에서 바꾸어드립니다.

이 도서의 국립중앙도서관 출판예정도서목록(CIP)은
서지정보유통지원시스템 홈페이지(http://seoji.nl.go.kr)와
국가자료공동목록시스템(http:www.nl.go.kr/kolisnet)에서 이용하실 수 있습니다.
(CIP제어번호 : CIP2019005814)

장준하 평전

김삼웅 지음

시대의창

장준하(1918~1975년)

"장준하 선생, 저는 감히 당신의 이름 석자 앞에 '민족'이라는 이름을 붙여드립니다. 그것은 중세, 근세의 소위 문신文臣 · 귀족들의 개수작 같은 호號가 아닙니다. 당신이 당신의 온몸을 바친 민족이 '민족'이라는 이름으로 당신의 죽음에 귀납되어온 것입니다. 민족 장준하 선생, 당신은 이미 그렇게 이름 부르기 전에 민족 자체에 돌아갔으며, 민족의 가장 드거운 부분이 곧 당신입니다." — 시인 고은 선생의 말입니다.

장준하 선생은 흙탕물과 같은 한국현대사의 연못에 핀 한 떨기 연꽃과도 같은 존재입니다. 일제강점기에는 총을 들고 왜적과 싸우고, 해방 뒤에는 백범 김구 선생과 함께 귀국하여 통일정부 수립을 위해 헌신하고, 이승만 정권 시대에는《사상계》를 창간하여 민주주의 교육과 민권투쟁에 나서고, 박정희 군부독재 시절에는 펜을 던지고 거리로 나서 민주회복과 민족통일을 위해 앞장섰습니다.

그러던 중 1975년 8월 17일 경기도 포천군 약사봉 계곡에서 '실족사'라는 이름으로 이승을 떠났습니다. 이날은 그가 1945년 광복군으로 일본군의 항복을 받기 위해 여의도 공항에 도착한 지 만 30주년이 되는 날이었습니다.

그는 이승만 대통령에 이어 박정희 대통령과도 치열하게 싸웠습니다. 대한민국에서 모든 사람이 대통령이 되어도 박씨만은 안 된다고 주장했습니다. 일본군 장교 출신이란 이유 때문입니다. 4.19혁명의 이념지 역할을 하고 한국 지성계의 상징이었던 《사상계》는 박정희 정권의 탄압으로 고사당했습니다. 장준하 선생은 함석헌 선생과 함께 언론자유를 위해 싸웠고, 반유신투쟁의 전장에서 처절하게 저항하다가 장렬하게 순교했습니다. 여기서 '순교'라고 썼습니다만, 그에게 조국은 종교요, 신앙이요, 님이요, 그 모든 것이었습니다.

저는 장준하 선생이 약사봉 계곡에서 의문사를 당하자 함석헌 선생이 발행하는 《씨올의 소리》에 다음과 같이 썼습니다.

그는 사색인으로서 행동하고 행동인으로서 사색하는 지성인이었다.

그는 이론과 행동을 이율배반이 아닌 동일선상에서 일체화시킨 도덕인이었다.

그는 많은 지식인들이 순수라는 이름의 수인囚人이 되어 보신에 전념할 때 정의를 위해서는 일신을 홍모처럼 버리고 일어서는 자유인이었다.

그는 '금지된 동작'을 맨 먼저 시작한 위대한 혁명가였다.

그는 젊은이들이 내출혈의 아픔을 감내할 때 고난의 면류관을 함께 쓰고 고행길에 오른 선지자였다.

그렇다. 비동시적인 것들이 동시적으로 존재하고 비현실적인 것들이 현실적으로 존재하며 비논리 비상식적인 것들이 정석正席을 차지해버린 어처구니없는 현실에서 그는 참의 불변치不變値를 위해 생애를 바쳐 싸워왔다. 그 싸움이 끝나지 않았는데 그는 홀연히 가버린 것이다.

그의 죽음에는 의문의 여지가 많습니다. 저는 실족사했다는 약사봉 현장을 몇 차례 답사했지만 12미터 높이, 80도 급경사의 암벽을 아무런 등산장비도 없이 내려왔다는 것이 상식에 맞지 않았을 뿐더러 높은 바위에서 굴러 떨어졌다는 시신에 아무런 외상이 없다는 점도 납득이 되지 않았습니다. 때는 바야흐로 낮도깨비 귀신들이 설치던 유신시절, 긴급조치 9호가 발동되어 어용과 광기가 넘치던 계절이었습니다.

일본군을 탈출하여 중원 6000리 길을 사투를 벌이며 '돌베개'를 베고 맨발로 임시정부를 찾아갈 때부터 그의 생애는 항상 생과 사를 넘나드는 가시밭길이었습니다. 그는 '못난 조상이 되지 않기 위해' 독립운동에 나섰고, 민주전선에서 싸웠고, 《사상계》를 발행하면서 불의와 대결했습니다.

그에게도 잘못과 실수가 없는 것은 아닙니다. 대표적인 친일지식인 최남선이 사망하자 《사상계》에 추모특집을 꾸미고 최상급 언어로 그를 추모했습니다. 친일작가 김동인을 기리는 문학상을 제정하여 시상한 것이 '친일파상' 제정의 효시가 되었습니다. 5.16쿠데타가 일어났을 때는 미온적인 논조를 보였습니다. 이런 부분은 사정없이 비판했습니다.

미국 독립전쟁에 불을 붙인 사람이 토머스 페인입니다. 그가 쓴 《코먼센스》는 미국 인구가 250만 명에 불과할 때 50만 부가 팔려 독립전쟁의 이론지 역할을 했습니다. 《사상계》는 4.19혁명을 전후하여 당시 가장 많이 팔린 일간지보다 더 많은 10만 부 가량이 판매되었습니다. 4월 혁명에 불을 붙이고, 자유와 민권의 가치를 교육하고, 민주주의와 지성의 광장이 되었던 것입니다.

미국 제7대 대통령 잭슨의 말입니다. "토머스 페인을 위하여 기념비를 세울 필요는 없다. 그 자신이 하나의 기념비가 되어 자유를 사랑하는 모든 사람의 영혼 속에 살고 있기 때문이다." 나는 이 말을 장준하 선생에게 대입하고 싶습니다. 그는 바로 독립운동과 반독재 투쟁과 통일운동의 기념비적인 존재입니다. 민족의 이름으로 기념비를 세워야 하겠지만, 먼저 그의 고난에 찬 생애를 알리고 의문사의 진상을 밝히는 일이 중요합니다. 의문사진상규명의원회는 2002년 9월 '진상규명 불능'이란 판정을 내렸습니다. '정보기관의 자료 미확보' 등의 이유라고 합니다. 장준하 선생의 의문사를 역사의 미제 사건으로 덮어둘 수는 없습니다.

장준하 선생이 대결하고 청산하고자 했던 것들이 다시 현재화되고 있는 것 같습니다. 일본의 군사대국화, 이명박 정부의 권위주의로의 회귀, 갈수록 대결 양상을 띠는 남북관계, 어용지식인, 어용언론인들의 반시대적인 칼춤, 새삼 '장준하 정신'이 그립습니다.

> 내 영혼 노을처럼 번지리
> 겨레의 가슴마다 핏빛으로
> 내 영혼 영원히 헤엄치리
> 조국의 역사 속에 핏빛으로
>
> ―장준하

여러 가지로 부족합니다만 장준하 선생의 '못난 조상이 되지 않기 위하여'의 큰 뜻을 받들어 《장준하 평전》을 이 시대 정론의 광장인 《오마이뉴스》 연재했습니다. 그리고 양서만 출간하는 시대의창에서 《백범 김구 평전》《단재 신채호 평전》《심산 김창숙 평전》《만해 한용운 평전》《녹두 전봉준 평전》《약산 김원봉 평전》《안중근 평전》에 이어 여덟 번째로 펴냅니다. 올해는 죽산 조봉암 선생이 '사법살인'된 지 50주년입니다. 가을에는 《죽산 조봉암 평전》을 내놓겠습니다. 시대의창 김성실 대표님과 직원 여러분의 노고에 감사드립니다.

2009년 김삼웅

▌ 차 례 ▌

제 1 장

풀리지 않는 의문사, 반생의 위업

아이들에게 아버지처럼 살라고 가르치기가 이 마당에선
두렵기 짝이 없다. 그도 인간일진대, 왜 다른
정치인 남편이나 아버지와는 달리 어째서 남이 안 하고
주저하는 일을 먼저 나서서 말하고 먼저 시작해서
태극기가 휘날리는 하늘 밑에서도 찬 바다 옥중에서
고생해야만 했던 것인가. 버스비가 없어 걸어
학교 다닌 딸아이의 발이 부르텄을 때 참자고
타일렀지만, 이제부터는 뭐라고 타일러야 한단 말인가?

– 김희숙(장준하 선생 미망인), 〈수기처럼 돌베개를 베고〉

광복군으로 귀국 30년 뒤 의문사

1975년 8월 17일 오후, 여느 해처럼 폭염이 내리쬐고 있었
다. 여유가 있는 계층은 막바지 휴가를 즐기고, 그렇지 못한 사
람은 집이나 직장에서 늦더위와 씨름하고 있었다. 한줄기 소나
기라도 내렸으면 했지만 하늘에는 구름 한 점 보이지 않았다.

그 해에는 연초부터 정치적으로 충격적인 사태가 거듭되
었다. 유신헌법에 대한 찬반투표가 실시되고(2.12), 고려대학
교에 휴교령이 내린 긴급조치 제7호가 선포되었다(4.8). 인혁
당 사건으로 8명이 사형을 당했고(4.9), 서울대 농업대생 김상
진이 유신체제와 긴급조치에 항의하여 할복자살했으며(4.11),
박정희 대통령은 김상진의 할복을 계기로 학생시위가 들불처
럼 일어나자 유신헌법의 반대·개정을 금하는 긴급조치 제9호
를 선포했다(5.13). 또 사회안정법이 제정되는(7.9) 등 민주주
의가 뿌리째 뽑히고, 인명이 참살당하고 있었다. '유신귀신'
의 망령이 배회하면서 전국의 감옥은 민주회복이나 개헌을

주장하는 사람들로 넘쳐났다. 8월 중순의 폭염만큼이나 정치 정세의 수은주도 끝없이 치솟았다.

이날 《동아일보》는 "항일 독립투사이며 전 국회의원인 장준하 씨가 17일 오후 2시 반경 경기도 포천군 이동면 도평3리 약사봉에 등산을 갔다가 하산길에 벼랑에서 실족, 추락해 별세했다"고 보도했다. 마른하늘의 날벼락이었다.

우연인지 운명인지, 이날은 장준하가 이범석, 김준엽 등과 광복군의 OSS대원으로 일본군의 무장해제 등을 위해 여의도 공항에 도착한 지 만 30주년이 되는 날이었다.

장준하는 개헌청원 100만인 서명운동을 주도하다가 대통령 긴급조치 제1호 위반으로 구속되어 15년 징역형을 선고받고 복역 중 건강악화로 석방되었다. 광복군 출신의 장준하는 일본군 출신의 박정희 대통령을 줄기차게 비판해왔다. '밀수왕초' 등의 발언으로 구속됐었고, 박정희가 추진한 한일회담은 굴욕외교라며 거센 반대투쟁을 전개하기도 했다. 일본군 장교 출신이 대한민국의 대통령이 되어서는 안 된다는 것이 장준하의 일관된 주장이었다.

일제강점기 이래 저항과 수난으로 점철되어온 장준하의 갑작스런 죽음은 어수선한 시국 상황과 겹치면서 의문이 증폭되었다. 바로 이태 전에는 야당의 대통령 후보였던 김대중이 토막살해 위협을 겪고 동경에서 납치되기도 했다.

저녁 늦은 시각에 찾아간 면목동 장준하의 전셋집에는 함석헌 등 여러 사람이 참변의 소식을 듣고 달려와 침통한 표정으로 비좁은 안방과 마당에 앉아 있었다. 두 아들과 일부 인사는 사고현장으로 가고, 뒤늦게 소식을 전해들은 이들은 집으로 찾아왔다. 안방에는 고인이 환하게 웃고 있는 사진이 내걸리고 '일주명창—注明窓'이란 휘호가 주인 잃은 것도 모르는 듯이 제자리를 지키고 있었다. '심지 하나가 창을 밝히고 있다'는 뜻을 담은 이 휘호는 장준하의 생애를 잘 보여주었다.

조문객들이 빈약한 주머니를 털어 소주를 사오고, 저녁을 거른 사람들을 위해 라면을 끓였다. 상가에는 조문객들에게 저녁을 대접할 양식도 변변한 술안주도 없었다. 세상에는 높고 낮은 초상, 빈자와 부자의 초상이 많지만, 조문객들이 추렴해서 술과 라면을 사와서 끓이는 '저명인사'의 초상집은 그때 장준하의 집 말고 또 있었단 말을 듣지 못했다.

부인 김희숙의 증언이다.

비좁아 집안으로 들어오지도 못하고 만 사흘 밤이나 멍석과 신문지를 깔고 앉은 골목길에서 밤참은커녕 차 한 잔 대접 못한 형편에 제 돈으로 소주병을 사다 까놓고 밤샘을 해주던 이름도 얼굴도 다 기억 못하는 100여 명의 그 청년들에게 어떻게 무어라고 마음을 전하고 갚아드려야 할는지 알 수가 없다. 죽은 이는 갔건만 끝내 이런 인정과 의리상의 빚까지 내게 남기고 갔다. 그러나 이것을 괴로움

이라기보다는 요즘 밤이 새도록 곰곰 다져보는 장준하 아내의 긍지라고 자위해본다.[1]

장준하의 시신은 다음날 새벽에야 집에 도착했다. 약사봉 계곡에서 운구하고 관계기관의 조사를 거치느라 늦어졌다. 당일 현장에 있었던 함석헌의 증언이다.

택시를 몰아 면목동에 가니 집은 텅 비고 가까운 친구 두세 분만이 와 있을 뿐이었습니다. 방안을 들여다보니 빈 침대만 놓여 있고 미소를 띤 사진은 벌써 내놓아져 있었습니다. 늘 보던 '일주명창一注明窓'이라고 쓰인 액자는 여전히 걸려 있었지만 타서 밝히던 한 자루 초는 어디로 갔을까? 우리는 어쩔 수 없는 불행이 닥친 것이 사실인 것을 뻔히 알면서도 그래도 믿어지지가 않아 밤새 여기저기 전화를 걸어 진상을 확인해보려 했으나 알 길이 없었습니다. 그러는 동안 날이 새고 18일 아침 7시에 유해를 실은 앰뷸런스가 괴물처럼 왔습니다. 문을 여니 등산복을 입은 채 들것 위에 누워 있는 사람은 불러도 대답이 없고 귀에서는 피가 계속 흐르고 있었습니다.[2]

1 김희숙, 함석헌 외 편, 〈수기처럼 돌베개를 베고〉,《그 심지에 다시 불길을》, 동광, 1980, 195~196쪽.
2 함석헌, 〈아, 장준하!〉,《씨울의 소리》, 1975년 7~8월호, 4쪽.

외상 없는 시신

　장준하의 '의문사'는 다음날에야 언론보도를 통해 사건의
윤곽이 어느 정도 드러났다.

　　경찰에서 실족사고로 처리된 장준하 씨 사인에 의문점
이 있어 검찰이 장씨의 사인을 다시 조사하고 있다. 18일
서울지검 의정부지청 서돈양 검사는 현장을 둘러보고 포
천경찰서에서 조사·보고해온 장씨의 사인에 몇 가지 의
문점이 있어 함께 등산 갔다 사고현장을 혼자 목격했다는
김용환 씨(41, 중학강사, 서울 동대문구 이문동 38)를 불러 자세
한 경위를 듣고 19일 김씨를 다시 소환했다.

　　검찰이 장씨의 사인에 의문이 있다고 보는 점은 ① 추
락사고 지점은 산이 너무 험해 젊은 등산가들도 마음대
로 오르내리지 못하는 경사 75도, 높이 12미터의 가파른
절벽인데 장씨 혼자서 아무런 장비 없이 내려오려 한 점

② 사고현장 벼랑 위에 오를 때는 멀리 등산코스를 돌아 올라갔는데 내려올 때는 등산코스도 아닌 벼랑으로 내려 오려 한 점 ③ 사고 직후 김씨가 장씨의 시계를 차고 있었 던 점 등이다.

검찰은 특히 김씨가 장씨의 시계를 차고 있는 점에 대 해 "사고 후 신고나 인명구조가 더 급한데 그 바쁜 시간에 장씨의 시계는 왜 풀어서 찾느냐?"고 김씨를 추궁했고, 김 씨는 자신이 장씨의 곁을 떠난 사이 다른 등산가 등이 장씨 의 시계를 훔쳐갈까봐 그랬다고 진술한 것으로 알려졌다.

검찰은 또 김씨가 65년부터 3년 동안 신민당 제4지구 당 총무로 있었는데, 사고당일 등산길 버스 안에서 장씨와 우연히 만났다고 진술한 점과 김씨가 사고 직후 경찰에 신 고하지 않고 군부대에 신고한 점에 대해서도 의문을 갖고 있다······.[3]

이 같은 언론보도에 검찰은 이례적인 기자회견을 갖고 "장씨가 잡았다 놓쳤다는 소나무가 휘어진 채로 있었던 점 등 검찰에서 조사한 결과를 종합, 검찰은 장씨의 사인을 실족 사로 단정했다"고 밝혀 오히려 세간의 의혹을 증폭시켰다. 한편 검찰은 장준하 사인에 의문을 제기한 《동아일보》 한석

3 《동아일보》, 1975년 8월 19일자.

유 지방부장, 장봉진 의정부 주재기자, 성낙오 편집부 기자 등을 소환하고, 이들 중 성 기자를 긴급조치 제9호 위반혐의로 구속했다.

필자는 사고 뒤 몇 차례 현장에 가보았다. 높이 12미터, 75도 경사의 바위, 거기에 여름철 장마로 바위는 물기에 젖어 있었다. 그런 곳에서 추락사했다는데 외상이 거의 없었다.

귀 뒷부분에 위치한 후두부 부위의 함몰골절상, 손바닥 부위의 열상, 양쪽 겨드랑이 안쪽의 멍자국, 왼쪽 둔부의 쓸린 흔적을 제외하고는 다른 외상이 없어 외관상 추락사고로 보기에 깨끗한 편이었고, 장준하가 당시 착용한 의복에도 미끄러지거나 긁힌 흔적이 전혀 없었다.

사체 주변에는 안경, 등산모자, 등산가방, 보온병 등이 놓여 있었으나, 깨지기 쉬운 물건인 안경, 보온병이 깨지거나 위 물건들에 긁힌 흔적이 없었다.[4]

귀신이 곡할 노릇이었다. 그렇다면 누군가가 죽여서 실족사를 가장하여 현장에 옮겨놓았다는 것인가. 그렇지 않아도 '유신귀신'이 설치던 시절이었다.

▬▬ **4** 의문사진상규명위원회, 〈장준하 관련 보고서〉, 2002년 9월.

장준하는 사고 전날(8월 16일) 동대문을구에서 국회의원 출마 때부터 알고 지내던 호림산악회(회장 김용덕)의 연락을 받고 8월 17일 아침 회원 40여 명과 함께(이중 20명 정도는 낯선 사람이었다고 한다) 서울운동장 앞에서 모여 관광버스 편으로 경기도 포천군 이동면 도평3리 소재의 약사봉 등산을 위해 떠났다. 일행이 약사봉 계곡에 도착한 시간은 오전 11시 반에서 12시경이었다.

일행이 계곡의 넓적바위에서 점심식사 준비를 위해 배낭을 풀고 더위를 식히고 있을 때 장준하 김용덕 회장에게 "나 산에나 좀 올라갔다 오겠다"면서 정상을 향해 올라갔다. 이때 김용환(41, 국회의원 선거 때 도와주었다가 그뒤 소식 끊어짐, 사고당일에 나타남)이 장준하가 없어진 걸 알고 행방을 물어 곧 장준하의 뒤를 쫓아갔다는 것이다.

그는 장준하가 간 산의 능선 쪽으로 약 10분쯤 따라 올라가서 그를 발견했다고 한다. 김용환에 따르면 그는 10분쯤 올라갔을 때 군인 2명이 텐트를 치고 있음을 발견했고, 60세쯤 되어보이는 분을 못 보았느냐고 묻자 텐트 속에서 장준하가 나와 군인들과 함께 커피를 나눈 다음, 산정상으로 올라갔다.

김용환은 이때부터 장준하의 배낭을 자신이 메고 이런저런 신상문제를 나누며 40여 분간 올라갔다. 이들은 그곳에서 준비해온 샌드위치로 점심을 먹고 장준하가 일행이 기다릴 터니 내려가자고 하여 하산하기 시작했는데, 하산길은 올라갈 때보다 훨씬 가파른 길이었다. 10분쯤 내려왔을 때 사고현장이 나타났다. 가파른 절벽에서 먼저 김용환이 소나무를 휘어잡고 의지하면서 건너간 다음, 뒤따라서 장준하가 건너뛰다가 잡았던 소나무가 휘어지면서 미끄러져 떨어졌다. 이것이 김용환 씨의 진술내용이었다.[5]

5 윤재걸, 〈장준하 그 의문의 죽음〉, 《신동아》, 1985년 8월호, 474쪽을 중심으로 호칭 등 약간 재구성.

'실족사'로 볼 수 없는 10가지 의문점

　필자는 사고 뒤 개인적으로 몇 차례 현장을 살펴보았다. 또 민주당에서 1993년 9월 〈장준하 선생 사인규명조사위원회〉를 구성하여 활동할 때 조사위원들과 함께 현장에 가서 조사활동을 벌였다. 적어도 현장에서 실족사한 것이 아니라는 확신을 갖게 되었다.

　장준하 개인의 생전의 업적도 업적이지만 암살사건과 같은 반문명적인 범죄행위가 다시는 발생하지 않도록 하기 위해서라도 이 사건은 철저하게 재조사하여 진상이 규명되어야 한다. 먼저 사고 당시 당국에서 실족사로 단정한 데 대한 의문점부터 차례로 검토해보기로 한다.

　첫째, 장준하가 추락했다는 사고지점은 경사 75도, 높이 12미터의 가파른 암벽으로 젊은 등산가라도 마음대로 오르내리지 못하는 험준한 곳이다. 등산코스가 아닐 뿐더러 사람의 발길이 전혀 닿지 않는 낭떠러지다. 아무런 등산장비도 갖추지 않은 장준하가 이런 곳을 하산코스로 택했다는 것 자체가 합리적이지 못하다. 필자도 여러 차례 현장을 살펴보았지만 특히 암벽의 상층부에는 물이 배어 이끼가 끼어 있어 대단히 미끄럽게 보이는데, 정신이 멀쩡한 사람이 그런 곳을 택해 하산하고자 했다는 것은 상식 이하의 주장이다.

둘째, 진짜로 이런 암벽에서 떨어졌다면 온몸이 크게 다쳤어야 하는데 전혀 외상이 없고, 다만 오른쪽 귀 뒤쪽에 약간의 함몰부분만 발견된 점이다. 12미터 높이의 암벽에서는 어지간한 물체를 던져도 산산조각이 날 터인데, 하물며 사람이 추락했는데도 멀쩡했다는 것은 상식적으로 믿기 어려운 일이다. 더구나 필자의 확인으로도 추락했다는 바닥에는 뾰족한 돌이 많아 실제로 돌맹이를 떨어뜨려 보니 박살이 나는, 그런 험준한 곳이었다.

셋째, 장준하는 당일 커피 보온병을 갖고 등산하였는데 시신 옆에서 발견된 보온병은 깨지지 않은 채 멀쩡했다는 점이다. 12미터의 높이는커녕 4미터 높이에서 떨어뜨려도 보온병은 산산조각이 날 터인데 전혀 망가지지 않았다는 것은 의문이 아닐 수 없다. 또 그런 위험한 암벽에서 굴러 떨어졌는데도 옷은 단 한 군데도 찢겨진 곳이 없었다.

넷째, 사고현장에서 추락을 목격했다는 유일한 증인인

김용환金龍煥의 정체다. 김씨는 장준하의 1967년 6.8국회의원 선거 때 선거운동원으로 잠시 관계를 맺은 일이 있었을 뿐 그뒤 소식이 절연되었다가 사고당일 갑작스레 모습을 나타낸 사람이다.

사고 직후 김씨가 장준하의 시계를 차고 있었으며, 사고소식을 일행들에게 전한 사람도 그 사람이며, 경찰이 아닌 군부대에 일행인 김희로를 시켜 신고토록 한 것도 김씨다. 왜 장 선생의 시계를 차고 있었느냐는 물음에 김용환은 자기가 자리를 비운 사이에 다른 사람이 훔쳐갈까 염려스러웠기 때문이라고 궁색한 변명을 했다. 경험칙상, 사람이, 그것도 자신이 한때 모셨던 분이 추락사를 당하였는데 그런 경황 중에 도난을 염려해서 시계를 거두어 자신이 차고 있었다는 것은 도저히 납득하기가 어려운 대목이다. 더구나 이 의문의 사나이는 사건 후 한때 행방이 묘연해졌고 인적사항이 전혀 밝혀지지 않아서 더욱 의혹을 샀다.

당시 41세의 중학교사로 서울 동대문구 이문동 38번지에 거주하는 것처럼 경찰조사에서 진술했지만, 나중에 고인의 가족이나 친지, 언론기관 등에서 추적한 바에 따르면 그 주소에 그런 사람이 살았던 흔적이 전혀 없었다. 당시 41세의 김용환이란 인물은 전국 중학교 교사명단에도 없었음이 드러났다. 그는 사건 뒤 당진에서 고등학교 강사를 지냈다.

그렇다면 사건의 열쇠를 쥐고 있는 김용환 씨의 정체가 의문투성이임을 알 수 있다. 검찰조사 때 김씨는 사고당일 등산길 버스 안에서 장준하를 우연히 만난 것처럼 진술하고 있지만, 당시 호림好林산악회 김용덕 회장은 김씨가 사고 이틀 전인 8월 15일 전화를 걸어와 장준하가 약사봉 계곡의 등반에 참가한다는 사실을 알려주었다고 증언하고 있다.

다섯째, 검찰이나 경찰이 유일한 목격자인 김용환을 대동하고 현장검증을 실시하지 않은 점이다. 가벼운 절도 사건만 발생해도 현장부터 살피는 것이 수사의 원칙인데, 사회 저명인사가 등산길에 의문의 죽음을 당해 많은 국민이 실족사에 의문을 품고 있는데도, 왜 현장검증을 실시하지 않았을까?

여섯째, 장준하의 시신을 염한 사람은 10년 경력을 가진 그 방면의 전문가인데, 결코 추락사한 것이 아니라고 단정적으로 말했다는 사실이다. 특히 장준하의 어깨 안쪽에 약간의 피멍이 보였는데, 이는 추락으로 생길 수 없으며, 어깨를 붙들려 억지로 끌려간 듯하다는 설명이었다.

일곱째, 장준하의 시신을 검시한 사람은 의정부에서 개업한 심구복 씨였는데, 부검결과 장씨는 등산으로 다부진 체격을 지니고 있었으며, 결정적인 사인은 귀 뒤쪽의 후두부 함몰로 볼 수 있고, 추락사라는데 이상하게도 전신에 골절상이 하나도 없으며, 오른쪽 귀 바로 뒷부분에 가로 2센티미터 세로 2센티미터 정도의 푹 꺼져 들어간 상처는 쇠나 돌에 의한 충돌로 생겨난 상처이기 쉽다는 설명이었다.

여덟째, 김용환은 가족들에게나 검찰조사에서 장준하가 소나무를 잡았다가 놓쳐서 추락사했다고 사고상황을 설명하고, 추락한 후 "소나무가 휘어진 상태로 있었다"고 했는데, 당시 그 소나무는 높이가 4~5미터정도여서 장씨가 설혹 잡았었더라도 밑동부분일 터인데 그런 소나무가 결코 휘어질 수 없을 것이며, 휘어졌다 치더라도 곧 정상으로 돌아설 것이기 때문에 휘어진 상태였다는 주장은 전혀 설득력이 없다.

아홉째, 사고당일 오후 1시쯤 장준하의 아들에게 "장선생이 산에 올라갔다가 떨어졌으니 서울에서 사람들이 많이 와야 모셔갈 수 있을 것"이라고 전화를 건 사람의 정체다. 등산 일행인 김희로의 연락을 받고 인근 군부대의 유지현 중위가 위생병 1명을 대동하고 사고현장에 도착한 것은 오후 5시 30분경이며, 역시 일행인 김용식의 신고로 이동파출소의 이수근 순경이 현장에 도착한 것은 오후 6시경이었다.

그렇다면 그 사이에 누군가가 하산하여 장준하의 가족에게 전화를 걸었거나 김희로, 김용식 가운데 하나가 군·경에 신고할 때 전화를 한 것이 된다. 깊은 산중에서 갑자기 당한 사고로 일행이 대부분 겁에 질려서 단체행동을 했고, 하산도 단체로 한 관계로 개별적으로 하산하여 전화를 했을 까닭이 없다. 또 앞서 두 사람 역시 나중에 장준하 가족에게 전화로 사고소식을 알린 사실이 없음을 밝혔다.

마지막 의문점은 사고 직후 김용환이 말한 '군인 2명'의 존재다. 등산 일행들의 설명에 따르면, 사고당일 현장 주변에 도착한 시간이 낮 11시 반~12시경이라 한다. 일행들이 식사를 하고 있는 사이 장준하 혼자 약사봉 계곡을 향해 올라갔다. 이때 김용환이 장준하가 없어진 것을 알고 방향을 물어 곧 뒤쫓아갔다는 것이다.

그리고 사고 후 김용환의 진술에 따르면, 약 10분쯤 후 계곡을 따라 올라가는데 군인 2명이 텐트를 치고 있어 장 선생의 행방을 묻자 텐트 속에서 장씨가 나오더라는 것이다. 그들은 군인들과 함께 커피를 마신 후 장준하의 배낭을 자기가 메고 정상을 향해 올라갔다는 것이다.

사고 이후 아직까지 이들 '군인 2명'에 대한 조사나 참고인 진술이 이루어지지 않아서 김용환 진술의 사실 여부를 가리기 어렵다. 사고신고를 경찰서 아닌 군부대에 먼저 한 것과 더불어 군인 2명의 존재, 실재했다면 이들의 정체와 역할이 밝혀져야만 진상규명에 도움이 될 것이다.[6]

6 졸고, 〈의문의 장준하 '의문사'〉, 《월간 정론正論》, 1989년 1월호; 김삼웅 편, 《민족주의자의 죽음》, 학민사, 1993, 259~261쪽.

'거사' 앞두고 신변정리

장준하는 '사고'를 당하기 전 무엇인가 중대한 일을 앞둔 사람처럼 신변정리를 서둘렀다.

그 하나가 중경임시정부 청사에 게양했던 태극기를 이화여자대학교 박물관에 기증한 일이다. 장준하는 이 태극기를 생명처럼 아껴왔다. 《사상계》를 발행하고 국회의원을 지낸 사람이 집 한 칸이 없어서 여기저기 이사다니면서도 이 태극기만은 가장 소중하게 보관해왔다. 윤봉길 의사가 폭탄을 가슴에 품고 상해 홍구공원에서 거사를 치르던 날 아침, 바로 이 태극기 앞에서 김구 선생과 식사를 함께하고 사진을 찍었기 때문이다. 장준하는 이 태극기를 김구 선생으로부터 직접 물려받아 광복군 시절부터 간직해오다가 변고를 당하기 9일 전, 8월 8일에 이화여자대학교 박물관에 기증했다.

둘째, 역시 변고를 당하기 며칠 전에 부인 김희숙과 갑자기 천주교 혼례의식을 치렀다. 장준하는 1943년 김희숙과 결

혼하고 며칠 후 학병에 끌려가면서 '돌베개'라는 암호문으로
자신의 탈출 사실을 알린 이래 독립운동과 광복 후의 반독재
민주화운동을 주도하면서 꼭 32년 만에 다시 천주교 혼례의
식을 치러야 할 만큼 무엇인가 엄청난 '계획'을 앞두고 신변
정리를 하고 있었던 것이다(장준하는 개신교, 부인은 천주교 신자
였다).

셋째, 8월 7~8일경부터 망우리에 있는 부모와 김구 선생,
이범석 장군의 묘소를 찾아 참배했다. 맨손으로 묘소를 벌초
하여 손마디 군데군데에 상처를 입기도 했다. 이러한 장준하
의 신변정리와 재야민주인사들과의 은밀한 접촉이 박정희 정
권의 첩보망에 걸려들지 않았을 리 없었을 것이다.

광복 30주년이 되는 1975년을 맞아 비장한 결심을 굳힌
장준하는 신변정리를 하는 한편, 함석헌, 김대중 등과 은밀히
만나 8.15를 기해 무엇인가 중대한 거사준비를 서두르고 있
었다.

당시 한국의 정치상황에서 이들의 결합은 대단한 의미를
함축하였다. 장준하는 광복 30주년을 맞아 갈수록 포악해지
는 유신독재와 긴급조치로 인한 인권탄압으로부터 국민을 보
호하고 민주회복을 위하여 자신의 생명까지도 내건 중대한
행동을 결행하고자 여러 가지 준비를 서둘렀던 것이 아닌가
생각된다.

그것은 재야의 대표적인 민주인사들이 나서서 유신체제

에서 민주헌정질서로 복귀할 것을 요구하고, 시민불복종운동을 전개하는 내용이었을 것으로 추정된다. 이를 위해 그는 평소에 잘 드나들지 않던 김대중을 은밀히 만났으며, 원효로의 함석헌을 찾았고, 광주 홍남순 변호사와 무등산을 등반하는 등 재야인사들과 만나 '거사'를 논의했다.

거사 예정일을 8월 15일로 잡고 추진하다가 김영삼 신민당 총재가 동남아 여행에서 돌아온 뒤인 20일경으로 연기하였다. 재야와 신민당이 한몸이 되어 박정희 정권에 결정적인 타격을 입히는 것이 장준하의 당초 계획이었을 것이다.

장준하가 일을 추진하면서 보인 결연한 태도나 신변정리 그리고 은밀히 만난 면면을 살펴볼 때 아마 민족대표들의 3.1운동과 같은 거족적인 민주항쟁을 벌이고자 했을 것이다. 실제로 관계인사들이 장준하의 변고소식을 듣고, 큰일을 맡았던 사람이 가고 없어 낭패라며 비통해 마지않았다는 사실에서도 저간의 사정이 잘 나타난다.

김대중은 장준하의 사망소식에 "아이고 큰일났구나! 그분과 같이 중대한 문제를 결행하기로 구체적인 계획까지 세워서 추진 중에 있었는데, 그분이 가셨으니 이 일을 어찌할 것인고"라면서 탄식했다고 목격자는 전한 바 있다.[7]

이와 같은 전후 사실을 종합할 때 장준하는 스스로를 희생

<hr />

7 김록영, 《장준하 선생 8주기 추모문집》, 1983년.

하는 비장한 결심을 하고 일을 추진했던 것 같다. 그러던 중에 '심상치 않은' 그의 행동을 추적해온 정보기관이나 다른 집단이, 그가 8월 17일 등산길에 나선다는 사실을 알고, 이를 절호의 기회로 삼아 실족사로 가장하여 모살謀殺했을 가능성이 짙다.

장준하의 성장과정이나 사상, 신념으로 보아 그를 쉽게 회유시키거나 저지시키기는 어렵다고 판단하고, 이 기회에 아예 처치해버리기로 작정했을지 모른다. 박정희 정권은 이보다 2년 전에 김대중을 동경에서 납치하여 토막살해하려다가 실패한 경험이 있었기 때문에 보다 치밀하게, 보다 완벽한 장소를 택해 일을 꾸몄을 가능성이 높다.

그동안 정부당국은 장준하에게 남북회담의 대표를 맡아달라, 국가공로상과 국가연금을 줄 테니 받아달라고 여러 차례 제의했다. 하지만 장준하는 진정한 민주정부가 수립된 다음에 정부대표를 하라 하면 가겠지만, 박정희 정부의 대표로는 갈 수 없다고 단호하게 거부했고, 국가공로상과 연금 제의도 완강하게 거절했다.

그만한 위치에 있으면서 아들 2명을 대학 문턱에도 들여보내지 못하고, 죽음을 당할 때까지 전셋집을 전전하면서도 높은 자리와 연금지급조차 거절한 그의 지사적인 순결성이 죽음의 길을 재촉한 원인의 하나였을지도 모른다.

유신쿠데타로 영구집권의 기반을 구축한 박정희 정권에

게 재야반체제세력을 지도하고 있는 장준하는 그야말로 '눈엣가시'처럼 항상 거추장스러운 존재였다. 더구나 박정희 대통령은 장준하에 대해 도덕적으로 열등감이 심한 처지였다. 일본군 중위 출신의 대통령이 독립군 대위 출신의 재야민주지도자에게 가질 수밖에 없었던 열등감이었다.

1975년은 심정적으로나 정치적으로나 박정희 대통령에게 대단히 불안한 시기였다. 한 해 전인 1974년 8.15기념식장에서 문세광의 총격으로 부인을 잃은 박정희는 정서적으로 크게 흔들리고 있었다. 게다가 재야인사들과 학생들의 반유신투쟁이 새롭게 추진되자, 정국은 긴급조치 제9호의 발동으로 표면적으로는 '안정'을 보이고 있었지만, 내면적으로는 언제 폭발할지 모를 화산처럼 위기의식이 감돌고 있었다.

국가의 전권을 한 손에 쥐고 있는 절대권력자가 정서적인 불안에 빠질 때 그 권력행사는 이성을 잃게 마련이다. 이성을 상실한 공권력은 폭력화된다. 테러나 암살은 바로 이성을 잃은 공권력이 낳은 부산물이다. 장준하는 이성을 잃은 공권력에 의해 희생당하였을 가능성이 없지 않다. 그것도 비열하게 '실족사'를 가장한 암살극으로 목숨을 빼앗겼다고 보는 사람이 적지 않다.

'금지된 동작'을 맨 먼저 시작한 혁명가

장준하, "그는 '금지된 동작'을 맨 먼저 시작한 혁명가였다."[8] 일본군 탈출이 그랬고, OSS 참여, 김구 선생과 함께 환국, 《사상계》 창간, 이승만 정권 비판, 5.16 비판, 한일굴욕회담 저지투쟁, 3선개헌 반대투쟁, 반유신항쟁, 100만인 서명운동 주도에 이르기까지 그는 '금지된 동작'을 맨 먼저 시작했다.

저항에는 수난이 따른다. 그것도 권부의 최고수장을 겨냥하는 비판은 고난을 각오하지 않으면 불가능하다. 유신체제를 선포하고 긴급조치를 통해 권력을 유지해온 박정희는 폭압통치를 일삼았다.

당시의 시대적 상황은 1972년 10월 박 대통령이 유신을 단행하여 국가권력을 집중, 대통령이 모든 국가권력 위

---

8 졸고, 〈약사봉 계곡의 진혼곡〉, 《씨울의 소리》, 1975년 11월호.

에 군림하는 통치형태를 취하게 되었고 사회영역 전반에 걸쳐 관료적 권위주의가 만연하게 되었다.

1973년 8월에는 유신에 반대하던 김대중 씨를 납치, 살해하려다가 실패했으며, 1974년 4월에는 민청학련사건을 조작하여 민주화운동을 탄압했고, 1975년 4월에는 고려대에 휴교령을 내려 군대를 학교에 진주시킴으로써 학생들의 민주화 요구를 완전히 차단하는 등 박정희 개인의 정치적 기반을 공고히 하는 과정에서 장애가 되는 일체의 개인, 집단, 계층에 대해서는 가차 없이 최대의 강압, 물리적 폭력을 자행하는 등 극단적인 국가테러 시대였으며, 장기집권을 꿈꾸던 박정희의 음모가 노골적으로 행동화되던 시대였다.[9]

박정희의 태생적 라이벌 장준하의 일거수일투족은 최고권력자에게 수시로 보고되었다. 특히 박정희가 〈7.4남북공동성명〉 당시 남북조절위원회 남측 대표를 맡아줄 것과 독립운동과 관련하여 국가유공자로서 훈장을 수여하겠다고 장준하에게 제의한 것을 장준하가 거절하자 둘의 감정은 더욱 격화되었다. 그럴수록 장준하의 일사보국一死報國의 결의는 더욱 굳어졌다.

━━━ **9** 민주당, 〈장준하 선생 사인규명 조사활동보고서〉, 1993년 9월, 25쪽.

나는 장준하 형에게서 여러 번 이런 말을 들었다. "나는 이 다음에 죽을 때에 병이 나서 앓다가 죽고 싶지 않다. 갑자기 총에 맞아 죽거나, 절벽에서 떨어져 죽거나, 폭탄에 맞아 죽거나, 그렇게 죽고 싶다."

"장형, 그런 끔찍한 얘기는 다시 하지 마시오."

그것은 그의 죽음을 암시하는 말이었다.[10]

고종명考終命이란 말이 있다. 살 만큼 오래 살다가 편하게 죽는 것으로, 유교에서는 오복 중의 하나로 친다. 보통 사람들은 가족들이 지켜보는 가운데 편안하게 죽기를 원한다. 하지만 혁명가는 그렇지 않다. 총에 맞아 죽거나 절벽에서 떠밀려 죽거나 폭탄에 맞아 죽는다. 처형대에서 사라진 혁명가도 수없이 많다. 그것이 혁명가의 운명이다. 혁명가 치고 제명에 고종명한 사람은 거의 없다.

혁명가는 막힌 길을 뚫는다. 암흑으로, 철창으로, 율법으로, 계엄으로, 법제로, 비상조치로 묶이고 막힌 상황을 타파하고자 한다. 그것이 혁명가의 일이다. 낡은 가죽革을 벗기고 새로운 생명命을 불어넣는 일이다.

장준하는 다시 '금지된 동작'에 나섰다. 그의 전셋집의 거실에는 누군가로부터 받은 '일주명창一注明窓'이란 휘호 한 폭

<hr />

10 안병욱, 〈청과 의와 용의 인, 장준하〉, 《광복 50년과 장준하》, 장준하선생20주기추모문집간행위원회 편, 1995, 77~78쪽.

이 걸려 있었다. '심지 하나가 창을 밝히고 있다'는 뜻이다. "개헌운동 금지 긴급조치 다음날 댁으로 찾아간 외국인 기자에게 선생님은 벽에 걸린 이 글씨를 풀이해주셨습니다. 온 민중이 나에게 창을 밝히는 단 하나의 심지일 것을 요구하고 있으니 있는 대로 타버리겠다고 하였고, 그후 며칠 있다 체포되어 선생님은 옥고를 치르게 되셨습니다."[11] 장준하는 다시 '일주명창'의 길에 나섰다.

장준하는 이제 남은 심지에 마지막 불꽃을 댕기고자 했다. 몸을 던져 박정희 정권과 싸우는 일이다. 유신헌법 철폐와 박정희 정권의 퇴진을 요구하는 민주화운동이 거세게 일어나자 박정희 정부는 이를 탄압하기 위해 긴급조치 제9호를 선포했다. 내용은 △ 유언비어의 날조, 유포 및 사실의 왜곡, 전파행위 금지, △ 집회시위 또는 신문·방송 기타 통신에 의해 헌법을 부정하거나 폐지 청원·선포행위 금지, △ 이 조치에 대한 비방행위 금지, △ 금지위반 내용을 방송·보도·기타의 방법으로 전파하거나 그 내용의 표현물을 제작, 소지하는 행위 금지, △ 주무장관에게 이 조치의 위반 당사자와 소속학교·단체·사업체 등에 대해 제적·해임·휴교·폐간·면회취소 등의 조치를 취할 수 있는 권한 부여, △ 이런 명령이나 조치는 사법적 심사의 대상이 되지 않으며 위반자는 영장 없이 체포

11 김도현, 〈그 심지에 다시 불길을〉, 《그 심지에 다시 불길을》, 86쪽.

할 수 있다는 것 등이었다.

일찍이 이와 같은 폭압통치는 민주주의 간판을 내건 국가에서는 유례가 없는 일이었다. 박정희 정권은 국민의 숨통을 죄며 유신체제를 유지하고자 했다. 하지만 장준하는 1975년 1월 21일 개인성명을 통해 "일방적으로 강요되는 국민투표를 거부하는 것이 민주회복의 당면과제"라고 주장했다.

긴급조치 제9호는 장준하가 의문사를 당하고, 1979년 박정희가 암살된 뒤 그해 12월 7일 해제될 때까지 4년 동안 지속되었다. '긴급조치 제9호' 시대는 민주주의의 참담한 암흑기로서 800여 명의 구속자를 낳아 '전 국민의 죄수화' '전 국토의 감옥화'라는 일제강점기를 방불케 했다.

이 같은 상황에서 저항운동은 지하로 잠복하게 되었다. 장준하는 잠행하면서 1974년 12월 25일 결성한 범민주진영의 연대투쟁기구인 '민주회복국민회의'의 재조직과 동아·조선 해직기자들의 '자유언론투쟁위원회'와 '천주교정의구현사제단' '한국기독교교회협의회' '자유실천문인협의회' 등 민주화운동 단체의 연대에 심혈을 기울였다.

장준하 장남이 털어놓은 의문점

필자는 1983년 7월 초 서울 성북구 방학동 모 호텔에서 장준하의 장남 장호권과 만나 부친의 사인과 그 주변 얘기를 두 차례에 걸쳐 들었다. 이 내용은 정리되어 《신동아》 1983년 8월호에 '아버님은 암살당했다'라는 제목 아래 장호권의 이름으로 실렸다. 잡지사의 청탁을 받고 필자에게 원고정리를 부탁한 것이다.

이때 들었던 내용 중 주요부분을 《신동아》에서 발췌한다.

아버님이 박정희 씨와 구체적으로 접촉(?)하게 된 것은 5.16 이후였다고 생각한다. 5.16 직후 어느 날 김종필 중앙정보부장 밑에 있던 육군 모 대령이 거액의 수표를 갖고 종로에 있는 《사상계》사로 아버님을 찾아와 회유에 나섰다. 군사정권을 지지해달라는 것이었다. 이에 아버님은 대령의 뺨을 때려 내쫓았다고 한 얘기를 들었다. 이것이 아마 아버님과 박 대통령, 김종필 씨 사이가 나빠지게 된 감정상의 계기가 되지 않았는가 생각한다. 이 일이 있은 후부터 군사정권과 《사상계》는 심한 갈등을 빚게 되었다. 물론 군사정권에 비판적인 《사상계》의 논조 때문이기도 했지만, 그 갈등의 배경에는 이런 감정도 작용하게 되었던 것이다.[12]

돌아가시기 몇 개월 전으로 기억된다. 정계 원로인사 몇 분과 재야인사 몇 분의 은밀한 회동에서 장 선생을 박정희를 깨뜨리는 데 앞장세워야 한다는 결론이 나왔던 것으로 기억된다. 그리고 이 무렵 아버님은 평소에 잘 출입하지 않았던 동교동 김대중 씨 댁을 찾아가기도 했다. 이런 저간의 사정을 종합해볼 때 무엇인가 어마어마한 일을 추진하지 않았는가 하는 생각이 든다.[13]

다음은 이부영 민주당 최고위원께서 직접 들은 이야기로서, 그가 김준엽 전 고대총장에게 들은 말이라면서 내게 전한 이야기다. 그러니까 사고 직전 아버님이 김 전 총장을 찾아와 "박정희를 깨는 것은 민중의 힘으로는 역부족이니 게릴라전으로라도 박을 제거해야겠다"고 말해 자기가 말렸다는 것이다. 아버님은 그날 "군부 쪽에도 상당한 연계가 되어 있다"고 말했다는 것이다.

12 장호권, 〈아버님은 암살당했다〉, 《신동아》, 1983년 8월호; 김삼웅 편, 앞의 책.
13 앞의 책, 304쪽.

아버님은 김경원 씨(전 주미대사, 청와대 비서실장)로부터 변고를 당하기 3개월 전쯤에 "몸조심하라"는 내용의 전화를 받은 바 있다. 그래서 아버님은 "내가 독립운동을 하면서 죽지 않고 지금까지 덤으로 살아왔는데, 무엇이 두려워서 몸조심하느냐"고 말씀하셨다.

김경원 씨는 《사상계》의 단골 필자 중 한 분으로 아버님과는 오랜 인연이 있었던 분이었다. 때문에 무엇인가 짚이는 것이 있어서 '몸조심'을 귀띔했을는지 모른다. 결국 아버님의 이러저러한 여러 가지 '수상쩍은' 행동이 정보기관의 촉수에 잡히게 되고, 상대 측은 김대중 씨의 동경납치 실패사건도 있고 하여 더욱 치밀한 방법을 택한 것이 약사봉 계곡의 실족사를 가장한 살해음모가 아니었을까.[14]

나는 1976년 4월 19일 테러를 당하여 3개월 반 동안 서울경희의료원에서 입원을 한 적이 있다. 아버님의 변사사건 후에 친지들과 언론사 등에서 사인을 밝히고자 하는 노력이 있었다. 그러나 처음으로 '의문사'를 제기했던 《동아일보》 관계자들이 구속되는 등 당국의 탄압이 심해지고, 정국이 더욱 경색되어가면서 한 재야인사의 의문사에 대한 규명활동도 묻혔다.(중략)

그런데 하루는 입원 중인 병원으로 하비브 씨(전 주한미

─── **14** 앞의 책, 304~305쪽.

국대사)가 갑자기 방문한다는 것이었다. 그의 방문은 경찰의 봉쇄로 결국 이루어지지는 못하게 되었지만, 하비브는 며칠 후 비밀리에 인편으로 한 통의 편지를 보내왔다.

나는 지금도 그 편지내용에 대해 의아스럽게 여기고 있다. 내용인즉 "당신 아버지 장준하 씨가 이루고자 했던 일이 곧 이뤄질 터이니 몸조심하고 기다려 달라"는 것이었다. 미국 정부에서 큰 비중을 차지하고 있는 사람이 무엇 때문에 나 같은 사람을 만나고자 했고, 그런 내용의 편지를 보냈는지 전혀 가늠하기가 어려웠다. 단순한 위안의 편지라기에는 하비브의 비중과 서한의 내용 때문에 갈피를 잡을 수가 없었다.

'장준하가 이루고자 했던 일'이라면 민주화와 민족통일이었다. 그 외에 그의 심중에 또다른 무엇이 있었다면 '일본군 출신 군사독재자 박정희의 권력으로부터의 제거'였을까.

미국과의 관계 이야기가 나온 김에 한 가지 더 밝혀둘 것이 있다. 1967년 대통령선거를 앞두고 야당은 분열되어 있었다. 공화당은 일찌감치 박정희 대통령을 후보로 내세워 2기 집권의 채비에 나섰다. 그 무렵에 미국 정부에서 사람이 찾아와 아버님께 《대통령이 되는 길》이란 책과 당시 외국의 수상이나 대통령이 즐겨 쓰던 까만 모자를 보내왔다. 책은 어디로 갔는지 모르지만, 그 모자는 지금도 어머님께서 보관하고 계신다[15](이 책은《사상계》사장실에 비치되어 있었고 주간 안병욱은 이 책을 읽고 있는 장준하를 보고 정치에 뜻이 있음을 알았다고 한다).

아버님과 김재규 씨(전 중앙정보부장)의 '세간의 오해'에 대해 이 기회에 몇 가지 사실을 밝혀두고자 한다. 김재규 씨와는 공적인 관계 이전에 집안 간의 연고가 있었다. 김재규 씨의 형님인가 누군가가 우리 할아버님께 가르침을 받은 바 있어 두 집안 사이에는 오래전부터 가끔 왕래가 있었다. 그러다가 아버님이 국회의원이 되고 국방위원으로 활동할 당시, 김재규 씨는 군단장으로 재직하면서 국방위에 자주 출석하여 두 사람이 만나게 되었다. 아버님의 강직한 성품과 김재규 씨의 직선적인 성격 때문이었는지 두 분은 전혀 다른 입장에서도 심정적으로나마 마음을 나눌 수 있었던 것 같다.[16]

아버님이 돌아가신 후, 그러니까 1976년 말쯤으로 기억되는데, 김재규 당시 중앙정보부장으로부터 만나자는 전갈이 왔다. 그래서 남산 근처에서 만났다. 아버님 사후 처음으로 만난 셈이다.

김 부장은 그날 "자네 부친의 사망사건은 언젠가 진실이 밝혀질 것"이란 말을 했다. 하비브 씨가 했던 말과 연결

15 앞의 책, 301~302쪽.
16 앞의 책, 302쪽.

되어서 무엇인가 짚이는 듯했지만, 얘기가 더 이상 진전되지는 못했다. 그러다가 10.26사태가 있기 3개월쯤 전 다시 사람을 시켜서 나에게 "미국으로 나가 있는 것이 좋을 것 같다"는 제의를 해왔다. 필요하다면 여권도 만들어주겠다고 했다.

김재규 부장이 왜 나보고 미국에 나가 있으라고 했는지, 단순한 친절이었는지, 정치적인 배경이 있었는지, 지금도 나는 그 속마음을 헤아릴 수 없다. 더욱이 그런 제의가 있은 지 얼마 후에 김 부장의 '10.26거사'가 있었고, 그는 처형되었다. 김재규 씨는 인간미가 있고 의협심도 깊은 사람이었던 것 같다. 그와 아버님 사이에 어떤 교감이 있었는지도 알 길이 없다. 아버님의 생전의 '미수'에 그친 '거사'와 죽음의 진상에 대한 그의 인식에 대해서는 알 길이 없다.[17]

필자가 '민주화명예회복과 보상심의위원회' 위원으로 일하고 있을 때 김재규의 가족이 그의 명예회복에 대해 신청했었다. 위원회에서는 장호권 씨의 증언을 듣고자 그를 초청했다. 장씨는 여기서도 앞에서 인용한 것과 비슷한 내용을 진술했다.

▬▬ 17 앞의 책, 303~304쪽.

● 사생결단 '거사' 앞두고 모살당했을 수도

장준하의 '의문사'는 그의 위상만큼이나 대단히 복합적이고 다층적이다. 하비브의 말이나 김재규의 언행 등에서도 복잡한 배경의 일단을 읽을 수 있다. 장준하의 '군과의 연관' 발언도 어느 정도 추측 가능한 대목이다.

장준하 의문사를 추적한 한 언론인의 기록이다.

이 같은 증언이 아니더라도, 여러 관계자료들은 '장씨의 비장한 각오가 이미 예견된 것이었음'을 밝히고 있다. 굳이 이 자리에서 자료의 근거나 명확한 출처를 밝힐 수 없는 게 유감이나, 이 같은 대부분의 자료가 '박정희와 장준하의 뿌리 깊은 불화관계 → 박정희 씨의 대통령 자격에 대한 끈질긴 도전 → 유신체제 붕괴를 위한 민주화투쟁 → 박정희 대통령의 퇴진 촉구 → 재야민주세력의 규합에 의한 범국민운동 전개 → 8.15 30주년을 기해 모종의 중대계획 결행시도(증언을 종합한 결과 8월 20일로 예정됐음이 확실하다) → 8월 17일 의문의 실족사'로 이어지고 있다는 점이다.[18]

이와 같은 전후 사실을 종합할 때 장준하는 스스로를 희생하는 비장한 결심을 하고 모종의 거사를 추진했던 것 같다. 그러던 중에 '심상치 않은' 그의 행동을 추적해온 정보기관이나 어떤 특수집단, 혹은 개인이 장준하가 8월 17일 등산길에 나선다는 사실을 알고, 이를 절호의 기회로 삼아 실족사를 가장하여 모살했을지도 모른다. 하지만 현재까지 미궁일 뿐이다.

▬▬ **18** 윤재걸, 앞의 글, 473쪽.

●신구합동의 명동성당 장례식

　유족들은 1975년 8월 21일 오전 8시에 시신으로 집에 돌아온 장준하의 발인예배를 드렸다. 그리고 참석자들은 함석헌의 선창으로 "장준하 만세, 대한민국 만세, 민주주의 만세"를 외쳤다. 장준하의 시신은 8인의 출옥동지들에 의해 영구차에 실려 마을 주민들의 환송을 받으며 명동성당에 도착했다. 영구를 덮은 태극기는 수일 전 이화여자대학교에 기증했던 것을 잠시 빌려온, 중경임시정부에 걸었던 바로 그 태극기였다.

　김수환 추기경은 강론에서 "그의 죽음은 별이 떨어진 것이 아니라 죽어서 새로운 빛이 되어 우리의 갈 길을 밝혀줄 것이다"[19]라고 추모했다. 이어서 서남동, 문동환 목사의 기도와 호상 김준엽의 인사말이 끝나고, 백기완의 선창으로 "장

──── **19** 함석헌, 앞의 글, 4쪽.

준하, 민주주의, 조국통일" 만세삼창이 2000여 명의 호응 속에 명동성당을 진동시켰다. 장례식장에서 만세삼창은 이례적인 일이었다.

영구차는 퇴계로, 시청앞, 국회의사당, 중앙청을 거쳐 몇 번이나 옥살이를 한 서대문형무소에서 잠시 머물렀다가 파주군 광탄면 신수리에 예비한 묘소에 도착했다.

김몽은 신부의 하관미사, 양일동 통일당 총재의 추도사, 문동환 목사의 흑인영가 〈우리 승리하리라〉 합창, 김동길·백기완 등의 추도사에 이어 하관식이 거행되었다.[20]

장준하가 편집위원이었던 《씨올의 소리》는 9월호 표지 2쪽에 장준하의 사진을 게재하고 '본지 편집위원이신 장준하 선생님의 서거를 애도합니다'라고 추모했다. 다음은 이 책 편집후기의 뒷부분이다.

숱한 과제를 앞에 놓고 민주회복 조국통일도 보지 못하고, 그를 따르던 젊은 지성들의 애끓는 사모와 뜨거운 국민의 기대도 저버린 채!

이제 선생님이 가시고 난 주변의 허탈과 적막함을 뭣으로 메우어야 할까요. 아닙니다. 선생님은 가셨어도 저희들은 보내지 않았습니다.

---

20 계훈제, 〈장준하 선생이 묻히는 날〉, 《씨올의 소리》, 1975년, 7월호를 중심으로 재구성.

그토록 두터운 애국심을

그토록 끈질긴 자유혼을

그토록 곧으신 정의감을

우리는 가슴팍에 조각하여 불멸의 성좌 뒤를 행해야겠습니다. 선생님은 가셨어도, 가심으로 영원히 저희와 함께 계실 것입니다.

송악산이 보이는 파주땅 나자렛 양지에 빛이 영원하소서.[21]

장준하 선생의 의문사가 일어나고 한 달이 되는 9월 17일, 평소 그를 따르던 후학과 민주화운동 동지 80여 명은 약사봉 계곡의 사고현장에 추모비를 세우고 전대열의 추모사, 계훈제의 추모비 제막, 백기완의 비문낭송 속에 추모행사를 가졌다.

다음은 돌에 새긴 비문이다.

오호 장준하 선생!

여기 이 말 없는 골짝은 빼앗긴 민주주의 쟁취, 고루 잘 사는 사회, 민족의 자주평화, 통일운동의 위대한 지도자 장준하 선생이 원통히 숨진 곳.

21 앞의 글, 72쪽.

뜻을 같이하는 젊은이들이 맨손으로 돌을 파 비를 세우니, 비록 말 못하는 돌부리 풀뿌리여! 먼 훗날 반드시 돌베개의 뜻을 옳게 증언하리라.

●약사봉 계곡의 진혼곡

필자는 사고가 나고 한 달 뒤 사고현장에 비문을 세우는 일 등에 참여하고 나서, 장준하가 타계할 때까지 편집위원으로 있었던 《씨올의 소리》(1975년 9월호)에 〈약사봉 계곡의 진혼곡〉을 기고했다. 그 내용 일부를 소개하면서 장준하의 인간과 사상의 단면을 살펴보기로 한다(필자는 이 글 때문에 수사기관에 끌려가 혼쭐이 났었다).

인간 장준하 선생의 일생일대! 그 파란 많고 수난에 찬 생애는 현대 민족사의 영욕 그대로이고, 기복과 굴절은 민족 이상의 굴절 바로 그것이었다.

산에 오르지 않을 수 없었던 그 마음을 혜량하면서도 이 할 일 많은 시대에 먼저 가버린 그의 죽음은 시대고時代苦의 아픔을 아는 청년들에게 너무나 큰 절망이었다. 조국광복을 위해 이역에서 일제와 싸웠던 그가 해방된 조국에서 다시 억압과 박해를 받아야 하는 역사의 슬픈 아이러니는 정의를 추구하는 젊은이들에게는 너무나 큰 부조리였다.

그는 사색인으로서 행동하고 행동인으로서 사색하는 지성인이었다.

그는 이론과 행동을 이율배반이 아닌 동일선상에서 일체화시킨 도덕인이었다.

그는 많은 지식인들이 순수라는 이름의 수인囚人이 되어 보신保身에 전력할 때, 정의를 위해서는 일신을 홍모처럼 버리고 일어서는 자유인이었다.

그는 '금지된 동작'을 맨 먼저 시작한 위대한 혁명가였다.

그는 젊은이들이 내출혈의 아픔을 감내할 때 고난의 면류관을 함께 쓰고 고행길에 오른 선지자였다.

그렇다. 그는 자유민주주의자였고, 행동하는 지성인이었고, 불의와는 결코 한 치의 타협도 않는 외곬의 반골反骨이었다. 야인이고, 들사람이고, 현대의 아웃사이더였다. 그는 명철한 언론인이었고, 주체적인 민족주의자이며, 비폭력적인 사회개혁주의자였다.

비동시적인 것들이 동시적으로 존재하고, 비현실적인 것들이 현실적으로 존재하며, 비논리·비상식적인 것들이 정석正席을 차지해버린 이 어처구니없는 현실에서 그는 참의 불변치不變値를 위해 일생을 바쳐 싸워왔다.

생전에 집 한 칸 없이 전셋집을 전전해온 고인은 진짜 서민의 지도자였다. 망국민으로 대륙에서 돌베개를 베고 풍찬노숙하며 광복투쟁을 벌여 찾은 삼천리강토가 내 집 내 땅인데, 해방된 내 땅에서 제 집 없음이 무슨 허물이 되겠느냐고 가족을 위안시켰다는 그의 금욕주의적인 고결한 생활자세는 지도자의 사표요, 국민윤리의 표상이 아닐 수 없다.

야스퍼스는 전후 독일 국민의 4가지 죄를 논하면서 마지막으로 '형이상학적인 죄', 즉 히틀러 치하에서 싸우지 않고 '살아남았다'는 죄까지를 쳐서 일대 참회운동을 벌이자고 주장했다던가.

선생께서는 이 죄 많은 시대에 생존함이 부끄러워 후세인으로부터 '형이상학적인 죄'를 면하려고 하늘나라로 먼저 간 것일까? 부서질지언정 휘어질 줄 몰랐던, 그렇게도 강인한 그의 생명력을 그처럼 사랑하던 산에서 빼앗길 줄 그 누군들 알았을까?[22]

---

22 《씨올의 소리》, 1975년 9월호, 37~38쪽.

부재의 혼

스페인 내란 당시 공화주의 진영의 지식인이며 시인인 가르시아 로르카는 프랑코 정권이 가장 기피하는 인물이었다. 그의 글(시)의 영향력을 두려워하여 누군가가 살해한 뒤 암매장했다. 근년에 고위층의 지시에 따른 정치적 암살이었음이 드러났다. 가르시아 로르카는 암살당하기 전에 〈부재不在의 혼〉을 남겼다. 장준하 선생 영전에 이 시를 바친다.

아무도 그대를 알지 못하리, 아무도
난 그대를 노래하니
후손들을 위해 그대의 옆 얼굴이나 기품을 노래하리
그대 지혜의 눈부신 성숙을
그대 죽음의 욕구와 그 입맛을

그대 보았던 용감한 환희와 비애를

그처럼 진실하고 그처럼 모험심 많은 안달루시아인이

다시 태어날 수 있을까? 아마도 오랜 시간이 흘러야 하
리라

난 그대의 우아함을 탄식의 언어로 노래하며

올리브 숲속에서 불어오는 슬픈 미풍을 기억하리[23]

23 이경순, 〈스페인 내란의 순교자 가르시아 로르카〉,《민족문학》, 통권 제8호, 1989, 60~61쪽.

제 2 장

의주에서 태어나 삭주에서 자라

신념은 인간으로서 가장 중요한 것이다.
그러나 아무리 굳은 신념이 있더라도,
다만 침묵으로써 가슴속에만 품고 있으면
아무 소용이 없다. 여하한 대상代償을 치르더라도,
죽음을 걸고서라도 반드시 자신의 신념을
발표하고 실행한다는 용기가 필요한 것이다.
여기에 처음으로 그가 가지고 있는
신념이 생명을 띠는 것이다.

– A. 토스카니니

역사의 길, 현실의 길

길이 있다. 하늘에는 천도天道가 있고 땅에는 인도人道가 있다. 평탄한 길이 있고 험난한 길이 있다. 정도正道가 있고 사도邪道가 있다. 역사의 길이 있고 현실의 길이 있다. 외세의 길이 있고 민족의 길이 있다. 세도世道가 있고 세도勢道가 있다.

"인생은 여행이요, 세사世事는 기로岐路니라. 세로世路는 대로大路도 있고 소로小路도 있고, 직로直路, 탄도坦道도 있고 방혜곡경旁蹊曲徑도 있으며 양장羊腸의 구곡九曲도, 벽립壁立의 천인千仞도, 온갖 길이 다 있으니 사람은 어느 길로든지 아니 가지는 못하리라. 세로世路는 개인의 사유물이 아니요, 중인衆人의 공로公路이므로, 아무라도 마음대로 갈 수가 있느니라. 사람 생긴 이후로 하도 여러 사람이 내왕하였으므로 별로 안 가본 길은 적으리라."(한용운)

어느 길을 걸을 것인가. "이 길이냐 저 길이냐"(키에르케고르)라는 철학상의 명제가 아니라도, 현실적으로 길은 여러 갈래가 있고, 사람은 사는 동안 선택의 기로에 설 때가 있다. 그래서 가스통 바슐라르는 "인간에 있어서는 일체의 것이 다 길이다"라고 말하였을 것이다.

일제 말기 조선청년들에게는 진로에 대한 선택의 여지가 별로 없었다. 오직 하나의 길, 이른바 '황도皇道'만 주어졌다. 일왕이 가는 길, 그것은 곧 침략전쟁의 길이었다. 전쟁에 동원되는, 그래서 선량한 이웃을 죽이거나 총알받이가 되는 길뿐이었다.

이미 일제의 충용한 신자臣子가 된 수많은 조선의 지도자들이 신문과 방송, 연설회에서 제국의 승리를 위하여 출전하라고 입에 게거품을 물고 있었다. 초기에는 그나마 형식적이라도 지원병제이던 것이 아예 동원령으로 바뀌고, 젊은 여성은 일본군 위안부로, 청년은 일본군으로 동원되었다. 혈서를 쓰고 제 발로 '황군皇軍'이 된 얼빠진 자들도 생겨났다. 동원에 반대하거나 기피하면 '비국민'으로 낙인되어 형무소로 가거나 가족이 살아가기 어려웠다.

"무릇 의인들의 길은 여호와께서 인정하시나 악인들의 길은 망하리로다"《구약성서》시편 1:6) 하였으니, 제국의 시대에 '의인의 길'을 택한 젊은이들이 있었다. 선구자들이었다. 어느 시대나 의의 길은 고난이 따른다. 광기의 시대나 몽매의 시대, 특히 불의한 권력이 칼춤을 추는 때는 목숨을 내걸지 않고는 걸을 수 없는 길이 의인의 길이다.

혼히 지식인의 나약성이 입질에 오른다. 황혼에 날개를 펴
고 나는 지혜의 여신 '미네르바의 부엉이'로 상징되는 지식인
의 나약성은, 강자에 비겁한 하이에나와 기회주의의 박쥐에
비유되기도 한다. 상황에 따라 변하는 카멜레온과도 연계된
다. 하지만 예외도 없지 않다. 신채호, 함석헌, 장준하, 문익
환, 리영희로 이어지는 근현대사 한국 지식인의 맥락은 자랑
스럽다. "지성이란 시대적 사명을 깊이 자각하고 미래 지향적
인 이상 속에서 시대와 사회발전을 위해 실천적 기여를 하는
지식인을 말한다"(정수일,《소걸음으로 천리를 가다》)고 한다면 신
채호, 함석헌, 장준하, 문익환, 송건호, 리영희는 이에 속한다.

마르지 않는 민족의 얼과 혼을 불변의 가치로 간직하고 실
천해온 장준하는 지성인의 상징이었다. 지성知性, 지식知識의
지知는 화살 시矢와 입 구口를 합친 글자로서, "입으로 말하는
것을 화살로 쏜다"라는 '언행일치'의 뜻이 담겨 있다. 이는
지식인의 삶이 어떠해야 하는가를 가르친다. 장준하는 그 상
징에 해당한다.

정도를 택한 의인의 길

장준하의 올곧은 생애는 흙탕물 같은 우리 현대사의 연못에 핀 한 떨기 연꽃과도 같다. 그는 민족이 식민지가 되었을 때는 총을 들고 왜적과 싸웠고, 조국이 해방되었을 때는 붓을 들고 청년과 학생들에게 민주주의 사상을 가르쳤다. 군사독재에 헌정질서가 짓밟히자 붓을 던지고 거리로 나서 민주화와 통일을 위해 싸웠다.

그는 남들이 안일을 택했을 때 항일전선과 독재의 감옥행을 마다하지 않으면서 청렴한 사생활과 강직한 공생활로 민족의 사표가 되고 겨레의 스승이 되었다.

다음은 필자가 1993년 장준하의 삶과 의문사에 대한 책 《민족주의자의 죽음》을 엮으면서 쓴 서문 부문이다.

일본군에 나갔다가 탈출하여 광복군이 된 사람, 이승만 독재에 저항하여 월간 《사상계》를 창간하여 이 땅에 자유민주주의와 인권의 씨앗을 뿌린 사람, 일본군 출신으로 도저히 대통령이 되어서는 안 되는 사람이 쿠데타를 일으킨 것도 모자라 유신정변을 통해 헌정을 유린하자 직접 행동에 나서 반독재·통일운동에 몸을 던졌다가 의문사한 사람, 그 이름이 장준하다.

다음은 중국 명대의 사학자 왕부지王夫之의 《독통감론讀通鑑論》에 나오는 인물평이다.

문장의 명망은 후대의 평가에 맡기고 조급하게 스스로 드러내지 않았다. 그의 행동거지는 산과 같이 무겁고 그의 수양은 물과 같이 깊으며, 고금에 통달하고 만 가지 변화 속에서 스스로 순수함을 잃지 않았으니 무엇이 그를 욕되게 할 수 있겠는가.

여기에 장준하를 대입해도 무방할 듯하다. 만 가지 변화, 천 가지 격랑 속에서도 스스로 순수함을 잃지 않았던 장준하는 우리 현대사의 '큰바위 얼굴'이 되었다.

장준하를 아끼는 사람 중에는 그의 정치참여를 비판하는 이들도 있다. '완물상지玩物喪志'라는 말이 있다. 쓸데없는 놀음에 빠져들어 자기의 지조를 잃어버리는 것을 말한다. 하지만 박정희 정권이 《사상계》를 갈수록 점점 더 탄압하고, 독재

권력이 말기현상으로 치닫자 장준하는 펜을 던지고 칼을 들었다. 그의 반독재투쟁은 '지조 잃음'이 아니라 지식인으로서 '지조의 실천'이었다. 조선 말기 의암 유인석 등 대학자들이 국망지추國亡之秋에 붓을 던지고 칼을 잡은 일을 탓할 수 없듯이, 장준하는 자신의 분신과도 같았던 《사상계》가 박정희 정권의 세무조사와 광고탄압, 판매방해 등 전방위 압박으로 고사지경에 빠지고, 민주헌정체제가 유신과 긴급조치로 나락에 떨어지면서 정치 일선에 나섰다. 그는 이미 박정희가 영구집권으로 가는 길목인 3선개헌 반대국민운동에 연사로 참여하는 등 재야활동을 펴왔었다.

장준하의 반독재 정치투쟁은 어느 야당인보다 더 철저하고 강경한 모습이었다. 삼성의 사카린 밀수사건이 터졌을 때는 박정희 대통령을 '밀수왕초'라고 비판하고, 한국군의 베트남 파병 때는 우리 청년의 피를 파는 매혈주의자라고 성토했다. 이로 인해 국가원수 모독죄로 구속되고, 감옥에 갇혔다가 국회의원에 당선되었다. 권력은 그를 투옥했지만 민중은 국민의 대표로 선출했다.

박정희는 요원의 불길처럼 타오르는 민주화의 요구를 차단하고자 긴급조치를 발동했다. 사실상 계엄령과 같은 효과의 조처였다. 장준하는 누구보다 먼저 이에 도전하고 나섰다. 민주회복을 위한 개헌청원 100만인 서명운동을 주도한 것이다. 이 같은 '금지된 동작'에 박정희 정권은 징역 15년을 선고하여 그의 입과 손발을 묶으려 들었다.

장준하가 1975년 8월 17일 57세를 일기로 경기도 포천의 약사봉 계곡에서 의문사한 날은 공교롭게도 장준하가 1945년 8월 18일 광복군 중위로 중국 서안에서 일본군의 항복을 받고자 미군 비행기로 여의도 비행장에 착륙한 지 30주년이 되는 날이었다.

장준하는 '못난 조상이 되지 않기 위하여' 불의한 시대에 의롭게 살다가 의문의 죽임을 당하여 몽매에도 그리던 고향과 통일조국을 보지 못하고 눈을 감았다. 민주화가 진척되면서 의문사진상규명위원회가 구성되고 장준하의 의문사에 대해서도 조사를 했지만, 일부 권력기관의 비협조와 자료제출 거부 등의 이유로 '영구미제' 상태에 빠지게 되었다.

"무릇 의인들의 길은 여호와께서 인정하시나 악인들의 길은 망하리로다"라고 한다면, 현실의 길을 택한 악한 무리들이 번창하고, 역사의 길을 걷는 의인들이 핍박받는 세상은 언제 끝나는 것일까.

하늘 아래 완벽한 인간이 없듯이 장준하 역시 격동의 시대에 파란곡절의 삶을 영위하면서 실수도 있었고 잘못도 없지 않았다. 특히 '민족의 양식'이라고 자부하고 독자들도 그렇게 인식해왔던 《사상계》에 육당 최남선의 사망을 계기로 특집을 마련하고 그를 추모하는 모임을 주최하는 일 등은 '옥의 티'였을까, 아니면 '장준하의 한계'였을까.

훗날 통일에 대한 인식이 크게 바뀌기는 했지만,《사상계》
시절의 완고한 반공주의 노선이나 북한의 유엔가입에 대한
반대입장 등은 냉전시대 지식인의 한계에서 벗어나지 못했던
것이 아닌가 싶다. 같은 시기에 평화통일론자들이 적지 않았
고, 그로 인해 극심한 고난을 겪었던 것이다.

●독실한 기독교 가정에서 태어나

    장준하는 1918년 8월 27일 평안북도 의주군 고성면 연하동에서 기독교 목사인 아버지 장석인張錫仁과 어머니 김경문金京文 사이에서 4남 1녀 중 둘째아들로 태어났다. 첫째아들은 출생한 지 얼마 되지 않아 사망하여 장준하가 사실상 장남인 셈이다. 장준하 밑으로 장명하張明河와 장창하張昌河, 누이 장영하張英河가 있다.

    장준하의 할아버지 장윤희는 일찍 개명한 기독교 장로로서 한학은 물론 중국어를 구사하고 마을에서 한의사의 역할을 하였으며 의주에 양성학교陽成學校라는 사립학교를 세워 교사가 되었다. 할아버지는 상투를 틀지 않았고, 과거를 보기 위해 주자학을 공부하였지만 거기에 머물지 않았다. 신학문을 배우고 그 과정에서 기독교에 입문하여 자신의 가정을 기독교 가정으로 변화시켰다. 아들을 기독교 목사로 양성할 만큼 기독교 신앙이 깊었던 장윤희는 일제의 침략을 겪으면서 배일사상을 갖게 되고, 이는 아들과 손자에게로 이어졌다.

장준하가 태어난 의주는 평안북도 북서쪽에 위치하여 동쪽으로는 삭주군, 구성군, 남쪽으로는 용천군, 철산군, 선천군, 북쪽으로는 압록강을 사이에 두고 중국(만주지방)과 국경을 마주한 북방지역이다. 이곳은 단군조선, 기자조선, 위만조선의 성립과 한사군의 설치, 고구려와 발해의 건국에 이르기까지 민족이동과 문화이동의 길목 역할을 해왔다. 원래 고구려와 발해의 영토였으나 발해 멸망 뒤 거란의 근거지가 되었다. 고려시대에 서희徐熙의 외교로 6진이 설치되면서 우리 땅으로 회복되고, 1033년에 압록강 입구를 기점으로 이 지역을 거쳐 동해안에 이르는 천리장성을 쌓으면서 완전히 우리 영토로 편입되었다.

임진왜란이 일어났을 때 선조가 이곳으로 피난하고, 정묘호란 때는 가장 먼저 청군에 함락되어 이순신의 조카 이완李莞이 전사하는 등 큰 고통을 겪었다. 병자호란 때는 임경업 장군이 불과 400명의 군사로 이곳의 백마산성을 방어하자 청군이 다른 길을 택해 남하할 만큼 방비가 완벽했었다.

북방 관문에 자리잡은 이곳은 일찍부터 신문명을 받아들이고, 주민들의 진취적인 기상이 강하여 애국자·선각자들이 많이 배출되었다. 일찍부터 천주교와 개신교가 대륙으로부터 수용되는 통로로서 기독교 신자가 많았다. 3.1운동 당시에는 이곳 출신 유여대劉如大(33인 중 일원)를 중심으로 전국에서 서울 다음으로 많은 시위 횟수를 기록하여 사망 31명, 부상 350명, 피검 1385명을 헤아리게 되었다. 상해에 대한민국 임시정부가 수립되고 압록강을 중심으로 만주와 국경지역에서 무력항쟁이 치열하게 전개될 때도 이곳 출신 인물들이 다수 가담하였다.[1]

장준하가 태어난 고성면 소재지인 연하동은 군의 서북쪽에 위치하여 백마산 줄기의 평야지대로서 쌀이 많이 생산되었다. 신의주시와 의주읍의 중간에 위치하여 교통의 요지가 되었지만 겨울에는 혹한이 계속되고 여름에는 기온이 높고 비가 많이 내렸다. 그러나 산수가 수려하고 역사적인 고적이 많이 남아 있고, 지역주민들의 역사의식도 남달랐다.

장준하의 아버지 장석인은 부친이 38세이던 1901년 연하동 집에서 태어났다. 위로는 두 누이가 있었다. 17세 때에 신의주 공립보통학교를 수석으로 졸업할 정도로 두뇌가 우수했던 장석인은 신의주고보에 진학하고자 했으나 연간 5원 이상의 재산세를 내지 못하여 입학이 불허되었다. 일제는 일정한 소득수준 이상의 자제들만 취학을 허용하는 차별교육을 실시하였다. 이로 미루어보면 장준하 집안의 가세는 상당히 어려웠던 것 같다.

장석인은 가정형편상 진학을 하지 못하는 대신 학교장의

1 이호관, 〈의주군〉, 《한국민족문화대백과사전 17》, 한국정신문화연구원, 1995, 634~635쪽.

추천을 받아 신의주 부청의 고원으로 들어갔다. 당시 취직이 쉽지 않았던 시대에 산골소년이 부청의 임시직 고원이기는 하지만 취업이 된 것은 장석인의 능력에 따른 행운이었다. 장석인은 취직과 함께 신의주교회 주일학교에서 반사班師의 일을 맡았다. '반사'는 교회에서 세운 주일학교의 강사를 말한다.

장석인의 생애는 평탄하지 않았다. 19세 때인 1919년 3.1운동이 일어나자 그는 교회에서 은밀히 추진한 시위에 사용할 태극기를 제작·배포하는 책임을 맡았다. 밤을 세워서 많은 태극기를 만들어 교인들에게 나눠주고, 직접 시위대의 앞에 서서 만세를 불렀다. 1919년 3월 29일 일어난 이 지역 영산시장의 시위는 일제의 발포로 6명이 사망하는 등 많은 희생자가 발생할 정도로 격렬하였다.

장석인은 시위에 가담한 일로 부청의 고원 자리를 빼앗기고 일제의 사찰 대상이 되었다. 부친 장윤희가 이듬해 서둘러 삭주군의 청계동으로 이사를 한 것은 아들과 가족을 보호하려는 이유였다. 장준하가 세 살 때 할아버지는 가족을 이끌고 청계동으로 이사를 하였다. 장준하는 그곳에서 유년시절을 보냈다.

검푸른 압록강 건너 세차게 불어닥치는 삭풍이 동북쪽으로 내뻗는 강남·유적의 험준한 양 산맥에 부딪친다. 언덕에 화전민이 오막살이 치고 계곡에 소농민과 광부들의

75

초가들이 옹기종기 널려 있다. 낮밤 가릴 것 없이 독립군
이 경찰서주재소를 습격하고 또 습격하여 하루도 영일이
없는 피 흘리는 대관, 이곳이 희세의 저항인 장준하 선생
을 길러낸 산천이다.[2]

풍수도참설이 아니더라도 유명산천이나 지형은 가끔 그
것에 걸맞는 인재를 낸다. 환경의 산물일 수밖에 없는 인간은
산천의 영향을 받게 된다. 장준하도 예외는 아닐 것이다. 할
아버지 장윤희가 새로 옮긴 삭주군은 1943년 수풍댐이 만들
어지고 이듬해 수풍발전소가 완공되었다. 그리고 평북선 철
도의 개통에 따라 교통과 산업의 중심지가 되었다. 지역의 특
수한 위치로 인해 무장독립운동이 치열하게 전개되고 3.1운
동 때는 천도교와 기독교가 연합하여 만세시위를 벌였다. 특
히 무장독립단이 삭주군 신안면주재소를 습격하는 등 일제강
점기에 치열하게 항일투쟁이 전개되면서 일제의 감시와 탄압
이 그만큼 심해졌다.

▬▬ 2 계훈제, 〈저항에 산 장준하〉, 《민족주의자의 길》, 장준하문집 1, 사상, 1985,
14쪽.

첩첩산중의 청계동 마을로 이사

장준하 가족이 새 삶의 터로 자리잡은 마을은 삭주군 외남면 청계동이었다. 남쪽은 은창산, 삼봉산, 팔영령, 동쪽은 연대봉으로 둘러싸인 첩첩산중의 마을이었다. 안중근 의사가 태어나 자란 곳도 청계동이었지만, 안중근 의사는 황해도 해주의 청계동이었다.

내가 자란 곳은 평안북도 삭주군 외남면 청계동이라는 아주 중중첩첩의 산골 마을로 교통이 엉망인 곳이었다. 정주역이 제일 가까운 기차 정거장인데 거기까지 나가려면 오불꼬불한 산 소롯길을 30리를 걷고 다시 산 중허리를 깎고 계곡을 뚫어서 된 좁다란 삼등 신작로 300리를 하루에 한 번 다니거나 말거나 할 자동차로 가야만 된다.[3]

3 장준하, 〈한 시민이 읽은 30년간의 신문〉, 《민족과 자유와 언론》, 일조각, 1963; 장준하, 《사상계지 수난사》, 장준하문집 3, 사상, 1985, 143쪽.

장준하의 할아버지는 당시 산골의 마을에서 서울에서 발행되는 신문을 정기구독하여 내외의 정세를 어느 정도 꿰뚫고 있었다. 의주에서 살 때는 양성학교라는 사학을 세우고 직접 교사가 되어 아동들을 가르쳤다는 것은 앞에서 말한 대로다.

이런 곳에 오직 한 부의 신문이 배달되었던 것이다. 한 번에 일주일씩이 모여서 들어오는 이 신문을 받아보시는 분이 나의 조부였다.

그 무렵 서울에서는 어쨌는지 모르지만 그런 시골에서 신문을 보는 분이라면 아주 굉장한 분으로 거의 그 지방을 지도할 만한 식자요, 유지이기까지 했으며, 때로는 불령·불온자로 일경의 '요주의 인물'이 되기도 했다.

아무튼 나는 그 무렵에 신문이라는 것을 처음으로 구경하게 되는 한 어린 소년으로 대개 만화나 광고 같은 것을 열심히 보았던 것이다.[4]

장준하의 청소년기의 성품과 인성 등을 알기 위해서는 먼저 아버지 장석인의 활동을 알아보는 것이 중요하다. 할아버지의 활동과 훈도에 못지않게 아버지의 역할이 장준하에게 미친 영향이 적지 않았기 때문이다.

___

4 장준하, 앞의 책, 143~144쪽.

장석인은 첩첩산중의 청계동으로 이사와서도 학습을 게을리하지 않아 독학으로 선천의 기독교계 사립학교인 신성중학교에 들어갔다. 그리고 1926년 신성중학교를 졸업하고 평양에 있는 숭실전문학교에 입학하여 30세인 1930년에 졸업하였다. 곧 평양 숭실전문학교 교사에 이어 1934년에는 모교인 선천의 신성중학교 교목校牧이 되고, 장로회신학교인 평양신학교에 들어갔다. 집에서는 학비를 대주기가 어려운 형편이라 고학으로 학업을 계속하였다.

장준하는 장로 할아버지와 목사 아버지 밑에서 올곧게 성장하였다. 그의 어린 시절에 대한 기록이나 증언은 많지 않다. 그래서 신성중학교 동기생으로 시흥의 성택중학교 교장을 지낸 김용묵金龍默의 증언은 값지다.

그는 경건한 신앙가정의 뿌리를 가진 싱싱한 종려椶呂로 발랄하게 자랐다. 그의 성격은 여성스러우면서도 때로는 폭포를 거슬러 오르는 잉어와도 같이 발랄하였고 한없이 날으려는 수리와 같이 창공을 바라보기 일쑤였다.[5]

소년 장준하는 어려서부터 기독교 신앙생활을 하면서 '폭포를 거슬러 오르는 잉어'와 같은 발랄함과 '독수리와 같이

━━━ 5 김용묵, 〈나의 친구 장준하의 어린 시절〉, 《광복 50년과 장준하》, 장준하선생20주기추모문집간행위원회 편, 1995, 136쪽,

79

창공을 바라보는' 사색인으로 성장하였다.

　　1932년 삭주에서 대관보통학교를 졸업한 장준하는 평양 숭실중학교에 입학하였다. 집안이 이사를 하느라고 대관보통학교를 5학년에 입학하여 2년 만에 졸업한 것이다. 기초학업이 딸려서 뒷날 진학에 애로가 따랐다. 가정의 어려운 형편에서도 삭주에서 평양까지 유학을 갈 수 있었던 것은 할아버지와 아버지가 남달리 교육열이 강했기 때문이다. 그러나 숭실중학교의 생활은 오래가지 못하였다. 1년 만에 선천읍에 있는 신성중학으로 전학하게 되었다. 아버지가 이 학교의 교목으로 부임하면서 전학하게 된 것이다. 그러나 이것이 오히려 장준하에게는 행운이 되었다.

　　관서지방의 종교도시요 교육도시인 선천은 금방 정이 들어 그는 활기에 넘쳐 있었다. 크게 화목한다는 대목산大睦山 500고지 산정을 일요일마다 뛰어오르고 신미도가 있는 서해의 푸른 기상을 마음껏 즐기며 포효하기 일쑤였다. 많은 독립투사 자제들과 어울려 검산성의 임경업 장군의 기개를 숭모하면서 청운의 뜻을 기르기도 하였다.

　　일요일이면 주일학교 반사로, 전도대로 바빴고, 방학이면 농촌계몽, 브나로드운동, 성탄절이면 고아원, 양로원에 위문 또한 앞장섰다. 방과 후면 매일같이 홍린식, 차

천자, 차경섭의 하숙으로 달려가서 장난질로 밤 깊도록 뒤엉켰다.[6]

━━━ **6** 앞의 글, 136~137쪽.

● 신성중학교에서 사회의식에 눈떠

숭실중학교와 신성중학교 생활은 장준하에게 삶에 대한 신념을 일깨워준 결정적인 시절이었다. 아직 철부지 어린 나이였음에도 불구하고 할아버지가 보시는 신문에서 브나로드 운동(농촌계몽, 문맹퇴치운동)에 참가하라는 내용의 포스터를 보고 여기에 참가하여 사회의식과 민족의식을 갖게 되고, 일제에 대한 반감이 싹트게 되었다.

내 나이 열네 살 되던 해였다. 그해 봄에 나는 처음으로 평양 숭실중학교에 입학을 했는데 여름방학을 한 달쯤 앞둔 어느 날이었다. 학교 게시판에 《동아일보》의 제호와 마이크가 새겨진 한 장의 포스터가 나붙어 있었던 것이다. 즉 브나로드운동에 참가하라는 내용의 포스터였다.

"아는 것이 힘이다" "배워야 산다" 이런 표어도 그 포스터 안에 쓰여 있었다. 그 운동에 참가하는 시행절차까지

자세히 쓰여 있었다. 즉 참가신청서가 따로 있어 거기에 학년 성명을 기재하고 계몽희망지구를 기입하여 학생회에 내면 학생회에서 모아 신문사에 보내기로 되어 있는 것이다. 그러면 신문사에서 그 희망지구에 교재를 보내준다고 했다. 물론 나는 참가신청서를 제출했다.[7]

장준하는 중학교 1학년 때 브나로드운동에 참가하기로 했다. 할아버지의 개명된 의식이 어린 손자의 운명을 바꿔놓는 역할을 했다.

마침내 방학은 다가와 평양 공회당에서 열린 3일간의 강습을 마치고 나는 계몽희망지구인 나의 고향으로 돌아왔다.
평양에서 자전차 한 대를 기차에 싣고 정주역에 내린 건 새벽 4시, 거기서부터 이틀간을 자전거로 달리고 그나마 타지 못하는 10여 리 산길을 끌고 하여 겨우 고향에 이르니까 고향에는 아주 반가운 것과 반갑지 않은 것이 동시에 나의 귀향을 기다리고 있었다. 하나는 신문사에서 보내온 교재꾸러미였고, 하나는 경찰서에서 온 순사였다. 채 여장을 풀기도 전에 그 순사는 수첩을 끄내어 들고, "다니

<hr>

7 장준하, 앞의 책, 144쪽.

는 학교는? 학년은? 성명은?" 들로부터 시작하여 앞으로
방학 동안 할 일에 이르기까지 일련의 소위 신문을 하는
것이었다. 내가 처음으로 일제에 대해서 반감의 싹이 트게
된 것은 실로 이때부터였으며, 이때 나는 갑자기 어른이라
도 된 것 같이 그들에 대한 적개심과 반항심이 굳어져버렸
다.[8]

장준하의 일생은 일제와의 싸움이었다. 광복군의 활동이
그랬고, 해방 뒤 이승만과 박정희 정권에 뙈리를 튼 친일세력
과의 싸움이 그랬다. 그 작은 불씨가 중학교 1학년 때 일본 순
사의 오만무례한 신문에서 싹트게 된 것이다. 장준하는 어린
마음에도 일제에 대한 적개심을 갖게 되면서 더욱 열심히 브
나로드운동에 참여했다.

나는 이튿날부터 마을 사람들을 모아놓고 한글을 가르
쳤다. 오전 오후 두 반으로 오전은 아이들, 오후는 어른들,
이렇게 가르쳤다. 계몽상황을 1주일에 한 번꼴씩 신문사에
보고하기로 되어 있어 보고를 내면 신문사로부터는 격려
와 위로의 편지가 꼬박꼬박 왔다. 물론 그 순사도 매일같이
빠지지 않고 와서는 우리가 하는 일을 조사해가곤 했다.

<hr />

8 앞의 책, 같은 쪽.

그러나 나는 그 순사를 속으로 무한히 증오했지만 표면으로는 아무런 구애도 받지 않고 매일 내가 할 일을 계속했다. 그때 계몽에 나오기 전 강습시에 미리 배워가지고 와서 가르쳤던 노래들을 나는 지금도 기억한다.

꽃피는 삼천리 방방곡곡이
조선의 아가야 우리 아가야
손과 손을 잡고서 손과 손을 잡고서
꽃피는 삼천리 봄맞으러 갈가나
얼싸얼싸 좋구나 절씨구두 좋구나
얼싸얼싸 좋구나 절씨구두 좋구나

라든지 또한 춘원의 시라고 기억되는

어어야 도으야 어허여리
어기어차 닻 감아라
옛 나라야 잘 있거라
나는 가네 새 나라로

이 밖에 찬송곡으로

삼천리 반도 금수강산

하나님 주신 동산
·········

등을 나는 열심히 가르쳤던 것이다. 이렇게 해서 한 달
방학기일을 마치고 개학이 되어 다시 학교에 오자 신문사
평양지사에서 계몽원들을 한자리에 모아놓고 위로를 해
주며 보고를 받았다.[9]

그러나 일제는 1933년에 조선총독부의 시정방침으로 '강
습회금지령'을 내리고 탄압에 나섰다. 장준하의 활동도 종지
부를 찍어야 했다.

이렇게 되어 중학교에 입학하자부터 3학년 때까지 내
리 3년, 여름방학 때만 되면 저절로 신바람이 나서 그 브
나로드운동에 참가해왔던 나도 잠시는 우울했지만, 그러
나 이때가 나의 일생을 기초지어준 아주 중요한 계기가 되
었음을 나는 여기서 밝혀둔다.[10]

장준하는 중학생 시절의 브나로드운동과 일본 순사들과
대결과정 등을 통해 보통 학생들과는 다른 신념을 갖게 되고,

9 앞의 책, 144~145쪽.
10 앞의 책, 146쪽.

이것은 그의 인생행로人生行路에 큰 동인으로 작용하였다.

어려운 가정환경 속에서도 신앙의 힘으로 좌절하지 않고 올곧게 자랄 수 있었고, 브나로드운동과 같은 사회활동을 통해 헌신과 사회의식에 눈을 뜨게 되었다. 이것은 장준하가 생사를 건 모험인 일본군에서 탈출하여 광복군에 들어가고, 이승만, 박정희 독재정권의 철권 하에서도 굽히지 않고 저항운동을 하게 되는 바탕이 되었다. 장준하의 저항의 생애는 이때 이미 그 심지에 불꽃이 점화되고 있었다.

평생의 동반 '함 도깨비 선생'

장준하의 신성중학교 시절에 빠뜨릴 수 없는 하나의 기억은 함석헌과의 만남이었다. 여기서 '만남'이란 표현은 부적절할지 모른다. 장준하는 어느 날 친구 안선규와 함께 정주에 있는 오산중학교로 함석헌을 찾아갔다. 당시 함석헌은 평안도지역 학생들에게 '함 도깨비'라는 별명으로 널리 알려진 오산중학교의 교사였다. 두 사람은 유명한 '도깨비 선생'을 찾아간 것이다. 이들이 그때 함석헌을 만났는지의 여부는 확인하기 어렵지만, 이제 갓 이성과 감성에 눈뜨기 시작하는 장준하에게 함석헌의 존재는 생애의 큰 그림자로 각인되었다.

함석헌은 1901년 평북 용천 출신으로 평양고보 3학년 때 3.1운동에 참가한 뒤 학업을 중단했다가 1921년 민족사학인 오산중학교 3학년에 편입하여 1923년 졸업할 때까지 남강 이승훈과 다석 유영모로부터 크게 영향을 받았다. 함석헌은 1924년 동경고등사범학교 문과 1부에 입학하여 1928년에 졸업하고, 귀국하여 오중산학교에서 교편을 잡고 있었다.

　장준하가 친구와 함께 오산중학교로 함석헌을 찾아갔을 때는 30대 중반으로 동인지《성서조선》을 내며 활기찬 활동을 하고 있을 때다.

　　말로만은 어려서부터 자주 들어오던 이름이다. 내가 다니던 중학교가 함 선생님이 봉직하시던 오산중학교가 있던 평북 정주의 바로 이웃 군인 선천에 있었기 때문에 그 학교소식은 자주 들려왔다. 오산중학교 이야기가 나올 때마다 함 선생님의 이야기는 빠짐없이 따라다니곤 하였다.

　　모르는 것이 없는 선생님, 그렇기에 오직 학생들은 감탄한 나머지 '도깨비'라는 별명까지 붙였던 선생님이다. 내가 중학교 시절에 오산 학생들에게서 흔히 들었던 이름도 '함 도깨비'였다. 오산 학생들은 그 '함 도깨비'의 이름을 자세히 물어야 비로소 함석헌이라고 일러주었다.

　　학생들의 존경을 독차지하다시피 하던 선생님이다.

　　왠지는 모르지만 그때 오산중학교에서는 동맹휴학이 자주 일어났다. 그러던 중 어느 땐가 그냥 동맹휴학이라기보다는 아주 거친 학생소동이 일어났다. 주먹 깨나 쓰는 학생들은 평소 좋지 않게 보아오던 몇몇 선생들을 때려준다고 교무실로 우루루 몰려들었다 한다.

　　이 사실을 미리 알아차린 교원들은 모두 재빨리 피하

어버렸는데 함 선생님 혼자만 태연히 앉아 계시다가 그만 그 난동학생들에게 폭행을 당하셨다. 그런데 얼마 후 학생들은 냉정을 되찾자 쳐도 무방하다고 평소 벼르던 선생을 놓치고 자기들이 지극히 존경하던 그 도깨비 선생을 찾아가 눈물로 사과를 하면서 "그때 다른 선생들은 모두 피하였는데 선생님은 피하시지 않고 혼자 앉아 계시다가 두 손으로 눈을 꼭 가리시고 맞으셨다는데 그것은 무슨 까닭이었습니까?" 하고 정중히 물었다 한다. 그때 선생님은 담담한 표정으로 껄껄 웃고 나서 "나는 아직 수양이 모자라서 성인들같이 너그러울 수가 없어, 맞은 것이야 별것 아니지만 나를 때리는 학생이 누군지 알면 앞으로 그 학생을 대할 때마다 마음이 좋을 수가 없는 게 아닌가. 그래서 나에게 손찌검을 하는 그 학생의 그 얼굴을 안 보려고 눈을 가린 것이지" 하셨다는 것이다. 이러한 그 '도깨비'의 술회가 끝나자 그 학생대표들은 모두 마음에 충격을 받아 소리를 내며 울며 엎드려 사과를 하였다는 것이다.[11]

다소 길게 함석헌의 이야기를 한 것은, 이때 젊은 장준하의 가슴에 함석헌의 존재가 깊숙이 각인되었기 때문이다. 직접 가르침을 받지는 못하였지만 해방 뒤 남한에서 장준하가

━━ **11** 앞의 책, 127~128쪽.

《사상계》를 발행하면서 함석헌을 '발굴'하여 글을 쓰도록 하고, 이를 계기로 두 사람은 잡지를 통해, 민권운동을 통해 고락을 함께하는 사이가 되었다.

장준하에게 함석헌은 스승이고 동지였다. 함석헌이 아니었다면 《사상계》는 그토록 광휘를 발하지 못하였을 것이고, 함석헌에게 장준하와 《사상계》가 없었다면 유영모 선생과 같이 평생을 종교인, 사색인으로 살았을지 모른다.

그런 의미에서 신성중학교 학생 장준하에게 함석헌을 '만나게' 한 것은 역사의 섭리가 아니었겠는가 싶다. 한국 현대사에서 두 사람의 만남은 큰 축복이고 희망이 되었다.

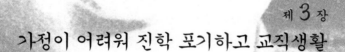

제 3 장

가정이 어려워 진학 포기하고 교직생활

일인들이 가장 주목하고 또 가장 미워하던 목사
가운데 한 분이 나의 아버님이었다. 신사참배를
반대하였다는 죄목으로 선천 신성중학교 교직에서
축출당한 뒤에도 계속 요시찰 인물로 형사들이
뒤를 따르던 형편이었다. 나는 장남이다.

— 장준하, 〈아버지를 회상하여〉

●신성학교 교사로 3년 재직

　장준하는 1938년 3월 25일 신성중학교를 졸업했다. 졸업
하면 숭실전문학교에 들어갈 예정이었지만, 바로 그 무렵에
숭실전문학교가 문을 닫았다. 이 학교의 교장이었던 매큔이
신사참배를 거부하면서 폐교원을 내 결국 문을 닫게 된 것이
다. 아버지 장석인은 장준하가 자신처럼 신성중학교를 거쳐
숭실전문학교를 나와 평양신학교를 졸업한 다음에 목사가 되
기를 바랐다. 장준하의 생각도 이와 별로 다르지 않았다.

　그런데 진학할 학교가 폐교가 되어 없어진 것이다. 장준하
의 분노와 실망은 이만저만이 아니었다. 그렇다고 서울에 있
는 연희전문학교에 갈 형편도 못되었다. 두 동생 명하明河와
창하昌河의 교육문제가 있었기 때문이다.

　고향으로 돌아가 농사를 지으면서 독학을 할 계획을 세우
고 있던 차에 정주교회 소속인 미션계열의 신안소학교 교사
자리가 마련되었다. 함께 졸업한 친구 김용묵이 나가는 교회

의 목사가 추천한 것이다.

장준하가 부임한 신안소학교는 말이 학교지 교사校舍도 제대로 갖춰져 있지 않았다. 교회당 안에 허물어져가는 창고와 같은 건물에 교사教師들도 대부분 만주로 떠나가고 없는 상태였다.

덩그런 교회당은 노쇠한 듯하고 그 뜰에 웅크린 신안학교는 마치 창고나 다름없었다. 변두리에서 모여든 500여 명의 서민 자제들을 가르치기가 힘에 겨워 모두가 만주로 일시에 떠나서 우리 두 소년은 당황하지 않을 수 없었다. 그래서 사범교육도 못 받은 우리는 선도자 없는 목장으로, 채찍 없는 카우보이인 양 현장에 뛰어들고 보았다. 비록 교육지도 경험은 유년주일학교 반사로 활약해본 것이 고작이었으나 그것이 큰 자본이 되었다. 교사라야 6명, 그중 연장자라고 해서 필자(김용묵-저자)는 6학년 담임에, 교장 대리까지 맡아 동분서주하는 동안, 어느새 그(장준하-저자)는 장도사張道師라는 별명을 얻고 이곳저곳에서 정열을 불태우며 서둘러 단독결행하는 등 파란을 일으켰다.

계속 터지는 사건들로 학부모와 유지들에게 이해를 구하고 무마책에 나설 수밖에 없는 필자(김용묵-저자)는 고충을 넘어 황당한 나날이 이어졌다. 가위를 들고 여학생들을 쫓아다니며 모조리 댕기꽁지 긴 머리 짜르기, 재단사를

95

불러 블라우스와 스커트를 상급반 100여 명에게 재단해주고 공납금을 받아 대납하고 나니 교내외를 막론하고 경탄과 비난이 교차되었다. 그러나 학생들 모습은 새로웠으며 또한 사기가 올랐다.[1]

장준하의 젊은 교사시절의 기록이 어릴 적부터의 친구에 의해 소상하게 전해진 것은 다행이다. 김용묵은 장준하와 함께 신안소학교 교사로 부임하여 생활하였기 때문에 장준하의 행동이나 성품을 잘 알고 있었다.

교회는 의자가 없는 마루방이라 체육관으로도 대용하는가 하면, 멋진 어린이 성가대를 조직하여 주일예배를 보기도 했고, 교회재직회에 참석하여서는 노쇠한 당회조직의 고식적 학교운영을 통박하여 장로들로부터 분격을 사는 등 그가 일으킨 파동은 적지 않았었다. 자라는 새싹들을 육영이라는 미명하에 간판만 걸고 제대로 가꾸지 못하는 우유부단성을 보고 참지 못한 그는 그때부터 혁신의 가치를 높이 들었다.[2]

■■■ 1 김용묵, 〈나의 친구 장준하의 어린 시절〉, 《광복 50년과 장준하》, 장준하 선생 20주기추모문집간행위원회 편, 1995, 138쪽.
■■■ 2 앞의 글, 138쪽.

고루한 인습을 타파하고 낡은 체제를 바꾸려 하는 '혁신
의 가치'가 청년기부터 장준하의 가슴속에 싹트고 있었음을
보여준다. 장준하는 학교건물을 신축하는, 교회와 지역주민
들도 감히 엄두도 내기 어려웠던 일을 해냈다. 장준하의 말을
직접 들어보자.

중학을 마친 나는 곧 정주에 있는 한 교회의 부설학교
에 교원으로 갔다. 학생들이 거의 모두 다 빈민아이들이었
고 학교건물이라는 것도 명색만 유지하고 있는 아주 형편
없는 건물이었다. 그리하여 나는 부임 벽두에 학교교사부
터 새로 지어볼 결심을 하고 곧 그에 착수하였다. 마침 그
때로는 최고학년인 5학년 학생들을 내가 담임했기 때문에
그들과 함께 밤을 이용하여 학교 뒷산을 무너내고 거기에
학교 터닦기를 시작했다.
마침내는 교회의 청년들까지 함께 합류하여 불과 몇
개월 내에 교사를 지을 만큼 훌륭한 터가 되었다.
그리하여 우선 그 자리를 학교운동장 삼아 학교 개교
이래 처음인 운동회부터 한번 열었다. 그 운동회를 계기로
학교신축에 대한 학부형들의 지지를 얻게 되어 그후 학교
신축은 더욱 급속도로 진전이 되었다. 큰 학생들과 교회
청년들은 뒷산에 가서 나무를 찍어오고 꼬마들은 돌과 모
래를 운반해 나르고 하여 결국 터가 되고 자재가 된 다음

학부형들의 후원으로 목수만을 초빙하여 건축을 하였다.[3]

한 소년교사가 교회의 장로들과 학부모들을 움직여 교사를 신축하고 지역사회를 바꾼 것이다. 장준하는 소년시절부터 이렇게 남달랐던 대목이 적지 않았다.

팔짱 끼고 관망하던 교회와 학교 이사진의 심경은 착잡하였다. 그는 낙엽송을 벌채하여 학생들과 목도로 함께 날랐다. 이처럼 무모에 가까운 그의 활동은 결국 교장의 심경을 변화시켜서 그 다음해 새 교사가 덩그렇게 정주의 명물로 산등성에 세워졌고, 그해 여름에 멋진 학예회를 열어 주민들을 기쁘게 해주었다. 이로써 학교발전의 기초를 본 소년교사 장준하는 안도의 숨을 쉰 뒤, 홀쩍 왜도 동경으로 날아간 것이다.[4]

---

3 장준하, 《사상계지 수난사》, 장준하문집 3, 사상, 1985, 148쪽.
4 김용묵, 앞의 글, 139~140쪽.

● 동맹시위 벌여 일경과 맞서

　장준하의 청소년기는 우리 민족이 일제의 탄압으로 극심
하게 고통을 겪고 있을 무렵이다. 보통학교를 거쳐 5년제 중
고등학교 과정인 신성중학교 그리고 신안소학교 교사생활을
하는 동안 일제는 만주침략과 중일전쟁에 이어 태평양전쟁을
도발하면서 한국인을 온갖 방법으로 수탈하고 이 땅을 군수
기지로 만들었다. 징병제를 실시하고 민족말살정책을 펴면서
1935년부터는 신사참배를 강요하였다.

　일제는 일본 왕실의 조상신과 국가공로자를 모셔놓은 사
당을 서울의 조선신궁을 비롯하여 전국 각지에 지어놓고 참
배를 강요하였다. 일부 기독교계 학교에서 거부하자 설립자
와 교장선생을 구속하거나 학교를 폐쇄시킨 경우도 있었다.
기독교가 일찍 전래되어 신도가 많았던 평안도, 특히 선천지
역에서는 신사참배에 대한 저항이 날로 심해졌다.

　독실한 기독교 가정인 장준하의 집안 역시 이와 같은 굴레

에서 벗어나기는 어려웠다. 오히려 더 심한 편이었다. 선천은 기독교가 뿌리를 내리면서 전국적으로도 민족의식이 강한 지역이었다. 장준하의 아버지는 이곳 학교의 교목으로 부임하고 아들도 이 학교로 전학시켰다. 해방 뒤 서울대학교의 총장을 역임한 장리욱이 신성중학교의 교장으로 있으면서 수소문 끝에 숭실에 있는 장석인을 교목으로 초빙한 것이다.

장리욱이 여러 명의 교목 후보인사를 고르면서 장석인을 선택하며 적어놓은 인적사항 메모지가 전한다. 여기서 장석인의 인물됨을 살필 수 있다.

① 숭전崇專 영문과 출신, 매큔의 애제자
② 매큔에게 발탁, 숭중崇中 성경교사
③ 보통학교 졸업 후 신의주 부청 고원, 농사꾼
④ 독학으로 신성 3학년에 편입학하여 졸업
⑤ 민족주의사상 투철
⑥ 19세 때 교회목사 주도의 3.1운동에 가담, 태극기 제작배포
⑦ 그로 인하여 신의주 부청 고원 자리 잃다
⑧ 일제에 쫓겨 의주에서 삭주로 이주, 농사꾼이 되다
⑨ 숭실에 근면, 성실, 호학好學의 교사로 알려지다
⑩ 평양신학교 진학시험에 합격[5]

여기서 '매큔의 애제자'에 관해서는 약간의 설명이 필요하다. 조지 매큔G. S. McCune은 미국 출신으로 미주리대학을 졸업하고 1905년 부인과 함께 미국 북장로회 교육선교사로 한국에 왔다.

평양의 숭실중학교 교장에 이어 선천 신성중학교 교장으로 재임하면서 1920년 이임할 때까지 15년 동안 한국의 독립운동가들과 고통을 같이했다. '105인 사건'과 3.1운동 때는 고통과 박해를 학생들과 함께 겪을 만큼 한국을 사랑한 미국인이었다. 매큔은 숭실중학교 교장으로 있으면서 장석인의 인물됨을 알아보고 아꼈다. 그래서 장리욱이 장석인을 '매큔의 애제자'라고 평가한 것이다. 매큔은 장리욱의 옛 숭실중학교 시절의 은사이며, 장리욱의 미국 유학시절에 도움을 주었을 만큼 돈독한 사제관계를 맺고 있었다. 그래서 장리욱은 매큔에게 찾아가 상의하고 장석인을 선천으로 초빙하였다.

장준하가 아버지 장석인을 따라 선천의 신성중학교에 전학한 것은 그의 생애에 큰 의미를 갖는다. 같은 반 학우 안선규와 벗 하면서 그의 할아버지 안영모 선생을 통해 민족혼을 키우게 되고, 평생의 동지가 된 민권운동가 계훈제 등을 만나게 되었으며, 일제의 폭압에 맞서는 배일사상을 품게 되었기 때문이다.

━━━ 5 박경수, 《재야의 빛 장준하》, 해돋이, 1995, 49쪽.

장준하는 숭실중학교에 1년을 다니다가 신성중학교로 전학하여 2학년에 편입했다. 학교 기숙사에 들어간 장준하는 열심히 공부하여 1학기 성적에서 우수한 점수를 받았다. 한문은 100점을 받았고 일어를 빼고 작문, 조선어, 문법, 법학통론, 부기, 대수, 기하, 체조 등 모든 과목에서 숭실중학교 때에 비해 많이 올랐다. 숭실에서 성적이 좋지 않았던 것은 보통학교를 5학년에 입학하여 기초실력이 모자랐던 까닭이었다.

장준하는 신성중학교 시절에 민족의식이 싹트고 역사와 신앙에 대한 관심이 높아지면서 뒷날 '민족주의자'가 되는 소양을 키우게 되었다. 안선규의 할아버지는 장준하의 할아버지와 과거공부를 하던 친구 사이로 교회의 장로를 맡고 있었다. 어느 날 장준하는 아버지를 따라 안선규의 할아버지를 찾아갔다. 그리고 두 집안의 내력과 '105인 사건', 3.1운동 때 평안도지역의 항일투쟁, 1920년 8월 미국 의원단의 방한을 계기로 한 신성중학교 학생들의 선천경찰서 폭파사건 등 항일운동의 내막을 상세히 듣게 되었다. 노인은 자신이 직접 행동에 나섰던 투쟁담을 오랜 벗의 손자에게 들려주었다. 시쳇말도 '의식화'시켰다고 할까.

신성중학교는 교사와 학생들이 대부분 기독교 신자들이었고, 학생들의 수준도 상당히 높은 편이어서 기독교와 항일투쟁과 신문학운동이 어우러지는, 신학문의 요람이었다.

당시 신성의 학생은 '3분의 1이 전도사이고 3분의 1은 애국투사이며 3분의 1은 문학가였다'는 말이 있다. 셋 중에 전도사가 으뜸으로 꼽힐 만큼 당시의 신성학생에게는 전도가 학업 다음으로 큰일이었다.

이때 장준하는 폭넓은 감수성으로 문학적 정서에도 민감하였고 특히 한때는 중국의 선구적 작가 노신魯迅에 심취하기도 하였다 한다. 위의 세 부류 가운데 문학가 축에 들기도 하였으나 역시 그의 활달한 행동성 때문에 제1부류의 전도사 축에 끼었다. 그리하여 점차 전도대원의 선도자로, 주일학교의 반사로, 장준하는 특히 유명했다는 것이다.

언제나 그는 시간을 넘겨가며 가르치고 그래도 모자라면 월요일 오후에 다시 아이들을 모아 미진했던 것을 기어이 끝냈다. 또 일요일 오후마다는 학교 뒤에 있는 500미터 높이의 대목산을 오르는 것이 일과였다. 산에 오르면 발아래 파도를 철석이며 창망히 빠져나가 펼쳐진 게 서해바다다. 저만치 석양을 받으며 떠 있는 신미도는 언제 보아도 그림같이 아름답다. 그리고 바야흐로 바다 끝으로 떨어지는 낙조는 그대로 일등의 꿈과 호연지기를 키워주는 장관이다.[6]

6 앞의 책, 61쪽.

창공을 바라보는 소년

청소년 장준하는 기독교를 전도하는 신앙인으로 활동하면서 중국의 혁명적 문인 노신에 심취하는 한편, 학생들의 리더가 되었다. 1937년에는 이런 일이 있었다. 장준하가 5학년 졸업반이 되는 해였다. 음력 5월 5일 단오절을 맞아 선천에서는 평북도 내 씨름대회가 열렸다. 선천군의 선수는 대부분 신성중학교 학생들이 뽑혔는데, 대회에서 대승을 거두었다. 승리의 기쁨을 안고 선수와 응원단이 학교에 도착하여 해산할 무렵에 학생들이 보는 앞에서 일본 경찰이 장리욱 교장선생을 붙잡아갔다.

수양동우회사건에 연루되었다는 것이다. 일제는 1937년 6월부터 민족계몽운동을 벌이는 변호사, 의사, 교육자, 목사 등으로 구성된 180여 명의 수양동우회 회원들을 무차별 구속하였다. 중일전쟁을 앞두고 전시체제 강화에 나서면서 반일, 배일 지식인들의 검거에 나선 것이다. 장리욱도 '불온한 교육자'로 분류되어 구속되었다. 교장선생이 구속되는 모습을 지켜본 장준하와 학생들은 일경에 맞섰지만 소수의 학생으로서는 무장한 일경을 당해낼 수가 없었다.

다음날 장준하는 전교생을 이끌고 동맹시위를 감행하였다. 먼저 학생들에게 교장선생이 잡혀간 사실을 설명하고, 책가방에 든 일본어로 된 교과서를 비롯하여 모든 교재를 찢었다. 지켜보던 학생들도 이를 따랐다. 학생들의 뜻을 모은 장준하는 선두에 서서 "교장선생 석방하라"는 구호를 외치며 교문을 박차고 거리로 나갔다. 분노한 전교생이 뒤를 따랐다. 급히 출동한 일경은 학생들을 폭행하고 더러는 연행해갔다. 구속을 피한 학생들은 대목산으로 쫓겨 올라가서 교가와 아리랑을 부르며 교장선생을 석방하라는 구호를 외쳤다. 산 정상까지 포위한 일경은 주동자 찾기에 혈안이 되었다.

장준하가 자신이 주동자라고 나서자 여기저기서 자기를 잡아가라고 뒤를 따랐다. 장준하와 각 학년 대표들이 구속되고 나머지 학생들은 훈방되었다. 이 사건으로 장준하는 처음으로 일경에 붙잡혀 경찰서에 유치되었다. 일제와 그 주구들과의 파란만장한 싸움은 이렇게 시작되었다. 그의 나이 스무 살 때 첫 '접전'이 이루어졌다.

이날의 시위에 동참했던 장준하의 1년 후배 계훈제는 뒷날 다음과 같이 회고했다.

1937년 단오 다음날 30평 남짓한 중학 교실에는 일본 교과서의 파지로 가득 찼다. 수양동우회사건에 관련된 스승이 체포된 데 보복항의한 것이다.

독립군의 손자국이 가득한 유치장에는 일본 식민지교육을 갈기갈기 찢은 학생 우두머리 장준하가 눈 하나 깜빡하지 않고 철창을 응시하고 있었다. 유치장에의 첫 나들이 길이 트인 것이다.[7]

이 무렵 장준하의 모습에 대해 "여성처럼 조용한 성격이지만 때로는 폭포를 거슬러 오르는 잉어와도 같이 용맹스럽고 활달하였다. 그는 자주 창공을 바라보았다"(김용묵), "하얀 피부에 여성다운 깨끗한 용모를 가지고 있는 준하 형은 그 성격이 명랑했다"(계훈제)라는 증언으로 보아 그는 청소년시절부터 외유내강형의 성품이었던 것 같다.

---

7 계훈제, 〈저항에 산 장준하〉, 《민족주의자의 길》, 장준하문집 1, 사상, 1985, 14쪽.

일본 유학생활

사람의 운명은 참 알기 어렵다. 그래서 옛날부터 불가지론설不可知論說이 나왔는지 모른다. 신학을 공부하여 목사가 되고자 하는 조선청년이 신사참배 강요와, 이에 반대하는 학교의 폐쇄조치로 적국인 일본으로 건너가게 된 것은 확실히 역설이었다. 개인의 운명을 넘어서는 민족사의 모순이었다.

1941년 2월 장준하는 일본으로 건너갔다. 신성중학교 시절의 가까운 동기생이었던 김익준의 초청을 받았다. 신성중학교 시절부터 마라톤선수였던 김익준은 신성중학교를 졸업한 뒤 곧 도일하여 동양대학에 자리를 잡았다. 뒷날 한국에서 7, 8대 국회의원과 육상연맹 이사장을 지내기도 한 김익준은 활달한 성품과 천부적인 마라톤선수로서 일본 스포츠계에서 상당한 위치를 차지하게 되었다. 그는 당시 동양대학의 마라톤선수 겸 육상코치로서 선수합숙소를 운영하고 있었다.

김익준은 장준하의 아버지 장석인의 제자이기도 하여 장

준하와는 각별했다. 이러한 관계로 그를 초청하고 숙식을 함께한 것이다. 김익준의 이런 배려가 아니었다면 장준하는 가정형편상 일본 유학은 엄두도 내기 어려운 일이었다. 일본에 도착한 장준하는 동양대학 철학과에 들어갔다. 당장 일본신학교에 입학하기에는 실력이 모자랐던 것 같다. 그래서 1년 뒤에 일본신학교에 들어간 것이다.

장로교 계통의 일본신학교는 150명 정도의 학생을 수용하면서 다른 대학들에 비해 신학적 분위기가 안정된 곳이었다. 장준하는 여기서 생애를 두고 뜻을 같이하는 좋은 친구들을 사귀게 되었다. 전택부, 박영출, 문익환·문동환 형제, 전경연, 김관석, 박봉랑 등이다. 이들과는 해방 뒤 《사상계》 등을 통해 동지가 되었다.

1942년 장준하가 일본신학교에 들어갔을 때 그곳 3년 과정의 본과에는 박영출, 김형도, 지동식, 황재경, 오택환 등이 있었고, 2년 과정의 예과에는 전택부, 문익환, 문동환, 전경연, 김관석, 장병길, 박봉랑, 김철손, 백니언 등이 2년 혹은 동급의 1년생으로 있었다.

이들 가운데 전택부는 후에 장준하가 하던 《사상계》에 직접 참여했다가 YMCA 총무가 되고, 박봉랑은 후일 한국신학대 교수로 있으면서 《사상계》의 주요 필자가 되었다. 문익환은 60년대 후반에서 70년대 초까지 장준하와 같은

대열에서 민주화운동을 하다가, 75년 8월 장준하 사후에
는 스스로 "나는 장준하의 대타다"라고 하면서 그 뒤를 이
었고, 그의 아우인 문동환은 장준하가 이 학교에서 못 끝
낸 신학공부를 뒤에 한신대에서 마치도록 주선하였다.[8]

장준하의 일본 유학시절 당시는 태평양전쟁이 막 시작되
던 때였다. 일본은 1941년 12월 7일 미국 하와이의 진주만을
기습공격하면서 제2차 세계대전을 일으켰다. 만주침략과 중
일전쟁을 일으킨 일제는 전쟁의 교착상태를 타개하고 동남아
일대의 자원을 손에 넣고자 남방진출을 기도하면서 독일, 이
탈리아와 3국 동맹을 맺었다. 그리고 마침내 미국을 침략하
기에 이르렀다. 개전 초기에는 필리핀, 말레이반도, 싱가포
르, 버마 등을 점령하고, 이어 뉴기니, 과달카날 섬에 진출,
오스트레일리아까지 위협했다. 그러나 미국은 1942년 6월 미
드웨이 해전에서 승리함으로써 제해권과 제공권을 장악하게
되었다.

장준하의 일본신학교 시절의 편린을 박봉랑의 증언으로
들어보자.

일본신학교는 예과 2년, 본과 3년, 합 5년제 전문학교

━━━ **8** 박경수, 앞의 책, 86쪽.

로서 100명에서 150명까지의 학생수를 가진 작은 규모의, 그러나 안정되고 경건한 그러면서 신학적 분위기가 짙은 신학교였던 것으로 기억된다. 한국교회의 신학교가 폐쇄된 탓이어서 그랬는지 몰라도 한국 학생들을 적지 않게 받아들였다.

내가 일본신학교 예과에 들어갔을 때 박영출, 김형도, 지동식, 황재경, 오태환 목사 등이 본과에 계셨고, 전택부 형, 문익환 목사가 예과에, 그리고 역시 예과에는 전경연, 이영헌 목사, 김관석, 김철손, 백니언 목사, 장병길 교수 등이 들어오셨다. 내일의 한국의 신학의 꿈을 안으며 우리는 일본말 사전을 뒤져 독일어, 영어, 희랍어와 싸웠다.

장준하 형을 만난 것은 이러한 신학도의 공동체생활 속에서였다. 그때도 얼굴은 희고 안경을 썼었다. 알고 보니 그는 내가 다닌 평양의 숭실학교의 기숙사에서 사감 선생님으로 수고하시던 장석인 선생님의 자제라는 것이었다.

나는 개인적으로는 장석인 목사님을 잘 몰랐지만 장 목사님께서 그때에 학생들에게 존경을 받고 계셨기 때문에 적어도 그 이름은 잘 알고 그의 인격을 존경하고 있었던 것이다. 어쩌면 아들도 아버지의 모습과 비슷하구나 생각을 했다.[9]

▬▬▬ **9** 박봉랑, 〈신학생 장준하 형〉, 《광복 50년과 장준하》, 474쪽.

일본에서 유학하는 동안 장준하는 박영출 목사가 조선인 학생들을 위해 동경에 세운 숭덕학사崇德學舍에 다니면서 신 앙생활을 하며 교포 어린이들을 가르쳤다. 숭덕학사는 목회 와 배일민족의식을 가르치는 조선 기독교인들의 활동무대였 다. 그 무렵 김익준의 초청으로 신안소학교의 벗 김용묵도 일 본으로 건너와 동양대에 입학하여 숭덕학사에 다니게 되었 다. 뒷날 중국 전선에서 항일투쟁의 동지가 되고 고대총장을 지낸 김준엽과 《사상계》에 신학 관련 글을 많이 쓴 박봉랑 등 도 숭덕학사에서 만나게 된 사람들이다.

장준하와 박봉랑은 주일이면 동경에서 멀리 떨어진 지방 의 교포 어린이들을 데려다가 하루 종일 찬송가와 성경, 조선 역사 등을 가르쳤다. 100리 길이 넘는 촌락에서 아침저녁으 로 아이들을 데려오고 데려다주면서 가르치는 것이 결코 쉬 운 일이 아니었다. 장준하는 이 일을 일본을 떠날 때까지 계 속했다. 헌신적인 교육열과 교포 어린이들에게 조선역사를 가르치려는 나라사랑 정신을 보게 된다.

숭덕학사의 일을 김용묵과 박봉랑은 다음과 같이 기억한다.

그의 활동은 유별나기도 하였다. 도심에서 80킬로미터 나 떨어진 다마치 항구의 판자집 부락의 교포 어린이들을 매주 일요일마다 데려와 하루 종일 찬송가와 동요 가르치 기에 열을 올렸다. 20여 명의 어린이들은 성경과 한국역사

에도 눈을 뜨기 2년여, 학병으로 가기 전 그의 신앙 전도
활동은 실로 기상천외하고 놀랍기만 하였다.[10]

그 후에 나는 장 형과 같이 지금은 세상을 떠나고 계시
지 않은 박영출 목사님께서 동경에서 숭덕학사를 경영하
시며 목회를 하시던 숭덕교회에서 만나게 되었다. 우리들
이 그의 후배가 됐던 관계였는지 장 형과 우리는 숭덕교회
에서 교회위원(지금의 집사)을 하며, 박 목사님을 도와서 예
배와 가르치는 일을 돕고, 같이 주일학교 일을 맡아 했다.
주일학교 학생이라야 동경 안에 있는 한국 교포들의 애들
이었기 때문에 주일학교 학생을 얻기 위해서는 여러 지역
에 가서 애들을 모집해오는 수밖에 없었다.
    장 형과 나는 매주일 아침 일찍이 동경시 시나가와구에
가서 애들을 데리고 와서 가르치고 또 시나가와까지 애들
의 손목을 잡고 데려다주는 그런 일을 얼마 동안 계속했다.
아마도 이런 극성스러운 생각은 장 형의 머리에서 나왔던
것 같다. 일이 되기 위해서는 그렇게 해야 된다는 것이었다.
주일마다 주일학교를 하는 일은 참 즐거운 일이 되었다.[11]

___

10 김용묵, 앞의 글, 140쪽.
11 박봉랑, 앞의 글, 476쪽.

춘원 · 육당의 학병지원 강연

　전세는 하루가 다르게 변하고 있었다. 일본군은 도처에서 미군에게 밀렸다. 일제는 모자라는 병력을 충원하고자 1943년 10월에 조선인 대학생들을 대상으로 지원병제를 실시했다. 말이 지원병제지 반강제로 지원케 하는 징병제 실시의 전 단계였다.

　재일 유학생 중에서 일본군에 끌려가는 학생이 늘어났다. '강제지원'을 피하기 위해 귀국을 하거나 만주로 건너가는 학생이 있는가 하면 아예 피신하는 경우도 생겼다. 박봉랑은 여름방학 때 잠시 귀국했다가 경찰에 연행되어 이듬해 4월에야 풀려났다. 9개월 동안 이유 없이 유치장 신세를 진 것이다.

　이 무렵 육당 최남선과 춘원 이광수 등 저명한 지식인들이 일본으로 건너와서 조선학생들을 모아놓고 내선일체를 이룩하기 위해서는 일본 황실의 특별지원 은전에 감사하고 솔선해서 일본군에 들어가야 한다고 열변을 토하고 있었다. 전세가 긴박해질수록 친일 지식인들의 방일 횟수와 '일본군지원'

의 열변은 강화되었다.

이때 일본에서 유학 중이던 신상초는 최남선 등 친일파들의 강연을 듣고 다음과 같이 소감을 썼다.

이달(1943년 11월) 중순에 최남선 씨를 비롯해 한국의 소위 명사들과 지식인을 동원해가지고 동경에 와서 학병으로 나아가기를 권유하는 강연회를 열었다. 대표적인 친일분자들로 구성된 연사들은 한결같이 '성전필승' '타도미영'을 역설하고, 진정한 '내선일체'를 이룩하기 위해서는 '특별지원'의 은전에 감사하고 솔선해서 군문에 들어가야 한다고 열변을 토하고 있었다. "미친놈들이군. 아무리 일본놈의 앞잡이가 되어 부귀영화를 누린다기로 동족의 청년들 보고 저렇게 말할 수 있담" 하는 것이 나의 솔직한 감회였다. 나는 연사들을 찾아가 일군에 들어가는 것이 그렇게 훌륭하고 좋거든, 당신들이나 당신들의 자식부터 내보낼 노릇이지 우리들 보고 권유는 왜 하느냐고 따졌다. 이 물음에 대해서는 그들 중 누구도 감히 대답하지 못했다. 화난 생각을 하면 주먹으로 때려주고 싶은 충격마저 느꼈으나, 동족의 선배들이라 그렇게 대접할 수도 없었다.[12]

---

12 신상초, 《탈출》, 태양문화사, 1978, 55~58쪽.

장준하는 이때에 최남선의 강연을 들었다. 그리고 먼발치에서나마 그와 만나게 되었다. 일제강점기에 이광수와 최남선은 조선청년들에게 우상과 같은 존재였다. 신문학을 통해 조선의 정상급 지식인으로 활동해온 이들은, 그러나 친일로 변절하면서 지탄의 대상이 되었다. 하지만 명성만은 여전하여 그들의 강연회에는 많은 청년·학생들이 모여들었다. 장준하는 이들의 강연을 들으면서 '무거운 침묵'을 지켰다고 한다. "일제 말 춘원·육당이 동경에 나타나서 학병참전 권유를 할 때도 무거운 침묵을 지키던"(김용묵) 그였다. 그리고 얼마 뒤 귀국하여 일본군에 입대하였다.

장준하가 열정을 바쳤던 숭덕학사도 폐지되었다. 전시체제가 강화되면서 일제는 조선인들의 신앙공동체를 폐쇄시킨 것이다. 장준하는 짐을 정리하여 1943년 11월 하순에 귀국하였다. 일본신학교 생활 1년 반 만에 학업이 중단되었다.

장준하가 귀국을 서두른 데는 두 가지 이유가 있었다. 먼저 일본군 입대가 불가피하다는 상황인식이었다. 무엇보다 고향에 계시는 부친이 1938년 신사참배 거부로 신성중학교에서 쫓겨났다가 3년 뒤에야 겨우 삭주의 대관교회 목사로 자리잡고 있었다. 시골교회의 목회자로 있음에도 불구하고 일제는 요시찰 인물로 찍어 감시를 멈추지 않았다. 이런 처지에서 장준하가 지원을 기피하거나 도피했을 경우 부친과 가족이 당할 불행은 뻔한 것이었다. 장준하는 주변에서 친구들의 가족이 당한 비극을 지켜보아왔던 터였다.

또다른 사연이 있었다. 장준하가 신안소학교 시절에 하숙을 하던 집의 안주인이 경건한 천주교 신자 노선삼이었다. 남편 김덕준이 배일사상가로서 중국으로 망명하면서 집안살림을 본인이 도맡아 하숙으로 생계를 꾸렸다. 장준하와 김용묵은 이 집에서 함께 하숙을 했다. 그 집의 딸 김희숙金熙淑 (천주교 세례명 로자)은 그때 선천에 있는 보성여학교 2학년생이었다.

동경 유학 중 장준하는 자신들에게 잘 해준 노선삼 여사에게 가끔 문안편지를 보냈는데 로자가 어머니를 대신하여 답신을 하는 과정에서 두 사람은 자주 편지를 주고받게 되었다. 그 사이에 서로 연모의 정이 싹트게 되었던 것 같다.

김용묵의 증언이다.

그는 학병입대를 결심하고 귀향하기 직전 어느 날, 저녁 어스름에 나의 손을 끌고 요츠야 비탈길로 산책을 나갔다. 그는 몹시 침통한 표정으로 자신의 감정을 솔직하게 털어놨다. 그것은 고향에 있는 제자이며 귀여운 로자(부인 김희숙의 천주교 세례명)의 신변문제였다. 정주에서 필자와 같이 지낸 하숙집 주인 비리스(노선삼의 천주교 세례명)의 딸이다. 아주머니는 경건한 신도로 존경받는 신앙인이었다.

그러나 그 부군이 망명함으로써 가세는 쇠락했고 일본

경찰의 마수는 선천 보성여고를 중퇴한 소녀 로자를 정신대 아니면 공장으로 가라고 재촉하던 시기였다. 보성여고로 연문 아닌 사제의 정든 소식을 자주 보내 편지를 주고받던 것이 불씨가 된 것은 뻔한 일이다. "귀엽고 불쌍한 로자를 맡아 안정시켜 놓고 출정할 것이다"라고 고백하는 그의 의지는 확고해서 나는 친지로서 애타는 입술을 깨물기만 하였다. 그의 의지와 담력을 잘 아는 필자로서는 결국 "장한 결의요"라고 손을 잡았다.[13]

---

[13] 김용묵, 앞의 글, 141쪽.

제자 김희숙과 결혼

장준하와 김희숙은 현해탄을 사이에 두고 사제 사이를 뛰어넘어 연모의 정이 쌓이게 되었을 것이다. 그런 와중에 김희숙의 집안에 변화가 생겼다. 생계수단이던 하숙을 못하게 되면서 생활이 더 어려워지고, 김희숙은 학업을 중단하기에 이르렀다. 장준하와 김용묵이 일본으로 떠나게 되면서 하숙생을 다시 받지 못하였다. 김희숙 아래로 여동생만 두 명이 있는 집에서 신상을 잘 알지 못하는 사람을 받을 수는 없었던 것이다.

이즈음에 조선에서는 젊은 여성들을 일본군 위안부와 일본에 있는 공장으로 끌고갔다. 김희숙은 부친의 중국 망명으로 일본군 위안부에 끌려갈 공산이 높았다.

장준하는 이와 같은 사정이 담긴 김희숙의 편지를 받고 입대를 결심하였다. 그리고 귀국을 단행하고 결혼을 서둘렀다. 입대하기 전에 결혼을 하는 것이 김희숙을 보호하는 길이라고 믿었다. 일제는 결혼한 여성까지는 끌고가지 않았던 것이다.

그래서 장준하는 아직은 귀밑에 솜털이 보송보송한 김희숙과 결혼을 하기로 작심하였다. 그것이 한 조선의 여성을 구하는 길이라고 믿었고, 편지를 주고받으면서 싹트게 된 사랑의 결정이라고 생각했다.

김용묵이 알기에 그동안 장준하를 연모하여 짝사랑을 해오는 여자가 많았다. 일본 아오야마학원靑山學園 대학의 신모 양, 정주의 조모 양, 역시 정주의 명문가집 딸 김모 양 등의 얼굴이 김용묵의 망막에 어른거리며 스쳐 지나갔다. 김용묵의 생각에 장준하가 결혼을 한다면 그 세 사람 중에서 하나일 줄 알았지만 하숙집의 로자이리라고는 상상치 못했던 일이었다.[14]

김용묵의 증언이고 보면 정확할 것이다. 장준하가 많은 여성들을 뿌리치고 김희숙을 택한 것은 사제간의 정이나 그녀 아버지에 대한 경외심도 어느 정도 작용했을 것이다.

두 사람의 결혼은 넘어야 할 장애가 널려 있었다. 나이 차이가 너무 컸고 종교가 달랐다. 장준하는 24세, 김희숙은 17세였고, 각각 개신교인과 천주교인이었다. 그럼에도 1944년 1월 5일

■■■■ 14 박경수, 앞의 책, 96쪽.

두 사람은 결혼했고, 2주일 뒤 장준하는 일본군에 입대했다.

장준하는 일본군의 학병에 지원하게 된 배경을 다음과 같이 술회하였다.

> 일인들이 가장 주목하고 또 가장 미워하던 목사 가운데 한 분이 나의 아버님이었다. 신사참배를 반대하였다는 죄목으로 선천 신성중학교 교직에서 축출당한 뒤에도 계속 요시찰 인물로 형사들이 뒤를 따르던 형편이었다. 나는 장남이다.[15]

누구보다 배일사상에 투철했던 장준하는 아버지와 가족을 보호하기 위하여 학병에 지원하지 않을 수 없었다. 장준하뿐 아니라 당시 조선청년들, 특히 대학이나 전문대학생들의 경우가 '지원'과 '징집'의 우선순위에 들었다. 외적을 위하여 총을 들고 나서야 하는, 식민지청년들의 불행하고 참담한 시대였다.

---

15 앞의 책, 93쪽.

제 4 장
일본군 탈출, 대장정에 나서

대륙의 햇볕은 뜨거웠고 거의 우리는 목이 타서 죽을 것만 같았다.
이 지방의 여름 더위는 보통 화씨 100도를
오르내린다고 하던 일군 교관의 말이 떠올랐다. 그 복사열을
바람 한 점 없는 조밭 속에 누워 우리는 직접 받고 있었다.
그것은 가공할 더위였다. 우리를 가려주던 조 포기들은 차츰
말라비틀어져가고 살갗에 와닿는 직사광선은 그대로
불덩어리였다. 물 한 모금의 갈증이 일체의 잡념을 몰아갔다.

– 장준하, 《돌베개》 중에서

중국 망명 위해 일본군에 지원

　일제는 패망에 쫓기면서 더욱 극악스럽게 조선의 청년들을 전장으로 끌어갔다. 1943년 3월 1일 징병제를 공포한 데 이어 10월 20일에는 학병제 실시를 공포하고 11월 8일부터 문과계 대학, 전문학교, 고등학교 재학생 중 학도병에 지원하지 않은 학생에게 징용영장을 발급했다. 총독부 어용기관인 중추원은 11월 14일 학도병에 지원하지 않은 학생은 강제로 휴학시켜 징용하기로 결정했다.

　전국의 일선관청은 학도병에 지원하지 않는 학생의 부모가 하는 상점의 영업허가서를 빼앗는 등 모든 방법을 동원하여 지원을 강요했다. 1944~1945년에 20만 명이 징집되었고, 그중에 4500여 명의 학생이 전쟁터로 끌려갔다. 총독부의 관헌이 총동원되어 징병, 지원병에 해당되는 청소년들을 점검했지만 소재가 파악되지 않은 사람이 공식적으로 1만 명에 이를 정도로 기피자가 많았다.

장준하는 1944년 1월 20일 평양 대동강 건너 사동에 있는 일본군 제42부대에 입대하였다. 이날 함께 입대한 조선인 대학생은 200여 명이었다.

압록강 수풍댐 근방의 평북 삭주읍에서 지원을 마쳤고 며칠 후인 1월 19일 정주를 거쳐 평양으로 가던 나의 입영 광경이 떠올랐다. …… 일본말 성경과 독일어 사전, 희랍어 성경과 사전 이렇게 네 권을 든 학생모 학생복 차림의 내가 정주역에 닿았을 땐 아무도 내게 눈을 주는 사람이 없었다.

정주는 내가 동경으로 가기 전 3년 동안 교원노릇을 하던 곳이었다. 때문에 적지 않은 친구와 선배들이 있었지만, 막상 입영을 하는 마당에서 모두가 쌀쌀한 대상들이었다. 그러나 또 한편 생각해보면, 그도 그럴 것이, 요란스리 엇갈려 멘 무운장구의 띠며 일장기의 바탕에 온통 싸인을 받아 머리에 동여맨 입영자들과 비교해서 아무도 날 입영자로 볼 사람이 없었을 것도 당연한 것이었다.[1]

장준하가 평양의 일본군 제42부대에 입대하는 과정을 회고하고 있다. 성경과 사전 등 책 네 권을 들고 학생복 차림으

▬▬▬ 1 장준하, 《돌베개》, 장준하문집 2, 사상, 1985, 7~8쪽.

로 입대병영으로 찾아간 것이다.

나에게는 안장도, '타스키'라는 멜방도, 그 무운장구의
띠도, 또 '히노마루(일장기)'의 머리끈도 아무것도 없었다.
그 전쟁 중의 물자난에도 불구하고 그래도 시골에서 입영
을 위해 '축하한다'는 플래카드들이 지방관청과 유지들로
부터 마련되어 보내왔건만, 나는 그것들을 몸에 한번 대어
보지도 않은 채, 몽땅 우리집 아궁이 속에 넣어버렸다. 그
것들이 활활 타버릴 때 이미 나는 나의 입영지원을 마음속
에 불살라버린 것이다.[2]

장준하는 일본군에 지원하면서 이미 탈출을 결심하고 있
었다. 그래서 입영에 따르는 군국주의 상징들을 불태워버렸
다. '입영지원'도 마음속으로 불살랐다. 지원서에 도장을 찍
고 고향을 떠날 때 환송연에서 "나는 이제부터 내가 해야 할
일을 발견해서 꼭 그 일을 마치고 돌아오겠습니다"라는 한마
디를 남겼다. 환송객들은 의례적인 인사말로 받아들였겠지
만, 장준하는 '꼭 그 일'을 가슴 깊이 새기고 고향을 떠났다.

평양 제42부대에 입소한 장준하는 제식훈련을 마치면 맨
손으로 말똥을 치우고 말발굽을 닦아내는 일을 맡았다. 혹한

━━━ **2** 앞의 책, 8쪽.

에 이런 일을 하는 것은 보통 고역이 아니었다. "그때의 울분은 지필로 기록할 수가 없지만 함정에 빠진 젊은 사자들의 울분과도 같이 처절한 것이었다."[3] 병사들은 대부분 손발에 동상이 걸렸다. 장준하도 예외는 아니었다. 오른쪽 엄지손가락의 동상이 특히 심했다. 그럴 때마다 가슴속에 지닌 성경을 꺼내 읽으면서 견뎠다.

어느 날 견디다 못해 찾아간 의무실의 일본인 의무관은 마취제도 없이 맨살을 다섯 번이나 찢었다. "내 살이 쪼개지는 소리가, 나의 조국이 베어지는 소리로 들렸다"고 뒷날 장준하는 회고했다. "내 외과의사 생활 10여 년에, 너 같은 지독한 놈은 처음 본다. 장하긴 장하다. 독종이구나"라고 말하는 일본 육군중위 의무관과의 대결에서 이겼다는 승리감이 맨살을 찢는 아픔을 견디게 한 것이다.

입영한 지 한 달 동안 어머니와 아내가 한 번 그리고 아버지가 한 번 면회를 왔다. 가족의 면회날에는 교련을 면하기 때문에 매일 면회를 오는 사람들도 있었다. 그러던 중 조선인 교련생들이 중국 전선으로 파견된다는 소문이 돌았다. 장준하는 뛸 듯이 기뻤다. 중국으로만 파견되면 중경 어딘가에 있다는 대한민국 임시정부를 찾아 탈출하겠다는 각오를 하고 있었기 때문이다. 학병에 지원한 것도 이를 위해서였다.

---

3 앞의 책, 9쪽.

입영 4주째 되는 날 아침식사가 끝나자 교련생 전원에게 완전군장을 갖추고 연병장으로 모이라는 전달이 왔다. 장준 하는 부상당한 오른손에 붕대를 감고 목에 걸었다. 친구의 도움으로 배낭을 꾸리면서 어떻게든 중국으로 가는 데 선정되기를 바랐다.

'잔반불식동맹' 결성

교련생들이 연병장에 정렬하자 부대장인 소좌가 점호에
나섰다. 손에 붕대를 감은 팔걸이 장준하가 부대장의 눈에 띄
었다. 사유를 묻는 부대장에게 장준하는 힘찬 목소리로 특별
한 부상이 아니므로 중국 전선에 나갈 수 있게 해달라고 말하
였다. 당시 훈련생들은 한국에 남기 위하여 온갖 수단방법을
찾고 있던 처지여서, 일본인 부대장은 부상당한 채로 중국 파
견을 자원하는 조선인 청년을 가상하게 여겼을 것이다.

이렇게 하여 장준하는 결혼한 지 2주 만에 일본군에 입대
해 훈련을 마치고 중국으로 파견되었다. 면회 온 아내에게 탈
출계획을 알리고 편지의 마지막이 성경구절로 되어 있으면
부대를 탈출한 것으로 알아달라고 귀띔했다.

이미 며칠 전 면회하러 왔던 아내에게 장차 취할 나의
행동에 대해서 암시를 준 일은 있었다. 중국에 가면 꼭 매

주 주말마다 편지를 하마. 만약 그 편지의 끝이 성경구절로 되어 있으면 그것이 마지막 받는 편지로 알아도 좋을 것이다. 당신이 그 성경구절을 읽고 있을 때 이미 나는 일군을 탈출하여 중국군 진영이나 우리 '임정'의 어느 곳으로 들어가 있을 것이다. 내가 이 결심을 말했을 때 아내의 표정이 백지장같이 변하던 그 모습은 그때 이후 오늘까지 반년이 넘도록 잊을 수가 없었다.[4]

장준하 일행은 기차로 압록강을 건너 3박 4일을 달려 중국 강소성의 서주에 있는 부대에 도착하였다. 신병을 훈련시키는 일종의 보충대였다. 여기서 3개월 반쯤 훈련을 받았다. 총기를 다루는 방법을 비롯하여 본격적인 군사훈련이었다. 장준하와 한인 학도병 출신들은 전원이 츠카다부대로 전출되었다. 한인 학도병들의 탈출이 심했기 때문에 이들을 격리시키려는 것이었다. 한인 출신 학도병들의 탈출이 전무한 이 부대는 그만큼 규율이 엄격하고 회유와 위협이 심했다. 중국 전선에 배치된 일본군 부대에서는 학병 출신 한국 청년들의 탈출이 잦았다고 한다. 그래서 츠카다부대는 더욱 감시가 심하고 훈련도 강하게 이루어졌다.

이 부대에서 장준하가 가장 괴로웠던 것은 먹을 것을 둘러

4 앞의 책, 14쪽.

싸고 나타나는 한국인 동료들의 추태였다.

　　고참병인 일본놈들이 외출갔다 돌아오면 매식으로 배
부르니 별로 병영음식이 먹고 싶지 않아 계란을 깨어서 비
벼 몇 젓가락 먹다 말고 선심 쓰듯 밀어 던져주는 밥 한 그
릇을 더 받아먹고자 혈안이 된 우리 동료들, 그나마도 대
학교육을 받다 입영했다는 처지에…….
　　매식을 하고 들어온 그들이 자기 몫을 개, 돼지에게 던
져주듯이 던져주는 그 밥 한 그릇을 우르르 몰려들어 받아
먹는 그 치사하고 밸 없는 꼴들, 배고픔을 참는 고통이, 이
모욕을 참는 고통보다 심한 때문인지는 몰라도 적어도 나
로서는 이 모욕을 참는 고통이 더욱 쓰라린 것이었다.[5]

　동족 지식청년들의 '밸 없는 꼴'을 지켜보면서 장준하는
일본놈들이 먹다 남긴 밥찌꺼기는 먹지 말자는 이른바 '잔반
불식동맹殘飯不食同盟'을 만들었다. 아무리 배가 고프더라도
자존심만은 지키자는 생각이었다. 장준하는 이 부대에서 뒷
날 한국 육군의 최고책임자가 된 모 인사의 비굴하기 그지없
는 행태를 지켜봐야 했다. 한국인 탈출병을 찔러죽이겠다고
일본칼을 들고 설치던 그에게 따끔하게 일침을 가했던 일화

<hr>

5　앞의 책, 15쪽.

를 수기 《돌베개》에서 자세히 설명했다. 일본군에 남아 진급하던 그는 훗날 한국 육군참모총장이 되었다.

선참 일본군 병사들 중에는 한인 학도병들에게 학대와 멸시를 가하는 자들이 있었다. 장준하가 잔반불식동맹의 주동자라는 것을 안 취사장의 일본인 상등병이 "이 더러운 반도 놈의 새끼" 운운하며 심한 모욕을 주었다. 장준하는 이날 밤 불침번 근무교대를 마치고 내무반장 우에다를 찾아가 이를 정중하게 항의했다. 여기에는 두 가지 목적이 담겼다. 한국인에 대한 학대와 멸시를 시정시키려는 뜻과 함께 그의 신뢰를 받아 주위에 있는 중국군의 위치를 알아내려는 생각이었다.

다음날 일본인 취사장에게는 3일간의 영창이라는 징벌이 내려졌다. 불의를 보면 참지 못하는 장준하의 용기와 도전이 승리한 것이다. 더불어 우에다 군조의 신뢰를 받으면서 탈출에 필요한 각종 정보를 알아냈다. 또 야간전투훈련을 나갈 때는 주변의 지형을 세밀하게 관찰하여 탈출할 때의 방향 등을 모색하였다. 무엇보다 중요한 소득은 중국군 부대가 120리 거리에 있다는 정보였다. 우에다 군조는 아주 상세하게 중국군 부대의 배치를 알려주었다. 장준하는 약속대로 고향의 아내에게 편지를 썼다.

벌써 며칠 전 나는 아내에게 편지를 썼다. 다른 때와 달리 짤막한 사연을 엽서 한 앞에 적고 그 끝에 로마서 9장

3절을 인용했다. 나의 손은 떨리고 있었다. "나의 형제 곧 골육의 친척을 위하여 내 자신이 저주를 받아 그리스도에게서 끊어질지라도 원하는 바로다"라는 구절이었다.

가만히 엽서를 내 뺨에 비벼대었다. 나의 체온이 묻어나 나 살던 곳으로 전해질 것이라는 생각보다도, 내 감상이 이렇게 해서 위로될 수 있다는 무의식이 나를 꼼짝도 못하게 만들었다.

아버지의 설교를 들으며 햇볕이 쏟아져 들어오는 교회당 앞줄 좌석에 앉아 숨을 모으고 있던 그 어린 시절의 내 얌전한 모습같이, 나는 마음이 가라앉았다.

"이제 모든 것이 끝났다."

이런 생각이, 회오리바람처럼 나를 감싸서 하늘로 치켜오르게 하는 듯했다.[6]

6 앞의 책, 19쪽.

사활을 건 탈출

1944년 7월 7일, 이날은 일본인들이 지나사변支那事變이라 부르는, 중일전쟁 발발 7주년이 되는 날이었다. 일본은 중국을 진秦의 와전 또는 비칭인 '지나'라고 부르면서 벌인 침략전쟁을 '지나사변'이라고 호도했다.

일제는 1937년 7월 7일 북경 교외 노구교에서 벌인 군사도발을 시작으로 중일전쟁을 일으켰다. 일본군은 총공격을 개시하여 북경, 천진에 이어 국민정부의 수도 남경을 점령하고, 30만 명이 넘는 무고한 시민을 살육했으며 무한, 광동, 산서에 이르는 주요도시 대부분을 점령했다. 이때 중국은 제2차 국공합작을 이루어 일제와 맞섰고, 일제는 만주에 이어 남경에 친일정치인 왕조명汪兆銘을 내세워 괴뢰정부를 수립했다.

왕조명은 1911년 청조淸朝의 섭정왕 재풍載灃의 암살을 도모했으나 실패하고 사형선고를 받고 투옥되어 있던 중 신해혁명으로 석방되어 제1, 2혁명 때 손문을 도와 활약하였다.

1925년 손문 사후 그의 후계자로 강력히 부각되었다. 그러나 그 무렵부터 군의 실권을 장악한 장개석과 대립하여 무한정부武漢政府의 주석이 되고, 풍옥상, 염석산의 반장개석운동 혹은 서남파의 반장운동에 가담했다. 하지만 일본군의 만주 침략 뒤에는 장개석과 협력, 국민정부의 행정원장 겸 외교부장에 취임하여 일본과의 교섭을 담당했다. 그리고 중일전쟁이 발발하자 일제와 타협을 주장하다가 1938년 중경을 탈출하여 남경에 괴뢰정부를 수립하였다.

여기서 왕조명의 괴뢰정부를 다소 길게 설명한 데는 까닭이 있다. 장준하 일행이 탈출하는 길목에는 일본군과 중국군 외에도 왕조명부대가 도처에 깔려 있었다. 특히 일본군 관할 경계선과 왕정위의 보안대 경계선이 맞닿아 있어서 탈출을 어렵게 만들었다. 한인 탈출병 중에는 왕조명부대에 붙잡혀서 일본군에 넘겨지는 경우가 적지 않았다.

장준하와 김영록, 홍석훈, 윤경빈은 7월 7일을 탈출의 날로 삼았다. 이날 일왕이 술과 담배, 음식을 내려 병사들을 격려한다는 정보를 입수했기 때문이다. "아무리 전시며 물자가 귀한 일본이라 해도 경축일에 소위 천황이 직접 하사한다는 물건까지 인색하지는 아니했다. 모두들 술기운에 벅차서 흥분되어 있었다. 그것은 마음껏 마실 수 있는 술과 담배와 터놓은 얘기가 뒤섞여 거나한 취흥이 도도한 분위기였다."[7]

탈출을 결의한 동지는 원래 5명이었다. 그런데 백白이란 친구는 겁을 먹고 변심하여 4명이 되었다. 이들은 이날 저녁 점호가 끝난 뒤 각각 탈출하여 9시 15분까지 철조망 밖의 느티나무 아래에서 만나기로 했다. 천행으로 이날 "점호대열이 정돈되지 않을 정도로 술에 만취가 되어" 있어서, 점호가 쉽게 끝나고 야간학습도 취소되었다. 장준하는 이틀 전 제식훈련을 받다가 졸도까지 할 정도로 지병인 심장병이 있어 수만 리 장정의 길에 나서는 것이 걱정이 아닐 수 없었다. 또 붙잡히게 되면 사형까지는 몰라도 반신불수가 되는 혹독한 고문을 받아야 했다. 그렇다고 결행을 포기할 수는 없었다.

  캄캄한 밤이 벌판과 평행으로 무겁게 깔려 있었다. 군데군데 외등이 철조망 기둥에 매달려 마귀의 웃음처럼 밤을 삼키고 있었다. 빨아들이고 있었다.
  나는 내가 보아둔 서쪽 구석바지로 몸을 굽혀 달려갔다. 누가 지금 나를 보고 있을지도 모른다. 누가 지금 나를 따라오고 있을지도 모른다. 지금쯤 다른 세 동지는 어디에 있을까. 철조망을 넘다가 걸려 있는 것은 아닐까. 지금쯤 누가 주번사관에게 달려가고 있는 것은 아닐까. 비상이 걸리는 찰나가 아닐까.
  보초와 보초와의 중간지점, 그리고 외등과 중간지점,

■■■■ 7 앞의 책, 같은 쪽.

이 두 가지가 일치되는 서쪽 구석으로 나는 두꺼비 걸음으로 포복을 했다. 땅이 내 복부를 자석처럼 잡았다. 서쪽에서 동쪽으로 여유 있게 훑어본 다음 난 목욕대야를 버리고 행장을 허리에 잡아매었다. 어릴 때 고향에서 20리 길의 학교를 다니던 버릇대로 질끈 행장을 잡아매고 철조망 앞 3미터에까지 기어갔다. 밤이, 하늘이, 별이 모두 날 내려다보고 있었다. 나는 숨을 죽이지 않으려고 심호흡을 했으나 겨우 반쯤밖에는 숨이 쉬어지지 아니했다.[8]

---

8 앞의 책, 20~21쪽.

● 모험에 나선 4명의 동지들

캄캄한 밤, 영내 곳곳에 보초가 총을 들고 서 있고, 군데군데 외등이 불을 밝혀 탈출병들을 감시하고, 3미터 높이의 철조망으로 부대는 포위되어 있었다. 산짐승 한 마리도 얼씬하기 어려운 구조, 생명을 담보하는 모험이 아니고서는 결행하기 어려운 일이었다. 장준하는 이런 생각을 했을지 모른다. "나는 곧 내 운명을 향해서 나서련다. 모험! 그 얼마나 아름다운 말인가! 내게 다가오려는 것들, 나를 기다리고 있는 그 모든 희한한 것들……" (앙드레 지드).

"덜미에 사자使者 밥을 짊어졌다"라는 우리 속담이 있다. 목숨을 걸고 위험한 일을 한다는 뜻이다. 장준하 일행의 탈출 행각은 덜미에 사자 밥을 짊어진 격이었다.

나는 시계를 볼 초조를 떨쳐버리고, 철조망에 두 손을 대었다. 차디찬 철조망의 냉기가 오싹 등골까지 전달되었

다. 철조망 쇠꼬챙이를 피하여 붙잡으려니 그리 쉬운 일이
아니었다.

철조망을 흔들어보았다. 좀 흔들리기는 했으나 심한
파동이나 무슨 소리는 나지 않았다. 턱걸이하듯 두 손을
뻗어 잡고 몸을 솟구쳤다. 마치 물속에서처럼 몸이 쑤욱
올라갔다. 발을 걸었다. 바람이 불어왔다.

철조망은 상상보다도 높았다. 이렇게 3미터 높이의 철
조망에 매달린 채 나는 나의 조국을 비로소 잊을 수가 있
었다. 왜 나는 이 짓을 하고 있는 것인가.[9]

보통 키 정도의 장준하가 3미터 높이의 철조망을 단번에
뛰어넘을 수 있었던 것은 기적에 가깝다. 그것도 소리나지 않
도록 조심스럽게, 날카로운 철조망에 손을 얹고 뛰어내리는
것은 결코 쉬운 일이 아니다.

장준하가 천신만고 끝에 약속장소에 다가갔을 때 세 동지
가 먼저 와서 기다리고 있었다.

느티나무 아래.
아아 하나님. 거기엔 세 동지가 이미 모여 있었다.
우리들은 겨우 서로 어깨만을 한 명씩 감싸안고는 다

9 앞의 책, 같은 쪽.

시 눈에 불을 켰다. 야수처럼 빛나는 눈빛이 어둠을 꿰뚫었다. 이내 앞에 우뚝 버티어 선 험준한 석산石山을 기어오르기로 이심전심으로 결정했다.[10]

일본군 부대를 탈출한 것은 고난에 찬 장정의 이제 막 출발에 불과했다. 사전에 계획된 작전대로라면 석산의 정상까지 두 시간 안에 올라가야 했다. 곧 부대에서 비상이 걸리고 추격대가 뒤쫓을 것이기 때문에 죽을 힘을 다하여 올라가야 했다.

한 시간이나 무의식 속에 산을 기어올랐을까, 비로소 사방이 훤하게 터졌다. 우리가 그 산의 중턱까지 거의 도달한 것이 분명했다. 역시 필사의 힘은 우리에게 더욱 빠른 걸음을 준 모양이다. 그곳 나무그늘에서 일단 우리는 모여앉아 발을 주무르며 숨을 돌렸다.

마주마주 돌려앉은 네 청년. 이제 우리들은 한 마리 짐승의 네 발처럼 느껴졌다. 잠시 숨을 돌리자 등골의 식은 땀이 식으면서 허리가 괴어들었다. 버리고 온 병영의 불빛이 눈앞에 내려다보였다. 한 뼘씩의 거리를 두고 달린 외등의 희뿌연한 불빛이 빙 둘리워져 마치 그것은 끔찍한 복

_____
10 앞의 책, 22쪽.

마전처럼 밤안개 속에 묻혀 있었다. 시커먼 병영의 윤곽이, 파충류의 물짐승처럼 음흉하게 우리를 손짓하는 듯했다. 오싹 소름이 끼쳤다.[11]

그들이 도착한 산 정상은 왕정위부대의 영역이었다. 한시바삐 이곳을 빠져나가야 했다. 부대에서도 비상이 걸렸을 것이다. 호랑이 소굴에서 벗어나야 했다. 이들은 돌부리, 나무뿌리에 걸려 넘어지면서 능선을 내려왔다. 앞길을 가로질러 운하가 흐르고 있었다. 한밤중에 거대한 운하 앞에서 청년들은 막막함을 느껴야 했다. 깊이가 얼마나 되는지, 어디에 건널목이라도 있는지 살폈지만 아무런 징표도 없고 가늠하기도 어려웠다.

수영에 익숙하다는 윤경빈이 물에 들어가 수심을 재보았다. 다행히 그리 깊지 않고 가슴까지 찼다. 일행 중 키가 가장 작은 장준하는 가장 큰 김영록의 보호를 받으며 무사히 운하를 건넜다. 언덕으로 올라 나침반을 보려 했으나 군복을 입은 채 강을 건너느라 성냥이 모두 젖어버렸다.

한밤중에 일망무제의 허허벌판에 선 네 사람은 다시 한 번 절망감에 사로잡혔다. 구름까지 끼어 북두칠성을 찾기도 힘들었다. 동서남북 방향을 가늠하기 어려운 처지에서 동북방

■■■ 11 앞의 책, 23쪽.

향으로 짐작되는 곳으로 무작정 달렸다. 수수밭을 택해 질주
했다. 가도가도 끝이 보이지 않는 길이었다. 어느새 새벽이
밝아오고 있었다.

●쫓고 쫓기는 질주

날이 밝으면 추적자들에게 들키기 쉽다. 장방형의 넓은 조밭을 골라 은신하기로 했다. 지칠 대로 지친 동지들은 곧 잠에 곯아떨어졌다. 그러나 장준하는 쉽게 잠을 이룰 수가 없었다. 조 포기를 뽑아다 잠든 동지들 위에 덮어 위장을 시키고 나서, 자신도 그렇게 하고서야 어느새 깊은 잠에 빠져들었다. 얼마나 잤을까. 자동차의 경적소리가 들렸다. 추적해온 일본 군인들이었다. 바로 옆에까지 나타난 것이다. 햇볕은 여전히 이글거리고 있었다.

장준하는 불현듯 땀에 흠뻑 배인 주머니 속의 성경을 꺼내 들었다. 입영할 때 가지고 온 네 권의 책 중에서 내무사열 때 적발되어 모두 아내에게 보내고 간신히 성경 한 권만 품에 지니고 있었다. 아무 곳이나 책장을 넘겨 읽었다. "하나님이 자기를 사랑하는 자들을 위하여 예비하신 모든 것은 눈으로 보지 못하고 귀로 듣지 못하고 사람의 마음으로 생각하지도 못하였다 함과 같으니라." 고린도전서 2장 9절이었다. 성경의 내용을 가슴에 새기면서 주위를 살폈다. 동지들은 여전히 깊은 잠에 빠져 있었다. 주위에서 인기척이 들렸다.

"메율라! 메율라!(아무것도 없다! 아무것도 없어!)"
이런 소리가 바로 우리들이 누워 있는 조밭 다음의 수수밭 너머에서 들려왔다. 이 '메율라'라는 말은 '없다'라는 뜻이다. 내가 알고 있는 중국말의 몇 마디 가운데 하나였다.
나는 눈을 감았다 떴다 하는 작업으로 이 기나긴 시간을 재어보고 있었다. 수수밭으로 들어서는 인기척이 들렸다. 수숫대를 헤치는 소리가 맞부딪치며 들렸다. 고린도전서 2장 9절이 하늘에 구름처럼 깔리어 나는 그것을 허공에서 읽었다. 가려진 조 포기 사이로 수수밭을 나와 이쪽을 바라보는 중국 청년 두서너 명의 모습이 드러났다. 우선 나는 안도의 숨을 쉬었다.
그들은 아무런 무기도 들지 않았고 몽둥이도 들지 않았을 뿐 아니라 그 수도 많아야 세 명 정도인 것 같았기 때문이다. 만약의 경우엔 수적으로 대결해서 목을 졸라 질식시켜버려야 했다.[12]

_____ **12** 앞의 책, 28쪽.

일본군은 탈영병이 생기면 관내의 중국인들을 동원하여 수색케 하였다. 장준하가 부대에 있을 때 가끔 들었던 대로였다. 이번에도 예외 없이 중국의 농부들을 동원하여 수수밭을 뒤지며 이들을 찾도록 했다. 다행히 농부들은 수수밭에서 사라졌다. 하지만 밤을 세워서 질주해온 것이 일본군 관할지역을 맴돌고 있었음을 알고는 낙담이 이만저만이 아니었다. 무엇보다도 밤을 새며 걷고, 화씨 100도를 오르내리는 폭염 아래 바람 한 점 없는 조밭 속에서 누워있으려니 우선 갈증으로 목이 타서 죽을 것만 같았다. 복사열로 대지가 온통 가마솥과 같았다.

타는 것은 비단 목뿐이 아니었다. 온 몸뚱이가 모두 불붙어 이글이글 타오르는 듯했다. 우리들은 모두 군복을 벗어버리고 홀랑 알몸이 되어 수수밭의 고랑 속 햇볕이 조금이라도 가리워진 축축한 곳을 찾아다니며 마치 지렁이들처럼 엎드렸다 누웠다 하며 한낮의 시간을 보내었다.[13]

밤이 되면서 기온이 조금 내려가고 서늘해졌다. 그들은 다시 걸었다. 마을을 피하고 사람이 다니는 도로를 피하여 수수밭 가운데로 몸을 숨겨가며 걸었다. 길은 사람이 걷도록 만들

13 앞의 책, 29쪽.

었는데, 이 길을 두고 사람의 키보다 훨씬 더 자란 수수밭, 그 끝없는 밭 속을 칠흑 가운데 터벅터벅 걸으면서 장준하는 "등불이 없는 이 길을 걸어야 하는 운명은 나라 없는 조국에 살아야 하는 운명과 같다"라는 생각을 하고 있었다. 그때 뒤에서 따라오던 홍석훈이 갑자기 쓰러졌다. 모두들 달려들어 팔다리를 주무르며 흔들어 깨우려고 발버둥쳤지만 그는 쉽게 깨어나지 않았다.

여기서 좌절할 수는 없었다. 홍석훈은 일행 중 가장 몸이 약하고 치질까지 앓고 있었다. 그런 몸에 강행군을 하고 이틀째 물 한 방울 마시지 못한 채 걷다가 쓰러진 것이다. 자신을 버리고 그냥 가라는 홍석훈을 세 사람이 번갈아 껴안고 얼마쯤 가는데 멀리서 우물 같은 것이 보였다. 사막의 오아시스가 따로 없었다. 모두 달려가 물을 마시고 물통에 담아와 홍석훈에게 먹이니 그도 조금 원기를 되찾게 되었다. 하지만 마실 때는 갈증 때문에 몰랐는데 마시고 나니 입에서 구린내가 나고 입 안에서 모래까지 씹혔다. 마을의 구덩이에 고인 오물을 모르고 마신 것이다.

살아남기 위해서는 움직여야 했다. 장준하와 윤경빈은 어디로 가서든지 먹을 것을 구해오고 김영록이 홍석훈을 지키기로 역할분담이 이루어졌다. 장준하와 윤경빈은 어둠 속을 헤매다가 원두막을 발견하고 주변에 있는 밭에서 참외를 몇 개 따가지고 나오다가 원두막 주인과 눈이 마주쳤다. 그러나 중국사람은 어둠 속의 청년들이 두려웠던지 꿍무니를 빼고 말았다. 당장의 위기를 모면하였다. 서리해온 참외(사실은 어린 수박)를 나눠먹었다. 홍석훈도 이것을 먹고 약간의 활력을 되찾게 되었다.

아직 덜 익은 수박이기는 했지만 꼬박 이틀을 굶은 빈속에 싱싱한 과일을 먹고 나니 이번에는 졸음이 몰려왔다. 한참을 걷다가 홍석훈이 다시 넘어졌다. 그를 따라 일행은 모두 풀썩풀썩 땅바닥에 주저앉았다. 이들은 사람의 눈에 띄지 않도록 수수밭으로 가서 깊은 잠에 빠져들었다.

다시는 못 일어날 것처럼 쓰러져 잠을 잤다. 깊은 잠에 휩쓸려, 유유히 벌판의 어둠이 흐르는 동안 우리는 얼마 동안이나마 세상을 잊을 수가 있었다.[14]

장준하는 잠결에 기차의 기적소리 같은 것을 들었다. 아직 날이 채 밝지 않고 회색의 어둠이 깔린 가운데 기적소리가 들렸다. 서주에서 동북방향으로는 철도가 없다는 것을 알기 때문에 기적소리에 놀라지 않을 수 없었다. 서둘러 동지들을 깨웠다. 그리고 향후 대책을 상의했다. 지금까지 일본군의 관할지역 안에서 뱅뱅 돌았던 것이 아닌가. 장준하의 설명에 놀란

───── **14** 앞의 책, 35쪽.

동지들은 차라리 큰길로 나가 인가를 찾아서 먹을 것을 구하느냐, 그렇지 않으면 굶고 참겠느냐는 논의를 거듭하였다.

바로 그때에 근처에서 인기척이 들렸다. 새벽부터 비료로 쓰기 위해서 망태를 메고 개똥을 주우러 다니는 농부였다. 눈앞에서 더 망설일 겨를이 없었다. 큰길로 나가 농부가 가는 방향으로 따라갔다. 배고픔과 피로에 지친 처지에서 마을까지만 가면 먹을 수 있을 것이라는 생각뿐이었다.

얼마를 뒤쫓아가니 밭머리에서 농부들이 새벽부터 일을 하고 아침을 먹고 있었다. 장준하 일행을 발견하고는 손짓을 하다가 소리쳐 불렀다. 말이 통하지는 않지만 와서 먹으라는 뜻이었다. 먹지 말라고 해도 달려들 처지가 아닌가. 농부들은 준비해온 중국 음식 쩜빙을 낯선 불청객들이 다 먹어치워도 겉으로는 조금도 아까워하는 표정이 아니었다. 땀과 흙에 절어 후질근해진 몰골이지만 일본 군복을 입고 있었기 때문이었다.

일본군 점령지역에서 일군에게 함부로 대했다가는 어떤 봉변을 당할지 모른다는 것을 이곳 농부들은 너무 잘 알고 있었다. 그래서 먹던 음식을 넘겨준 것이다. 농부들을 상대로 엉터리 중국말과 땅에 글씨를 쓰는 등 손짓과 필담을 통해 탈출한 서주의 츠카다부대가 불과 4~5리 근처이고, 30리 밖에 팔로군八路軍이 있다는 사실을 알아냈다.

3일 동안 폭염과 어둠과 싸우면서 탈주해온 힘든 노정이 결국 일본군 관내를 맴돌았다는 놀라운 사실에는 황망하지 않을 수 없었다. 주린 배를 채우고 주머니를 털어낸 돈으로 쨈빙을 사자고 했더니 늙은 농부가 자기가 사오겠다면서 마을로 돌아갔다.

이것이 사단이 되었다. 1시간여가 지난 뒤 농부가 사온 쨈빙을 가지고 무거운 마음으로 북쪽 산을 향해 행군을 하고 있을 때였다. 수상한 대여섯 명의 젊은이들이 총을 쏘면서 뒤쫓아왔다. 장준하 일행은 본능적으로 뛰었고 수수밭으로 몸을 숨기면서 달렸다. 쫓고 쫓기는 질주가 계속되었다. 얼마를 달렸을까, 앞에는 강이 나타났다. 더 이상 나아갈 길이 막혀버렸다. 여기서 붙잡히는구나, 하고 하늘을 우러러 망연한 순간에 강기슭에서 작은 배 한 척이 막 산굽이를 돌아나오는 것이 보였다.

일행은 배가 기슭에 닿기도 전에 건너뛰어 배에 올랐다. 배에 올라타고 보니 김영록 동지가 보이지 않았다. 쫓기는 과정에서 방향을 잘못 잡아 어디론가 행방불명이 되고 만 것이다.

배 안에는 네 사람이어야 할 동지가 셋밖에 없었다. 뱃사공까지 넷이었다. 나를 빼놓고 넷인가 하고 두세 번 두리번거렸으나, 분명 있어야 할 김영록 동지가 배 안에 없었다.

잠시 우리는 아무 말도 못하고 파랗게 질려버린 얼굴

만 쳐다보았다. 그렇다고 소리를 질러 김 동지를 부를 수도 없고 또 뱃머리를 되돌려가서 찾아볼수도 없는 처지였다. 그러는 동안에 배는 강을 건넜다. 세 사람은 강기슭 수풀 속에 엎드려 김 동지의 모습이 나타나길 기다렸다. 그래도 그 모습은 나타나주지 않았다.

그렇다고 언제까지나 그를 기다리고 있을 수만도 없었다. 우리는 맞손을 잡고 잠시 눈물을 나눈 뒤에 다시 전진을 하기로 했다.

"아아, 김 동지!"

우리가 셋이서 목소리를 합쳐 김 동지를 부르려고 했을 때 또다시 총소리가 났다. 그리고 그것은 우리가 지체한 만큼 가깝게 들렸다. 수풀에 가리워 보이지는 아니했으나 분명히 총성은 강변에 다다른 것같이 접근된 거리감을 알려주었다. 거의 본능적으로 김 동지를 찾지 못한 채 뛸 수밖에 없는 노릇, 강 건너에도 역시 수수밭은 있었다. 우리는 수수밭 사이로 들어가 뛰었다. 이윽고 총성은 강을 건너온 듯싶었다.[15]

김영록 동지를 잃어버린 채 세 사람은 30리 길을 쫓겨 마을 근처에 이르러서 추격자들에게 포위되고 말았다. 구식 모

■■■ 15 앞의 책, 42쪽.

젤 권총을 뽑아든 추격자들은 코앞에까지 나타났다. 가까이서 지켜보니 일본군은 아니고, 왕정위군이 아닌가 했지만 복장으로 보아 그도 아닌 것 같았다. 앞서 농부들로부터 팔로군이 인근에 있다는 말이 불현듯 떠올랐다. 그래서 장준하는 운명을 하늘에 맡기고 땅바닥에 한문으로 "우리는 한국 청년, 그저께 밤 일군 병영을 탈출, 지금 팔로군 진영을 찾아간다"는 내용을 썼다. 이를 지켜보던 추적자들의 표정이 달라지더니 역시 땅바닥에 "우리가 그 팔로군이다"라고 한문으로 답했다. 장준하의 예리한 통찰력과 재치가 일단 위기에서 벗어나게 하였다. 그러나 여전히 이들의 정체가 무엇인지는 헤아리기가 쉽지 않았다.

김준엽과의 만남

　　일행은 추적자들의 삼엄한 감시를 받으며 본부인 듯한 마을에 도착했다. 가는 길목마다 나뭇가지 위에서 총을 든 경비병들이 보초를 서고 있었다. 마치 어느 마적단의 소굴로 끌려온 것이 아닌가 싶었다. 일행은 대장인 듯한 중년의 사나이 앞으로 안내되었다. 말이 통하지 않아 필담으로 대화가 시작되었다.

　　장준하는 한국의 청년들로 일본군을 탈출하여 대한민국임시정부를 찾아가는 길이며, 우선 중국군에 편입되어도 좋겠다는 뜻을 밝혔다. 이를 지켜보던 대장인 듯한 사내가 "우리는 중국 중앙군 소속의 유격대이고, 우리의 영수는 장개석 총통이다"라고 썼다. 마치 지옥에서 부처님을 만나는 격이라고나 할까, 세 사람은 순간 기쁨의 소리를 지르며 얼싸안고 울고 싶었다. 어느새 눈물이 뺨을 타고 흘러내렸다. 이제 살았구나! 하는 안도감과 함께 잃어버린 동지에 대한 그리움과 걱정이 왈칵 솟아올랐다.

중년의 사나이는 20리 북방에 이 부대의 사령부가 있고, 오늘밤 안으로 그곳에 당신들을 인계할 것이며, 그곳에서 한국인 혁명동지들을 만나게 될 것이라고 알려주었다. 융숭한 대접을 받고 2시간쯤 휴식을 취한 다음 사령부로 출발했다. 해가 저물었지만 지열은 여전히 확확 달아오르고 있었다. 강을 몇 개 건너고 산굽이를 돌아서 이윽고 조그마한 마을에 도착했다. 생각보다는 규모가 초라한 사령부의 모습이었다.

얼마 뒤 중국 군복을 입은 한 홍안의 청년이 나타났다. 그리고 우리말로 "한국분들이죠?" 하고 물었다. 그는 5개월 전에 츠카다부대를 탈출한 한국 학도병 탈출병 제1호인 김준엽(전 고대총장)이었다. 김준엽은 세 사람을 차례로 껴안으면서 그동안의 노고를 위로해주었다. 꿈 같은 일이었다. 그의 배려로 배불리 먹고 편한 자리에서 쉬고 있을 때 또 꿈 같은 기적이 나타났다.

실종되었던 김영록 동지가 나타났다. 강을 건너기 전의 그 수수밭에서 방향을 잃었고 추격자들의 총격이 너무 심하므로 그대로 그 자리에 엎드려 있다가, 방황 끝에 이 부대에서 수배한 수색대에 의해서 구출된 것이라 했다. 생사의 기로에서 다시 만난 네 사람은 생환의 기쁨과 향후의 진로문제 등을 논의하느라 밤이 깊어가는 줄도 몰랐다.

당시 이들을 맞이한 김준엽은 그날의 감격을 이렇게 썼다.

어느덧 해가 서쪽으로 빠져들어가기 시작할 때다. 갑자기 마을사람들이 와자지껄하는 소리가 들리더니 손 참모가 하는 말이 '일본 병사'들이 방금 도착하였다는 것이었다. 마당으로 뛰어나가보니 일본 군복차림의 청년 셋이 서 있었는데, 그 지성적인 얼굴과 느낌으로 대번 나는 나와 같은 한국의 '학병'일 것으로 단정했다.

"한국분들이죠?"

그렇다는 대답을 듣자마자 와락 달려들어 그들을 차례로 꽉 끌어안았다. 나는 이때처럼 감격에 차고 희열에 넘친 일은 없었다. 이제 한국인의 동지가 생긴 것이다. 조국의 독립을 위해 몸을 바치려는 씩씩한 동지들을 얻은 것이다.

나는 우리 몇몇이라도 백만의 독립군이 조직되는 듯한 느낌이었다. 이 세 청년이 바로 장준하, 윤경빈, 홍석훈이었고 함께 탈출한 김영록은 중도에 흩어져서 그날 밤 자정께나 사령부에 도착하였다. 나와 장준하 형의 만남은 이때가 처음인데 이로부터 그와 나는 친형제 이상으로 가깝게 지냈으며, 그가 1975년 8월에 별세할 때까지 연인처럼 일생고락을 함께하게 된다.[16]

장준하 일행은 사흘 동안 죽을 고초를 겪으면서 어렵게 중

━━━ **16** 김준엽, 《장정長征 1》, 나남, 1995, 186~187쪽.

국군 부대에 도착하여, 먼저 탈출하여 여기서 중요한 역할을 하고 있는 학병 출신의 김준엽을 만나게 되었다. 다시 김준엽의 회고를 들어보자.

내가 네 시간 만에 중국 군대를 만난 것과는 달리 그들은 사흘 동안 갖은 고생을 겪은 뒤에야 겨우 내가 있는 유격대까지 도착하였다. 그 경위는 장 형의 《돌베개》를 읽으면 상세하게 알 것이므로 나는 되풀이하지 않겠으나, 그들이 나보다 더 많은 고생을 한 까닭은 첫째로 탈출 전에 중국 군대가 있는 지점을 몰랐다는 것과, 둘째로는 나침반을 사전에 준비하지 못했기 때문에 전진방향을 제대로 잡지 못하고 우왕좌왕했다는 데 있었다. 내가 만들어 살포한 삐라를 본 일이 없다는 대답에서 나는 실망을 했지만 모두들 만일 삐라를 일본 병영에 제대로 뿌리기만 하면 우리 '학병'들은 틀림없이 거의 전부가 탈출해올 것이라는 데 의견이 일치되었다.[17]

17   앞의 책, 189쪽.

일본군의 포로교환 요구

    장준하 일행과 김준엽이 모처럼 대화의 꽃을 피우고 있는 다음날 새벽 2시경, 사령관이 김준엽을 급히 찾는다는 전갈이 왔다. 다음날 한치륭韓治隆 사령관과 일본군 수비대장의 담판이 있는데, 김준엽을 통역으로 대동한다는 것이다. 츠카다부대의 제1호 탈출병이 중국군 유격대 사령관의 통역으로 가게 된 것은 이만저만한 아이러니가 아닐 수 없었다.

    일본군은 김준엽의 탈출이 알려지자 그가 팔로군에 붙잡혀 죽창에 찔려 죽었다고 선전했다. 바로 그 사람이 중국군 유격대 사령관의 통역으로 나타났을 때 일본군 간부들의 심사가 어떨지는 상상이 어렵지 않다. 그런데 우려되는 일은 간악한 그들이 한 사령관이나 김준엽에게 위해를 가할지도 모른다는 점이었다. 장준하와 동지들은 이 같은 우려를 표명했지만 이미 결정된 담판을 취소할 수는 없는 일이었다. 담판장소가 양국군의 중간지대라는 사실이 한 가닥 위안이 되었다.

다행히도 얼마 뒤에 김준엽은 임무를 마치고 무사히 귀대하였다. 하지만 그가 가져온 소식은 또 한번 동지들의 간담을 서늘하게 만들었다. 일본군 수비대장이 일본군에 포로가 된 중국군 30여 명과 유격대에 강제억류되어 있는 군인 여러 명과 맞교환하자는 제의를 했다는 것이다. 김준엽은 이 같은 일군의 제안을 직접 통역하였고, 일본군 측에서 포로명단의 별지까지 가져와 이쪽에 보여주었다는 설명이다. 장준하 일행은 한순간 숨이 멈추는 듯한 충격을 받았다.

그나마 다행스러운 일은 한 사령관이 자기 부대에는 강제억류된 일본 군인이 한 명도 없다고 단호하게 말했다는 것이다. 하지만 장준하 일행의 우려는 가시지 않았다. 자기네 동포 30여 명과 이국의 청년 몇 명과 바꾸는 것은 이문이 큰 거래이기 때문이다. 언제 마음이 돌변하여 교환하고자 한다면 자신들의 운명은 어찌되는가.

중경으로 가자, 우리의 참된 영도자들이 계시고 우리 조상의 그림자가 지금 중경에 있다면 그리로 가자.

나는 입술을 깨물었다. 내 입술의 아픔이 나의 새로운 결심을 굳혀주었다.

"중경으로 가자. 죽어도 그곳서."

그 별지명단을 김 동지도 분명히 보았다고 한다. 결코 허위명단은 아닐 것이다. 한 사령관의 의義를 우리는 어떻게 받아들여야 할 것인가.

아무리 한국인 청년을 사랑한다 하여도 자기의 부하, 자기 민족, 자기 형제의 30여 명과 어떻게 견줄 수가 있을까.

5대 30의 비중이 우리를 괴롭혔다. 도저히 인간 한치룡이 겪었을 그 인간적인 고민에 보답할 길이 없을 것 같이 생각되었다.

부드득, 이가 갈렸다. 일군의 그 잔인성이 우리에게 그대로 옮아온 듯이 우리의 증오감엔 불이 붙었다. 또 앞으로 어떤 조건을 제시해올는지 알 수 없는 일이다. 어떤 대가로 우리의 인도를 요구할 것인가? 만일 우리가 그들에게 인도된다면 우리는 '탈출병의 최후'라는 그들의 연극에 사체의 연기자로 등장할 것이다. 팔로군의 만행이라는 변명 속에 온갖 짓을 다 당해 죽여서 우리 한인 학도병 앞에 전시될 것이다.[18]

장준하는 또다시 닥치는 위기감에 몸을 떨었다. '이 부대가 조국의 군대이고 한 사령관이 동포였다면 우리가 그 은혜에 대해 이렇게 괴로워하고 또 불안해할 리가 있겠는가'라고 생각할 때 나라 없는 슬픔을 짓씹어야만 했다. 잠을 자지 못하고 뒤척이면서 망국의 설움과 나라 찾기를 위해 모든 것을

▬▬ 18 장준하, 앞의 책, 55쪽.

바치겠노라는 결의를 거듭 다졌다.

조국애를 몰라서 조국을 귀하게 여기지 못했고, 조국을 귀중하게 여기지 못하여 우리의 선조들은 조국을 팔았던가. 우리는 또다시 못난 조상이 되지 않으련다. 나는 또다시 못난 조상이 되지 않기 위하여 이 가슴의 피눈물을 삼키며 투쟁하련다. 이 길을 위해 나는 가련다. 나의 일생의 과정은 "또다시 못난 조상이 되지 않기 위하여"라는 이정표의 푯말을 꽂고 이제부터 나를 안내할 것이다. 하나님이 날 기어이 그 길로 인도해주실 것이다.[19]

뒷날 장준하의 좌우명 "못난 조상이 되지 않기 위하여"는 중국 서주의 중국군 수비대 병사兵舍에서 다듬어진 의지의 표현이었다. 평화시에 호텔방이나 연구소에서 만든 정치구호와는 '출생성분'이 달랐다. 삶과 죽음의 갈래길, 바로 한순간의 생명도 담보하기 어려운 극한상황에서 창안된, 육화肉化된 이데올로기였다.

새벽 2시경 비상이 걸렸다. 유격대사령부의 소재지가 일군에게 노출되었기 때문에 밤에 부대를 이동한다는 것이다. 부대원들을 따라 칠흑 같은 어둠을 뚫고 이리저리 우회하면

━━ **19** 앞의 책, 56쪽.

서 40여 리의 길을 걸었을 때에 날이 밝아오고 있었다. 앞을 바라보니 자신들이 유격대에 잡히던 바로 그 지역이었다. 혹시나 따라붙을지 모르는 일본군 감시병을 따돌리느라고 일부러 돌고돌아 그곳에 새 사령부의 자리를 잡은 것이라 했다. 새로운 사령부 기지에서 환영잔치가 베풀어지고, 장준하 일행은 모처럼 배불리 먹고 깊은 잠에 빠져들었다.

불로하에서 부른 애국가

　새 사령부 부대에서 맞이한 7월 12일은 탈출하여 5일째 되는 날이다. 이날 일행은 새로 중국 군복을 지급받았다. 넷은 군복을 받아들고 바로 군영 앞으로 흐르는 강가로 나아갔다. 불로하不老河, 사철 마르지 않고 흐른다는 의미에서 붙였을 이름의 불로하에서 눈부시게 밝은 햇살을 받으며 마음과 몸을 씻었다.

　어느새 이국의 태양은 머리 위에 올랐고 강물 위에 쏟아진 햇볕이 물결을 덮으며 웅장한 음악이 강 밑으로 흐르는 것이었다. 우리의 소망과 새로운 각오를 위해 강은 흘렀다.
　우리는 목욕을 마치고 군복을 입었다. 서로서로를 돌아보며 새 결의를 다짐했다. 모두 새사람이 되었다. 지금 우리는 새사람이 되어야 했다. 조국광복, 이 깊고 긴 강처

159

럼, 크고 깊은 긴 일을 마침내 나는 찾아낸 것이다. 이제 우리는 떳떳한 조국의 아들이 다시 되었다. 기쁨과 감격은 이 아침을 신비롭게 하였다.

우리는 동북쪽의 조국을 향하여 경건하게 머리를 숙였다. 이글대는 태양을 마주하고 가로로 한 줄을 만들어 서서 이 가슴의 감격을 조국에 고하고자 했다. 김준엽 동지, 윤경빈 동지, 김영록 동지, 홍석훈 동지 그리고 나 이렇게 차례로 서서 조국을 향한 배례를 한 것이다.[20]

불로하 앞에 선 학도병 출신 다섯 청년은 두고 온 조국과 고향산천, 가족의 모습이 떠올랐다.

너라고 불러보는 조국아
너는 지금 어드메 있나
누더기 한 폭 걸치고
너라고 불러보는 조국아
낙조보다도 더 쓸쓸한 조국아
긴긴 밤 가얏고 소리마냥
새 봄날 도이화桃李花 같이
활짝 한 번 피어주렴.[21]

■■■ **20** 앞의 책, 58쪽.
■■■ **21** 이은상, 〈너라고 불러 보는 조국아〉, 《노산 이은상 시선집》, 탐구당, 1972.

이런 시인의 생각이 아니었을까. 밥을 굶어보지 않은 사람이 밥의 소중함을 모르듯이, 망국을 겪어보지 않는 사람들은 '조국'의 소중함을 잘 모른다고 한다. 눈물과 더불어 빵을 먹어본 사람이 아니면 인생의 참맛을 모르듯이 말이다. 나라 잃은 시대에 망국노의 눈물을 흘려보지 않는 사람이 어찌 조국의 가치를 제대로 이해할 수 있을까. 불로하에서 조국을 향하여 경배를 마치고 머리를 들었을 때 "모두 눈물을 가득 머금어 아침 햇살에 빛나고 있었다."

"우리 다같이 애국가를 부릅시다."
분명치는 않았지만 나는 2절까지는 알고 있었기 때문에 힘찬 나의 선창으로 애국가를 불렀다.
불로하에 애국가가 퍼졌다.
강물 따라 흘러흘러 그 장엄한 애국가의 여운은 물살을 지으며 불로하 깊은 강심으로 스며들었다.

동해물과 백두산이 마르고 닳도록
하느님이 보우하사 우리나라 만세.

목메인 애국가는 이 다섯 청년의 가슴을 울리면서, 산설고 물 선 중국땅에 한국의 언어를 뿌려놓았다.
끝내 울지 않고는 후렴을 부를 수가 없었다. 아, 조국이란 진정 이런 것이냐.

　무궁화 삼천리 화려강산
　대한사람 대한으로 길이 보존하세.[22]

22　장준하, 앞의 책, 59쪽.

제 5 장
임천군관학교 활동 3개월

우리의 몸에 걸친 옷은 그동안 흘린 땀의 염기로 절고 노숙으로
더럽혀지고 해지고 하여 걸인의 그것이 다 되어 있었다. 사람이
많이 모인 곳일수록 그들은 우리를 안내가 아닌 구인, 혹은 죄인을
호송해가는 것쯤으로 보이려고 애썼다. 그래서 거리의 사람들은
"일본놈들 어떻게 생겼나 보자"고 야단법석이고 그때마다 안내병들은
신이 나서 우리를 구경시키며 뽐냈다. 우리의 해진 옷구멍으로
드러나는 살을 나무꼬챙이로 찔러보고 침을 뱉는 것은 으레
있는 일이었다.

—장준하, 《돌베개》 중에서

●팔로군의 기습

  장준하와 동지들은 중국군 유격대 본부에서 며칠을 보냈
다. 틈틈이 애국가를 배우고 중국어를 익혔다. 앞으로 중국에
서 항일전쟁을 하기 위해서는 기초적이라도 중국어를 아는
것이 필요해서였다.

  어느 날 한치륭 장군이 일행을 점심식사에 초대해주었다.
모두 군장을 갖추고 오찬에 참석하였다. 김준엽이 통역을 맡
은 식사자리에서 한 사령관은 장준하 일행의 탈출을 몇 번이
고 치하하면서 일본군의 배치상황 등을 자세히 물었다. 이 부
대는 일본군을 상대로 하는 게릴라작전과 정보수집이 주된
임무이기 때문에 일군의 배치상황은 대단히 중요한 정보가
되었다.

  일본은 만주침략과 중일전쟁을 일으켜 여러 지역의 도시
를 점령하고 있었지만 그것은 기껏해야 철도 부근의 점령에
불과했다. 점點과 선線을 중심으로 하는 지극히 협소한 지역

일 뿐이었다. 광대한 대륙을 몇 십만 명의 군인으로 속속들이 '점령'한다는 것은 현실적으로 가능한 일이 아니었다. 장준하 일행은 이 부대에서 일본군의 전황과 중국군·공산군의 배치와 관련하여 어느 정도 정보를 알 수 있었다.

　김준엽은 일본군 부대에 살포하는 선전전단을 만드는 일을 주로 하고 있었다. 장준하와 동지들도 전단내용의 작성과 인쇄작업을 거들었다. 이 전단이 일본군 부대에 뿌려지고 한국인 병사들이 보게 되어 자신들처럼 탈출해오기를 기대하면서 열심히 전단을 제작하였다. 많은 동지들이 탈출하여 한국 사람들만으로 전투단위부대 하나라도 만들었으면 하는 바람이었다.

　부대에 편입한 지 11일째가 되던 7월 20일 밤 3시경이었다. 이날도 장준하와 동지들은 실내가 너무 더워서 나무 그늘 밑에 잠자리를 마련했다. 부대의 손 참모와 이런저런 얘기를 나누다가 잠이 들려는 순간 바로 옆에서 폭음이 터졌다. 수류탄 폭발음이었다. 수류탄은 가까이 다가오면서 계속 터졌고, 밤하늘에는 섬광이 작렬하였다. 며칠 전 포로교환 제의를 거부한 데 대한 일본군의 습격으로 알았다.

　동지들은 본능적으로 모두 피했다. 장준하는 그런 경황 속에서도 김준엽과 동지들의 신발과 소지품을 챙겼다. 일본군이 이곳을 점거했을 경우에 대비해 흔적을 남겨둬서는 안 되겠다는 생각이 순간적으로 떠올랐던 것이다.

김준엽은 뒷날 자서전에서 이때 동지들의 짐을 챙기는 장준하에 대해 이렇게 썼다.

이 새벽의 기습을 당했을 적의 장준하 동지의 침착성은 나에게 깊은 인상을 주었다. 아마 이것이 나와 장 동지가 일생 서로 믿고 존경하는 벗이 되는 계기가 되었을 것으로 생각한다. 나는 이미 넉 달이나 유격대 생활을 하면서 많은 전투를 겪어본 경험이 있어서 당연한 일인데 장 동지의 경우는 전투라고는 처음 맛보는 일로서 수류탄이 터지고 기관총 소리와 총알이 날아오는 속에서 그렇게 침착하게 다른 동지들의 짐까지 나와 함께 묵묵히 꾸리고 있는 모습을 보고, 나는 그 담력이나 인간애에 감탄한 것이다.[1]

짐을 모두 챙긴 장준하와 김준엽은 연거푸 터지는 수류탄과 소총탄을 피해 불로하 옆의 갈대숲으로 몸을 피했다. 며칠 전 이 강변에서 불렀던 애국가의 여운이 아직도 남아 있는 듯한데 다시 쫓기는 몸이 되어 캄캄한 갈대숲을 헤매게 되었다.

물속에서 사람의 키만큼 자란 갈대밭에 몸을 숨기는 일은 쉽지 않았다. 수류탄, 총격소리는 계속 이어지고 지형을 잘

---

1 김준엽, 《장정長征 1》, 나남, 1995, 212쪽.

몰라 어느 쪽으로 피해야 안전할지 쩔쩔매고 있을 때 저만치에서 움직이는 물체가 있었다. 먼저 피신한 손 참모와 동지들이었다. 동지들을 다시 극적으로 만날 수 있었다. 여섯 명이 된 일행은 갈대밭의 어둠 속에서 소리나지 않게 걸었다. 다행히 손 참모가 이곳의 지형을 어느 정도 알고 있어서 일행을 인도했다. "위로는 옷이 전부 땀으로 젖었고, 아래는 강물에 휘말려 몸은 지칠 대로 지치게 되었다."[2]

멈출 수 없는 길이었다. 물속의 갈대밭을 걸어 5리쯤 가서 교량에 도착했을 때에야 수류탄과 총소리가 더 이상 들리지 않았다. 안전지대에 도착한 것이다. 날이 밝아서 손 참모가 인근마을에 유격대의 파견부대가 있다면서 마을로 들어갔다가 간밤에 습격해온 자들의 정체를 알아보고 돌아왔다. 한마디로 놀라운 소식이었다. 사령부를 야밤에 공격한 것은 팔로군이었다. 팔로군은 제2차 국공합작으로 항일민족전선에 편성된 국민정부의 군사위원회에 소속된 부대다. 공식명칭은 국민혁명군 제팔로군이다. 국민정부에 소속은 되었지만, 공산주의 혁명을 목표로 하고 있는 이질적인 부대였다.

중국은 일제의 침략을 받으면서 장개석이 이끄는 국민정부와 모택동이 지도하는 공산혁명군으로 나누어져 있었다. 두 차례에 걸쳐 국공합작이 이루어졌지만 전술적인 합작이었

<hr />

2 장준하, 《돌베개》, 장준하문집 2, 사상, 1985, 64쪽.

을 뿐 전략적으로는 서로 적대시하고 싸우기를 멈추지 않았다. 동족상잔이 계속되었다. 이 같은 참상에 대해 장준하는 뒷날 다음과 같이 썼다.

그동안 우리가 유격대에 들어와 있는 동안에, 중앙군과 팔로군 사이에 알력이 있다는 것을 들어서 짐작은 했지만, 이렇게 지독한 충돌까지 하는 줄은 몰랐다. 그러나 실제로 이렇게 목격을 하고 나니 중국의 동족상잔이 얼마나 비분강개할 노릇인가 하는 통탄만이 걷잡을 수 없이 한심스러웠다. 적어도 눈앞에 일본이라는 외국민족과의 전쟁을 앞에 두고 이렇게 싸운다는 것은 이해될 수가 없었다. ― 이것은 그때까지의 나의 생각이었다. 그러나 이 어찌 그들만의 현실이랴, 나는 우리의 오늘날 현실을 두고, 그때 비웃었던 나를 오늘은 다시 비웃어보기도 한다.[3]

▬▬▬ 3 앞의 책, 66쪽.

한치룽 사령관의 전사

    동족상잔의 아픈 상처는 장준하와 동지들의 생명의 은인이기도 하는 한 사령관의 전사소식으로 이어졌다. 장준하 일행이 팔로군의 공격을 피해 온갖 고초를 겪던 그날 오후 5시경에 유격대의 연락책으로부터 들은 부음이었다.

    숨진 인간 한치룽의 그 넓은 도량과 지휘관으로서의 사랑이 우리들 한국 청년의 가슴속에 잊힐 수 없는 한 그루 기념수로 심어진 것은 가장 고귀한 교훈이다.

    그러나 나는 한 사령관의 죽음을 끝내 믿고 싶지 않았다. 그 인자한 모습이 나의 애통 속에 되살아왔다. 그것은 환상이 아니라 하나의 교훈이었다.

    우리에게 알려진 한 사령관의 부음은 거의 우리를 허탈상태로 몰아넣어버린 것 같다. 물론 우리뿐 아니라 중국군에게는 더욱 큰 슬픔일 것은 말할 나위도 없으리라. 한 사령관을 애도하는 생각에 젖어 한 시간을 머물렀다. 그러나 이런 감상에만 잠겨 있을 수 없는 처지였다.[4]

장준하 일행은 살아남은 사령부 요원들을 따라 캄캄한 어둠 속에서 끝이 보이지 않는 들판을 다시 걸었다. 팔로군에게 전선이 무너지면서 후퇴를 거듭하게 되었다. 일행은 다음날 해가 질 무렵에 도착한 유명한 고왕탄광 앞에서 실로 괴이한 현상을 목격하게 된다. 일본군 경비병들이 중국군 행렬을 얼이 빠진 듯이 바라보고 있는 광경이었다. 장준하 일행은 놀라지 않을 수 없었다.

이 같은 괴이한 현상은 설명을 듣고서야 어느 정도 이해가 되었다. 일본군은 중국의 국부군과 공산군이 서로 싸우도록 방치하거나 오히려 부추긴다는 것, 일본군이 어느 편에 끼어들었다가 자칫하여 두 세력이 합쳐서 일본군에 총부리를 겨누면 득이 될 게 없다는 것, 그러니까 조개와 갈매기가 서로 싸우도록 하여 어부지리를 얻겠다는 전략이라는 설명이었다. 그래서 일본군이 전쟁을 치르는 적군인 중국 국부군을 지켜보면서 히죽거리고 있었던 것이다.

사령부 요원들은 후퇴를 거듭했다. 퇴각이라는 표현이 정확할 것이다. 장준하 일행도 꼬박 하루 동안 눈 한번 붙여보

<hr>

4 앞의 책, 71쪽.

지 못하고 행군을 계속했다. 얼마를 걸었을까, 전투지역에서 완전히 벗어나 어느 조용한 마을에 이르렀다. 장준하 일행은 사령관 대리와 참모장, 고급참모 등과 함께 비교적 부잣집인 듯한 집에 들어가 짐을 풀었다.

부대는 이곳에서 일주일 동안 머물렀다. 모처럼 푸짐한 음식과 편안한 잠자리에서 별로 하는 일도 없이 일주일을 보냈다. 장준하와 동지들은 이렇게 하릴없이 시간을 축내고 있는 것이 안타까웠다. 그래서 참모장을 면담하고 자신들을 중경으로 보내달라고 요청했다. 이것은 이미 순직한 한 사령관하고도 상의된 일이었다. 장준하는 자신들이 중경으로 떠나야 하는 이유를 설명하고 다섯 명씩이나 사령부에 남아서 크게 도움을 주지 못하여 송구스럽다는 말을 덧붙였다. 듣고 있던 참모장은 흔쾌히 동의했다. 다만 6000리 길을 순전히 도보로 가야 한다는 것과, 도중에 공비 지역과 일본군 지역이 많으니 각별히 주의해야 한다고 말해주었다.

이 마을에 도착한 지 꼭 일주일이 되는 날, 일행은 길을 따라서 가도 6000리, 일본군과 공비 지역을 피하여 산길을 돌아가면 8000리가 되는 중원만리의 대장정에 올랐다. 1944년 7월 28일이다. 7월 하순 중원 내륙의 기온은 찜통을 방불케 한다.

　　내를 건너서 숲으로
　　고개를 넘어서 마을로

어제도 가고 오늘도 갈
나의 길 새로운 길
(후략)[5]

　민족시인 윤동주는 장준하 일행보다 먼저 항일의 길을 걸
으면서 〈새로운 길〉이란 시를 지었다. 그리고 1943년 여름방
학을 맞아 북간도 용정으로 귀향하다가 사상범으로 일본 경
찰에 붙잡혀서 2년형을 선고받고 일본 후쿠오카형무소에서
옥사했다. 윤동주는 1917년 생이니까 1918년 생인 장준하와
는 거의 동년배다. 일본 유학시절 어디에서 한 번쯤 만났을지
도 모른다. 그들은 '새로운 길'을 찾아 윤동주는 적도 일본에
서, 장준하(와 그 일행)는 이역 중국 천지를 헤매야 했다.
　장준하 일행에게는 다행히 위험한 길을 함께 가는 중국인
안내인이 있었다. 참모장의 따뜻한 배려에서였다. 이 안내인
을 따라 가도가도 끝이 보이지 않는 들녘을 걸었다. 일본군이
지키고 있는 철로를 건널 때는 목숨을 걸어야 했다. 일본군은
점령지역을 연결하는 철도만은 완벽하게 장악하고 있었다.
이 점과 선을 통해 전쟁수행에 필요한 군인과 무기 등 군수품
을 공급했다.
　장준하 일행이 여러 날을 걸어 안휘성 임천臨泉의 한국 광

<hr>

5　윤동주, 〈새로운 길〉, 1938년 5월 10일 지음.

복군 훈련반이 설치된 중국 중앙군관학교 임천분교에 도착하기까지의 피눈물나는 역정은 장준하의 《돌베개》와 김준엽의 《장정 1》에 자세히 기록되어 있다. 여기서는 장준하가 직접 쓴 몇 대목을 소개한다. 고난의 행로를 어느 정도 이해할 수 있을 것이다.

한 길에 들어섰다. 일군의 초소막이 눈에 들어왔다. 마음이 떨렸다. 아아, 그 지긋지긋한 일군의 모습을 다시 보아야 한다. 내 가장 깊은 곳에 갈렸던 증오가 칼날처럼 솟아올랐다. 그 대신 두 다리는 나의 다리가 아닌 듯싶었다. 자꾸만 오그라붙는 듯한 두 다리에 꼿꼿이 힘을 주고 나는 걸었다.

초소막이 가까워지자 이상하게 나의 오른쪽 어깨에 메어진 뺀대가 자꾸 흘러내렸다. 아니 흘러내리는 듯싶었다. 나는 오른쪽 어깨를 치켜올리며 뺀대를 바로 메었다. 동반자는 남의 속도 모르고 내가 초조해서 못 걷는 듯이 생각하나 보다.

차츰 초소막이 눈앞에 확대되어왔다. 나의 전신의 피가 말라가는 듯, 금시에 현기증이라도 일어나 쓰러질 것만 같았다. 일군의 보초병이 나타났다. 물론 장총에 착검을 한 무시무시한 자세로다.[6]

173

오늘 안으로 60리를 벗어나고 일군 경계지구를 돌파한다는 걱정이 마음 한구석을 누르는 것이다. 발걸음은 힘이 없었다. 아마도 너무 긴장했던 때문일 것이다. 우리는 큰길을 피하고 넓지 않은 평로平路를 택해 걸었다. 가도가도 끝없는 길이 다시 시작되었다.

그 어느 중국땅이나 한결같이, 무제한의 벌판이 끝없이 달려갔고 그 뒤를 바람이 따라갔다. 벌판은 밭으로 푸른색이었고, 어디 한곳 산도 보이지 않았다. 하늘이 직접 들판과 맞붙도록 쏟아져 내려와 지평선을 이룬 한끝이 아득하게 둥근 원을 그렸다. 그 앞을 바라보며 우리는 넓은 한끝으로 스며드는 느낌 속에 걸음을 타박타박 따라갔다.[7]

---

6 장준하, 앞의 책, 80쪽.
7 앞의 책, 83쪽.

중국군 사령관의 타락상

우리는 거의 매일 수박으로 살다시피 하고 밤이면 나무 그늘이나, 혹시 부락에 이르면 남의 집 헛간에서 밀대짚을 깔고 자면서 닷새를 걸었다. 그 엿새째 되던 날 오후 3시쯤 도달한 지점은 우리를 새로이 인계시킬 곳이었다. 이 지방은 또다른 유격대의 사령부가 주둔하고 있다고 했고, 우리는 이제부터 이 관할지역에 들어간다는 것이다.[8]

우리가 그들의 눈에 마치 일본놈 포로처럼 보이는 듯싶었다. 우르르 몰려와서 모멸의 시선을 던져가며 희희거리고 심지어 우리를 건드려보고 어린아이들처럼 뚫어진 옷 속으로 손가락을 밀어넣으며 야유를 하고 있었다. 우리가 도착한 지 두 시간이 넘어서야 우리는 이곳 사령관이

---

8 앞의 책, 84쪽.

부른다는 전달을 받고 사령관실로 안내되었다. 정작 우리가 놀란 것은 이곳의 일이다. 사령관이라고 하는 사람은 처음 만나는 우리를 런닝셔츠와 팬티바람으로 불러들인 것이다. 그보다 더 가관인 것은 꼭 손녀같이 보이는 십육칠 세 계집아이를 무릎에 올려놓고 있는 그 태도였다 ……열 여섯을 넘지 않았을 그 여자는 그의 다섯째 첩이라는 사실을 뒤늦게나마 알고 고소를 금치 못했다.[9]

청년(안내원-저자)은 자기의 지시대로 하라면서 그 밧줄의 한끝을 호 안에 슬슬 내려보내고 다른 한끝을 자기 몸에 잡고 호 속으로 선 채 우리를 한 사람씩 내려가라고 했다. 우리는 밧줄을 잡고 호 속으로 떨어져 내려가야만 했다. 호의 깊이는 우리들의 키로 두 길이 실히 넘는 것 같았고 밑바닥에는 한 자 가량의 물까지 괴어 있었다.[10]

그들의 호송이, 우리를 보호해서 목적지까지 가서 우리를 무사히 인계시키는 것이 아니라, 마치 우리를 감시해서 데려가는 것처럼 이들의 학대는 심했다. 그것도 욕질이나 발길질 정도가 아니었다. 우리가 하도 고달파서 머뭇거리면 곧장 발길질이요, 부락으로 지나갈 때면 으레 일본

<hr />

9 앞의 책, 85쪽.
10 앞의 책, 87쪽.

'꿔즈'鬼子를 잡아간다는 소문을 놓아 모든 부락민들이 온통 일어나 구경거리가 되며, 나무꼬치로 찔러보거나 발로 차보는 경우는 으레 있는 일이었다. …… 끼니 때가 되어도 먹여주지를 아니했고, 때때로 가는 길에 원두막을 만나도 저희들만 포식하고 우리는 원숭이처럼 구경만 시키는 것이었다.[11]

드디어 나흘째 되던 날 저녁에 우리는 또다른 지구의 유격대사령부에 닿았다. 그러나 이번에는 공한을 받아보고 나서 사령관이 직접 우리를 만나고자 했다. 지난번과는 달리 사령관의 온화한 성품이며, 사람 좋아하는 그런 인상에 우리는 우선 호감을 가질 수 있었다. …… 그는 즉시 우리의 숙소를 마련해주었으며, 또 정말 재봉사가 달려와서 우리의 몸 치수를 각각 재어갔다. 참으로 오래간만에 우리들은 목욕을 했고 맞지 않는 군복이나마 땀에 배지 않은 것으로, 더욱이 이곳저곳에 살점이 드러나지 않은 것으로 갈아입을 수가 있었다.[12]

장준하 일행은 이와 같은 고초를 겪으면서 한국 청년들이 조국광복을 위하여 군사훈련을 받고 있다는 임천에 도착할

---

11 앞의 책, 91쪽.
12 앞의 책, 92쪽.

수 있었다. 일행은 앞에서 만났던 유격대 사령관의 배려로 모처럼 백색군복으로 정장하고 임천분교를 찾아 걸었다.

유격대를 떠나 임천까지 가는 길은 조그마한 산도 구경할 수 없는 광활한 평야로서 눈에 보이는 것은 콩밭이나 보리·수수밭으로서 이 지역은 강우량이 적어 벼농사가 되지 않는 곳이다. 우리에게 다행스러웠던 것은 가는 길에 곳곳이 수수밭이었고 또 거기에는 으레 원두막이 있었기 때문에 햇빛을 피하여 원두막에서 쉴 수 있을 뿐 아니라 수박을 먹을 기회가 적지 않았던 일이다. 이곳의 수박은 노란색에 씨가 적었고 여간 달지가 않았다. 고생스러울 때 먹어서 그런지 내 일생에 그렇게 맛있는 수박을 먹어본 일이 없다.(중략)

날마다 비슷한 행군을 계속하는 동안에 우리들은 말이 적어졌다. 묵묵히 각자가 열심히 걸었다. 걷는 것만이 희망이었다. 그래야만 중경에 도착하는 것이고, 독립군에 참가하여 원수를 무찌를 수가 있기 때문이었다.[13]

'못난 조상이 되지 않기 위하여'라는 일념으로 장준하와 그의 동지들은 폭염과 폭우가 쏟아지는 대지를 걸어 많은 동

---

13 김준엽, 앞의 책, 228쪽.

포청년들이 훈련을 받고 있는 임천 인근에 도착했다.

나흘째 되던 날 아침(9월 10일), 비로소 비는 멈추었다. 우리는 나는 듯한 기분으로 임천으로 향하여 출발했다. 축 축이 젖은 대지에서 싱그러운 향기가 솟아오른다. 우리는 새로운 힘으로 넓은 벌판을 한걸음에 뛰어넘을 듯이 빠르게 걸었다. 오후 서너 시가 되었을까, 임천이란 곳이 멀리 바라보였다.

임천은 와양渦陽보다 조금 더 큰 도시였다. 호송병들도 임천에 처음 와본 모양으로 한국인이 집결한 곳을 찾느라고 무척 애를 썼다. 그러다가 어느 부대의 영문 앞에 도달하였다. 호송병이 공함을 들고 문 안으로 들어갔는데 불과 1, 2분 지났을까. 별안간 아우성을 지르면서 중국 군복차림의 청년들이 문쪽으로 쏟아져나오는 것이었다.[14]

■■■■ 14 장준하, 앞의 책, 96쪽.

임천분교에서 만난 김학규 주임

중국 중앙학교 임천분교에는 한국 광복군 훈련반이 부설되어 있었고, 김학규라는 분이 주임으로 책임을 맡고 있었다.

김학규는 한국 독립운동사에서 빼놓을 수 없는 인물이다. 일찍이 만주로 건너가 신흥무관학교를 졸업하고 유하현 삼원보의 동명중학교에서 교편을 잡았다. 1931년 조선혁명당에 가입하여 군사령부 참모로 임명되어 봉천성 영릉가전투와 동화현전투에서 많은 전공을 세웠다. 그뒤 조선혁명군에 모여든 청년들을 규합하여 항일부대를 편성하였다.

일제의 만주침략 뒤에는 유동열, 최동오와 함께 남경에 파견되었다. 그곳에서 김학규는 조선의용대, 조선독립당, 광복동지회를 포함하여 약 6개 조직과 회합해 한국항일전선통일동맹을 결성했고 민족주의 자주계열을 상해에 집결시키려고 노력했다. 1935년 조선민족혁명당이 결성될 때는 김원봉 등과 결별하고, 한국광복진선韓國光復陳線을 조직하여 대한민국 임시정부의 외곽에서 독립운동을 벌였다. 1940년 9월 광복군이 중경에서 편성되자 총사령부 참모로 선임되고, 이듬해 광복군 제3지대장으로 취임하여 안휘성 부양에 근거지를 두고 대일선전, 초모공작, 정보수집을 지도하는 한편 유격전을 전개했다.

장준하 일행이 이곳에 도착했을 때 김학규는 임시정부와 광복군 총사령부의 명을 받아 약 1년 전부터 각종 공작을 펴고 있었다. 탈출 학도병 외에도 한국 청년들을 모병하여 임천 분교에 정식으로 한국 광복군 훈련반을 편성한 것이다. 이평산과 진경성 두 교관이 김학규 주임을 돕고 있었다. 인원은 50여 명의 학도병 탈출병과 기타 30여 명이었다.

장준하 일행은 동포청년들의 따뜻한 환영을 받았다. 상당수가 죽을 고비를 넘기면서 이곳에 찾아온 학도병 출신이었다. 먼저 온 사람이나 나중에 온 사람이나 같은 목적으로 비슷한 과정을 거쳐 모인 동지들이니, 어찌 반갑지 않겠는가. 부대의 영문에서 만난 이들은 함께 어울려 얼싸안고 안으로 들어갔다. 만나자마자 백년지기라도 되는 듯이 탈출경로를 나누며 서로 위로하고 격려했다. 장준하 일행보다 더 심한 고초를 겪은 동지들도 많았다.

얼마 뒤 김학규 주임에게 인사를 드리러 갔다. 일행은 주임 집무실의 초라함에 놀라지 않을 수 없었다. 아무리 중국군에 얹혀사는 처지라지만 초라한 토막방이었다. 내무반도 마찬가지였다. 하지만 주임의 인상은 좋았다.

주임은 한 마흔 남짓한 중년의 신사로 온화하고 인자한 인품을 풍겨주었고 나는 믿음직한 인물로 속셈을 치고 있었다.

"얼마나 수고 했소, 동지들, 참 장하고도 장하오."

그는 극구 우리를 칭찬해주었고 우리의 용기를 치하해주었다.

이곳서 우리는 '동지'라는 접미 호칭을 처음 들었다. 우리에겐 무엇보다 감격스러운 순간이었다.

오후 다섯시, 항례대로 교내 광장에서 하기식이 거행되었다. 우리도 참석하게 되었다. 우리는 태극기를 생각했지만, 내려지는 것은 청천백일의 중국기였다.

사실 이곳에 태극기가 휘날린다는 것은 어디까지나 우리들의 순수한 욕심이 아닐 수 없었다. 그러나 저것이 청천백일기가 아니고 태극기라면 하는 애타는 심정만은 금할 수 없었다.[15]

이날 저녁에 환영회가 열렸다. 김 주임을 비롯하여 교관과 선참병사들이 참석했다. 안주도 없이 '배갈'을 뚝배기에 담아서 차례로 한 모금씩 마시는 초라한 환영회였다. 하지만 진수성찬이 마련된 어떤 파티 못지않는 열기와 환희가 나부꼈다.

▬▬ **15** 앞의 책, 99~100쪽.

김 주임이 만장의 환호 속에 일어나 "석탄 백탄 타는 데 연기가 펄펄 나고요/ 이 내 가슴 타는 덴 혁명의 불길 오른다/ 에헤야 에헤야 혁명의 불길이 오른다/ 사쿠라밭이 떠나서 태평양 보탬이 되고요/ 무궁화가 피어서 삼천만 기쁨이 되누나"라는, 조선에서 불린 가사를 편곡한 혁명가를 불렀다.

이날의 환영회는 모두 일어나 손을 마주잡고 독립군가를 부르면서 끝났다.

> 요동만주 넓은 들을 파하고
> 청천강수淸川江水 수병백만隋兵百萬 몰살하옵신
> 동명왕과 을지공乙支公의 용진법대로
> 우리들도 그와 같이 원수 쳐보세
> 나가세 전쟁장으로, 나가세 전쟁장으로
> 검수도산劍樹刀山 무릅쓰고 나아갈 때에
> 광복군아 용감력勇敢力을 더욱 분발해
> 삼천만 번 죽더라도 나아갑시다.[16]

모두들 목이 메도록 독립군가를 불렀다. 장준하는 "어느새 우리나라가 독립이라도 된 듯 우리는 자랑스러웠고 떳떳한 자존심을 느끼게 되었다"고 그때의 감격을 적었다.

---

16 앞의 책, 101쪽.

대원들의 교양지 《등불》제작

　머칠을 지내면서 겪으니 참으로 한심스러운 '병영생활'이
었다. 옆에 있는 중국 군인들은 사격연습도 하고 박격포도 쏘
고 하는데 한국군 훈련반에는 목총 한 자루도 없는 형편이었
다. 매일 중국 국기의 게양식과 한두 시간씩의 도수교련, 김
주임의 한국 독립운동사와 이평산 교관의 세계혁명사 강의
등이 하루 일과의 전부가 되었다.

　당장 몸이 편한 것은 좋지만, 이런 생활을 하자고 그 험하
고 고통스러운 역경을 뚫고 여기까지 왔는가 싶으니 그냥 있
을 수가 없었다. 그래서 정신무장을 하기 위해 강좌를 열기로
했다. 대부분이 일본에서 공부한 엘리트학생들이니, 각자 전
문분야를 발표하면 교양이 되지 않겠는가 하여, 김 주임의 양
해를 받아 강좌를 개설했다. 첫 강사로 나선 장준하는 〈아가
페와 에로스〉라는 주제의 강의를 하였다. 동지들의 관심을
모으기 위해 선택한 주제였다. 반응이 좋았다. 두 번째로 김

준엽이 〈사관史觀〉에 대해 강의했다. 이것도 성공적이었다. 처음에는 외면하거나 냉소하기까지 하던 동지들도 차츰 관심을 갖게 되고, 한번 듣고 흘려버릴 것이 아니라 발표내용을 모아서 연구교재로 삼자는 의견도 나왔다.

등사나 인쇄시설은 물론 용지 한 장 구하기 어려운, 맨땅에 가마니 깔고 기거하는 처지에서 교재를 만든다는 것은 말처럼 쉬운 일이 아니었다. 하지만 뜻이 있는 곳에 길이 있다고 했던가. 기왕이면 교재보다 잡지형태로 내자는 데 의견이 모아졌다. 장준하, 김준엽, 윤재현이 편집책임을 맡고, 학교 당국에 간청하여 작은 방 한 칸과 책상 하나를 마련하여 편집실로 꾸몄다. 그리고 교섭 끝에 약간의 선화지도 입수하였다. 《등불》이란 제호도 정했다.

강좌내용을 원고로 작성하고 잡지의 구색에 맞도록 시, 단편, 수필, 희곡, 만화까지 모집했다. 80여 명의 '군인' 중에는 다재다능한 이들이 적지 않았다. 원고가 모아지고 용지가 도착하여 편집팀은 똑같은 잡지 두 권을 붓글씨로 써서 만들었다. 마지막 난제가 표지를 만드는 일이었다. 80여 명이 돌려가며 읽기 위해서는 표지라도 든든하게 해야 하는데 천을 구하기가 쉽지 않았다.

김준엽이 아이디어를 냈다. 자신의 단벌 팬티를 빨고빨아 깨끗이 행군 다음 햇볕에 말려서 책표지로 사용하자는 것이었다. 책의 역사상 팬티를 세척해 책표지로 사용한 것은 전무

후무할 것이다. 김준엽은 이때부터 12월 초순 남양南陽에 도착할 때까지 팬티를 입지 못한 신세가 되었다고 회고했다. 이렇게 하여 《등불》 창간호 수제본 두 권이 만들어졌다. 한국 독립운동사와 한국 잡지사에서 고딕체로 기록될 일이고, 장준하와 잡지의 연이 맺어지는 계기가 되었다. 제호 밑에 한반도를 그리고 그 속에서 빛나는 램프를 표지화로 그려넣었다.

　　이것이 나와 잡지와의 최초의 인연이 되었다. 말하자면 효시인 것이다. 세상이 말하는 출판업자나 잡지발행인으로서의 그 출발이 이때부터 시작된다. 그러나 적어도 나는 그 이상의 긍지를 가지고 있다. 그 이상의 것이다.

　　또다시 못난 조상이 되지 않기 위하여 나는 붓글씨 한 자 한 획을 그을 때마다 손에 힘을 넣었고 그 힘은 나의 신념에서 솟아흘렀다.

　　중국 임천의 밤이 깊어도 그 칠흑의 밤보다 더 검은 먹을 갈아 붓글씨로 잡지를 베끼는 일로 밤잠을 밀어제치고 지새운 것이, 결코 그런 세상의 말을 듣게 되는 그 기원이 되어서는 안 될 것으로 안다.

　　적어도 그때의 나의 생각을 스스로 모독하지는 말아야 하겠다. 또 용납될 수도 없다.

　　《등불》은 진정 우리들의 뜻대로, 등불로서 불을 밝히고, 앞장서 길을 밝히며, 꺼지지 않는 등으로 이 민족 누구에게나 손에 손에 들게 만들어주고 싶은, 그때의 그 뜻을 스스로 짓밟고 싶지 않다. 그것은 가마니를 깔고 누워 받은 최초의 사명감이었다.[17]

잡지에 대한 반응은 대단히 좋았다. 병사들은 서로 먼저 보겠다고 야단법석이었다. 그런 중에 제2호가 준비되었다. 제2호에는 노능서 동지의 탈출경로를 희곡으로 만들어 게재하였다. 그리고 이 작품을 연극으로 꾸며 졸업식 때 중국 주민들까지 초청하여 공연을 했다.

아무튼 이 《등불》이 계기가 되어 전후(1953년부터)에 장준하 형이 《사상계》를 창간하게 되고 1955년부터 나도 이에 관여하게 되었다. 우리가 보물로 여겼던 《등불》를 천신만고를 겪으며 국내까지 가지고 들어왔으나 6.25 전란 때 아깝게도 분실하고 말았다.[18]

탈출 학병들이 수작업으로 만든 《등불》은 제2호까지만 제작되었다. 80여 명의 광복군 청년들이 만든 초라한 잡지였지만 여기에는 그들의 꿈과 열정이 담겼고, 이것을 주도한 장준하는 8년 뒤 《사상계》라는 한국의 대표적인 교양잡지를 창간

---

17 앞의 책, 104~105쪽.
18 김준엽, 앞의 책, 302쪽.

했다.

장준하는 뒷날 〈나와 잡지〉라는 글에서 당시 《등불》의 제작과 관련하여 다음과 같이 회고했다.

강좌가 거듭됨에 따라 원고가 많이 모아져 이번에는 그것을 한데 묶어 책 형식으로 만들자는 논의가 되었다. 그대로 묶어도 손색없는 한 권의 논집이 되었지만 이왕이면 읽을거리의 구색을 좀 갖추어 잡지형식으로 만들자 하여 일본 경응대학에서 역사를 공부한 김준엽 동지(현 고대 교수, 《사상계》 부대표)와 일본 동지사대학에서 영문학을 공부한 윤재현 동지(현 미국에서 대학교수 생활) 그리고 나, 이렇게 3인이 공동으로 편집을 맡아 강좌원고를 중심으로 시·소설(윤재현 동지의 작이라고 기억된다), 생활수기, 만화까지 넣어 편집을 끝낸 다음 우리 세 사람이 분담하여 한 번에 두 벌을 모필로 부서하였다.

장시간을 두고 논의한 끝에 제호는 《등불》이라 정하고 입던 헌 내의를 뜯어 빨아 풀칠을 해서 만든 표지에 램프 등의 표지화까지 그려(김준엽 동지가 그린 것으로 기억됨) 아주 멋있는 장정의 책 두 권이 되었다.

이 책이야말로 우리 훈련반이 가지고 있는 유일한 한국어 책이었으며 순번대로 돌려가며 보던 그때의 감격은 오늘도 잊혀지지 않는다.

역시 같은 책으로 2호까지 낸 다음 우리는 훈련을 마치고(1944년 11월 30일) 그곳을 떠났기 때문에 부득이 중단되었지만, 《등불》은 우리가 찾아간 중경의 임정에서 속간되었다.[19]

---

19 장준하, 〈나와 잡지 上〉, 《사상계》, 1963년 4월호, 282쪽.

열악한 생활 환경

장준하가 《등불》 제작에 열정을 보이고 있을 때 부대 안에서는 식사문제를 둘러싸고 대원들의 여론이 악화되어가고 있었다. 식사문제뿐 아니라 생활 전반이 열악하기 그지없었다.

군관학교 내의 한국 광복반, 즉 '한광반韓光班'의 생활환경은 유격대 생활에 비하면 나은 편이었지만 다른 나라의 군대 생활에 견주어보면 형편없었다. 그만큼 일본의 침략으로 중국이 궁핍해졌다는 것을 단적으로 말해준다.

병사兵舍라야 흙으로 된 기다란 토막에 가마니를 깔아놓은 것이고, 군복도 발이 굵은 무명으로 만든 초라한 것이고, 군화라는 것은 밑바닥만 있는 짚신이고, 식사는 하루에 두 끼(오전 10시경에 한 번, 오후 4시경에 한 번)뿐인데 식사 1회분은 '깡즈보' 한 개와 멀건 밀가루 국물에 야채 몇 줄기가 둥둥 떠 있는 국이 전부였다. 목욕을 할 수 없기 때

문에 온몸이 더러울 뿐 아니라 이가 득실거렸다.[20]

장준하가 "국이란 것이 멀건 소금국으로 시래기 몇 오라기가 떠다닐 뿐 들여다보면 얼굴이 비칠 정도였다"고 표현할 만큼 식사는 부실했다. 중국 정부에서는 넉넉한 수준은 못되지만 병사 1인당 하루에 밀가루 한 근, 부식비 20원 정도의 급식 배당량을 정하고 이를 시행토록 했다. 그런데 취사담당자들이 이리저리 떼어먹으면서 식단은 형편없이 조악해졌다.

훈련생들은 견디다 못해 긴급회를 열어 장준하를 취사책임자로 천거했다. 《등불》의 편집책임에 이어 취사책임까지 맡게 된 것은 그만큼 동료들 사이에 신뢰와 능력을 인정받고 있었음을 말해준다. 장준하는 이를 고사했지만, 끝까지 거절하기에는 취사문제의 해결이 그만큼 시급했으므로 이를 받아들였다. 그리고 해결에 나섰다.

장준하는 동지들의 지원을 받아서 새벽 일찍 시장에 나가 값이 싸고 양이 많은 채소를 골라 사오고, 남은 돈으로 돼지고기도 몇 근씩 사서 국을 끓여 대원들에게 모처럼 고깃국을 먹일 수 있었다.

이런 일도 있었다. 아무리 절약하고 아껴도 워낙 배당금이 적다 보니 대원들의 식사문제는 여전히 조악할 수밖에 없었

<hr/>

20 김준엽, 앞의 책, 302쪽.

다. 그래서 부대 주변에 있는 민간인들의 고구마밭에 관심이 쏠렸다. 장준하는 여러 날을 두고 고심을 거듭했다. 목사의 아들, 장차 목사가 되겠다는 신앙인이 남의 고구마를 훔치느냐, 아니면 동지들의 배고픔을 방치하느냐? 며칠 동안의 고민과 갈등 끝에 몇 명의 동지들과 야밤에 중국인 밭에 들어가 몰래 고구마를 캐오기에 이르렀다. 그리고 삶아서 대원들과 나눠먹었다.

고구마 도둑질은 여러 날 동안 계속되었다. 장준하는 "동지들이 즐거워하는 것을 보고 나는 즐거우면 되지 않느냐, 나의 생각은 이렇게 단순해지게 되었다"[21]고 당시를 회고했다. 하지만 장준하는 여전히 심적으로 갈등하고 고민하고 있었다.

그러던 어느 날 대원들 사이에 불상사가 일어났다. 일본 명치대학을 다니다 탈출해온 두 대원이 술에 만취해 시퍼런 일본도로 술집의 개를 두 동강이로 만들어놓고, 임천의 거리를 쏘다니며 주민들에게 행패를 부렸다는 것이다. 이들은 부대에 들어와서도 난동을 벌여 병사들이 공포에 떨어야 했다. 두 사람은 중국군 헌병대에 연행되었고, 곧 중국 육군형무소로 이송될 예정이었다. 중국 육군형무소는 한번 들어가면 굶주림으로 인생이 끝장난다는 악명을 날리는 감옥이었다. 그대로 두었다가는 두 동지의 운명이 어찌될지 모르는데도 내

------

21 장준하, 앞의 책, 114쪽.

무반에서 거듭된 이들의 행패와 평상시의 실덕으로 인하여 누구하나 나서려 하지 않았다.

장준하는 이들의 어려운 처지를 방관할 수가 없었다. 동지들을 설득하여 구명에 나섰다. 워낙 악명을 날린 사람들이라 동조자를 얻기 어려웠지만, 설득하고 읍소하여 전체 대원의 의사를 모았다. 김학규 주임을 찾아가 이해를 구하고 군관학교 당국과 협의하여 구명탄원서를 냈다. 결국 두 사람을 풀려나게 되었다. 장준하의 동지애가 두 사람을 살려낸 것이다.

임천분교에 온 지 3개월이 되어가면서 장준하와 대원들은 점점 초조해졌다. 총 한 방 쏘아보지 못하는 지금과 같은 생활을 계속하고 있을 수는 없다는 생각이었다. 식사나 생활여건은 형편이 없어도, 신변의 안전은 어느 정도 보장되고 있었다. 그러나 안전한 생활을 하자고 일본군을 탈출하여 여기까지 온 것은 아니었다.

장준하와 김준엽은 김 주임을 만나 중경으로 떠나겠다고 하자 김 주임은 자기와 이곳에서 탈출해온 병사들을 훈련시키자고 했다. 또 중경의 임시정부가 하는 일 없이 파쟁에 휩쌓여 있다는 소식을 비롯하여 그곳의 사정을 소상하게 전해주면서 중경에 가서 실망하느니, 여기에 남아서 더 할 일을 찾자고 설득하였다. 김 주임이 이들의 중경행을 만류하는 데는 두 가지 뜻이 있었다. 임시정부가 이들이 기대하는 것처럼 항일투쟁의 역할을 하고 있지 못하다는 것과 이토록 유능한

청년들을 모아 홍범도나 김좌진 장군처럼 독립운동 군단을 만들고 싶었던 것이다. 하지만 장준하와 동지들의 생각은 달랐다. 오직 중경을 향해 있었다. 중경은 이들에게 꿈이고 이상이었다.

대원들은 떠나기에 앞서 그동안 준비해온 연예회를 성공적으로 마치고, 《등불》 제2호도 발행했다. 그리고 졸업식을 맞았다. 졸업식에서는 동기생 모두가 중앙군관학교 교장 장개석 명의의 졸업장과 중국군 육군소위 임명장을 받았다. 졸업식을 계기로 김 주임도 중경행을 허락해주었다. 중국군관학교 간부 훈련반의 교육기간은 4개월이었지만, 장준하 일행은 입교 3개월 만에 졸업할 수 있었다. 중국 중앙군 육군소위 임명장은 이들의 장정길에 큰 도움을 주었다.

임시정부 찾아 6000리 장정에 나서다

　1944년 11월 21일 오후 2시, 53명의 일행은 임천을 떠나 중
경의 서천길에 올랐다. 동지들 중에 김 주임의 설득으로 13명
이 남고, 학도병 25명과 6명의 여자, 3명의 아이들, 기타로 구
성된 53명이었다. 여성과 아이들은 중경에서 온 오광선 장군
의 딸 오희영과 공작원 2명 그리고 일본 점령지역 안에서 장
사를 하던 세 쌍의 부부 사이에서 난 아이 3명이었다. 김 주임
은 일행을 인솔하도록 진경성 교관을 함께 떠나게 하는 배려
를 아끼지 않았다.

　대륙의 11월 하순은 찬바람이 부는 쌀쌀한 초겨울이다.

　우리가 출발시에 지급받은 것은 약간의 밀가루와 소금
국을 끓일 수 있을 정도의 부식비였고, 의복은 한광반에서
입고 있던 얇은 청색의 여름군복이었으며, 맨발에 초혜草
鞋를 신은 초라한 모습이었다. 밀가루는 각자가 일정량을

195

자루에 넣어서 어깨에 지고 나머지는 추차推車(손잡이는 둘이지만 바퀴가 하나인 미는 차)에 싣고 중국 인부로 하여금 밀고 가게 했다.

우리의 모양은 초라했지만 사기는 충천하였다. 우리들은 철통 같은 동지의식으로 이 험난한 길을 주파하고 우리의 독립을 기어코 성취하겠다는 굳은 의지로 뭉쳐 있었다.[22]

이때 떠난 학병 25명의 명단은 다음과 같다.

김준엽, 김유길, 김영호, 김성환, 김성근, 김영록, 김춘정, 노능서, 백정갑, 박승헌, 박영록, 석근영, 승영우, 서상열, 신창현, 이문화, 이영길, 이계현, 안광언, 윤경빈, 윤재현, 장준하, 정명, 홍기화, 홍석훈.

낯선 이역에서 동포들끼리 떠나는 사람이나 보내는 사람이나 서운하고 마음 저리기는 마찬가지였을 것이다. 장준하 일행은 아쉬운 석별의 정을 남긴 채 다시 먼 길을 향해 떠났다.

눈보라와 한파가 회오리바람으로 대륙을 휘어잡는 중

───

22 김준엽, 앞의 책, 319쪽.

국의 동장군을 앞에 두고 중경까지 3개월간의 행군을 시작하는 우리를 위해 남은 동지 열세 명은 마지막길처럼 애처롭게 전송해주었다.

공연한 고집으로 눈보라의 고생길을 산맥과 광야로 놓으면서 간다고, 그들은 또 불쌍히 여기며 전송해준 것 같았다.

우리들 53명의 대열이 관문 밖으로 전부 흘러나올 때까지 나의 오른손은 거수경례로서 이 분교와 동지와 교관에게 나의 뜻을 전하고 있었다.

2월 30일 낮 한 시(장준하의 착오인 듯, 앞에 인용한 김준엽의 날자가 맞는 듯하다–저자) 싸늘해진 바람이, 서주로부터의 행군과는 달리, 우리들 귀밑을 파고들어 목덜미로 내려갔다. 오싹 끼치는 소름은 순례자에게 주는 첫 시련의 암시처럼 등골로 기어들었다.

나는 정확히 손을 내렸다. 대열의 끝에서 나는 하나님의 감사를 느꼈다. 이 대열의 끝을 내 발자국으로 맺으면서 이제부터 걸어야 할 수천 리를 나는 구도의 길로 따라갈 결심을 하였다.

그것은 새로운 형극의 서사시 첫 구절이었다. 또 그것은 야곱의 돌베개를 찾으러 간 어리석은 고행의 길일지도 모른다. 제1악장의 바람이 대륙의 하늘을 울리고 있었다. 그 속에 우리 대열은 미끄러져 들어갔다.

끝내 우리가 김학규 주임의 만류를 뿌리치고 임천을 떠난 것은, 너무나도 우리들의 젊음이 가슴에 벅찼기 때문이었다. 중경에 대한 거의 맹목적인 기대, 이것은 적어도 우리의 정열에 불을 붙여줄 수 있는 일거리라고 생각했었다.[23]

계절은 겨울철의 혹한에 접어들고, 갈 길은 큰길로 가도 3개월이 걸리는 험로였다. 도처에 일군과 공산군, 팔로군, 산적들까지 우글대는 길이다. 일행은 청색의 여름군복을 그대로 입었고 낡은 짚신을 신었다. 여성과 어린아이들까지 낀 행렬이었다. 6000리는커녕 600리 길도 걷기 어려운, 그런 험한 길을 나섰다. 그때 장정에 오른 장준하의 심경은 김수영의 다음과 같은 시구詩句와 닿지 않았을까.

> 시를 쓰는 마음으로
> 꽃을 꺾는 마음으로
> 자는 아이의 고운 숨소리를 듣는 마음으로
> 죽은 옛 연인을 찾는 반가운 마음으로
> 잊어버린 길을 다시 찾는 반가운 마음으로
> 우리는 우리가 찾은 혁명을
> 마지막까지 이룩하자[24]

---

23 장준하, 앞의 책, 132쪽.
24 김수영, 〈기도〉.

제 6 장

파촉령 넘어 중경임시정부 도착

머리와 손과 발이 나의 감각에서 멀어지기 시작했다. 차차
사지가 얼어 들어오는 것이었다. 언덕을 이룬 곳에 쪼그리고 앉아
쉴 때면 이 휴식을 방해하는 이의 소탕도 같이하게 되었다.
걸을 때면 이가 무는 줄도 모르지만 잠시만 멈추어도
견딜 수 없이 몸이 가렵다. 참다못해 웃통을 벗어 뒤집어 들고
활활 털어서 손바닥으로 솔솔 쓸어내리면 보리알만큼씩한 이가
깨끗한 눈바닥 위에 깨알처럼 쏟아진다.

– 장준하, 《돌베개》 중에서

부패한 중국군

일제의 패망이 내다보이는 1944년 동짓달 하순, 이런 정황을 알 길이 없는 장준하와 장정행렬은 혹한의 대륙을 걸었다. 여자들과 아이들이 낀 행렬은 더디고 초라했지만 사기는 대단히 높았다. 임시정부를 찾아가는 길이라 추운 날씨에도 발걸음이 무겁지 않았다.

출발 당일은 낮에 40리 길을 걸어야 하고 밤에는 다시 70리를 더 가야 평한선平漢線(북평에서 평한구까지의 철도)을 횡단할 수 있다. 그리고 다시 80리를 행군해야 안전지대에 도착하게 된다. 후방으로 이동하는 중앙군 1개 사단의 병력과 합류하여 따라가는 길이라 뒤처질 수도 없었다. 하지만 지난 3개월간 쉬었던 걸음이고, 아이들과 여자들의 보행에 맞추다 보니 행렬은 느리고 쉽게 지쳤다. 평한선 철도는 일본군의 보급을 위한 생명선이어서 일본군으로서는 전략상 가장 중요한 철도였다. 곳곳에 일군이 배치되어 있어서 그것을 넘기가 쉽지 않왔다.

장준하 일행은 중국 중앙군과 함께 보행하면서 그들의 초라한 모습에 놀랐다. 군대라기보다는 마치 퇴각하는 패잔병부대와 같았다. 중앙군 1개 사단병력이 평한선을 넘는 행렬을 지켜보면서, 장준하는 일본군과 묵계 또는 양해가 있었을 것으로 판단했다. 그렇지 않으면 대부대가 일본군 지역 철도를 횡단한다는 것은 불가능했다. 양측 사이에는 피차의 이익을 위해 가끔 이 같은 묵계가 있었다.

장준하가 또 놀란 사실은 중앙군의 기막힌 가마행렬이었다. 이동행렬 속에는 50여 대의 가마가 있었고 남루한 군복의 중국 군인이 메고 가는 가마에는 사단장의 가족이 타고 있었다. 장준하는 5억 명이 넘는 인구의 중국이 수십만 명 일본군에게 쫓기게 되는 현실은, 이 같은 중국군 지도부의 부패와 타락에 기인한 것이라고 생각했다. 중국 중앙군에는 우수한 부대도 적지 않았지만, 이 같이 엉망인 부대도 많았다.

후방도 아닌 전방지대에 사단장이라는 지휘관은 수십 명의 처첩을 거느리고 다니고, 박격포를 메고 가야 할 그 어깨엔 대신 지휘관의 처첩들의 가마가 올라앉는가 하면, 정규군의 모습이 아닌, 이 미련한 중국군, 일군에게 밀리우면서 또 홍군과 맞붙어 싸우며 떠다니는 유랑의 군대, 그런가 하면 일군은 '점과 선'만을 차지하고, 타협도 해가면서 대륙을 들쑤셔놓은 그 약삭**빠**른 허세의 군대다. 이들의 사이에서 어부지리를 얻는 공산군만이 진실로 공간과 인간을 지배하고 있다.[1]

밤이 깊어지면서 기온은 급강하하고 찬바람이 **뺨**을 할퀴었다. 어린아이를 업은 사람들은 안간힘을 다해 걷고 있었다. 낙오되면 죽는다는 것을 알기 때문에 모두들 사력을 다하여 걸었다. 걸으면서 음식을 먹고 발이 시리면 주저앉아 서로 주물러주었다.

일인당 밀가루 서너 되씩의 양식이 수레에 실리고 또 자루에 담겨 어깨에 메었다. 각자는 얼마간의 용돈을 나누어 가졌으며 긴급용으로 콩기름에 부친 밀가루떡, 밀개떡을 조금씩 꾸려넣은 행장을 가졌을 뿐이었다. 동복도 아닌, 청색 중국군 여름군복으로, 찬바람 속을 뚫고, 줄을 이었다.[2]

평한선에 가까울수록 중압감을 느껴야 했다. 지난날 행군 중에 철도를 지날 때 겪었던 어려움 때문이었다. 중국군을 따라 철도 가까이 도달하였을 때 하남河南작전에 출동 중이던

■■■ 1 장준하, 《돌베개》, 장준하문집 2, 사상, 1985, 140쪽.
■■■ 2 앞의 책, 135쪽.

일본군 기병대의 습격을 받아 후퇴하게 되었다. 이때 겁에 질린 중국인 추차인부가 도망하여 일행들이 번갈아가며 밀고 가야 했다.

다시 걷고 달려서 새벽 2~3시 사이에 행렬은 무사히 철도를 건널 수 있었다. 장준하의 예상대로 양측의 묵계가 있었다. "중국군과 철로경비의 일본군 사이에 모종의 타협이 이루어졌었다."[3] 소규모인 일본군은 사단규모 중국군의 철로횡단을 묵인하고 중국군은 철로를 파괴하지 않는다는 타협이 이루어진 것이다.

일행이 사력을 다해 걸어서 50리의 철로를 넘었을 때 먼동이 터올랐다. 섣달 초하루가 밝은 것이다. 일행은 천신만고 끝에 일본군의 경비지역을 벗어났다. 여기서부터 중국군은 다른 길로 가고, 장준하 일행만 남게 되었다. 이제는 단독으로 중경까지 가야 했다. 장준하는 일행 53명을 4개 그룹으로 편성하여 일정한 지역에 가서 합류하기로 하였다. 너무 많은 행렬이 함께 걷다 보니 여러 면에서 비능률적이어서 분산하여 조별로 행군하기로 결정한 것이다.

선발대가 먼저 출발하여 숙식을 할 수 있는 마을을 찾아가 취사준비를 하면 후발대가 조금이라도 더 쉴 수가 있었기에 이 같은 조별 행군계획이 마련되었다. 장준하는 여전히 취사

---

3   김준엽,《장정長征 1》, 나남, 1995, 322쪽.

책임을 맡은 데 이어 선발대 책임까지 맡았다. 임천을 떠날 때 가져온 일행의 양식은 얼마 남아 있지 않았다. 그래서 마을에 도착하면 지역 행정기관 책임자를 찾아 중국군의 증서를 보이고 유숙을 요청했고 대개는 이를 들어주었다. '중국군 장교' 증서의 덕을 톡톡히 본 것이다.

노하구에 도착

    행렬은 보통 하루 100리 정도를 걸었다. 그러던 어느 날 일행은 거대한 산맥의 입구에 도달했다. 방향을 잘못 잡아 들어온 산길이었다. 낭떠러지 사이로 세워진 고성을 지나기 위해서는 이 성문을 통과하는 길밖에 없었다. 파수병들이 성문을 지키고 있었다. 일행이 고성 안으로 들어가자 파수병들은 성문을 닫아버렸다. 알고 보니 성안에 있던 정체불명의 사나이들은 중국의 도적떼였다.

    장준하와 중국어를 아는 선우진이 나서 책임자 면담을 요청하고, 공한을 보여주면서 한국 독립군이라고 설명했지만 이들은 공한을 읽으려고도 하지 않고 막무가내였다. 일행은 불안과 공포에 시달리면서 긴 밤을 뜬눈으로 세웠다. 이튿날 어렵게 수령을 만나 통사정을 했다. 다행히 어제와는 태도가 약간 달라진 듯했다. 도적의 수령은 식량을 두고 가라고 요구했다.

한겨울에 허허벌판과 산속에서 식량을 빼앗기게 되면 굶주림과 동사를 면치 못하게 되는 것은 뻔한 일이다. 장준하는 몇 차례 수령에게 매달리고 애원하였다. 다행히 마음이 바뀐 수령이 전원 풀어주도록 지시했다. 귀중품이 없고 초라한 군복차림이 생명을 구해준 것이다. 일행의 신분을 도적무리가 제대로 알았다면 일본군에 팔아넘겼을 텐데, 한국 독립군이란 신분을 제대로 알지 못한 것도 살아나는 데 도움이 되었다. 일행 모두가 무사히 풀려난 것은 천우신조였다.

호구虎口에서 풀려난 일행은 다시 걸었다. 중원 벌판에 눈이 내렸다. 눈을 밟으면서 가도가도 끝이 보이지 않는 길을 걸었다. 며칠만에 중앙군의 한 전구사령부가 있는 남양南陽에 도착했다. 이곳에서 보급관계로 2주일을 머물렀다. 일행은 중국인 마구간이나 헛간에서 밀짚을 깔고 자느라 심한 피부병 옴에 걸렸다. 일행 중에 의과대학 출신이 있어서 유황을 끓여 바르면 효과가 있다고 하여 이 일이 일과처럼 되었다. 신기하게도 장준하와 김준엽만 옴에서 피할 수 있었다.

두 사람은 바로 이곳이 제갈량이 살던 곳이라는 사실을 알고 마을을 둘러보면서 《삼국지》에 대한 얘기를 나누며 무료한 시간을 보냈다. 이 주변은 바로 소동파가 중국 문학사의 걸작으로 꼽히는 〈적벽부〉를 지은 곳이었지만 장준하는 아직 이를 알지 못했다.

일행 중에 여성이 6명이나 있다는 것은 앞에서 말한 대로

다. 그중에 두 명의 위안부 출신 여성과 독신여성을 둘러싸고 젊은 남성들 사이에 암투가 벌어졌다. 특히 독신여성에 대한 경쟁의식이 나타나면서 질서가 문란해졌다. 누구보다 모범이 돼야 하는 위치인 인솔책임자가 독신여성과 어울려 풍기를 문란시킨 것을 두고 장준하는 준엄하게 꾸짖고 체벌을 가했다. 그대로 방치했다가는 동지들 간에 어떤 불상사가 생길지 모르기 때문이었다.

장준하 일행은 2주일이 지나서야 보급품을 받을 수 있었다. 노하구까지의 식량과 솜을 넣고 누빈 겨울군복, 외투 한 장씩을 받게 되었다. 영하의 날씨에 여름군복으로 버텨온 대원들에게는 더없이 훌륭한 장비였다.

노하구에 한국 광복군의 전방파견대가 있다는 사실도 알아냈다. 비록 다 해진 짚신을 신었지만 발걸음은 빨랐다. 남양을 떠난 지 4일 만에 노하구에 도착했다. 거기서 우리 광복군의 파견요원들의 환영을 받았다. 전방파견대가 아니고 광복군 제1지대의 분견대였다. 책임자는 출장을 가고 2명의 요원이 나와서 극진하게 맞아주었다. 중경임시정부 군무부장 겸 제1지대장 김원봉 계열인 이들은 장준하 일행의 도착정보를 알고 기다리고 있었다.

일행은 이들의 따뜻한 영접에서 다시 한 번 뜨거운 동족애를 느끼며 모처럼 안도의 휴식을 취할 수 있었다. 하지만 이곳도 안전한 지역은 아니었다. 양자강의 지류인 한수漢水 건

207

너에서 야심에 일본군의 공습이 시작되었다. 일본군의 공습을 직접 보기는 여기서 처음이었다. 공습은 여러 날 계속되었지만, 분견대가 자리잡은 강 이쪽에는 중국군 부대가 없어서인지 폭격을 받지 않았다.

출장에서 돌아온 분견대장은 중경으로 가지 말고 이곳에 남아 제1지대를 보강하자고 설득했다. 하지만 일행의 중경행 결심을 바꿀 수는 없었다. 중경까지 가는 길에는 제비도 넘지 못한다는 파촉령을 넘어야 한다. 그 험준한 파촉령 눈보라길을 맨발과 진배없는 낡은 짚신을 신고 넘는다는 것은 모험도 보통 모험이 아닐 수 없었다. 식량도 크게 모자랐다.

김준엽이 중국군 제5전구사령부 이종인부대와 교섭을 벌이기로 했다. 그리고 머무는 동안 임천의 졸업학예회에서 했던 연극을 다시 연습하여 이 지역주민과 학생들을 상대로 공연하기로 했다. 주민들의 여론을 통해 이종인 대장을 움직여보려는 뜻이었다. 이 부대는 임천군관학교로부터 이미 연락을 받았기 때문에 잘 교섭하면 중경까지 가는 데 필요한 보급품을 받을 수 있을 것으로 기대하였다.

장준하의 연출로 준비한 순회연극은 학생들의 절찬을 받았고, 노하구 시민들의 화제가 되었다. 일본군의 만행을 고발하고, 일본군과 싸워 승리하는 연극내용이 중국인들의 정서에 와닿았던 것이다. 주민들은 대원들의 열정적인 공연에서 감동을 받았다.

장준하는 마지막 공연날 무대에서 쓰러지고 말았다. 병원으로 옮겨 응급치료를 받고서야 깨어났다. 과로와 긴장이 풀리면서 잠시 정신을 잃었던 것이다. 공연에서 얻은 수익금으로 일행은 양말과 가죽구두를 한 켤레씩 사서 신었다. 장준하는 중국군 유격대원에게 빼앗긴 이래 안경이 없이 고통스럽게 지내다가 노하구에서 새로 안경을 하나 마련하였다.

파촉령을 넘어서다

이종인부대에서 보급품과 식량 그리고 상당액수의 노자를 받았다. 연극공연이 크게 효과를 보았다. 25일간의 노하구 체류를 끝내고 일행은 파촉령 고갯길을 넘기 위하여 다시 깊은 산속으로 들어갔다. 노하구에서 중경으로 가는 길은 비행기를 이용하지 않는 한 파촉령을 넘는 길밖에 방법이 없었다.

국민정부가 중경으로 쫓겨간 후 비로소 생긴 이 통로는 그후 계속 전후방을 연결하는 유일한 전경로傳經路가 되어버린 것이다. 모든 장비와 병참지원보급을 국민정부는 등짐으로 져서 이 파촉령을 넘어 보내곤 하였다. 그 대신 일본군의 기동대는 도저히 이 파촉령을 넘을 수가 없었다. 일군의 기동력은 말과 자동차였다. 포대에서 대포를 끄는 말과, 보급지원과 수송을 담당하는 자동차가 주로 점과 선을 점령 확보하는 전략에 쓰였다. 이 파촉령에서는

오히려 기동력이 무력한 것이 되고 만다.[4]

　일행의 행군을 동장군 못지않게 괴롭힌 것은 이였다. 혹독한 추위에 사지가 얼어가는데도 몸 안에서는 이가 득실거렸다. 대원들은 견디다 못해 쭈그리고 앉아 쉴 때 옷을 벗어 뒤집어 털면 보리알 같은 이가 눈바닥에 떨어져 버둥대다가 얼어죽었다.

　고원지대를 다 횡단하기 전에 날이 저물었다. 날은 저물고 갈 길은 먼데, 일행은 너무 지쳐 있었다.

　이 눈 위에, 어디 한 곳 몸둘 곳 없는 이 고원 위에서 우리는 밤을 지새야만 하게 되었다.

　그것은 가혹한 형벌이었다. 눈베개를 베고 자는 우리는 고행자였다. 그러나 이 파촉령 너머의 고원에서, 한 밤을 무사히 지낼 수 있을지도 오직 신의 의사에 맡길 수밖에 없는 것이었다.

　어둠이 깔리기 전 우리는 나뭇가지를 꺾어다 움푹한 곳에 자리를 잡고 그 위에 솔가지를 깔고 쭈그리고 앉아 보았다.

　메마른 눈물이 괴었다간 얼어서 눈시울이 시렸다. 바

4　장준하, 앞의 책, 115쪽.

람만, 그 매섭고 칼날 같은 바람만 아니라면, 그래도 체온과 체온을 맞대고 이 밤을 지새우련만…….

아, 나의 조국이 주는 이 형벌의 죄목은 무엇인가?

밤하늘에 별따기가 돋아나 우리를 보호해주는 것 같았다.[5]

밤 두어 점이나 되었을까.

내 몸의 3분의 2 이상이 이미 내 몸이 아닌 동태였다. 나의 의식은 분명히 내 체구의 3분의 1 부분 안에서만 작용하는 것 같았다.

피의 순환속도가 빨라지는 것 같기도 했고 점점 늦어지는 것 같기도 했다.

먼먼 산짐승 소리가 울려왔다. 그 무서운 메아리가, 나무와 나무 사이를 헤치고 우리들이 웅크린 설원 위에까지 스며왔다.

책상다리를 하고 주저앉았던 구두발이 얼어붙어 움직일 수가 없었다.

눈보라가 치지 않는 것만 해도 크나큰 다행이었다. 만약 눈보라가 쳤다면 우리는 꼼짝도 못하고 다시 소생하지 못했을 것이다.

---

5 앞의 책, 177~178쪽.

절대자의 보호가 우리를 굽어보는 것 같아 우리는 이 추위를 이길 용기와 각오를 새로이 했다.[6]

날이 밝았다. 모두들 살아 있었다. 죽지 않고 중경으로 가야 한다는 신념과 용기가 혹독한 설원의 긴긴 밤을 이겨내게 만들었다. 해가 높이 떠서야 일행은 고원지대의 횡단에서 주막을 찾아내었다. 일행은 여기서 두부탕을 사먹고 지친 몸을 쉰 다음 다시 길을 재촉했다.

노하구를 떠난 지 14일 만에 파촉령을 완전히 벗어나 양자강 지류의 평지에 이르렀다. 하지만 아직도 중경까지는 갈 길이 멀었다.

1945년 1월 20일, 6000리의 장정을 끝마치고 파동巴東에 도착한 일행 중 일부는 계속 보행을 하기로 하고, 장준하 등은 중국군 군용선을 타기로 했다. 노자를 탕진해버린 몇 사람은 뱃삯을 낼 수가 없었던 것이다.

---

6 앞의 책, 179~180쪽.

꿈에 그리던 임시정부

파동에서 중경까지는 일주일이 넘는 뱃길이었다. 중경서 파동으로 내려올 때는 3일이 걸리는데 올라갈 때는 곱절 이상이 걸린다고 했다. 양자강의 거센 물결을 거슬러 올라가야 하기 때문이다. 승선한 지 8일째 되는 날 오후 3시경, 배는 중경을 바라볼 수 있는 지점에 이르렀다.

"아아, 중경이 보인다."

동지들은 서로 얼싸안고 감격을 안에서 새기느라고 흑흑 흐느껴대었다. 꼭 횡단출발 7개월 만에 우리의 목적지가 지금 조금씩 뚜렷하게 우리들에게로 다가오고 있었다.

나는 마음속으로 애국가를 불렀다. 입 밖으로 새어나왔던 모양이다. 누군가 우리 동지 한 사람이 나직이 입 속으로 따라 불렀다.

"……마르고 닳도록 하느님이 보우하사 우리나라 만세."

신념이란 우리 인간이 가질 수 있고 구할 수 있는 가장 고귀한 생명력이란 것을, 나는 체험을 통해 확신했다. 나의 신념은 앞으로 계속 날 지배하고, 또 내가 속해 있는 단체를 지배할 것이며, 더 나아가서는 내가 사랑하는 '내 나라'도 나의 신념을 필요로 할 것이다.[7]

"혹시 저것이……."

하는 반문 끝에 내 눈에 들어와 움직이는 것은 휘날리는 기라는 것을 알게 되었다. 피가 뛰었다. 혈관이 좁아졌다.

우리는 걸음을 재촉해서 다가갔다. 그러나 그것은 5층 건물이 아니고 층암 위에 차례로 지어 올라온 단층건물이 겉모양으로는 웅장한 5층 건물로 보인 것뿐이었다.

그렇다. 그것은 태극기였다.

나의 온몸은 마비되는 듯이 굳어졌는데, 몇몇 동지들은 태극기를 향해서 엄숙히 거수경례를 하고 있었다. 그러나 나는 끝까지 움직일 수가 없었던 것이 사실이다. 이 임정건물 위에 휘날리는 태극기가 나에게는 점점 확대되어 보였다. 휘날리는 기폭마다 나의 뜨거운 숨결이 휩싸여 안겼다. 그리고 태극기의 기폭은 임정청사가 아닌 조국의 강토를 뒤덮고 있었다.[8]

---
7 앞의 책, 189쪽.
8 앞의 책, 191쪽.

1945년 1월 31일 하오, 학도병을 탈출하여 7개월의 천신만고 끝에 중경에 도착하여 임시정부 청사 앞에 도열한 장준하와 동지 50여 명은 누구의 지휘구령도 없이 2열 횡대로 열을 맞춰 섰다. 일본 군대에서 배웠던 제식훈련이 꿈에 그리던 임시정부의 광복군으로 바뀌는 순간에 유용하게 활용되었다.

임시정부 27년의 역사에서 이번처럼 엘리트 청년 50여 명이 한꺼번에 청사에 찾아온 것은 처음 있는 일이었다. 경사도 보통 경사가 아니었다. 6000리 험한 길을 뚫고 여기까지 온 애국청년들이나, 산전수전·풍찬노숙을 해가면서 임시정부를 지키고 일제와 힘겹게 싸워온 노老독립운동가들이나 감격과 감동이 다르지 않았다. 이청천 광복군 사령관이 이들이 도열해 있는 청사의 마당으로 내려왔다.

마침 임정청사의 2층 한 방문이 열리고 누런 군복에 역시 누런 색깔의 외투차림으로 50여 세가 되어 보이는 위엄이 풍기는 한 분을 뫼신 진 교관과 그 뒤로는 중국 군복들을 입고 5~6명의 장정들이 따라나오고 있었다.

우리는 부동자세를 취하며, 우리의 지도자를 만나본다는 하나의 강렬한 집념 속에 숨을 죽였다.

뒤따르는 몇 명의 군인들을 대동하고 우리 앞에 위엄 있게 걸어오는 분이 바로 이청천 장군이었다.

임천의 중앙군관학교 분교에서 이미 들어온 바로 그

인물이다. 광복군 총사령관의 모습이다.[9]

한국 청년들에게, 더욱이 민족의식이 살아 있는 청년들에게 김구나 이청천은 민족의 영웅으로 비쳐졌다. 장준하도 일본 유학시절이나 학병, 임천군관학교 때 익히 들어온 이름이었다. 마음 깊이 흠모하면서 6000리 장정을 거쳐 여기까지 온 것도 이분들을 믿고 따르려는 일념이었다.

이 사령관은 일본군을 탈출하여 임시정부를 찾아온 청년들을 격려하면서 "앞으로 나와 함께 이곳에 여러분들이 있을 것이니까, 차차 많은 얘기를 하게 될 것이고, 오늘은 피로한 여러분에게 긴 얘기를 하지 않겠습니다. 곧 우리 정부의 주석이신 김구 선생께서 나오실 것입니다"라고 짧은 인사말을 했다.

이 사령관이 말을 맺자 임시정부 주석 김구 선생이 좌우에 각료들을 대동하고 청년들 앞으로 다가왔다. "엷은 미소를 담은 선생의 인상은, 검은 안경 속에 정중한 성격을 풍기는 아주 인자한 인상이었다"[10]고 장준하는 첫인상을 적었다.

김구 주석은 좌우에 선 분들을 청년들에게 소개하였다. 김규식, 이시영, 조소앙, 최동오, 신익희, 엄항섭, 차리석, 조완구, 황학수, 유림, 유동열 선생을 비롯하여 임시정부 요인들이었다. 하나같이 조국독립을 위하여 수십 년씩 싸워온 백전

---

9 앞의 책, 193쪽.
10 앞의 책, 195쪽.

노장들이다.

근엄한 모습이 잠시의 침묵을 썰물처럼 걷어내고 이윽
고 말문을 열었다. 백발이 성성한 노인들이 기특하다는 표
정으로 우리를 두루 살피고 있었다. 김구 선생의 말씀은
의외로 간단하였다. 우리들의 노고에 대한 치하였다. 쩌렁
쩌렁 심금을 울리는 훈시라면 가슴이 좀 후련했을지도 모
른다. 우리들 가슴을 좀 갈기갈기 찢어놓던가 또는 파헤쳐
놓는 격려사라면 또 모른다. 김구 선생에 대한, 아니 민족
의 지도자에 대한 기대는 인색하게 충족되었다.[11]

장준하는 김구 주석과 임시정부 요인들을 처음 대면하고
다소 실망했던 것 같다. 여러 차례 사투를 벌이며 여기까지
찾아온 열혈청년들은 임시정부 청사의 초라한 모습이나, 사
자후를 기대했던 주석의 말씀 그리고 도열한 임시정부 국무
위원들의 초췌한 모습에서 실망했을지 모른다. 하지만 장준
하는 "젊은 청년의 기대와, 해외망명생활 30년의 풍상을 겪
은 지도자의 여유는 일치할 수 없는 것이었다"고 자서전에
남겼다. 김준엽은 이날 김구에 대한 인상을 좀더 자세하게 기
록하고 있다.

━━ 11 앞의 책, 195쪽.

그간 소식을 듣고 기다리던 여러 동지들이 이와 같이 씩씩한 모습으로 당도했으니 무한히 반갑소이다. 더구나 국내로부터 갓 나온 여러분을 눈앞에 대하고 보니 마치 내가 직접 고국산천에 돌아온 것 같은 생각이 들어, 북받쳐 오르는 감회를 억누르기 힘든 것도 사실입니다. 그러나 우리 독립운동가들은 많은 말이 소용없습니다. 우선 좀 쉬도록 하고, 오늘 저녁 정부에서 동지들에게 베푸는 환영회에서 또 만납시다.[12]

또다른 증언이 있다. 장준하와 평양 제42부대를 탈출하여 임시정부까지 함께해온 윤경빈의 증언이다.

제가 중경에 도착한 것이 1944년 12월 말경입니다. 그때 학병 출신 동지 33인이 도착하여 임정청사 앞에 가서 정렬하였지요. 임정요인이 모두 정문에 나오셔서 저희들을 환영해주었고, 특히 저희가 거기서 감명 깊게 본 것은 김구 선생이 환영사를 하다 마시고 도중에 울음이 앞서 환영사가 끊겨버린 것이었어요. 너무 감격이 앞서서였죠. 김구 선생께서 "내가 일평생 독립운동을 하는데 독립운동사상 이렇게 많은 우수분자, 즉 엘리트가 한꺼번에 우리 독

12 김준엽,《장정長征 2》, 나남, 1995, 378쪽.

립운동 진영을 찾아준 것이 처음이다. 그렇기 때문에 더 감격스럽고, 또 하나는 이미 국내 젊은이들이 일본놈들의 교육을 계속 받아왔기 때문에 민족혼이 사라지지 않았나 걱정했으나 오늘 이렇게 여러분이 온 것을 보니 안도할 수 있다"는 요지의 환영사를 말씀하셨습니다. 그리고 도중에 말씀하시다 그만 결론을 못 내리고 그치고 마셨는데…….[13]

---

13 이현희,《한국독립운동증언자료집》, 한국정신문화연구원, 1986, 238~239쪽.

임정 요인들의 파벌싸움

이날 저녁 환영회가 임시정부 청사에서 열렸다. 이에 앞서 대원들은 인근 목욕탕으로 안내되어 여러 달 동안의 묵은 때를 씻고 광복군의 새 군복이 지급되어 갈아입었다. 이제 대한민국 임시정부의 광복군이 된 것이다.

이날 저녁의 환영만찬은 청사건물의 식당에 마련되었다. 김구 주석을 비롯하여 임시정부 각료와 직원 그리고 광복군 총사령부 간부들까지 한자리에 모였다. 중국 정부의 재정지원을 받고 있는 임시정부의 처지로서는 궁색하기 그지없는 살림이었다. 따라서 이날 만찬에도 간단한 안주와 배갈 몇 병이 전부였다. 하지만 장준하는 이 세상의 그 어떤 파티음식보다 더 풍요로운 잔칫상으로 인식하였다.

신익희 내무부장의 환영사에 이어 김구 주석의 격려사가 있었다. 주석의 격려사는 낮에 있었던 짧은 환영사에 비해 톤이 높고 격렬했다. 다음은 그 요지다.

일제의 폭정으로 모두 일본인이 된 줄로 염려했는데 그것이 나의 기우라는 것을 깨닫게 되었다. 용감하게 탈출하여 이곳까지 찾아와주어 고맙다. 숭엄한 조국의 혼이 살아 있는 증거가 아니고 무엇이겠나. 지금 일인들은 한국사람이 일본인이 되고자 원할 뿐 아니라, 한국사람이 한국말조차 모른다고 선전하지만, 한국의 혼은 결코 죽지 않는다는 것을 여러분이 보여주었다. 외국인들에게 우리가 얼마나 떳떳할 수 있는가 생각하니 가슴이 터질 것 같다. 이 밤중에 여러분을 이끌고 중경거리를 시위라도 하고 싶은 심정이다.[14]

탈출 학병을 대표해 장준하가 답사에 나섰다.

저희들은 왜놈통치 아래서 태어났고 교육을 받고 자라 우리나라 국기조차 본 일이 없었다. 어려서 일장기를 보았지만 무심하였고, 철이 들면서 저것은 일본기라는 사실을 알았다. 그래서 우리나라 기가 있을 것이 아닌가 생각하게 되고, 그때부터 모든 것은 의혹의 대상이 되었고 저희를 괴롭혔다.

우리나라의 국기를 보고 싶었다. 일군에 끌려나오게

━━ 14 장준하, 앞의 책, 199~200쪽.

되고 고국에 남긴 가족이 폭정에 시달릴 생각을 할 때마다 우리들 자신을 다시 생각해왔다. 누구를 위해 이 고생을 하며 왜 왜놈상관에게 경례를 붙여야 하는지, 분노가 용암으로 화산구를 찾기 시작했다. 오늘 오후 임정청사에 높이 휘날리는 태극기를 바라보고 울음을 삼켜가며 눌렀던 감격, 그것 때문에 6000리를 걸어왔다.

그 태극기에 아무리 경례를 하여도 손이 내려지지를 않고 영원히 계속하고 싶었다. 그것이 그토록 고귀한 것인가를 지금도 생각한다. 아까 총사령관께서 사열을 받으실 때, 아! 우리도 우리의 상관 앞에 참다운 사열을 받는구나, 꿈만 같았다. 주석 선생님 앞에 설 때엔 더 말할 것도 없었다. 진정한 조국의 이미지와 우리 지휘관과 우리가 몸 바칠 곳을 찾았다는 기쁨에 몸을 떨었다.

이제 저희들은 아무 여한이 없다. 조국과 민족을 위해서라면 그리고 선배들의 노고에 다소나마 보답이 된다면 무엇이든, 어디든 가리지 않고, 하라는 대로 할 각오이다.[15]

장준하의 격정적인 답사가 이어지면서 김 주석과 각료들이 소리 없이 울고 있다가 마침내 주석의 '흑!' 하고 지금까지 참았던 울음의 폭발을 계기로 장내는 울음바다로 변해버렸

---

15 앞의 책, 200~201쪽.

다. 장준하도 이 울음의 물결에 답사의 끝을 맺지 못한 채 그냥 자리에 앉고 말았다. 아무도 말리지 않았고 눈물바다는 처절한 통곡이 되어 마치 초상집처럼 흘러넘쳤다.

음식이 들어왔지만 누구 한 사람 음식에 손을 대지 않았다. 얼마의 시간이 흐른 뒤 김 주석이, 너무 지쳤을 테니 다들 돌아가 쉬자면서 먼저 일어서고, 모두들 따라서 각자의 처소로 돌아갔다. 임시정부의 첫날이 이렇게 저물었다.

이튿날부터 임시정부 청사에서 생활이 시작되었다. 죽지 않고 살아서 여기까지 온 것이 꿈만 같았다. 날이 밝자 누군가 종을 쳤다. 아침식사 시간을 알리는 타종이었다. 여기저기서 임시정부 요인들이 걸어나왔다. 중경시내에 가족이 있는 사람은 예외지만 50여 명의 요인과 직원들이 청사에서 기거하고 있었다. 이제 식구가 100여 명으로 늘어났다.

중경시내 연화지蓮花池에 자리한 이 청사는 장준하 일행이 도착하기 4개월 전에 월세로 얻은 것이다. 중국 정부의 지원으로 그나마 청사다운 청사를 갖게 되었다. 요인들은 청사의 흙방에 침대 하나씩을 놓고 지내고 있었다.

이날 오후 광복군 총사령부에서 초청환영회가 열렸다. 청사에서 꽤 떨어진 곳에 광복군사령부가 있었고, 준비된 음식도 어제와는 달리 비교적 여유 있게 마련되었다. 하지만 이번에도 환영만찬장은 금세 눈물바다가 되고 말았다. 분위기가 감격과 감동에 휩싸이면서 말할 수 없는 설움이 북받쳐올라

선후배 동지들은 만나는 순간부터 서로 껴안고 통곡하였다.

　며칠이 지나면서 장준하는 임시정부의 속사정을 어느 정도 알게 되었다. 임시정부는 한국독립당, 조선민족혁명당, 한국무정부주의자연맹, 한국청년당, 천도교, 무소속까지 7개 정파의 연립정부 성격으로 구성되었다. "셋집을 얻어 정부청사를 쓰고 있는 형편에 그 파는 의자보다도 많았다"[16]는 장준하의 지적이 아니라도, 당시 임시정부의 구조는 '정파연립'의 형태로 운영되고 있었다.

<hr />

16　앞의 책, 207쪽.

"임정청사에 폭탄 던지고 싶다"

　각 정당과 단체에서 경쟁적으로 신참 광복군들을 초청하여 환영회를 베풀겠다고 하고, 정부 각원들의 교양강좌를 듣게 되면 자당의 선전이거나 다른 정파에 대한 비난이 적지 않았다. 장준하는 이 같은 임시정부의 파쟁과 분열상을 지켜보면서 차츰 실망의 싹이 터올랐다. 정파 인사들 중에는 개별 포섭공작을 하는 등 볼썽사나운 모습을 보이기도 했다. 그래서 장준하는 정당의 초청환영회에는 일체 나가지 않기로 결정을 보았다.

　당시 중경에는 350여 명의 한국인이 살고 있었다. 임시정부 내무부 주관으로 매월 1회씩 교포들을 모아 정세를 보고하고 단합대회를 열었다. 장준하 일행은 임시정부에 도착한 지 2주일쯤 되어 여기에 초청을 받았다. 전 국무위원과 100여 명의 교포가 참석하여 국내소식을 듣는 자리였다. 장준하가 대표로 국내실정을 보고하기로 했다. 장준하는 일제의 폭정에 시달리는 조국의 실상을 자세하게 설명했다. 여기저기서 흐느끼는 소리가 들렸다. 장준하는 이 기회를 이용하여 임시정부의 문제점을 국무위원과 교포들이 함께 있는 자리에서 고발하기로 작정했다. 국내정세의 보고로 분위기가 처연해지자, 임시정부 내부의 문제점을 거론했다.

요즘 우리는 이곳을 하루빨리 떠나자고 말하고 있다. 나도 떠나고 싶다. 오히려 오지 않고 여러분을 계속 존경할 수 있었다면 더 행복했을지 모를 일이다. 가능하다면 이곳을 떠나 다시 일군에 들어가고 싶다. 일군에 가면 항공대에 들어가 중경폭격을 자원, 이 임정청사에 폭탄을 던지고 싶다.

선생님들은 왜놈들에게 받은 설움을 다 잊으셨는가. 그 설욕의 뜻이 살아 있다면 어떻게 임정이 이렇게 분열할수 있겠는가. 우리가 이곳을 찾아온 것은 조국을 위한 죽음의 길을 선택하러 온 것이지, 결코 여러분의 이용물이 되고자 이를 악물고 헤매여 온 것은 아니다.[17]

가히 폭탄선언이었다. 새파란 청년이 백전노장들 앞에서 다시 일본군에 들어가 임정청사에 폭탄을 던지고 싶다고 한

━━ 17 앞의 책, 208~209쪽.

발언은, 감히 누구라도 엄두를 내지 못하는 말이었다. 회의장은 순식간에 혼돈에 빠져들었다. 교포들이 웅성거렸다. 잔치는 파장이 되고, 이 발언으로 긴급 국무회의가 열리게 되었다. 얼마 뒤 신익희 내무부장이 장준하를 찾는다는 전갈이 왔다.

장준하는 국무회의실로 불려갔다. 그것은 기다리던 참이었다. 김구 주석이 장준하에게 발언권을 주었다. 장준하는 흥분하지 않고 그동안 보고 느낀 점을 찬찬히 설명했다.

10여 일 동안 우리들 눈에 비친 임정은 결코 우리가 사모하던 임정과 다른 것임을 알게 되었다. 잘못 본 것이라면 용서를 바란다. 처음 탈출해서 긴 행군을 하면서 임정은 모두 일치단결된 힘으로 잃은 나라 찾는 데만 목숨 바쳐 일할 수 있으리라 기대했다. 그러나 기대는 환상이 아니었나 회의를 품게 되었다. 저희가 잘못 본 것인가?

광복의 날이 와서 귀국하게 되면 그때도 임정의 타성이 옮아갈 것으로 생각했다. 그렇다면 이 임정이 왜 필요한가? 진정 나라사랑의 일념이라면 있어서는 안 될 것이 있는 이 실정은 무엇인가? 그래도 임정을 목숨처럼 사랑하는 뜻에서 한 발언에 벌을 주면 달게 받겠다.[18]

──── **18** 앞의 책, 210~211쪽.

다시 한번 폭탄선언이었다. 이후 임정에서는 장준하 등 학도병 출신들을 '무서운 젊은이들'로 부르며 함부로 대하거나 만만하게 여기지 않았다. 하지만 임정의 분열상은 달라지지 않았다.

《등불》속간

  지루한 나날이 계속되었다. 언제까지나 이렇게 눌러앉아
있을 수 없었던 장준하는 임천에서 제2호까지 발행했던 《등
불》을 속간하기로 했다. 다행히 김구 주석에게 사정을 말씀
드렸더니 흔쾌히 허락하고 등사기까지 한 대 마련해주었다.

  독립운동의 행동통일 그리고 그의 이론화, 이렇게 2대
목표를 세워가지고 《등불》의 속간을 우선 백범 선생께 품
의했다. 다행히 백범 선생은 즉석에서 이를 승낙하시고 잘
해보라는 격려의 말씀과 함께 며칠 후에는 등사판까지 하
나 사주셨다. 우리의 식은 가슴들은 다소나마 온기를 얻을
수가 있었고 그중에도 나의 기쁨은 이제까지 손으로 써서
만들었던 잡지가 일약 등사로 하게 된 점이었다.
  나와 김준엽 동지는 곧 편집계획을 세워 불철주야로
원고를 쓰고 수집하여 불과 수삼 일 사이에 꽤 두꺼운 부

피의《등불》제3호를 내놓았다. 내용은 우리 젊은이들이 중심이 되어 선배들의 각성을 촉구하는 글이 대부분이었고 몇 분 선배들의 글도 받아 실었다. 그밖에 물론 교양물, 문예물 등도 적당히 안배하여 종합잡지로서의 체제를 잃지 않았으며 150부를 간행하여 임정과 광복군 산하의 제 기관 그리고 중경에 있는 우리 교포들에게 배포하였다.

처음 2부로 시작된 우리 잡지가 일약 150부로 발전된 것도 대견한 일이었지만 그보다 의외로 그 잡지를 읽은 분들의 반향도 커서 백범 선생을 비롯한 우리의 취지에 동조하는 제 선배들의 찬사와 그밖의 다른 분들의 비난빈축이 동시에 비등하여 나의 잡지에 대한 의욕을 더욱 돋구어주었다.

그래 우리는 이곳에 있는 3개월 동안 3, 4, 5호의 3집을 계속해서 내고 8절지 1면짜리 호외까지 한 번 내었다. 그 호외를 내게 된 것은 그때 한창 어중이떠중이 정당들이 난입하여 지도자들이 각기 1인 1당으로 독립운동의 일관성 등을 잃고 있는데 설상가상으로 또 하나의 정당이 그 창당 자금을 마련하기 위하여 댄스파티를 연다는 소문이 있었기 때문에 그들에게 맹성을 촉구하기 위한 것으로 일종의 경고문과 비슷한 것이었다.[19]

19 장준하, 〈나와 잡지 上〉, 《사상계》, 1963년 4월호, 285쪽.

장준하의 잡지에 대한 집념은 대단했다. 이를 통해 임시정부의 행동통일과 이론화를 모색하고, 정신무장과 교양 그리고 독립운동진영 내부의 문제점을 제기하여 새로운 연대를 찾고자 했다. 장준하는 중경을 떠나 서안의 광복군 제2지대에 있을 때 또 새로운 잡지 《제단祭壇》을 발행했다.

장준하의 연이은 '폭탄발언'은 젊은 혈기와 의기, 일본군을 탈출하여 천신만고 끝에 임시정부를 찾아온 자부심, 특히 장준하의 불의를 보면 참지 못하는 올곧은 성품 등이 복합적으로 작용한 것이다. 임시정부가 여러 부문에서 젊은 애국자들에게 실망을 보여준 것도 사실이었다. 이들은 임시정부 요인들을 애국의 화신으로 이미지화하고 있었다. 조국해방을 위하여 발분망식, 노심초사하고 있는 것으로 인식되었던 것이다.

당시 임시정부에 참여하고 있는 요인들은 대부분 길게는 40여 년, 짧게는 20여 년 이상을 독립운동에 몸을 바친 애국자들이었다. 상해 대한민국 임시정부가 출범한 이래 또는 그 이후에 참여한 요인들이 걸어온 길은 하나같이 힘겨운 노정路程이었다. 임시정부만 해도 윤봉길 의거 이후 일제에 쫓기면서 진강→광주→유주→기강에 이어 중경에 이르러서야 어느 정도 '안정된' 자리를 잡게 되었다. 1937년 중일전쟁이 일어나면서부터는 중국 정부를 따라 불가피하게 피난하여 이동을 할 수밖에 없었다. 그런 중에도 1941년 12월 일제의 기습으로 태평양전쟁이 발발하자 중국 정부를 설득하여 한국 광복군을 창설하고, 일본과 나치독일에 선전포고도 서슴지 않았다. 그리고 임시정부는 의열단장 김원봉이 이끄는 조선민족혁명당을 비롯하여 좌파세력, 아나키즘 인사들까지 통합하여 연합정부를 구성했다.

김구 주석은 1943년 12월 1일 카이로선언에 참석하는 장개석을 만나 조선의 독립을 간곡하게 요구하여 이를 관철하고 국제열강의 임시정부 승인을 위해 외교노력을 기울였다. 하나같이 쉬운 일이 아니었다. 일제의 억압이 강화되면서 국내의 독립기금은 끊어진 지 이미 오래고, 독립운동에 참여하는 사람들도 날이 갈수록 줄어들었다. 임시정부 요인들은 하루 두 끼의 식사와 중국 청복 한 벌씩으로 버텼다. 이념과 노선이 다른 요인들이 한 지붕에 모이다 보니 파벌이 생기고 핵분열을 일으켰다. 이런 외형적인 모습이 열혈청년들에게 무기력하고 파쟁이나 일삼고 있는 것으로 비친 것은 당연하다. 하지만 '임시정부 27년사'는 결코 폄훼의 대상이 될 수 없다.

광복군 제2지대에 편입되다

김준엽의 견해는 장준하의 생각과 많이 달랐다.

임정의 내분을 우리 힘으로 해소시키려고 했던 것은 과대망상이었고, 민주주의를 목표로 하는 만큼 독립노선이나 정견은 서로 다를 수 있는 일이다. 독립당이나 민족혁명당, 무정부주의동맹, 민족해방동맹 등의 각 당파가 임시정부라는 울타리 안에 모여 독립운동을 함께 추진하고 있다는 사실은 오히려 고무적인 현상이라고 나는 생각했다. 독립운동자 전체가 모여 있는 대표기관이 바로 임시정부이고, 연로한 지도자들은 계속 지금과 같이 임정을 고수하기만 하면 되는 것이며, 우리 젊은이들은 전선에 나가 왜적과의 혈전을 전개하여 승리를 거두기만 하면 된다고 확신하였다.[20]

신익희 내무부장이 산하에 경위대를 창설한다는 명분 아래 사적으로 청년들을 빼가면서 임정 내에 분란이 일어났다. 장준하와 편집진은《등불》호외에 신 내무부장을 비롯해 파벌을 일삼는 정당대표들을 규탄하는 내용을 실어 배포했다.

'무서운 젊은이들'은 언제까지 임시정부에 눌러앉아 있을 수 없다고 결의하고 중경에서 서북방으로 30리쯤 떨어진 교외의 토교土橋로 옮기기로 했다. 임정에 도착한 지 20일 만의 일이다. 토교로 옮긴 이들은 한교韓僑 기독교청년회관에 머물게 되었다. 비교적 깨끗한 건물이었다. 여기서 중경임시정부 요인들을 초빙하여 혁명운동사 등의 강의를 듣고, 장준하와 몇 동지들은 중경방송국의 초청을 받아 방송도 했다.

3월 20일경 장준하는 김구 주석으로부터 한 통의 편지를 받았다. 중경에서 세계기독교선교회 총무 데커 박사가 종전 뒤에 '한국기독교재건' 문제를 논의하고자 하는데, 자신은 고국을 떠난 지 30여 년이 되고 국내사정을 모르는지라, 신학교 출신 장준하를 추천하니, 중경으로 와서 데커 씨를 만나보라는 내용이었다.

이에 장준하가 중경으로 나오니 김규식 박사가 통역을 맡도록 되어 있었고, 데커와 만날 때는 여러 명의 외국인과《타임》지의 기자도 동석하였다. 데커는 5월에 인도에서 열리는 '세계

20　김준엽,《장정 2》, 490쪽.

기독교연차대회'에 제출할 한국보고서를 요청했다. 장준하는 며칠 동안 이 보고서를 쓰고 김규식 박사가 번역하여 제출했다.

《등불》호외를 제작한 날 대원 20여 명은 몽둥이를 들고 신익희 내무부장과 정당대표들을 규탄하고자 중경의 임정청사로 달려갔다. 그러나 소식을 들은 이들은 이미 피하고 없었다. 그로부터 며칠이 지난 뒤 광복군 참모장 겸 제2지대장을 맡고 있던 이범석 장군이 토교에 와 장준하와 만났다. 당시 광복군 제2지대는 서안에서 미군과 합작하여 국내진공작전을 위한 훈련을 계획하고 있었다. 이범석 장군의 국내진공계획은 장준하와 동지들에게 새로운 희망이 되었다. 임시정부는 이미 이 계획을 수립하고 미군 당국과 은밀하게 추진하면서 이범석에게 책임을 맡기고 있었다.

이범석은 젊은 독립운동가들에게는 우상과 같은 존재였다. 청산리전투의 영웅이며, 중국의 유명한 마점산馬占山 장군의 참모로서 북만주에서 왜적을 무찌른, 말을 잘 타고 사격술이 절묘하다는 이야기를 임천에서부터 들었던 터였다. 이런 이범석 장군이 토교로 찾아와서 국내진공작전 준비상황을 설명하고, "조국을 위하여 목숨을 바칠 단단한 각오가 되어 있는 동지들만 자원토록" 요구했다.

장준하와 김준엽은 가장 먼저 여기에 지원했다. 그리고 90일간의 중경과 토교의 생활에 종지부를 찍고 서안西安의 광복군 제2지대로 거처를 옮기게 되었다.

제 7 장
OSS 대원에서 환국하기까지

인천이 발 아래로 깔리고 우리는 김포의 활주로를 돌고 있었다.
정각 4시.
우리는 김포비행장이라는 벌판 위에서 한줄기 활주로를 놓고
선회를 마친 뒤, 아랫배가 허전해오는 착륙을 기도했다. 이윽고
비행기가 활주로에 들어섰다. 알 수 없는 심회가 꼿꼿이 굳어졌다.
이제 조국에 돌아왔다. 곧 땅을 밟고 그리운 동포의 그 표정을 보리라.
아, 그리운 사람들아, 내 동포여.

— 장준하, 《돌베개》 중에서

●서안에서 OSS 훈련받아

임시정부에 체류한 지 3개월이 지난 4월 29일 장준하 등 30명은 서안으로 떠나기로 했다. 50여 명의 동지 가운데 임시정부 경위대에 10여 명이 들어가고 나머지 동지들은 이런저런 이유로 임시정부에 잔류하기로 했기 때문이다. 장준하는 이때 함께한 동지가 30여 명이라고 줄곧 쓰고 있는데 김구 주석은 송별사에서 19명이라 하여 헷갈린다. '30여 명'이 맞는 것 같다.

서안에는 미국 전략정보기관Office of Strategic Service(이하 OSS라 한다)이 자리잡고 있었다. 한국 광복군 제2지대장 이범석은 미국 합동참모본부 소속의 책임장교 사전트CNED B. Sargent와 만나 광복군이 OSS와 연계하여 대일전에 참여하기로 합의했다. 안휘성 부양에서 활동하는 제3지대장 김학규도 그곳에 있는 OSS 통신장교를 통해 곤명昆明의 OSS와 합작을 추진하고 있었다.

중국에서 활동하던 OSS는 전략상 한반도가 일본군의 중국 대륙 침략의 주요 거점이자 일본의 수송로 역할을 하고 있는 점, 비밀첩보원을 일본에 침투시키는 기지로서 한반도가 중요하다는 인식을 하고 있었다. OSS는 한반도의 전략적 가치를 중시하여, 이 지역의 첩보활동에 한국인을 이용하려 하였다. 이것은 곧바로 연합국의 일원으로 참전하려는 임시정부의 의도와 맞아떨어졌다. 1944년 말에서 1945년 초 사이에 OSS는 한국인을 대일전쟁에 활용하려는 구체적인 계획을 수립하였다.

한국 광복군과 OSS의 합의로 '독수리작전'이란 암호명의 특수부대가 창설되었다. 이 작전은 1945년 4월에 김구 주석의 최종재가를 받았고, 이범석이 책임자로 선정되었다. 5월부터 서안과 안휘성의 입황立煌에서 제2지대와 제3지대 대원들이 3개월 과정의 훈련을 마치고 '정진대挺進隊'가 국내에 진공한다는 전략이었다.[1]

장준하는 OSS에 지원하여 서안으로 가기로 하면서 가명을 지었다. 가명짓기는 이범석이 정보누설을 막기 위해 대원들에게 지시한 것이다. 장준하는 김준엽과 상의하여 김신철金信鐵로 짓고 김준엽은 김신일金信一로 개명했다. 믿음이 없

1 한시준, 〈OSS와 한국독립운동〉, 《한국독립운동사전 5》, 독립기념관, 2004, 598~599쪽.

는 사회에서 서로 믿고 살자는 뜻에서 돌림자를 믿을 신信 자로 정한 것이다. 의형제와 같은 마음의 결속이었다. 그러나여기서는 본명을 그대로 사용하기로 한다.

임정을 떠나는 날, 대원들은 처음 이곳에 올 때와 같이 바로 그 자리에 정렬하여 섰고, 김구 주석을 비롯하여 임시정부요인들이 도열하여 사지로 떠나는 젊은이들과 석별의 인사를나누었다. 이날 김구 주석의 작별인사는 떠나는 사람과 보내는 사람들을 다시 한 번 눈물바다로 만들었다.

오늘 4월 29일은 내가 23년 전에 윤봉길 군을 죽을 곳에 보내던 날이오. 또 지금이 바로 그 시각이요. 여러분도다 알 것이오. 상해 홍구虹口공원에서 폭탄을 던져 백천대장白川大將 등을 죽이려던 그날의 의사 봉길 군이 나와 시계를 바꿔차고 떠나던 날이오. 내가 가졌던 허름한 시계를대신 차고, 내게는 이 회중시계를 주고 떠나가던 윤 군의모습을 생각하며, 바로 같은 날인 오늘, 앞으로 윤 의사와꼭 같은 임무를 담당할 여러분을 또 떠나보내는 내 심중이괴롭기 한이 없구료. "선생님 제 시계와 바꿔찹시다. 제가가진 것은 선생님 것보다 나을 것입니다. 어차피 저는 시계가 없어질 것이지만, 제 일이 성공하기 위해서는 시계가아주 없어서는 안 되겠지요." 하던 윤 의사의 눈망울이 이제 여러분의 눈동자로 빛나고 있기 때문이오. 그러나 그때

보다 나는 더욱 마음 든든하오. 한 사람이 아니라 19명의 윤 의사와 같은 동지를 떠나보내니 조국광복을 위하여 더 큰일을 성취할 것으로 믿기 때문이오. 여러분들의 젊음이 부럽소. 반드시 여러분의 훈련이 끝나기 전에 한번 서안에 가볼 생각이오.[2]

장준하 일행을 태운 미 군용기는 3시간을 날아 서안비행장에 도착하여 트럭으로 광복군 제2지대가 있는 두곡杜曲의 병영에 도착했다. 이곳은 당나라 시인 두보杜甫와 두목杜牧이 살았던 곳이다. 병영은 오래된 절간을 개조한 건물이었다. 180여 명의 선참 광복군 동지들이 밖으로 뛰어나와 열렬히 맞아주었다.

대원들에게 미제 군복과 군화, 모포 등이 지급되었다. 미 군모에는 태극기의 휘장이 붙어 있었다. 지난 14개월 동안 일본 군복 → 중국 군복 → 한국 광복군복에 이어 이제 미국 군복을 입게 된 것이다. 이날 밤 장준하는 피곤하면서도 오랫동안 잠을 이루지 못했다.

야곱의 돌베개가 이제 미군용 침대로 변한 것은 의미 있는 한 계기가 될 것이다. 그러나 내게 잠을 곧 허락해주

---

2   김준엽, 《장정 2》, 나남, 1995, 492쪽.

241

지 않는 것도 어떤 절대자의 의사이냐? 나의 생각이 깊어질수록 밤은 밝아왔다. 뜬눈으로 서안의 첫날을 밝힌 아침에, 맨 첫 햇살이 병영 안에 스며들 때 나는 서안의 태양을 두 팔 안에 안고 있었다.

"조국의 4월 그믐을 이 순간에 똑같이 밝힌 이 태양아! 너 끓는 아시아의 태양에서 나는 젊음을 배운다!"

5월의 태양 아래 우리는 '오에스에스OSS'대원이 되기 위한 훈련에 들어갔다.[3]

OSS는 두곡의 종남산 깊숙이 자리잡은 종남사 옆에 예비 훈련장을 마련하고 있었다. 미군 소령 사전트를 책임자로 하여 영관·하사관 20여 명이 훈련을 맡았다. OSS대원이 되기 위해서는 3개월간의 특수훈련을 받아야 했다. 장준하 일행은 다음날부터 기초훈련에 들어갔다. 도강술, 게릴라전법, 낙하연습, 특수은폐 및 엄폐법 등 특수활동에 필요한 강도 높은 훈련이 실시되었다.

▬ 3 장준하, 《돌베개》, 장준하문집 2, 사상, 1995, 225쪽.

새 잡지 《제단》 창간

　　장준하는 고된 훈련기간에 틈을 내어 토교에서 제작했던 잡지 《등불》을 잇는 새로운 잡지 《제단》을 준비했다. 조국에 모든 것을 바치겠다는 결심으로 잡지 이름을 《제단》으로 지었다. 이범석 장군의 후의로 잡지사 사무실도 따로 마련하였다. 그때는 김준엽이 이 장군의 전속부관으로 차출되어 잡지 발행은 장준하 혼자서 맡게 되었다.

　　장준하는 OSS 특수훈련을 받으면서, 언제 국내진공작전에 투입될지도 모르는 처지에서 '유언집을 엮는' 기분으로 새 잡지를 준비했다. 장준하의 말을 직접 들어보자.

　　《제단》은 나의 둘쨋번으로 만든 잡지의 제호로 중경에서 떠나 서안 광복군 제2지대에 있을 때에 만든 잡지다. 우리는 그곳에서 장차 연합군의 한국 상륙작전을 앞두고 국내에 미리 잠입하여 사전조직과 공작의 중대한 임무를 띠고 당시 중국 전사령부의 웨드마이어 장군 막하에서 미군 특수부대와 함께 훈련을 받고 있었다.

임무가 임무인 만큼 우리는 모두 죽음을 각오하고 오직 조국독립을 위해서 산제물이 되겠다는 일념으로 훈련을 받고 있었기 때문에 뭔가 한 가지 후세에 흔적 같은 것이라도 남기고 싶은 생각으로 시작된 것이 곧 그 잡지로, 제호도 되도록 실감을 내기 위하여《제단》이라 하였다.

그러니까 이《제단》은 먼저 했던《등불》보다 더 비장한 결의로 시작된 것이었으며 그 발간조건들도《등불》보다 좋았다. 즉 종이도 미군한테 얻어 쓰는 모조지를 썼기 때문에 그 지질이 아주 좋았고 등사도 이번에는 아주 전문적인 필경인이 담당해서 했다.

편집내용도 물론 전보다는 달랐다. 실제로 죽으러 간다는 생각으로 그 유언집과 같은 것이니만큼 그 내용들이 진짜 피로 쓴 듯 실감이 있었다. 정말 우리는 유언으로써 하듯, 그 제단을 통하여 해외에서 독립운동을 하는 모든 선배들의 단결과 행동통일을 강력히 촉구 호소했다.

초판에 삼백 부를 찍어 이번에는 배포처도 전의《등불》보다 더 확대하여 멀리 미주에 있는 우리 독립운동의 제 기관에까지 보냈다. 물론 각층으로부터 찬사가 자자했고 김구, 김규식 두 선생께서는 친히 격려사까지 보내주셔서 그것을《제단》2호에 게재했다. 그러나《제단》은 겨우

2호의 단행으로 그만두게 되었으니 그해 8월 15일 일본의 항복으로 우리의 임무가 끝났으므로였다. 우리의 임무가 끝남과 동시에 물론《제단》의 임무도 끝난 것이었다.[4]

훈련이 강화되면서 장준하는 국내공작대에 지원했다. 잠수함이나 낙하산으로 한국에 투입되어 첩보활동, 곧 정보송신, 유격대조직, 군사시설 파괴공작을 수행하고, 이것이 성공할 경우 국민군을 조직하여 미군상륙과 때를 같이하여 후방교란을 지휘하는 책임이었다.

함께 가는 대원은 무전송신에 능숙한 노능서, 권총의 명사수 이계현, 완력이 센 김성환이었다. 4명의 결사대가 구성되고, 장준하가 책임자로 선정되었다.

결사대는 1차로 서울에 침투하여 '사업'을 벌이기로 했다. 모든 훈련과 준비를 마치고 국내잠입의 최종명령을 기다리고 있었다. 그런 순간에 뜻밖의 일이 벌어졌다.

장준하의 인품과 능력을 아낀 이범석 장군이 국내진입 결사대의 명단에서 그를 빼고자 한 것이다. 일제 패망이 얼마 남지 않았는데, 유능한 인재를 잃어서는 안 되겠다는 나름대로의 판단이었을 것이다. 이 소식을 김준엽을 통해 전해들은 장준하는 크게 실망했다. 그리고 다음날 머리를 깎아 결연한

---

4 장준하, 〈나와 잡지 上〉,《사상계》, 1964년 4월호.

의지를 다짐하면서 '유품'을 정리했다. 당시 정황으로는 국내에, 그것도 서울에 게릴라로 잠입한다는 것은 십중팔구는 죽음을 의미했다.

국내진공정진대에 선발

　　나는 나의 신변을 정리하기 시작하였다. 일용품을 챙기고 일기장을 모두 꺼냈다. 나의 일기는 일군을 탈출하던 1944년 7월 7일부터 이날에 이르기까지 계속해서 써온 일곱 권의 노트였다. 이것을 써놓은 다행스러움이 나를 떨리게 했다. 실히 소포 하나는 될 분량이었다. 다음으로 내가 만든 《등불》다섯 권과 《제단》제1호와 채 제본이 끝나지 않은 2호였다. 이것은 나의 모든 정성이, 나의 나라사랑이 깃들여 만들어진 잡지였다. 아내와 부모와 민족과 이웃과 친구와 동포와 송두리째 조국을 빼앗긴 나로서는 나의 애정을 기울인 단 하나의 대상 그것이 《등불》이요, 《제단》이었다.

　　나의 보람의 기록이여, 내 사랑하는 모든 사람에게 내 죽은 뒤, 나의 애정을 보여줄 유일한 증거였다. 내 사랑 다 쏟을 곳 없어, 깨알처럼 붓으로 쓰고 매만지고 하여, 마음

쓸 곳 찾아 만들어낸 일곱 권의 잡지, 그것은 나의 영원한 기념물이요 나의 망명생활 속에 그린 방향물이었다.[5]

장준하는 망명지에서 피땀 흘리며 제작한 잡지와 일기장을 소포로 만들어 아내에게 보내고자 김준엽 동지를 찾아갔다. 마침 그가 자리에 없어서 갓 결혼한 김준엽의 부인에게 맡기면서 "불원간에 국내로 떠나게 될 터인데 내가 죽은 것이 확인된 뒤에 이 주소로 부쳐달라"는 당부를 잊지 않았다. 김준엽은 그 무렵 이범석 장군의 비서인 민영주와 결혼하여 신접살림을 꾸리고 있었다. 민영주는 김구 주석의 비서실장 민필호의 딸로서 독립운동에 참여한 아리따운 규수였다.

이와 같은 장준하의 비장한 행동에 대해 역사학자 조동걸은 한 연구논문에서 다음과 같이 썼다.

여기에서 장준하의 신념의 인간성과 지도자적인 인격을 선명하게 찾아볼 수 있다. 장준하 자기 생애를 《제단》에 바칠 고집을 관철시키기 위하여 머리를 깎고 숙연한 태도로 출동 단념을 거부하였다. 그리고 7권의 일기와 5권의 《등불》과 2권의 《제단》을 묶어 고향의 아내에게 보내게 하고 나머지 사물은 불태워 없애버렸다. 이 신념의

■■■ 5 장준하, 앞의 책, 234쪽.

고집을 누가 막을 수 있을 것인가. 장준하는 자기가 출동을 단념하면 전체의 작전도 망가지고 무엇보다 전 대원이 동요하여 OSS작전이 모두 수포로 돌아간다고 믿었다. 여기에서 그의 책임감에 찬 지도자의 인격을 감동스럽게 확인할 수 있다.[6]

장준하는 일기장과 손수 만든 잡지를 소포로 묶어 아내에게 보내도록 하는 등 신변을 정리하면서 아내와 부모형제를 다시 만날 수 없을 것으로 생각했다. 그래서 유물처럼, 유언장처럼 자신의 혼이 깃든 '작품'을 고향으로 보내도록 한 것이다. 이 장준하의 '유품'은 해방 뒤 김준엽이 귀국할 때 소중하게 가져와서 본인에게 전달했다고 한다. 그런데 6.25전쟁 중에 분실되었다. 《제단》은 미주의 독립운동단체에도 우송을 했기 때문에 혹시 남아 있어서 찾게 된다면 우리 독립운동사의 귀중한 자료가 될 것이다.

8월 7일 김구 주석과 이청천 광복군 총사령관이 약속대로 두곡을 찾아 훈련대원들을 격려하러 왔다. 장준하는 "사랑하는 조국의 아들이 죽으러 가는 훈련을 받으며, 죽음을 선택해 가는 마당에 찾아오신 김구 선생의 그 모습은, 핑그르 눈물이 도는 격려였다"[7]고 회고했다. 다음날에는 미군 다나반(Gen.

6 조동걸, 〈장준하의 독립운동〉, 《광복 50년과 장준하》, 장준하선생20주기추모문집간행위원회 편, 1995, 529쪽.

Donavan) 소장이 사전트 소령과 함께 병영을 찾아와 출전 준비상태를 점검하고, 김구 주석과 이청천 사령관, 이범석 장군 셋이서 장시간 구체적인 전략을 논의했다.

다음날 대원들에게 특별대기령이 내려졌다. 이제 출발시간이 된 것이다. 살기 위하여 죽을 곳으로 가는 출발이다. 통신장비, 무기와 식량, 일본 국민복과 일본인 신분증, 약간의 금괴, 일본제 신발에 이르기까지 만반의 준비태세를 갖췄다. 입대한 이래 이렇게 호사스런 군장을 갖추기는 처음이었다. 미군 비행기로 한국 어느 산악지대에 투하할지, 잠수함으로 어느 해안에 상륙할지 구체적인 방법은 알 수 없지만, 출발은 초읽기에 들어갔다. 서해안을 통해 입경하게 될 것으로 추정할 뿐이었다.

▬▬ **7** 장준하, 앞의 책, 239쪽.

거듭되는 반전 또 반전

역사는 가끔 반전反轉 또는 역전의 기회를 갖는다. 패배를 모르던 전쟁의 영웅 나폴레옹은 러시아 원정에서 동장군에 밀려 후퇴함으로써 프랑스사를 반전시켰다. 전쟁광 히틀러는 초기의 승세에도 불구하고, 1945년 스탈린그라드에서 항복하고 1945년 빈에서 철수하면서 유럽사를 역전시켰다. 일본도 예외는 아니었다. 광신狂神 히로히토와 도조 히데키가 주도한 전쟁 발발초기에 승승장구하던 일본군은 1944년 11월 미군의 일본 본토공습, 1945년 8월 6일 히로시마 원폭투하, 8월 8일 소련의 대일선전포고, 9일 나가사키에 원폭이 투하되면서 세계사를 반전시켰다.

1945년 8월 10일 하오, 한 통의 전통이 OSS본부에 전달되었다. 대원들의 출발을 중지하라는 내용이었다. 일본이 〈포츠담선언〉을 무조건 수락하겠다는 내용이 담긴 전문이었다. 〈포츠담선언〉은 1945년 7월 26일 독일 베를린 교외에 있는

포츠담에서 미·영·중·소 4개국 수뇌회담의 결과, 일본에 무조건 항복을 권고하고 전후 대일 처리방침으로 일본 영토의 한정, 일본군 무장해제, 전범처벌, 군수산업금지 등을 규정한 내용을 담았다. 특히 이 선언은 카이로선언에서 결정한 한국의 독립을 다시 한 번 확인하였다.

이와 같은 정세의 변화를 까맣게 모르고 있던 대원들에게는 국내진공 출발 직전에 내려진 출동중지의 명령은 '실망과 환회'를 동시에 느끼게 했다. 일제의 항복은 마음속으로는 억만 번의 바람이었으나 그것이 실현되리라고는 쉽게 기대하기 어려웠던 터였다. 그런 일제가 마침내 항복한다는 것이다.

일본제국주의가 손을 든다는 사실은 생각하기조차 벅찬 기다림의 끝이었다. 1940년에 들어서부터 내가 당한, 우리가 당한, 아니 나의 조국이 당한 '대동아전쟁'의 희생물로서의 시련은 이제 끝이 나게 되는 것일까?

기쁨에 뒤이어 실망이, 실망에 뒤따라 기쁨이, 서로 뒤바뀌며 벅찬 가슴을 드나들었다. 조국이 광복을 얻게 되었다는 것은 더할 나위 없이 큰 기쁨이다. 그러나 이미 각오된 결심으로 조국광복의 기수가 되겠다는 기회의 상실은 안타깝도록 가슴 아픈 억울함이기도 했다.

연합군의 서해안 상륙작전이 며칠만 더 앞선 계획이었더라도 우리는 조국에 뛰어내려 통쾌하고 장렬한 남아의 혼을 그들에게 보일 것이었거늘, 애석한 노릇이었다. 이것도 절대자의 의사일까? 나는 기도하는 심정으로 서안의 하늘을 우러렀다.[8]

장준하의 기술대로 며칠 전에만 출발하여 광복군이 국내에 진공했더라면, 설혹 그들은 광복 제단에 희생이 되었겠지만, 우리 독립운동사에는 또 하나의 큰 획을 그었을 것이다.

'실망과 환희'에 들떠서 하루하루를 보내고 있던 8월 13일 장준하는 이범석 장군의 부름을 받았다. 이미 거기에는 이해평, 노능서, 김준엽 등이 앉아 있었다. 이범석 장군의 발언은 다시 한 번 이들에게 충격을 주기에 충분했다. 또 한 번의 '반전'이었다.

미군이 한국에 진주하기 전에 연합군포로 인수와 미군 진주를 위한 기초조사, 일본군에 징병된 한국 병사들 인수, 일본군의 무장해제, 국민자위군 조직 등의 임무를 띤 '정진군'으로 먼저 들어가라는 지침이었다.

다음날 국내정진군에 합류하게 된 장준하는 다시 한 번 격정에 쌓이게 되었다. 이번 임무가 슬픈 것인지, 기쁜 것인지 구별이 안 되는 흥분이었다. 하지만 곧 빼앗긴 조국 땅에 주인으로서 가장 먼저 들어가게 된다는 사실 앞에 기쁨을 감추

8 앞의 책, 242쪽.

지 않았다.

국내정진군은 무기와 탄약, 휴대식품을 지급받고 미군 비행기에 탑승하여 한국으로 향했다. 이범석 장군을 대장으로 하여 장준하, 김준엽, 노능서, 이계현, 이해평 등 5명의 한국군과 미국 측 22명 등 모두 28명이 탑승한 비행기는 8월 14일 새벽 4시에 서안비행장을 이륙했다.

비행기가 6시간 40분을 날아 황해상공에 진입했을 때 곤명본부에서 회항명령이 내렸다. 나중에 안 일이지만, 14일 아침 일본 동경만에 진입하던 미국 항공모함이 일본 특공대의 습격을 받았는데 국내진공에 위험성이 크니 진입을 포기하라는 통신연락이었다.

또 한 차례 겪은 반전이었다. 실망이 이만저만이 아니었다. 곤명으로 돌아와서 15일 일왕의 항복소식을 들었다. 그런데 현지신문은 소련군이 한반도를 향해 속속 남하하고 있다는 우울한 소식을 보도했다.

광복군으로 여의도공항 착륙

또 한 번 반전이 일어났다. 정진대가 다시 한국으로 들어간다는 것이다. 이번에는 무기탄약을 제외한 모든 휴대품을 줄이고, 이범석, 장준하, 김준엽, 노능서 등 한국군 4명과 미국 측에서도 4명을 줄여 22명으로 진공대의 인력이 조정되었다.

이렇게 우여곡절을 겪으면서 출동한 C-46 수송기는 18일 오전 3시 30분경 서안비행장을 이륙하여 새벽녘에 한반도 상공에 이르렀다. 장준하와 김준엽의 가운데 좌석에 앉았던 이범석 장군이 펜을 꺼내어 무엇인가를 열심히 쓰고 있었다.

　　보았노라 우리 연해의 섬들을
　　왜놈의 포화 빗발친다 해도
　　비행기 부서지고 이 몸 찢기워도
　　찢긴 몸 이 연안에 떨어지리니
　　물고기 밥이 된들 원통치 않으리

우리의 연해 물 마시고 자란 고기들
그 물고기 살찌게 될테니……⁹

　　비행기가 한강 줄기를 따라 영등포 상공에 이르렀을 때에
야 일본군의 답전이 왔다. 정진군의 계속되는 무전연락에 일
본군은 전혀 응답하지 않다가 뒤늦게 여의도에 착륙하라는
답전을 보냈다. 18일 오후 3시경에 수송기는 여의도공항에
착륙했다. 격납고 앞에는 일본군 1개 중대병력이 일본도를
뽑아들고 정렬해 있고, 격납고 뒤에는 무장군이 대기하고 있
었다. 예상하지 못한 것은 아니지만 살벌한 분위기였다. 피를
말리는 긴장감 속에서 대치하다 장준하 일행이 다가서자 일
군은 의외로 포위망을 풀고 비켜섰다. 충돌 직전에 일본군이
포위망을 푼 것은 동경 대본영에서 물의를 일으키지 말라는
지시 때문이었다고 한다.

　　일본의 조선군 사령관 조오츠키上月良夫 중장과 미군 벌드
중령의 대좌가 이루어졌다. 조오츠키가 무슨 일로 왔느냐고
물었고, 벌드는 한글과 일본어로 된 영등포 상공에서 뿌리다
남긴 전단을 내밀었다. 일본군은 동경 대본영에서 아무런 지
시도 받은 바 없으니 더 이상 머물지 말고 돌아가달라고 통고
했다. 자기네 병사들이 흥분해 있어 신변보호에 안전책임을

<hr>

9　김준엽, 앞의 책, 540~541쪽.

지기가 어렵다고 협박도 했다.

벌드는 일본은 이미 항복했으니 동경의 지시를 받을 필요가 없다고 말했지만 일군은 쉽게 응하지 않았다. 양측의 협상 결과 서안까지 돌아갈 가솔린을 다음날까지 보급해주기로 하여 타협이 이루어졌다. 장준하 일행은 이날 밤을 여의도 일군 병영에서 머물렀다. 맥주대접을 받았다. 장준하는 이날 난생 처음으로 술을 마셨다. 청교도적 기독교 가정에서 자라나 술과 담배를 하지 않았고 친구들도 아예 술을 권하지 않았던 것이다.

"장형, 오늘 저녁만은 술을 마셔야 하오, 우리가 언제 살아남아 왜놈의 항복을 보고 또 왜군 대좌가 꿇어앉아 술을 권하리라고 꿈이나 꾸었겠소. 이 승리의 술잔만은 죽는 한이 있더라도 받아야 하오."

이때가 장 동지로서는 난생 처음 입에 댄 술잔이다. 이를 계기로 장 형은 나를 "술선생"이라고 하면서 그로부터 그가 작고한 1975년까지 해마다 8월 18일이 되면 나에게 "큰절"을 하고 술잔을 권했었다.[10]

장준하는 조국의 첫 밤, 그것도 일본군 병영에서 첫 밤을

---

10 앞의 책, 547~548쪽.

뜬눈으로 새우다가 새벽 일찍 일어났다. 동지들과 수통에 고국의 물을 가득 채우고 종이봉투를 만들어 흙을 한 줌씩 담았다. 서안에 남아 있는 동지들에게 고국의 물과 흙을 전해주기 위해서였다.

장준하는 8월과 각별한 인연을 갖고 있는 듯하다. 1918년 8월에 태어나고, 1945년 8월에 한국 광복군으로서는 최초로 한국에 들어왔으며, 그로부터 정확히 30년이 지난 1975년 8월 17일 의문사를 당했다.

이범석 장군은 사절단의 고문자격으로 왔기 때문에 벌드 중령을 설득하여 조선총독을 만나 담판할 것을 일본군 측에 요구했으나 거절당하였다. 그의 기록을 살펴보자.

나는 광복군 지대장의 신분으로 와서 일본군들의 감정을 자극하기보다는 다른 명목이 좋을 듯해서 중국 장개석 군사위원장의 고문과 웨드마이어 장군의 고문자격으로 왔다. 그러나 여의도비행장에 내리는 즉시 우리 일행은 일군의 대대병력에게 겹겹이 포위를 당하고 말았다. 당초 예정은 오는 즉시 여운형, 안재홍, 김성수 등 국내지도자들과 연락을 취하여 임시정부 측과 건국을 위한 대화의 통로를 열어볼 계획이었으나 일군 조선군 사령관은 이것도 허락하지 않았다. 쌍방이 모두 자동화기의 방아쇠에 손가락을 건 채 담판을 했다. 일군 장교들은 눈알이 벌게 가지고 회담장소를 빙빙 돌며 우리를 처치해버리자고 으르렁댔다.

나는 결국 20여 시간 동안 비행장에 감금당한 채 그들과 승강이를 하다가 다시 중국으로 쫓겨날 수밖에 없었다. 그런데 왜놈들의 주고받는 얘기와 눈치를 살피니 우리 비행기가 이륙하면 이내 저들의 전투기로 추격해서 공해상에서 추락시켜버릴 계획이었다. 나는 고공비행의 원칙도 무시하고 저공비행을 명하여 북위 42도선을 넘어 중국 산동성으로 기수를 돌렸다. 산동성 유현遊絃이란 곳에까지 와서는 가솔린이 떨어져 불시착을 했는데 그곳은 일본군들이 사용하던 비행장으로 아직까지 일군 2개 중대가 경비하고 있었다.[11]

━━ 11 이범석, 〈광복군〉, 《신동아》, 1969년 4월호, 201쪽.

일본군과 대치하다 중국으로 돌아가

일행이 내린 유현비행장에서 또 한 차례 긴박한 대치가 이루어졌다. 하지만 다행히 이 지역의 군과 경찰책임자가 이범석 장군이 중국군으로 활동할 때 잘 알고 지냈던 사이였다. 이들의 도움으로 하루를 지내고 다음날 서양선교사, 상인, 중국인 등 600여 명이 수감되어 있는 수용소를 방문하여 실태를 조사했다. 8년여 동안이나 수용된 이들의 몰골은 말이 아니었다.

귀대명령이 내려서 급유를 마친 비행기는 27일 아침 유현을 떠나 이날 오후에 서안비행장에 착륙했다. 두곡의 본대로 돌아온 장준하 일행은 동지들과 다시 만났다. 이들은 정진대가 출발한 지 며칠 동안 아무런 소식도 듣지 못했다가 모두 살아서 돌아온 것에 기쁨을 감추지 못했다. 비행기가 일본군에 격추되어 모두 사망한 것으로 알았다고 한다.

그 무렵(9월 1일) 한국은 중국전구中國戰區에서 태평양전구로 이관되었다. 중국전구의 책임자 장개석 총통과 웨드마이어 장군의 관할에서 맥아더 장군의 관할로 넘어간 것이다. 그때까지도 미국은 한국에 대한 이해나 정책을 제대로 세우지 못한 채 갈팡질팡하고 있었다. 전구가 바뀌면서 광복군의 국내진공작전은 수포로 돌아가고 말았다. 대원들의 힘든 훈련이나 조국에 생명을 바치겠다는 충정도 물거품이 되었지만, 해방정국의 변수가 되었어야 하는 광복군의 존재도 묻히고 말았다.

이제 어떤 방법으로든지 국내로 들어가는 것이 급선무였다. 이범석 장군이 웨드마이어 장군을 만나 한국 광복군의 입국을 교섭하면서, 비행기가 어려우면 상해에서 미7함대를 이용하게 해달라는 교섭을 벌였다. 그리고 선발대를 편성했다. 선발대는 이 장군이 빠지고 구대장區隊長 안춘생을 책임자로 하여 장준하, 김준엽 등 7명이 선정되었다. 일행은 9월 9일 상해로 가기 위하여 곤명昆明으로 들어갔다. 운남성의 곤명은 베트남 쪽에 가까워 프랑스 세력권으로서 대단히 밝고 깨끗한 도시였다. 일행은 며칠 동안 곤명에 머물면서 주변의 수려한 경관을 돌아보고, 9월 13일 밤 곤명비행장을 떠나 다음날 아침 상해에 도착했다.

상해는 온통 축제분위기였다. 미 군복차림의 장준하 일행에게 상해의 여학생들이 꽃다발을 안겨주고 지나가던 사람마다 붙잡고 악수세례를 해주었다. 상해를 잘 아는 안춘생 대장이 입국교섭을 위하여 7함대 사령부를 찾아다니는 등 교섭을 벌였다. 그러나 입국 교통편을 얻기는 쉽지 않았다. 혼란기이 기도 하지만 미군 당국의 비협조가 큰 원인이었다.

상해에 머무르는 동안 장준하와 김준엽은 윤봉길 의사의 의거현장인 홍구공원을 비롯하여 임시정부 청사로 쓰던 건물, 독립운동가들의 활동 근거지였던 프랑스조계 등을 둘러보고 임시정부 요인 신규식, 박은식, 노백린 지사의 묘소가 있는 만국공원을 찾아 참배했다. 두 사람은 영화관에 가서 영화도 보고 한국인이 경영하는 식당에서 모처럼 게장도 먹으면서 귀국의 날을 기다렸다. 국내진공작전 때 이범석 장군이 나눠준 약간의 금괴가 그대로 남아 있어서 활동하기에 궁색하지는 않았다.

상해의 분위기는 어수선했다. 일본이 패전하면서 행정질서가 무너지고 아직 새로운 체제가 수립되고 있지 않는 상태였다. 한인사회도 어수선하기는 마찬가지였다. "일본이 항복하기 전까지 통역이나 일선지구를 돌아다니는 아편장사나 일군 위안소의 포주들까지도 하루아침에 광복군 모자 하나씩을 얻어 쓰고 독립운동가, 망명가, 혁명가를 자처하는 목불인견의 꼴이었다. 그뿐 아니라 타국에서 이런 자일수록 동포재산을 앞장서 몰수하기 일쑤였고, 광복군도 1, 2, 3지대로 나뉘어 대립을 보이고 있었다." [12]

상해에는 해방의 소식을 듣고 중국 관내에서 활동하던 독립운동가, 특히 광복군과, 일본군에 징병되었다가 이곳으로 온 한국인 병사들이 적지 않았다. 광복군 각 지대에서는 이들을 자대에 끌어들이기 위하여 볼썽사나운 행동을 했다. 무엇보다 일제 패전 때까지 일본군으로 활동했던 자들이 어느 날 광복군 지대에 편입되고서는 마치 독립운동을 한 것처럼 방약무인한 행동을 하는 데에는 진저리를 쳐야 했다.

장준하는 "광복군 '제0지대의 독선과 교만'에 관해 크게 실망했다"라고 자서전에 썼다. '제0지대' 대원들이 한인 동포에게 사형私刑을 가하고 재물을 노략질하면서 임시정부와 광복군에 대한 불신을 부채질했다고 비판했다. '제0지대'는 김원봉 부대를 말한다. 장준하는 김원봉에 대해 대단히 비판적이었다. 중경시대에 임시정부의 각 계파가 탈출 학병을 끌어들이기 위해 "심지어 김원봉 일파에서는 미인계까지 쓰고 나서는 형편이었다"[13]고 비판했다. 김원봉의 항일투쟁의 전력으로 보나 성향으로 볼 때 장준하와는 꽤 상통할 수 있었을 법한데도, 그렇지 않은 것은 불가해한 대목이다.

■■■ **12** 장준하, 앞의 책, 264~265쪽.
■■■ **13** 앞의 책, 268쪽.

김구 주석과 선발대로 환국

11월 5일 김구 주석을 비롯하여 임시정부 요인들이 상해에 도착했다. 상해 강만江灣비행장에 내린 김 주석 일행은 홍구공원에서 6~7000명에 달하는 교포와 일제 패망 뒤 상해로 온 일본군 소속 한국인 병사들의 열렬한 환영을 받았다.

상해 홍구공원에는 6~7000명을 헤아리는 교포들이 공원광장을 메웠다. 거대한 환영식이었다. 김구 선생이 단상에 오르자 교포들이 만세를 외치고 또 외쳤다.

백범 김구가 올라선 그 단은 바로 그 자신이 윤봉길 의사를 시켜 일본 백천대장 일행에게 폭탄을 던지게 한 그 자리였기에 그 만세소리는 더욱 우리들 가슴을 뒤집어놓았다.

'정말 역사가 바뀌어 저 어른이 저 단에 서셨구나' 하는 생각은 뜨거운 감회가 아닐 수 없었다. 그치지 않던 만세소리는 그날 그때 그 자리에서 흐느끼는 감격으로 계속 연결되어, 모두들 울어버리고 말았던 것이다. 김구 선생도 목이 메어 그 말씀을 몇 번이나 끊고 끊었다. 그동안 갖가지 고생과 모진 괴로움이 이날 그 뜻 있는 모임에서 울음으로 터진 것이었으리라.

온갖 설움이 이 순간 북받쳤으리라. 나는 충분히 그렇다고 말한다. 이국에서 참아야 하며 또 받아야 했던 알력과 갈등과 시기와 모해가 모두 그때 그 울음으로 풀어졌다면 다행이리라.[14]

김구 주석과 임시정부 요인들은 상해에 도착한 지 18일 만인 11월 23일에야 미군 수송기편으로 귀국길에 올랐다. 수송기가 1대뿐이어서 요인 중에 일부만 환국 제1진으로 탑승할 수 있었다. 김구 주석, 김규식 부주석, 이시영 국무위원, 김상덕 문화부장, 유동열 참모총장, 엄항섭 선전부장 등 정부요인과, 김규식 박사의 아들로 비서일을 보던 김진동, 주석의 의무관 유진동, 수행원으로 장준하, 윤경빈, 선우진, 이영길, 백정갑, 민영완, 안미생 등 15명이었다.

일행 중 유일한 여성인 안미생은 안중근 의사의 조카딸로서 김구의 장남 김인과 결혼했으나 남편이 죽자 시아버지의

━━ 14 앞의 책, 267~268쪽.

비서일과 재중경 한인애국부인회의 일을 하고 있었다. 장준하는 국내에서 김구 주석의 비서일을 보기 위해 제1진에 포함되고, 김준엽은 학문에 정진하고자 환국대열에서 빠졌다.

김구 주석의 환국 제1진은 일제가 항복한 지 3개월 8일 만에, 중경에서 상해에 온 지 18일 만에, 이승만 박사가 환국한 지 1개월 17일이 지난 뒤에 귀환한 것이다. 미국에 있던 이승만은 10월 16일 미국 태평양 방면 육군총사령관 맥아더 장군이 주선한 비행기를 타고 동경을 경유해 서울에 도착했다. 미육군 남조선주둔군 사령관으로 임명된 하지 중장이 이승만이 동경에 도착했을 때 그를 맞으러 동경에까지 가서 맥아더와 3인 회담을 갖고 대대적인 귀국환영대회를 연 것과는 비교가안 되는 초라한 모습이었다.

11월 23일 오후 1시 미군 C-47 수송기는 상해비행장을 이륙했다. 장준하는 김 주석과 요인들의 표정을 유심히 살폈다.

나는 불과 2년이지만, 2~30년을 나라 밖에서 투쟁했던 혁명가들이 이제 고국의 품으로 안기려 움직이기 시작한다. 그리고 그들의 수행원으로 내가 이렇게 엄숙히 자리를 같이하고 있다. 나는 스스로에게 나의 임무와 사명을 타일렀다. 그때 석 달 전 잠시나마 다시 밟았던 그 황무지의 여의도비행장의 흙 위에서 내가 생각했던 '나의 임무'가 다시 내게 주어진 것이다.[15]

김 주석과 요인들은 만감이 교차하는 듯이, 탑승하여 몇 시간이 지나도록 아무 말이 없었다. "나는 차례로 이들의 표정을 눈여겨보았으나, 한 평생 생애를 다 바쳐 투사가 되신 그 위엄 앞에 아무 말도 할 수가 없었다. 아니, 그 수송기의 소음이 나에게 이런 생각을 갖게 했는지 모른다. 다만 굳어지는 안면근육의 움직임으로 무쇠 같은 의지와 신념의 표정을 읽을 수 있었다." [16]

얼마의 시간이 지났을까, 누군가 "아…아, 보인다, 한국이!"라는 외마디 외침이 들리고, 누가 먼저 시작했는지 기체 안에서 애국가가 합창되었다.

나는 마치 한 소년처럼 여울지는 가슴을 느끼며 어깨를 두 팔로 감싸안았다. 그러나 김구 선생은 눈을 지그시 감은 채 뒤에 기대고 있을 뿐, 눈물을 닦으려 하시지도 아니했고, 입을 비죽거리지도 않았으며, 고개를 숙이지도 않았다. 하나의 거대한 돌부처처럼, 우는 돌부처처럼, 그런 모습으로 주먹을 쥐어 무릎 위에 얹은 채 새로운 앞일을 감당하고 있었다. 상해의 강만비행장에서 우리를 보내던 환송인사의 모습이 빠른 환상으로 엇갈린다. 너무 기뻐서

━━ **15** 앞의 책, 271쪽.
━━ **16** 앞의 책, 272쪽.

우는 사람들의 감격 속에 그들이 빠진 것 같아 우리는 곧 서글픔을 느낀 것일까. 기쁨이 지나쳐서 서글프기까지 한 것일까.[17]

▬▬ **17** 앞의 책, 274쪽.

환영객 없는 귀국

비행기는 저녁 무렵에 여의도공항에 도착했다. 환영객 하나 없는 공항은 11월 하순의 찬바람이 불어 황량하기까지 했다. 일행은 밀폐된 미군 장갑차에 분승하여 오후 5시가 조금지나 서대문의 경교장에 이르렀다. 장준하는 귀로에 장갑차행렬에 놀라 길 옆에 서 있는 사람에게 태극기를 흔들었다. 그러나 이것도 곧 미군 병사에게 제지되었다.

일행은 경교장에 도착하여 짐을 풀었다. 경교장은 광산업을 하던 최창학이란 사람이 기증한 것이다. 국내에서 결성된 '임시정부 환국환영준비위원회'(환영위)가 경교장과 충무로에 있는 한미호텔을 임시정부 요인들의 숙소로 마련해놓았다. '환영위'조차도 이날 임시정부 요인들의 환국 사실을 모르고 있었다. 미 군정은 무엇 때문인지 임시정부 요인들의 환국을 철저하게 비밀에 부쳤다.

미 군정청 공보과는 요인들이 경교장에 도착한 지 1시간이 지난 저녁 6시가 되어서야 간략한 하지 중장 명의의 성명을 발표했다. "오늘 오후 김구 선생 일행 15명이 서울에 도착하였다. 오랫동안 망명하였던 애국자 김구 선생은 개인의 자격으로 서울에 돌아온 것이다."

'개인자격'을 유난히 강조한 하지의 성명이었다. 미국은 임시정부의 존재를 인정하지 않았다. 전승국 미국이 임시정부 대표인 김구 주석과 국무위원들을 '정부'로 인정하지 않은 것은 이후 대한민국의 정부수립이나 통일문제에서 결정적인 장애로 작용되었다.

라디오방송을 통해 김 주석의 환국소식을 전해들은 각계 지도자와 기자들이 찾아왔다. 가장 먼저 달려온 사람은 이승만 박사였다. 저녁 8시에 환국기자회견을 갖기로 하여, 장준하는 엄항섭 선전부장을 도와 준비를 서둘렀다. 환국 첫날 저녁을 눈코 뜰 사이 없이 분주하게 보냈다. 임시정부의 환국날짜를 정확히 알 수 없었던 '환영위'는 서둘러 이것저것 준비하느라고 했지만, 저녁식사 준비도 제대로 안 되어 있어서 임시정부 요인들은 늦은 시각에 저녁을 먹게 되었다.

장준하는 환국 다음날 새벽 4시경에야 잠시 눈을 붙였다가 6시 반에 일어났다. 이날은 날씨가 청명했다. 해방된 고국에서 맞은 첫날이었다. 여전히 미 군복차림이었다. OSS대원으로 지급받았던 국방색 미 육군 군복셔츠와 자켓에 타이를 매고 가죽각반이 달린 군화를 신었다. 영낙없는 미군 정복이었다.

갈아입을 옷도 없어서 그냥 그 차림으로 업무에 들어갔다.

　날이 밝자 각계 인사들이 찾아왔다. 감창숙, 권동진, 정인보, 김병로, 안재홍, 송진우 등 그동안 국내에 있었던 지도자들이 주석의 면담을 요청하며 경교장을 찾았다. 엄항섭 선전부장은 공적으로 내방하는 원로급 국내인사는 주석 선생이 직접 면담하도록 하고, 그 외에 주요인사들은 엄 부장이 만나고, 기타 문의사항을 가진 사람들은 전부 장준하가 담당하도록 지침을 주었다.

　연일 각계각층의 인사들이 주석을 만나고자, 얼굴이라도 한번 뵙겠다고, 중국에서 독립운동을 해온 가족이나 친지의 소식을 듣고자 끊임없이 몰려들었다. 기자들의 발길도 끊이지 않았다. 대부분 장준하가 맡아 처리해야 하는 업무들이다. 내방객 중에는 친일파들도 끼어 있었다. 구명을 위한 발걸음이었겠지만 철면피들이다. 대표적인 친일실업인 박흥식이 500만 원의 거금을 들고 경교장을 찾았다가 쫓겨나는 촌극도 벌어졌다.

　김구 주석의 환국소식을 안 국민들은 육성방송을 직접 듣기를 원했다. 신문기자들도 여러 차례 이것을 요청했다. 미군정은 환국 이틀이 지난 뒤에야 마지못해 이를 '허가'하면서 2분 내외로 할 것을 전제로 삼았다.

김구 주석 연설문 작성

장준하는 납득하기가 어려웠다. 해방된 조국에서, 환국한 임시정부 주석이 기다리던 동포들에게 환국인사 방송도 제대로 할 수 없다는 현실이 기막히고 안타까웠다. 이튿날 저녁 무렵에 김 주석은 직접 장준하에게 '2분짜리' 원고를 준비하라고 지시했다. "장 목사가 이 원고를 알아서 써주어야 하겠소." 그때 김 주석이나 경교장 식구들은 장준하를 '장 목사'라고 불렀다. 일본신학교를 다니다 탈출했다는 사실로 인해 붙여진 애칭이고 별명이었다. 중경과 서안에서도 이 호칭으로 불렸다.

저녁 8시의 방송이라 30분밖에 남지 않은 상황이었지만 장준하는 생각을 가다듬고 방향을 정하여 5분 만에 성명서 초안을 잡았다.

친애하는 동포 여러분!

27년간이나 꿈에도 잊지 못하고 있던 조국강산에 발을 들여놓고 보니 감개무량합니다.

나는 지난 5일 중경을 떠나 상해로 와서 22일까지 머물다가 23일 상해를 떠나 당일 서울에 도착하였습니다. 나와 각원 일동은 한갓 평민의 자격을 가지고 돌아왔습니다.

앞으로는 여러분과 같이 우리의 독립완성을 위하여 전력하겠습니다. 앞으로 전국 동포가 하나 되어 우리의 국가 독립의 시간을 최소한도로 단축시킵시다.

앞으로는 여러분과 접촉할 기회도 많을 것이고 말할 기회도 많겠기에, 오늘은 다만 나와 나의 동사 일동이 무사히 이곳에 도착되었다는 소식을 전합니다.

장준하는 '평민의 자격'이라는 구절을 삽입하면서 "한 모금의 결심과 신념을 꿀꺽 삼켰다"라고 자서전에 쓸 만큼, 또 다른 외세가 지배하고 있는 조국의 현실 앞에 참담함을 느껴야 했다. 이 구절은 하지 사령부가 꼭 넣으라고 했다는 것이다. 녹음방송이 없던 시절이라 원고초안이 마련되자 엄 부장과 김 주석은 "잘되었다"라고 칭찬하면서 정동방송국으로 달려가서 초안대로 방송을 했다. 장준하는 라디오를 통해 흘러나오는 주석의 방송을 들으면서 한 번의 검토도 없이 이를 받아들인 주석의 마음 씀씀이가 고마웠다. 그리고 너무 짧은 시간만을 허용한 미 군정당국의 옹졸함에 분노를 삭여야 했다.

환국하여 처음으로 맞은 주일, 11월 25일은 일요일이었다. 장준하는 김구 주석을 모시고 정동예배당으로 갔다. 환국한 조국에서 드리는 첫 예배는 정일형 박사가 집전했다. 그는 "장차 이 민족을 이끌고 나갈 참 지도자가 이 자리에서 하나님 앞에 무릎을 꿇고 계십니다"라고 기도했다. 장준하는 민족의 지도자를 모시고 고국에 돌아와 기도할 수 있도록 해주신 절대자 앞에 두 손을 모으고 무릎을 꿇었다.

제 **8** 장
해방정국에서 백범의 비서로 활동

이런 식의 초대향응이 계속 바뀌는 명목으로 벌어졌다. 누구누구를
초대하던 같은 명월관이나 국일관 등 주지육림 속에서 놀아나며
세월을 허송하는 것이었다. 요릿집 경기는 장안을 누르고,
해방된 기쁨이라고 사회와 인심은 둥둥 들떠 있었다. 이 혼잡 속에서도
불순한 정치세력은 칡넝쿨처럼 이권과 이해와 정치목적을 따라
뻗어나갔고 국민들은 깨어나야 할 혼돈 속에서 각성을 몰랐다.

— 장준하, 《돌베개》 중에서

●해방공간에서 김구 주석의 행보

　　김구 주석과 임시정부 요인들이 환국했을 때 국내정세는 어지러울 정도로 요동치고 있었다. 8월 14일 여운형이 총독부 엔도 정무총감과 회담을 갖고 건국준비위원회를 발족하고, 16일에는 장안파 공산당이 결성되었다. 같은 날 건국치안대와 건국부녀동맹이 조직되었으며, 20일에는 박헌영이 '8월테제'를 발표했다. 8월 하순에는 전국 145개의 인민위원회가 결성되었다.

　　9월 2일 맥아더가 북위 38도선을 경계로 미·소 양국의 분할 점령책을 발표하고 9월 6일 건국준비위원회는 조선인민공화국(인공)을 선포했으며, 7일에는 미 극동사령부가 남한에 군정을 실시한다고 선포했다. 다음은 주요 사건일지다.

　　　9월 11일 – 조선공산당 재건
　　　9월 14일 – 조선인민공화국, 이승만을 주석으로 추대

9월 16일 – 한국민주당(한민당) 결성

10월 7일 – 건국준비위원회, 조선인민공화국으로 발전
        적 해체

10월 10일 – 미 군정장관 아놀드, "미 군정이 38선 이
        남의 유일 정부"라 선언

10월 16일 – 이승만 미국에서 귀국

10월 20일 – 미국 국무성, 한국의 신탁관리 의사표명

10월 25일 – 이승만, 독립촉성중앙협의회 결성

11월 5일 – 조선노동조합전국평의회 결성

11월 12일 – 여운형, 조선인민당 결성

11월 23일 – 김구 등 임시정부 요인 제1진 귀국

누가 보아도 해방정국의 주역이랄 수 있는 김구, 이승만,
여운형의 행동반경에서 이승만은 독립촉성중앙협의회를 결
성하여 총재로 취임하고, 여운형은 건국준비위원회에 이어
조선인민당을 조직하여 당수에 선출되었다. 무엇보다 충격적
인 사실은 미 군정장관의 "미 군정이 38선 이남의 유일 정부"
라는 선언이었다. 무엇보다 일제와 싸우고 대일 선전포고까
지 한 바 있는 임시정부, 남한에 '임정봉대'의 정치인들이 상
당한 세력을 갖고 있었음에도 불구하고 미국은 임시정부의
존재를 부정하고 미 군정을 '유일 정부'라고 내세웠다.

김구 주석을 비롯하여 임시정부 요인들과 '임정봉대'를

준비했던 지도자들의 실망은 이만저만이 아니었다. '해방조국'은 이미 두 쪽으로 나뉘어 외세의 통치를 받게 되었다. 상해에 머물고 있을 때 어느 정도 국내정세를 알고 있었지만, 막상 귀국하여 지켜본 현실은 더욱 한심스러웠다. 장준하는 자신의 심중이 이러할 때 주석이나 요인들의 심경이 어떠할 것인가를 헤아리면서 주석의 비서역할을 충실히 수행함으로써 민족통일국가 건설의 꿈을 이루고자 했다.

그러던 어느 날 고향 삭주 대관보통학교의 후배 최기일이 경교장으로 장준하를 찾아왔다. 신문에서 귀국소식을 보았다면서 찾아온 것이다. 두 살 아래인 최기일은 장준하 아버지가 목회를 하던 교회에 그의 가족이 나와서 가깝게 지냈던 절친한 고향후배였다. 현재 돈암장에서 이승만 박사를 모시고 있다고 했다.

고향 선후배가 해방공간의 민족지도자인 김구와 이승만을 모시고 있다는 것이 여간 뿌듯한 일이 아닐 수 없었다. 그를 통해 꿈에도 그리던 고향소식을 들을 수 있을 것으로 기대했지만, 그 역시 고향을 떠난 지 오래였다. 장준하는 최기일의 주선으로 가끔 돈암장에서 이승만을 만나뵙고 인사를 드리기도 하면서, 두 지도자가 협력하여 통일민주국가를 건설해나갈 수 있도록 노력하자고 최기일과 다짐하였다. 11월 26일부터 김구 주석의 본격적인 활동이 시작되었다. 그 사이에 많은 인사들을 만나고 정세파악을 했지만 본격적인 활동에는 아직 나서지 않았던 터였다.

26일 오전에 군정청 제1회의실에서 김구 주석의 내외신 기자회견이 마련되었다. 환국 이후 첫 공식회견이었다. 망명 30여 년 만에 환국하여 자신의 신념과 포부를 밝히는 첫 회견인 것이다. 장준하는 이때의 정황을 다음과 같이 썼다.

넓은 회의실 안에 민족의 지도자를 기다리는 엄숙한 분위기가 먼저 기다리고 있었다. 기침소리조차 없이 40여 명의 내외 기자가 진을 치고 있었다.

벅찬 감격이, 민족의 지도자로서의 대우를 망명생활 30여 년 끝에 겨우 받는다는 생각이 감쌌다. 사진반원이 대기하면서 장내의 조금의 움직임을 줄 뿐……, 이렇게 무겁고 위엄한 공기가 10시부터 10여 분이나 괴어 있었다.

이윽고 미 주둔군 사령관 하지 중장의 안내로 김구 선생이 들어섰고 엄 부장이 뒤따랐다. 울음 같은 박수가 터져나왔다. 나는 꼭 그렇게 듣고 있었다.

하지가 입을 열자 박수가 멎고 모두가 착석했다. 휘황한 푸레쉬가 순간순간의 감격을 잡아 삼켰다.

하지 장군의 소개말이 김규식 박사의 아들인 김진동 씨의 통역으로 숨죽여 기다리던 장내에 퍼져나갔다. 마치 밀물이 소리 없이 들어오듯 새로운 분위기가 밀려들었고 그 속에서 김구 선생은 입을 열었다. 먼저 귀국인사를 정중히 한 다음 결론으로, "……나는 앞으로 여러 선배와 그리고 각급 각계 대표자들을 방문 또는 초청하여 담론할 것이며, 미국 당국과도 깊이 의논한 뒤에 우리의 할 일을 알려드리겠습니다"라고 말했다.

기대와는 너무나 거리가 먼 짧은 요지였다. 너무나 깊은 신중성은, 김구란 이미지에 실망을 던져줄 정도였다. 백범 김구의 말이 불을 토할 것인지 쇠를 토할 것인지, 모두들 그렇게 기대하였던 순간의 연속이었고 그 시간은 30분이나 지났으나 백범은 말 대신 무거운 표정 속에 고인 신념만을 뿜어 그 거구에 흐르게 하였다.

"무엇인가 기대할 수 있는 인물이다."

내가 비로소 안도의 숨을 쉰 것은 어떤 기자의 이런 한마디 말을 들을 수 있을 때였다.[1]

━━ 1 장준하, 《돌베개》, 장준하문집 2, 사상, 1985, 296쪽.

4당 거두의 연쇄회담 준비

김구 주석의 정치활동이 시작되면서 장준하의 역할도 많아졌다. 어느 날 엄항섭은 김구 주석이 하루 동안 한국민주당의 송진우 당수, 한국국민당의 안재홍 당수, 인민당의 여운형 당수, 조선인민공화국의 허헌 국무총리를 차례로 만난다는 사실을 알려주면서 몇 가지 준비를 지시했다.

특별히 준비할 사항은 첫째, 단독회담에 입회할 것, 둘째, 회담내용을 기록할 것, 셋째, 회담을 위해 충분한 예비지식과 정치정보를 입수하여 내일 아침 일찍 김구 주석에게 브리핑을 할 것 등이었다. 해방정국에서 큰 영향력을 발휘하고 있는 4개 정당지도자들과의 회담에 필요한 정보를 조사, 정리하는 일은 결코 만만한 과제가 아니었다. 귀국한 지 며칠밖에 안되었고, 국내에서 특별히 도움을 받을 만한 사람도 없었다. 밤을 새워 묵은 신문을 모아 자료를 찾아 정리했다.

4인의 성격에 대한 조사에서부터 최근의 담화문까지 요약

분석했다. 4당 수뇌와의 회담은 향후 정국이나 김구 주석의 진로와도 연관이 되는 매우 중요한 자리가 될 것이었다.

장준하는 자신이 이런 자리에 배석하고 그들의 일거수일투족을 지켜보게 된다는 데 뿌듯한 자부심을 느꼈다. 그래서 준비에 열정을 쏟았다. "그들이 어떤 정견을 가지고 와서 어떤 주의주장을 할 것인지 조금도 상상할 수 없는 성질의 것이었으나 꼭 한 가지, 이 나라의 독립을 위해 그 기간을 최소한도로 단축시킬 수 있는 한 길로 들어서준다면 이것이야말로 임정의 환국에 보람이 되어 주지 않겠는가, 혼자 자문자답으로 밤을 보냈다."[2]

장준하가 준비한 4당 대표의 자료는 다음과 같다.

송진우 : 거구·장신의 인人. 사회주의에 반대하는 강한 민족주의자. 명분·전통을 존중하고 굽히지 않는 강인한 의지의 소유자. 《동아일보》를 중심으로 집결한 인물. 8.15 수일 전부터 정무총감(일본 총독 밑의 총리) 엔도로부터 수차 정권인수의 요청을 받은 일이 있다. 8월 11일 총독부 차석 사무관 하라다가 만나자 하여 보안과장 이소자키, 조선군사령부 참모 간자키를 같이 만난 자리에서가 그 한 번이고, 8월 14일 경기도 지사 이쿠다, 경찰부장 오카의 요

■■■■ 2 앞의 책, 297~298쪽.

청을 받은 것이 그 두 번째이다. 그때마다 그는 그것을 거절했는데 다음이 그 이유다.

① 패망하는 일본에게서 구태여 정권이양을 받을 필요가 없다. 일본은 이미 누구에게 정권을 넘길 자격을 잃은 패망국이다. 그들과의 정권이양·인수란 허수아비 노릇에 불과한 것이다.

② 패전국 일본이 항복할 상대는 연합군이 될 것이다.

③ 그러나 우리는 마땅히 중경에 있는 임시정부의 환국을 기다려 그 지도에 따라야 할 것이다.

이 일은 곧 여운형에게 넘어가서 그가 수락하고 그는 곧 건국준비위원회를 조직했다. 9월 2일에는 동 건국준비위원회의 확대위원회가 소집되어 허헌이 부위원장이 되고 다시 9월 6일에는 이른바 '인민공화국'이 서울 경기여고 강당에서 수립된다. 이상은 좌익조직이 공산정권을 수립하기 위하여 여운형을 이용한 것이고 몽양은 오히려 자기가 출세를 위하여 좌익을 이용하고 있다는 오월동주의 밀월을 하는 셈이다. 그러나 결국 좌익은 이용자가 되고 몽양은 철저하게 이용당하는 자가 되고 만다.

고하 : (송진우)는 조선인민공화국(人共) 수립 다음날인 9월 7일 그와 대결키 위하여 《동아일보》사 강당에서 '국민대회수립준비위원회'를 결성하고 그 위원장이 된다. 이

자리에서 고하는 다음의 연설을 한다.

"하루 속히 겨레의 총의를 결집시켜 대한민국 임시정부를 절대지지하며 맞아들여 이 정부가 직접 활동을 개시하는 날까지 당면한 모든 문제를 해결하며 대기하기로 합시다."

그에 참석자 전원의 기립으로 임정의 절대지지를 결의·확인하였다. 9월 8일 김병로, 조병옥 등이 주동이 되어 추진하던 '조선민족당'과 백남훈, 김도연, 허정, 장덕수 등이 추진하던 '한국국민당'을 국민대회에 합류시켰다. 9월 16일 천도교 강당에서 한민당이 결성되어 고하는 그 위원장에 취임하는데 그 이전에 한민당 발기인 명의로 '인민공화국 타도와 임시정부 지지'의 성명을 발표하였다.

그러한 고하는 11월 25일 임정의 환국에 즈음하여 "조선이 일제의 기반羈絆에서 해방된 것은 미·중을 비롯한 제 연합국의 호의와 노력에도 있겠지만 우리가 해방된 유일한 힘은 임시정부 주석 김구 선생 이하 여러분의 힘이 절대 대대하였다는 것을 잊을 수 없는 일이며, 특히 김구 선생은 일본놈의 가슴을 서늘케 한 상해 폭발사건 이후 장주석(장개석)과 같이 조선해방을 위하여 투쟁해왔고……." 운운의 담화를 발표하였다.

여운형 : 우리가 학생시절 이후 중국에서의 입국 이래

가장 많은 정보를 들어온 인물. 학생, 체육인에게 인기가 높으며 풍채 좋고 말 잘하고 활동적인 사람으로 널리 알려짐. 그의 정치노선은 사회주의 좌파경향일 뿐 공산주의자는 아닌 것으로 분석되나 극렬공산주의자들에게 포위되었다. 해방 훨씬 전 일본에게 정권을 이양하라고 투쟁을 벌인 일도 있다. 그후 '건국동맹'이라는 지하조직 결성. 8월 15일 엔도로부터 정권인수 제의를 받자 다음 조건을 전제로 그 청을 받아들였다.

① 전 조선의 정치범과 경제범을 석방할 것.

② 경성부민의 식량을 3개월간 확보해줄 것.

③ 조선학생과 청년들에 의한 치안유지에 일본은 일체 간섭하지 말 것.

④ 우리의 건국사업에 노동자들이 협력하는 것을 방해하지 말 것.

그리하여 잘 알려진 명망을 가지고 서울 계동에 건국준비위원회 간판을 걸고 스스로 위원장이 되고 안재홍을 끌어들여 부위원장에 앉혔다. 해외인사들의 입국 전에 정치기반을 완성시키려는 야심에서 한 일. 그러나 김성수의 말을 빌면 '밥상은 몽양이 차려놓고 그걸 먹는 사람은 공산주의자'라는 말이 정설.

그의 대對 임정태도는 다음과 같은 11월 8일자 신문담화에 나타남.

"나의 선배로서도 환영해야겠지만 혁명전선의 선배로서 나는 공손한 마음으로 김구 선생의 귀국을 고대하고 있다. 선생이 귀국하여 조선을 보시는 눈과 민중의 소리를 듣는 귀가 누구보다도 현명하고 공정하실 줄 믿는 마음에서다."

그는 일찍이 상해시절의 임정에 참여한 일이 있다.

안재홍 : 사회주의 우파적 경향의 인물. 일반 지식층과 언론계에 상당한 기반을 갖고 있다. 경교장에 인사차 왔을 때 본 인상은 걸음걸이가 우리의 전통적 선비걸음이고 큰 키에 체구는 가는 편의 신사. 건국준비위원회의 부위원장으로 있었지만 여운형과는 의견차가 크다. 특히 건국준비위원회의 실권이 공산주의자들에게 장악되어 있는 데 대한 불만으로 여운형과 알력이 심했음. 수차 건국준비위원회의 개혁을 시도했으나 거듭 실패했고, 마침 9월 1일 조선국민당 당수로 추대되면서 건국준비위원회와의 거리가 명확해짐. 9월 24일에 사회민주당·민주공화당 등 6개의 정당·사회단체가 국민당이란 이름으로 통합되어 그 당수가 되자 비로소 임정의 처리문제 결의가 가능케 되었다. 대 임정태도는 11월 9일자 신문에 발표한 성명에 나타난다.

"쌍수를 들어 김구 선생 일행의 환국을 환영한다. 그러나 우리는 환영한다는 것만으로는 부족하다. 김구 선생에게 기대하는 바 간절하다. 혹 세평에는 중경임시정부가 민족 파쇼적 경향을 갖지 않았나 하고 말하는 사람이 없지 않으나 나는 그렇지 않으리라고 믿는다. 김구 선생은 나이 많으시나 열렬한 민족주의자이시다. 그러나 동지 제씨의 의견을 경청하여 만사를 결정하고 독단으로 가는 길을 피하는 분이라고 들었다. 그러므로 그분이 조선에 오시어도 결코 과오는 없으리라고 믿는다."

그의 이같은 대 임정태도는 그후 11월 15일자 신문보도에서 일변된다.

"삼천만 대중이 민족통일 강화와 정식 정부확립을 갈망하는 이즈음 임시정부 중진 제씨가 당당하게 광복국가의 새 수도가 될 서울에 들어오게 된 것은 분명히 세기적인 감격이라 하겠다."

앞서의 성명에서와 같은 '민족적 파쇼'니 '독단으로 가는 길을 피하는' 등의 경고적인 어투가 일언반구 없는 기대와 환영 일변도이다.

허헌 : 건국준비위원회의 확대위원회에서 부위원장으로 선출된 인물. 사회주의 좌파경향의 변호사 출신으로 날카롭고 강한 의지의 소유자라는 중평. 부위원장 당선으로 안재홍은 저절로 물러나고 여운형과 좋은 콤비가 되었지만 그 역시 공산주의자들에게 포위된 상태. 9월 6일 경기

여고 강당에서의 '인민대표회의'에서 '임시정부조직법안'을 통과시키고 그 법에 의한 '인민공화국'을 탄생시킴. 그들이 발표한 조각은 주석에 이승만, 부주석 여운형, 국무총리 허헌, 내무부장 김구, 외무부장 김규식 등으로 되어 있다. 그러나 11월 7일 이승만이 정식으로 그 주석 취임을 거부하고 미 군정에서도 이를 정당이나 사회단체로는 인정할 수 있으나 정부 표방은 불가라 하였다.[3]

---

3 앞의 책, 299~305쪽.

임시정부 환국봉영회

장준하는 준비한 자료를 김구 주석에게 브리핑하고, 경교장을 찾아온 당수들을 차례로 2층 주석의 거실로 안내하여 배석하면서 예리한 감각으로 지도자들의 언행을 하나도 놓치지 않고 살폈다. 마치 이들에게서 조국의 운명을 찾기라도 하는 듯이 말이다.

해방정국에서 장준하처럼 김구, 이승만, 안재홍, 송진우, 여운형, 허헌 등 정치지도자들을 가까이에서 지켜본 사람도 흔치 않았다. 20대 후반의 청년 장준하에게는 행운이고 좋은 경험이었다. 김구 주석과 4당 대표들의 회담을 지켜본 장준하는 그들의 인상기를 이렇게 썼다.

안재홍, "소파에 몸을 기대인 안재홍 씨는 백범 선생을 모시고 나올 때까지 그대로 긴장을 풀지 않고 있었다. 한 번도 웃지 않고, 그러나 머리를 좌우로 가볍게 흔들며 말문을 열었다……. 안재홍 씨의 말은 매우 분석적이었다."

송진우, "백범 선생을 모시고 나오자, 송진우 씨는 약간 흥분을 띤 홍조의 기색으로 백범 선생을 맞았다. 들은 얘기대로 박력 있는 인상이었다. 침착하게 가라앉은 듯한 표정이 일변하고 열변조의 말문이 열리자 머리카락이 조금씩조금씩 흔들리면서……."

여운형, "백범 선생을 대하는 태도가 조금도 위축되거나, 위압당하는 기색이 없었다. 퍽 친숙한 표정으로 어렵지 않게 분위기를 이끌어갔다."

허헌, "짙은 회색 양복에 중간키를 가진 이 신사는 단정한 몸차림의 인상으로 빈틈없는 분이라고 생각되었다……. 극히 사무적인 언행으로 그는 조리 있게 '인민공화국'의 조직을 설명하기 시작했다."

김구 주석의 활동은 분주하게 이어졌다. 의암 손병희 선생 묘소를 찾을 때는 민족대표 33인 가운데 두 분인 오세창, 권동진 씨가 경교장으로 와 그분들의 안내로 우이동 묘소를 참배하고, 다시 망우리의 도산 안창호 선생의 묘소까지 참배했다. 장준하는 이들 애국선열들의 묘소를 참배하면서 많은 것을 생각했다. 어떻게 살 것인가, 못난 조상이 되지 않기 위하여 어떻게 살 것인가를 생각하고 다짐했다.

11월 30일은 장준하의 결혼 2주년이 되는 날이다. 귀국 이후 아직까지 고향소식을 듣지 못했다. 그동안 격무에 시달리느라 미처 가족을 생각할 겨를이 없었다. 결혼 2주년을 맞아 불현듯 아내가 보고 싶고 부모형제가 그리웠다.

남북관계는 날이 갈수록 38선이 굳어지면서 왕래가 자유롭지 못하게 되었다. 설혹 왕래가 자유롭더라도 삭주에서 서울까지 오기는 쉽지 않는 상황이었다.

12월 1일에는 진눈깨비가 날리는 속에서 '임시정부 환국 봉영회'가 서울운동장에서 열렸다. 3만여 명의 군중이 손에 손에 태극기를 들고 모여들었다.

어린 학생들도 많았다. 김구 주석과 이승만 박사, 임시정부 요인들이 모두 참석한 이날 행사는 이인의 봉영문 낭독과 권동진의 만세삼창으로 끝나고, 이어서 기旗의 행렬이 시작되었다. 임시정부 요인들이 정렬한 가운데 기의 행렬이 지나갔다. 행렬은 서울운동장 → 안국동 → 중앙청 → 태평로 → 서울역에서 종료되었다. 장준하는 김구 주석의 곁에서 기의 행렬을 지켜보며 서러웠던 세월이 일순에 씻김을 느꼈다. "기행렬의 대열이 함성을 지르자 이 박사도 김구 선생도 모두 분을 못 참고 답례하는 것이었다. 줄기차게 쏟아지는 눈, 눈, 눈 속에 우리는 국민의 기대라는 무거운 짐 하나씩을 가슴에 더 쌓아올렸다."[4]

이날 낮에 임시정부 요인 제2진이 탄 비행기가 일기불순으로 여의도비행장에서 선회하다가 전북 옥구비행장에 착륙

---

4 앞의 책, 323쪽.

했다는 미 군정청의 보고가 있었다.

제2진은 군산에서 그날 밤을 지내고 다음날에야 경교장에 도착했다. 그런데 꼭 올 줄 알았던 김준엽의 모습이 보이지 않았다. "광복조국에서 우리가 할 일을 그는 왜 버렸을까." 장준하는 그의 신변에 무슨 일이 생긴 것이나 아닌지, 걱정을 하면서 지난 8월 국내정진대로 함께 행동하다가 이번에 귀국한 노능서 동지와의 재회에 억센 포옹을 나누었다.

제2진이 환국하기를 기다려 12월 6일 경교장에서 환국 뒤 첫 임시정부 국무회의가 열렸다. 경교장 1층을 임시국무회의장으로 개조하여 사용했다. 온 국민의 시선이 경교장으로 모아졌다. 신문·방송은 전날부터 임시국무회의 소식으로 도배되었다.

장준하는 기록을 위해 국무회의장에 배석할 수 있었다. 이승만 박사도 구미위원단의 단장 직책으로 참석했다. 회의는 김구 주석의 사회로 진행되었다.

그러나 국무회의는 국민이나 장준하가 기대했던 것처럼 당장 시급한 국가대사를 논의하는 그런 자리가 되지 못했다. 상해에서 제1진으로 환국하지 못한 일부 국무위원의 불만이 터져나오고, 바로 어제 환국하여 국내정세를 제대로 알지 못하니 회의를 연기하자는 의견에 따라 국무회의는 연기되고 간담회로 들어갔다. 간담회에서도 이것저것 불만이 쏟아지자 장준하는 기록하다 말고 회의장을 빠져나오고 말았다.

제2진이 도착하여 국무위원 일부가 경교장에 머물게 되면서, 장준하와 수행원들은 한미호텔로 숙소를 옮기게 되었다. 조소앙, 조완구, 김원봉, 김성숙 등 요인들도 한미호텔에 거처를 정했다. 한미호텔도 임시정부 환국준비위원회에서 마련한 임시정부 요원들의 숙소였다.

지도자들의 처신에 환멸

장준하는 국내정국의 흐름이나 임시정부 국무회의 등을 지켜보면서 점점 실망감에 빠져들었다. 그리고 늦은 밤에 자리에 눕기만 하면 몽상처럼 중원대륙의 수수밭을 헤매는 자신을 발견했다.

임시정부 요원들은 매일 저녁 개별적인 초청을 받아 분주히 나돌았다. 그간의 고생에 대한 동포들의 따뜻한 접대도 있었지만, 친일파·민족반역자들이 살아남기 위하여 요정에서 임시정부 요원들을 초청한 경우도 없지 않았다. 또 정국의 변화와 관련하여 자파세력를 뿌리내리기 위해서 불러낸 경우도 적지 않았다.

장준하는 어느 날 광복군 국내지대로부터 귀국한 광복군의 환영회를 갖는다는 연락을 받고 참석했다. 장소는 일정 때 유명한 요정 명월관이었다. 이미 그곳에는 국내지대 간부 30여 명이 모여 있었고, 그와 비슷한 수의 기녀들이 자리잡고 있었다. 분위기로 보아 잘못된 곳에 온 줄 알았지만 빠져나오기도 쉽지 않았다.

술잔이 돌고 노래와 춤이 이어지면서 장준하가 노래를 부를 차례가 되었다. "우리가 중국에서 광복군 기치 아래 모인 것은, 이런 환영을 받는 광복군이 되기 위한 것이 아니라고 생각한다. 때문에 오늘 이 자리는 기쁘다기보다는 괴로운 자리다"라고 소감을 밝히고, 독립군가를 불렀다. "요동 만주 넓은 들을 쳐서 파하고/ 청천강수 수병 백만 몰살하옵신 ……"으로 이어지는 군가였다. 그리고 몸이 아프다고 핑계를 대고 서둘러 요정을 빠져나왔다.

이런 식의 환영파티는 위아래를 가리지 않고 연일 계속되었다. 임시정부 요인(요원)들과 연결을 가지려는 자(세력)들이 집요하게 달라붙고, 여기에 빠져드는 사람도 적지 않았다. 장준하는 걱정했다. "환영만 받다가 버림받을 처지임이 적어도 내 안목으로는 명백한 것이었다."[5]

장준하의 고심은 점점 깊어갔다. 환국 20여 일이 지났지만 임시정부는 무력함만 보여주고 있었다. 국무회의는 연일 계속되었지만 이렇다할 결론도 없었고 방향제시도 없었다. 국민의 관심은 점점 식어갔다.

12월 19일 '임시정부 개선환영회'가 서울운동장에서 열렸

■■■■ 5 앞의 책, 334쪽.

다. 임시정부 요인과 수행원들이 모두 참석했지만 장준하는 사무실을 지키겠다면서 빈 사무실에 혼자 남았다. 마음이 외롭고 괴로울 때면 최기일을 만나 심경을 토로하고 조국의 앞날을 걱정하는 일이 일상이 되었다.

두 사람은 김구 주석과 이승만 박사가 결속한다면 어려운 난국을 극복할 수 있을 것으로 보고, 김 주석의 의견을 이 박사에게 전달하는 방법을 강구하자는 데 뜻을 모았다. 바로 그런 역할을 하기 위하여 두 사람이 각기 김 주석과 이 박사의 진영에서 일하게 된 것이 아니겠느냐는 운명론을 제기하기도 했다.

하지만 '풋내기'에 불과한 이들이 끼어들 공간은 그리 많지 않았다. 김구나 이승만이나 자신들이 추구하는 노선과 추종세력이 있었고, 이념과 이해를 달리하는 수많은 정파, 여기에 전승국 미국이 설치한 미 군정이 해방정국을 요리하는 칼자루를 쥐고 있었다.

장준하의 성정에는 정의감과 감성적인 양면이 자리잡고 있었다. 정의감은 이미 성장배경이나 일본군 탈출과정에서 드러났다. 감성적인 면은 자서전이나 각종 기록을 살펴보면 적잖이 나타난다. 20대 청년시절에 누구라도 감상주의에 빠지지 않을까마는 장준하의 경우는 좀더 심했던 것 같다.

해방공간의 혼란기에 겪은 정치지도자들의 권력추구와 이합집산, 사리사욕에 대해 장준하는 대단히 비판적이었다.

그는 중경에서 임시정부 요인들에게 '청사폭격' 발언까지 할 정도로 격정적이지만, 그 반면에는 서정시인과 같은 감상주의의 정서가 배어 있었다.

육중하게 내리눌리는 대기 속에 유독 솟아오른 북악산의 의지가 가슴에 밀물처럼 몰려왔다.
나는 산과의 대화로, 나의 회의를 추적해보고 싶었다.
"왜, 회의하는가?"
"조국에 돌아오지 않았는가?"
"임정의 각료가 전부 입국하지 않았는가?"
그러나 북악은 말이 없었고, 나 또한 대답이 없었다.[6]

"우리들의 의지가 환영으로 대접받기 위한 것이었던가?"
비로소 나의 체내에 움트고 있던 회의의 초점이 드러났다.[7]

장준하가 회의와 좌절감에 빠져들고 있을 때 반가운 소식이 있었다. 12월 어느 날 동생 명하와 창하가 찾아왔다. 장준하의 할아버지와 아버지는 삭주에서 풍편으로 장준하가 무사히 귀국하여 김구 선생의 경교장에서 일하고 있다는 사실을

▬▬ **6** 앞의 책, 329쪽.
▬▬ **7** 앞의 책, 335쪽.

알고, 어려운 고비 끝에 우선 명하와 익하를 월남시킨 것이다.

2년여 만에 만난 동생들이다. 모처럼 가족의 소식을 들을 수 있었다. 장준하가 일본군에서 탈출한 사실이 알려지면서 가족이 일본경찰에 심하게 시달렸다는 소식이었다.

이듬해 4월에는 장모가 아내 김희숙을 데리고 어렵게 넘어왔다. 솜털이 보송보송한 17세 소녀였던 그녀가 19세의 성숙한 모습이었다.

어느 날 장준하의 아내가 찾아왔다는 이야기를 들은 김구 주석이 경교장으로 부인을 한번 모시고 오라고 했다. 경교장을 찾은 김희숙은 김구 주석에게 큰절을 올렸다. "굉장히 무서운 어른으로 짐작했는데 정반대셨습니다. 큰절을 올리자 선생님께서 당신 손가락에 끼었던 금반지를 빼시더니 저한테 주시더군요."[8] 이 반지는 '임시정부 환국환영위원회'의 부인들이 김구 주석에게 한복을 지어다 드리면서 함께 선물한 반지였다.

6월에는 할아버지와 아버지, 어머니, 막내동생 창하가 38선을 무사히 넘어 서울로 왔다. 2년여 만에 온 가족이 다시 만났다. 온 가족을 다시 만나 한없이 기쁘면서도 살아나갈 일이 막막했다. 서울에 아무런 연고도 없고, 그렇다고 이북에서 내려올 때 재산이 될 만한 것은 전문안내꾼의 도움을 받느라고 대

8 박경수, 《재야의 빛 장준하》, 해돋이, 1995, 246쪽.

부분 써버린 형편이었다. 당시만 해도 남북한에서는 돈을 주면 38선을 넘거나 뱃길을 통해 안내해주는 꾼들이 있었다.

김구 곁을 떠나 이범석의 족청으로

   이범석 장군은 1946년 6월에야 귀국했다. 해방 뒤 중국에 남아서 일본군에 끌려간 한국인 청년들의 귀환문제 등을 처리하느라 귀국이 늦은 것이다. 귀국한 이범석은 족청(조선민족청년단)을 조직하여 청년운동을 시작했다. 장준하가 참여하게 된 족청에 대한 약간의 설명이 필요하겠다.

   족청은 1946년 10월 민족정신의 전통을 계승할 청년운동의 모체가 된다는 명분을 내걸고 결성되었다. 초기의 면모는 단장 이범석, 부단장 안호상, 전국위원 김관식, 김활란, 이철원, 현상윤, 이용설 외 32명, 이사 백낙준, 최규동 외 10명, 상무이사 김형원, 노태준, 박주병 등이다.

   족청은 단지삼칙團旨三則을 강령으로 내세웠다. ① 우리는 민족정신을 환기하여 민족지상·국가지상의 이념 아래 청년의 사명을 다할 것을 기한다. ② 우리는 종파를 초월하여 대내자립·대외공존의 정신으로 민족의 역량을 집결할 것을 기한다. ③ 우리는 현실을 직시하며 원대한 곳을 바라보고 비근한 것부터 착수하여 건국도상의 청년다운 순감純感을 바칠 것을 기한다.

족청은 미 군정의 지원으로 수원에 훈련소를 설치하고 1개월 과정의 청년간부훈련에 착수했다. 훈련지원자 2만여 명 중에서 200여 명을 선발하여 1946년 12월 제1기생 입소식을 갖고, 제7기생부터는 여성간부 훈련생도 입소시켰다. 강사진은 정인보, 안호상, 배성룡 등 20여 명이 강론을 맡고 이범석도 혁명적 인생관, 혁명적 민족관 등을 강의했다.

이범석은 귀국한 며칠 뒤 장준하를 찾았다. 중국 서안에서의 활동을 생각하고 자기를 도와달라는 뜻이었다. 전혀 예상하지 못했던 제안이었다.

장준하가 이범석을 존경해온 것은 사실이었다. 그의 패기와 군인다운 결연한 행동 등은 장준하의 이상형이었다. 하지만 김구 주석의 곁을 떠난다는 것은 쉬운 일이 아니었다. 경교장을 포함하여 해방정국에서의 지도자들의 모습에 실망을 느낀 것은 사실이지만, 김구 주석에 대한 믿음과 존경심은 변함이 없었던 터였다.

이범석의 재촉은 성화와도 같았다. 경교장은 당신이 없어도 다른 사람이 할 수 있지만 족청에는 당신이 꼭 필요하다면서 주석에게 직접 말씀드리겠다는 것이다. 장준하는 고심 끝에 결단했다. 그리고 김 주석에게 꺼내기 어려운 사정을 말씀

드렸다. 주석은 즉석에서 철기鐵驥(이범석의 아호)를 도와주라고 흔쾌히 양해했다.

김구 주석과 결별한 장준하는 1947년 12월 족청의 중앙훈련소 교무처장을 맡아 이범석의 휘하로 들어갔다. 중경에서 임시정부를 떠나 이범석이 주도하는 OSS부대로 옮긴 데 이어 두 번째로 그와 손을 잡은 것이다. 장준하가 김구 주석과 결별하고 이범석 휘하로 옮긴 데는 무엇인가 석연치 않는 부분도 있는 것 같다.

김구는 누가 뭐라 해도 이승만과 함께 해방정국의 제1, 2인자였다. 이에 비해 이범석은 아직 그 반열에 오르기는 어려운 차하 순위의 지도자였다. 그럼에도 불구하고 장준하와 같이 정의감과 민족정신이 투철하고 예리한 관찰력을 지닌 사람이 제1인자의 진영을 떠나 이범석의 족청으로 이적한 것은 납득하기가 쉽지 않다. 장준하는 이 대목과 관련하여 자서전에 어떤 설명도 남기지 않았다.

장준하의 결정은 실수였음이 곧 현실로 드러났다. 족청의 중앙훈련소는 '단지삼칙'의 정신과는 달리 마구잡이로 청년들을 끌어들여 숫자 확산에 열을 올렸다. "이범석은 김구 주석 편이 아니라 이승만의 노선과 밀명에 따라 반공을 표방하면서 뒤로는 좌익세력과 타협하고 그들을 끌어들이기에 기탄이 없지를 않은가, 족청은 국내의 수많은 정당·단체들과 하나도 다를 게 없는데 거기에 자신은 이범석만을 보고 뛰어들어와 바보가 된 꼴이었다."[9]

족청은 하부조직을 강화하여 막강한 조직이 형성되면서 독재운동단체라는 비판을 듣게 되었다. 이범석은 1948년 정부수립과 더불어 초대국무총리와 국방장관을 겸임하였고, 1950년에는 내무장관을 맡았다. 또 1951년 이기붕 중심의 자유당이 결성될 때 별도의 '원외자유당'을 창당하는 등 이승만 체제의 일역을 담당했다.

장준하는 이와 같은 이범석의 행태에 실망하고 족청을 떠났다. 그리고 다시는 정계에서 승승장구 영달하는 이범석을 만나지 않았다. 결국 백범을 떠나 철기의 족청에 들어간 것은 장준하의 패착이었고, 본인도 이것을 인정했다. 이범석은 장준하에게 비서직을 맡아줄 것을 제안했지만, 장준하는 이도 거절했다. 장준하는 이에 대해 "장군이 초대국무총리가 되었을 때 중단했던 학업을 계속할 생각으로 나는 그것을 사절했다"고 회고했다.[10]

9 앞의 책, 249쪽.
10 장준하, 〈풍운을 달린 단성의 생애〉, 《신동아》, 1968년 7월호.

제 9 장

시대의 양식 《사상계》 창간

위급을 헤쳐나가는 지혜는 남자보다 여자의 편이 우월하다고
그 후에도 때때로 기억하여 감탄하고 있지만
실로 그때 그 돈을 만든 것은 내가 아니라 나의 내자였다.
내자의 겨울 외투를 비롯하여 옷가지 몇 벌 있는 것을
내다팔아 만든 것이었다.
그 어려운 피난통에 아내가 그렇게 돈이 될 수 있는 것을
가지고 있었다는 것도 나는 그제야 처음으로 알았던 것이지만,
그보다도 나의 그 필요한 돈 2200환을
내자가 나의 손에 쥐어줄 때
비로소 그 의복가지들을 시장에 팔아 만든 돈이라는 고백을
나는 들을 수 있었으니 말이다.

– 장준하, 〈브니엘〉 중에서

●모든 혁명은 이론서에서 시작된다

풀브라이트는 〈지상혁명론紙上革命論〉에서 "일체의 혁명은 이론서 위에서 출발했다"고 썼다. 이로써 "모든 권력은 총구에서 나온다"라는 모택동의 '총구혁명론'을 제압했다. 과거의 모든 혁명의 과정을 살펴보면 무력과 대중이 동원되었지만 혁명의 씨앗은 혁명서라는 종이 위에서 출발한다. 세계사를 바꾼 혁명의 배경에는 반드시 혁명의 이론과 당위성을 제시하는 이론서나 이를 촉발하는 여러 가지 형태의 혁명서가 있었다. 체계적인 논설일 때도 있고, 쉬운 내용의 팜플렛, 혹은 극본이기도 했다.

몇 가지 사례를 들어보자. 미국의 독립혁명에 불을 붙인 책은 토머스 페인의 《상식》이었다. 23쪽짜리 팜플렛이다. 1776년 1월 전선의 코르셋 제조공장 출신으로 노동조건 개선운동을 벌이다 해고당한 페인은, 아메리카는 독립보다 다시 영국의 보호 아래로 들어가서 의지하는 편이 훨씬 낫다는 주장을 영원히 침묵시키는 팜플렛을 제작했다. 페인은 아주 쉽고 그야말로 '상식'적인 내용으로, 식민지 주민들에게 타협이나 동요함이 없이 독립을 쟁취하자는 우렁찬 격문으로 《상식》을 엮었다.

페인의 《상식》은 뒷날 "문헌사상 즉각적인 영향 면에서 《상식》에 비할 만한 것은 찾아볼 수 없다"라는 평가를 받을 만큼 미국 독립혁명 과정에서 중요한 역할을 했다. 1776년 1월에 간행된 지 3개월 동안 12만 부가 팔렸는데 총 판매부수는 50만 부에 달했다고 한다. 13개 식민주에서 문자해독이 가능한 사람은 거의 누구나 할 것 없이 이 팜플렛을 읽은 것으로 되어 있다.

프랑스 혁명 전야에 몽테스키외는 프랑스의 절대왕정을 비판하면서 영국식의 삼권분립주의를 옹호하고, 볼테르는 국왕이라도 국민을 배반했을 때는 처형한다는 영국의 정치제도를 소개했다. 프랑스 혁명에 이론적 토대를 마련한 혁명서들이다.

이 같은 책이 '이론적 토대'라면 직접 혁명에 불을 지른 것은 희곡 〈휘가로의 결혼〉이었다. 1784년 프랑스 파리 오리온좌에서는 〈휘가로의 결혼〉이 상연되어 시민들을 크게 열광시켰다. 10년 동안이나 상연이 금지되었던 이 연극은 특권계급에 대한 제3계급의 반항을 그린 풍자극이다. 당초 이 연극은 정부의 상영금지 낙인이 찍히면서 팜플렛으로 제작되어 시민들에게 읽혔다.

이를 통해 여론이 형성되고 정부는 마침내 상연을 허가했는데, 연극을 보고 나온 시민들은 "휘가로 만세!"를 외치며 시가지를 누볐다. 이것은 기성질서에 저항하는 혁명의 고고성을 울린 계기가 되었다.

파리 시민들은 여기에서 새로운 생명의 소리, 새 시대의 양심 그리고 어떤 억압에도 굴복하지 않는 민중의 역량을 자각하게 되었다. 이 연극이 공연되고 5년 뒤 프랑스 대혁명이 일어나 인류는 새로운 시민사회의 지평을 맞게 되었다.

프랑스 혁명에는 또 하나의 팜플렛이 뇌관역할을 했다. 혁명이 시작된 1789년 봄 시에예스는 〈제3계급이란 무엇인가〉라는 팜플렛을 제작하여 시민들에게 나눠주었다. 내용은 아주 단순한 세 가지 질문이다.

첫째, 제3계급이란 무엇인가? ─ 모든 것이다.
둘째, 지금까지 정치적 질서에서 그것은 무엇이었는가? ─ 아무것도 없다.
셋째, 그것은 무엇을 요구하는가? ─ 그 속에서 어떤 것이 되는 것이다.

'과학적공산주의 최초의 강령적 문헌'이라 불리는 〈공산당선언〉은 공산주의운동의 성서에 비유될 만큼 공산주의 혁명에 결정적 역할을 한 팜플렛이다. 칼 마르크스와 친구 프리드리히 엥겔스는 이 '선언'을 처음에는 독일어로 써서 망명지 런던에서 간행했는데, 40쪽도 안 되는 초라한 모습이었다. 원래 1848년 런던에서 개최된 독일인 중심의 공산주의자 동맹대회의 위촉으로 집필되고 제작한 것이었다. 당시 마르크스는 30세, 엥겔스는 28세의 청년이었다.

〈공산당선언〉은 서두에서 "하나의 유령이 유럽을 배회한다. 공산주의라는 유령이 그것이다. 낡은 유럽의 모든 권력자들이 이 유령의 퇴치를 위해 신성동맹에 참가하였다. 교황도, 차르도, 메테르니히도, 기조도, 프랑스의 급진당도, 독일의 경찰도"라고 썼다.

이 '선언'의 본문은 "종래에 존재한 모든 사회의 역사는 계급투쟁의 역사이다"라고 시작하여, 말미에서 "프롤레타리아가 잃은 것은 철쇄뿐이고, 얻은 것은 전 세계이다. 만국의 노동자여! 단결하라"는 유명한 문구로 끝을 맺는다. 이 '선언'은 공산주의자 동맹대회에 뿌려졌고, 이후 공산주의운동의 성서처럼 각 나라의 지상에서 혹은 지하에서 은밀히 읽히고 토론되었다. 원본은 런던 대영박물관에 보존돼 있다.

중국의 신해혁명(1911)에서 5.4운동(1919)까지 현대적 사상혁명의 배경에는 진독수陣獨秀, 노신魯迅, 호적胡適, 이대소李大釗 등 북경대학의 진보적 지식인들이 만든 《신청년新靑年》의 역할이 컸다.

진독수에 의해 1915년 9월 《청년잡지》로 창간되고, 1919년 1월호부터 《신청년》으로 이름을 바꿔 발행된 이 잡지는 중국의 지식인 그룹을 각성시키는 이론지가 되고 이들을 혁명의 전위로 키워낸 이념지의 역할을 했다. 이 잡지를 읽은 북경대학의 교수와 학생들을 중심으로 5.4운동이 전개되었다.

진독수는 《청년잡지》 창간호의 권두 '창간선언' 〈청년에게 고함敬告靑年〉에서 다음의 6가지 정신을 제시했다.

① 노예적이지 말라, 자주적이어라.
② 보수적이지 말라, 진보적이어라.
③ 은둔적이지 말라, 진취적이어라.
④ 쇄국적이지 말라, 세계적이어라.
⑤ 허식적이지 말라, 실리적이어라.
⑥ 공상적이지 말라, 과학적이어라.

한국 역사상 처음으로 피지배층이 지배세력을 교체한 4.19혁명은 흔히 학생혁명·시민혁명이라 부른다. 지배층에는 '쏘라고 준 총'이 있었고, 막강한 군경과 깡패조직까지 사병처럼 장악하고 있었다. 에리히 프롬은 "집권세력은 화학무기로 무장하고 있는데 민중은 주먹이나 돌멩이밖에 갖고 있지 못하는 처지에서는 프랑스 혁명과 같은 시민혁명이 불가능하다"라고 언명했다. 그럼에도 불구하고 4월 혁명은 성공했다. 사망 183

명, 부상 6260명의 희생 위에서 장엄한 민주혁명이 가능했던 것이다. 그로부터 20년 뒤의 광주항쟁, 27년 뒤의 6월항쟁은 이기지 못했거나 반쪽 승리에 불과했다.

4월 혁명이 성공하기에는 많은 정수와 변수, 원인이 있을 것이다. 해방된 지 25년, 정부수립 23년, 6.25 전란이 끝난 지 7년 만에, 이승만 백색독재를 물리친 시민혁명이 가능했던 요인의 하나는 지식인, 대학생들의 투철한 민권의식에 있었다 해도 지나치지 않을 것이다.

1950년대, 전쟁이 남긴 폐허와 이승만 독재의 척박한 땅 남한에서 목마름을 적셔주는 한 줄기 석간수와 같은 지성지가 있었다. 《사상계思想界》다. 봉건군주제 → 일제식민지 → 미 군정 → 이승만 독재에 시달리면서 노예처럼 살아온 한국인들에게 서구적 민주주의와 민권의식을 일깨워준 이 월간지는 4월 혁명의 정신적·이념적 자양이 되었다. 《사상계》에 글을 쓴 지식인들과 이 잡지를 읽은 학생들이 4.19의 주체가 되었다. 《사상계》는 미국 혁명의 《상식》, 프랑스 혁명의 《법의 정신》과 《백과사전》, 러시아 혁명의 《공산당선언》, 중국 혁명의 《신청년》과 같이, '종이혁명'의 진원지였다.

《사상》 발행하다 《사상계》 창간

　《사상계》는 장준하가 '독립운동을 하는 자세'로 만든 월간 교양잡지로 1953년 피난수도 부산에서 창간했다.

　족청의 중앙훈련소 교무처장을 사임하면서 정가를 떠난 장준하는 한때 '한길사'라는 출판사를 설립하여 문화사업에 관심을 보이고, 학업을 계속하고자 미국 유학을 모색하기도 했지만 가족부양 등 생계문제로 뜻을 접어야 했다. 1948년에는 일본신학교의 교우 문동환의 주선으로 4년 전에 마치지 못한 신학공부를 위해 한국신학대학에 편입하여 1949년 6월에 졸업장을 받았다.

　1950년에는 문교부 국민정신계몽 담당관이 되어 문교부 산하 국민사상연구원 서무과장, 사무국장 등을 역임했다. 6.25 한국전쟁이 발발하고 정부가 부산으로 피난하자 장준하도 부산으로 내려갔다.

　장준하의 생애를 나누면, 제1기는 일군 탈출에서부터 김구 주석의 비서활동까지의 독립운동기, 제2기는 1953년《사상계》창간에서 1966년까지의 민주언론운동기, 제3기는 1967년부터 1975년 사망 때까지의 반독재 민권운동기로 분류할 수 있다.

장준하의 생애에서 어느 시기라고 가시밭길이 아닌 적이 없지만 제2기 '사상계시대'는 가장 험난한 시기였다. 부산에 피난온 정부는 문교부 산하에 국민사상연구원이란 기관을 새로 설치했다. 공산주의세력과 전쟁을 치르는 상황이니까 이에 대비하여 반공이념과 민주주의사상을 연구하고 교육하려는 데 목적이 있었다. 여기에서 기관지 형식으로《사상思想》이 간행되었다.

내가 세 번째로 한 잡지가《사상》이었다는 것은 앞에서 밝혔거니와 이《사상》은《제단》과는 거리가 뚝 떨어진 1.4후퇴 후 부산 피난지에서 한 잡지이며, 현《사상계》의 전신이 되는 셈이다.

그때는 정부가 모두 부산으로 피난 내려와 있을 때로 문교부 산하에 '국민사상연구원'이라는 기관이 새로 설치되어 그곳의 기관지 형식으로 간행된 것이《사상》이었는데, 그 편집을 내가 맡았던 것이다.

동 연구원의 설치목적이 전파된 국민정신을 바로잡고 민족이 가져야 할 사상적 체계확립의 방안을 연구하는 데

있었으니만큼 그때로서는 상당히 시의에 적절한 기관이었으며 그 기관지도 반드시 필요했던 것이다.[1]

장준하는 국민사상연구원의 직원으로서 《사상》의 편집을 맡았다. 특이했던 점은 국민사상연구원이 정부기관이었지만, 《사상》의 편집과 발행은 민간에 맡겼다는 사실이다. 정부기관지라면 무상으로 배포해야 하는데, 당시 정부에 그럴만한 재정적 뒷받침이 없었고, 무엇보다 정부가 직접 제작하면 관제사상의 지도라는 인상을 줄까봐 민간에 맡긴 것이다. 문교부장관 백낙준의 배려였다.

이것이 장준하에게는 대단히 좋은 기회가 되었다. 《사상》은 1952년 9월호로 창간호를 냈다. 이병도의 〈신라의 협동정신과 통일의 지도이념〉, 김석목의 〈주체성과 전환기의 지도이념〉을 비롯하여 김재준, 김상기, 배성룡 등의 비중 있는 논문을 실었다.

장준하는 창간호의 편집후기에서 "우리 민족 4000년의 역사는 실로 이 땅에 생을 받았던 모든 생명들의 사고와 행위의 집적이다. 그 속에는 이 집단의 고민·희열·성공·실패 등 모든 모습이 아로새겨져 있다"[2]고 썼다.

창간호는 3000부를 찍어 서점에 배포했다. 학계와 학생들

━━ 1 　장준하, 〈나와 잡지 上〉, 《사상계》, 1963년 4월호, 286쪽.
━━ 2 　앞의 글, 같은 쪽.

사이에 인기가 있었지만 일반국민은 별 관심을 보이지 않았다. 주한 미국 공보원이 2000부씩을 사서 정부기관과 주요 인사들에게 무료 배포하겠다고 제의하여 제2호는 5000부를 찍었다. 그러나 이것이 실책이었다. 창간호를 돈을 주고 사서 읽었던 기관·인사들이 대부분 공짜로 받게 되면서 시중에 깔았던 잡지가 그대로 반품이 되었다. 미국 공보원은 잡지를 도와주는 뜻으로 2000부나 사주었는데 이로 인해 출발부터 판매에서 타격을 받게 되었다.

제3호부터는 책을 사주는 대신 용지를 도와달라고 하여 미국 공보원이 수락했지만, 한번 '공짜' 인식이 든 《사상》의 판매부진은 제3, 4호까지 이어졌다. 이를 계기로 장준하는 무가지를 함부로 낸다는 것이 잡지경영에 얼마나 타격을 주는지 뼈아프게 인식하고, 뒷날 《사상계》의 반품을 아깝지만 헌책방에 내다팔지 않고 반드시 절단하여 폐품처리하도록 했다. 《사상》은 반품이 거듭되고 미국 공보원이 용지의 지원을 중단하자 통권 4호인 12월호를 마지막 호로 폐간되었다.

《사상》의 종간과 관련하여 색다른 증언이 있다. 이승만 대통령의 작용이란 주장이다. 부산 피난시절 《사상》에서 장준하와 함께 일했고, KBS 사장을 지낸 서영훈의 증언이다. 이승만의 최측근 이기붕의 부인 박마리아가 자기 남편과 라이벌 관계인 백낙준이 《사상》을 지원하면서 세력을 형성하고, 주로 흥사단 계열과 비판적인 인사들이 집필에 참여하자 이 잡

지를 더 이상 내지 못하도록 이승만 대통령에게 밀고했다고
한다. 이승만 대통령은 백낙준을 관저로 불러 사실여부를 추
궁하고, 재정지원자인 자유당소속 이교승 의원에게 돈을 지
원하지 못하도록 하여 결국 《사상》이 폐간되었다는 것이다.[3]

꽃이 지면서 열매를 맺기 시작하듯이, 장준하에게는 《사
상》의 종간이 《사상계》 창간의 계기가 되었다. 그동안 몸담
았던 국민사상연구원에 사직서를 내고 새 잡지 창간에 나섰
다. 《사상》 제5권에 싣기 위해 모아둔 원고뭉치를 들고 혼자
서 허허벌판으로 나온 것이다.

여기서 '벌판'이란 용어를 썼지만, 1953년 한국의 상황은
여전히 전쟁 중이었다. 4월 12일 이승만 대통령은 휴전반대,
단독북진을 주장하는 성명을 발표하고, 6월 18일에는 반공포
로 2만 5000여 명을 석방했다. 이에 앞서 2월에는 화폐개혁을
단행하여 원을 환으로 100대 1로 평가절하했다. 7월에는 한
국 정부가 불참한 가운데 휴전협정이 체결되고, 8월에는 정
부에 비판적인 연합신문·동양통신 편집국장 정국은이 정부
전복음모 혐의로 체포되어 처형되었다.

전 국토가 허허벌판이었다. 전란으로 수백만 명의 국민이
죽거나 부상당하고, 가족이 이산되고, 가산이 불타고, 먹고살
기가 힘들었다. 벌판은 장준하가 장정 6000리의 고행길을 걸

━━ **3** 서영훈, 〈6·25 동란 중 부산에서 있었던 일〉, 《광복 50년과 장준하》, 장준하
선생20주기추모문집간행위원회 편, 1995, 65쪽.

던 그런 법관과 크게 다르지 않았다. 경교장에서 모셨던 김구는 암살되어 '불온'의 대상으로 낙인찍히고, 비서시절에 지켜보았던 이승만 대통령은 국난을 막지 못한 채 부산에 피난와서도 권력놀음에 영일이 없었다.

6.25 전쟁 중인 1952년 여름, 이승만 대통령은 정치파동을 일으켜 직선제개헌을 강행했다. 6.25 전쟁 중 터져나온 행정상의 무능, 부정부패, 국민방위군사건과 거창양민학살사건 등은 이승만 대통령의 권위를 실추시켜 다가오는 제2대 대통령선거에서 연임을 위협하고 있었다. 이승만은 국회의 간접선거로는 당선이 불가능함을 알고 대통령직선제와 국회양원제를 골자로 하는 개헌안을 제출했지만, 국회에서 부결되었다. 이에 이승만은 국민회·족청·대한청년단·노동총연맹 등 어용단체를 동원하여 관제데모를 부추기고 정치깡패집단인 백골단·땃벌떼·민족자결단 등의 이름으로 벽보와 전단을 부산 일대에 배포했다.

이승만은 이범석을 내무장관, 원용덕을 영남지구 계엄사령관에 임명하고 야당의원들을 체포하여 국제공산당과 결탁했다는 혐의를 씌웠다. 그리고 이른바 발췌개헌안을 통과시켜 전란 중에 대통령직선제를 실시하여 다시 당선되었다. 이때 개헌과정에서 내무장관으로 이승만 대통령의 오른팔 역할을 하던 이범석은 자유당의 부통령 후보가 되었으나, 이승만은 이범석의 족청계 세력이 커지는 것을 막기 위해 선거 도중

317

에 무소속의 함태영을 러닝메이트로 지지하여 당선시키고 이범석의 족청계를 숙청했다. 그리고 1953년 봄, 휴전을 반대하며 북진통일을 주장했다. 이범석의 꼴만 우습게 되었다.

다시 "못난 조상이 되지 않기 위해"

장준하는 김구 암살, 이승만의 집권과 횡포, 이범석의 일 그러진 정치행각을 목도하면서 정치에 많은 비애를 느끼고, '못난 조상이 되지 않기 위하여'라는 좌우명을 내걸고 《사상 계》의 창간을 서둘렀다. 허허벌판에서 시작한 또 한 번의 모 험이었다.

장준하는 '모험'에 강한 편이었다. 상식적으로는 불가능 하거나 어려웠던 일을 모험심으로 헤쳐나가고 극복해왔다. 장준하는 백낙준 박사를 찾아갔다. 그는 이승만 정부에서 문 교부장관을 지내다가 개각으로 물러나 있었다.

《사상》을 발행할 때 국민정신연구원이 문교부 산하에 있 었던 관계로 몇 차례 만나뵈었던 처지였다. 장준하의 새 잡지 창간계획을 들은 백낙준은 퍽 좋은 생각이라고 칭찬하고 얼 마간의 용전用錢까지 주면서 격려했다. 이 '얼마간의 용전'이 장준하가 새 잡지를 준비하면서 갖게 된 자금의 전부였다.

장준하는 창간호의 준비를 서둘렀다. 처음에는 《사상》의 속간 정도로 구상하고 있었다. 앉아서 원고를 정리할 사무실도 없어서 다방을 전전하며 원고를 청탁하고 편집을 했다. 알고 지내는 몇몇 학자와 교수들에게 새로이 원고를 청탁하면서 원고료는 책을 팔아서 주겠다고 사정을 말했다. 필자들 중에는 원고를 써주겠다는 분들이 의외로 많았다.

원고가 모아지면서 발행인 명의를 바꾸는 일이 시급했다. 하지만 전 《사상》 발행인은 그동안 손실 비용 3000만 원(제1차 화폐개혁 전의 금액)을 권리금으로 주지 않으면 명의변경을 해줄 수 없다고 말했다. 여러 차례 읍소를 하고 백낙준이 전 비서관을 보내 설득했지만, 고집을 꺾지 않았다. 오히려 반품된 《사상》을 헐값으로 판매했다. 어렵게 원고를 모으고 조판을 해놓은 터에 명의변경이 새 난관으로 등장했다.

몇몇 친구들과 의논한 끝에 정태섭(당시 연세대 교무처장)이 좋은 아이디어를 냈다. '사상'에다 '계'자를 하나 더 붙여 지명誌名을 '사상계思想界'로 하라는 것이다. 한국 지성의 상징이 된 《사상계》의 제호는 이렇게 하여 탄생되었다. "《사상계》라는 지명을 달고 보니 《사상》보다는 부드러워 보이고 또한 종합잡지로서 편집의 폭을 얼마든지 넓힐 수 있는 이름이라고 믿어졌다."[4]

▅▅ 4 장준하, 〈브니엘〉, 《사상계지 수난사》, 장준하문집 3, 사상, 1985, 80쪽.

스물여섯의 광복군 장준하(1918~1975년)

동경 유학시절의 장준하(오른쪽), 김용묵(왼쪽),
김익준(가운데)

중국 서안에서 OSS 특수훈련을 받을
당시의 장준하(오른쪽),
김준엽(가운데), 노능서(왼쪽)

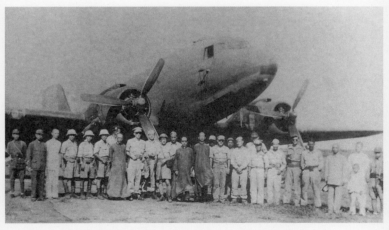

1945년 8월 18일, 여의도에서 되돌아간 선발대가 산동성 위현에 불시착한 후
중국군 요인들과 함께

1945년 8월 20일, 중국인 전우들과 함께

1948년 8월 18일, 3년 전 여의도에
착륙했다가 되돌아간 날을 기념하며 찍은
사진, 장준하(오른쪽), 노능서(가운데),
김준엽(왼쪽)

1955~1956년 초창기 《사상계》를 이끌었던
사단, 왼쪽부터 김준엽, 장준하, 안병욱(앞),
김성한(뒤), 양흥모, 김호전

전성기 때의 《사상계》 가족들, 1960년 강용준이 〈철조망〉으로 신인문학상을 받자
축하모임을 가졌다.

1957년 제2회 동인문학상을 받고 있는
선우휘 대령(왼쪽) 그리고 장준하(오른쪽)

1959년 제4회 동인문학상은
손창섭의 〈잉여인간〉에게 주어졌다.
시상식장 앞에서 장준하와
아내 김희숙

1959년 8월, 《사상계》의
전국순회문화강연회

1962년 제7회 동인문학상을 공동수상한
이호철(왼쪽), 전광용(가운데)과 함께 한 장준하

1959년 9월 8일, 시드니 후크 박사의 초청강연회(서울대 강당)

1961년 5.16쿠데타 직후 《사상계》 주최 수정궁파티에서의
장준하와 버거 미국 대사(가운데) 그리고 당시 《사상계》
편집국장 유익형(왼쪽)

스칼라피노 방문 당시

1965년 1월, 장곡천 선생(오른쪽에서 두 번째) 방문 당시
장준하(왼쪽에서 두 번째), 함석헌(가운데)

막사이사이 언론상을 받고 귀국한 장준하

Ramon Magsaysay Award Foundation
5:30 P. M. -- August 31, 1962
Philamlife Auditorium

1962년 8월 31일, 필리핀 마닐라에서 막사이사이상 수상자들과 함께

《사상계》 대표시절의 장준하

국방부 국정감사를 실시하고 있는 장준하

군부대 내무반을 둘러보고 있는 장준하

육군 제2훈련소에서 사병들의 부식을 감식하는 장준하

북녘의 하늘을 바라보는 장준하

1975년 2월 21일, 민주회복세력의 대동단결을 호소하는 장준하

법정에 선 장준하

유신헌법을 개정하자는 100만인 서명운동을 전개하다 긴급조치 1호를 위반했다는 죄목으로
구속되어 재판받는 장준하, 백기완

장준하와 태극기

의정활동을 마무리하며 노호하는 장준하

김용환 씨가 지적한
75미터 높이의
추락지점

이제까지 알려진
12미터 높이의
추락지점

장준하 선생 발견 장소
(묘비가 있는 곳)

약사봉 사고현장

장준하를 따르던 동지들이 맨손으로 돌비를 세우고 태극기 앞에서
선생의 뜻을 이어가기로 결의함

성당을 떠나는 장준하의 유해

미망인 김희숙 여사

사상계 동인들이 세운 추모비

백기완 등 민주화운동 동지들이 세운 추모시비

부인이 옷가지 팔아 제작비 부담

《사상계》라는 제호는 이런 곡절 끝에 얻어졌다. 새 제호를 정한 장준하는 《사상》지의 제자題字를 써주었던 오기석을 찾아가 《사상》의 자체字體와 똑같은 체로 '계界'자 한 자를 더 보태어 '사상계' 석자를 제자로 받았다. 《사상계》의 제호와 제자가 만들어졌다. 《사상계》의 제호를 쓴 오기석吳基錫은 33인 민족대표 오세창 선생에게 사사한 서예가였다.

이제 마무리 작업은 판권을 신청하는 일이었다. 당시 공보처는 서울로 환도하고 부산에는 분실이 있었다. 부산 분실에 판권허가 신청서를 내고, 잡지의 인쇄준비를 시작했다. 돈 한 푼 없이 잡지를 만드는 일이라 매사가 수월치 않았다. 다행히 친구의 소개로 알게 된 《리더스 다이제스트》 한국어판 발행인 이춘우가 자기가 경영하는 조판소에서 《사상계》의 조판과 인쇄를 해주겠다고 나섰다. 장준하는 《사상계》 조판이 시작되면서부터는 이 잡지사의 한 구석에 앉아 편집업무와 교정을 보았다.

또 한 가지 난관에 봉착했다. 원고, 용지, 조판, 인쇄까지는 모두 외상으로 가능했는데 사진과 컷 등의 동판대銅版代만은 외상이 안 되었다. 이것만은《리더스 다이제스트》도 자체 시설이 없어서 현금을 주고 외부에서 해오기 때문에 그쪽에 매달릴 수도 없는 처지였다.

알 만한 사람들에게 연락을 해도 모두들 피난살이의 궁핍한 생활이라 돈을 마련하기가 쉽지 않았다. 남편의 어려운 사정을 알게 된 부인 김희숙이 겨울외투와 옷가지를 팔아 만든 돈으로 동판대금을 지불하고서야, 어렵사리 제본까지 다 마칠 수 있었다.

그러나 한국의 5, 60년대 지성계를 대표하면서 민주주의를 지키는 횃불의 역할을 하게 되는《사상계》의 탄생은 여전히 쉽지가 않았다. 1953년 2월 20일《사상계》의 인쇄와 제본을 마쳤지만, 그때까지도 판권이 나오지 않았다. 신문이나 잡지의 경우 정부가 내주는 판권이 없으면 불법간행물이 되기 때문에 마땅히 판권을 받아야 하는 것은 지금과 마찬가지였다.

공보부 부산 분실은 한 달 동안이나 서류를 붙잡고 앉아 있다가 장준하가 찾아가자 서울 본청에 직접 가야 허가가 된다고 무책임한 말만 늘어놓았다.

당시 일반인이 서울을 가려면 비용도 비용이지만 까다로운 절차를 거쳐야 나오는 도강증渡江證이 필요했다. 당장 상경에 필요한 비용도 만만치 않았다. 급전을 구하여 서울로 올라와 공보처에 신청서류를 제출하니 관계관이 은행잔고 증명서를 요구했다. 당장 80만 환의 돈을 구하기도 난감한 일이었지만, 부산 분실에서 그런 말을 해주지 않는 공무원들의 행태가 한없이 원망스러웠다. 밤차로 급히 내려와 백낙준 박사를 찾아가 사정을 말하고, 그분의 소개로 사업가에게 부탁하여 하루 동안만 은행예금 80만 환을 입금시키고 잔고증명을 발부받았다.

또다시 어렵게 여비를 빌리고 도강증을 만들어 서울의 공보실로 직행하니, 이번에는 《사상계》 간부들의 관할경찰서 발행 신원증명서가 있어야 한다는 것이었다. 분노가 하늘 끝까지 치솟았다. 관계공무원의 뺨을 후려치고 싶은 감정을 억제하고, 직접 공보처장(갈홍기)을 찾아갔다. 생면부지이지만 준비해온 《사상》 4권을 들고 공보처장을 만나, 저간의 사정을 털어놨다. 전란 중에 부산에서 서울까지 오가기가 얼마나 어려운 데 몇 번씩이나 헛걸음을 시키는 공직자들의 문제점을 들어 항의했다.

장준하는 이와 같은 곡절과 난관 끝에 1953년 3월 9일 겨우 판권을 받았다. 그리고 부산으로 내려와 고무인으로 439호라는 허가번호를 새기고 판권란에 일일이 찍었다.

혼자서 만든 《사상계》 초창기

나의 신념은, 나에게 대륙의 횡단을, 보람 찾는 일로 시키는 것이지만, 나의 발목은 무슨 죄를 지었기에 이 중국 땅에, 발자국도 안 남을 강행군을 계속시키고 있는 것인가. 졸음이 바람처럼 스며왔다.[5]

장준하의 혼과 땀이 배인 잡지, 중국에서 싹이 튼 잡지가 1953년 3월 10일 《사상계》 창간호의 이름으로 세상에 나왔다. 창간호에서는 장준하 사장이 쓴 권두언 〈인간과 인격〉을 필두로 '인간문제'를 특집으로 꾸몄다. 〈인간과 문화〉(김계숙), 〈인간생활과 종교〉(김재준), 〈동양인의 인생관〉(배성룡), 〈인간에 대한 소고〉(지동식), 〈인간과 교육〉(임한영), 〈불교의 인생관〉(권상로), 〈칸트의 인간관〉(김기석), 〈인간변질론〉(소

5 장준하, 《돌베개》, 장준하문집 2, 사상, 1985, 148~149쪽.

로킨), 〈인간의 20세기〉(리스톤 포푸) 등이 그것이다.

이밖에 백낙준의 〈3.1 정신론〉, 드 루쥬몽의 〈자유의 내성內省〉, 이은상의 〈장관론〉, 김성식의 〈병든 민족주의〉, 김광주의 창작 〈불효지서〉 등 200쪽에 이르는 다양한 교양물을 엮었다.

장준하는 권두언에서 인간문제를 특집으로 꾸민 이유를 "인간은 인격적인 존재이다. 즉 인간은 복잡하고도 명료한 언어를 사용하며, 개념적·추상적·논리적인 사고능력을 가지고 있고, 그 목적실현을 위한 의지적이며 적극적인 활동과 반성능력을 소유하였으며, 각종 문화창조의 능력을 가진 자다"라고 설명한다.[6]

장준하는 또 '편집후기'에서 "《사상》 속간을 위하여 편집하였던 것을 《사상계》란 이름으로 내놓게 된다. 동서고금의 사상을 밝히고 바른 세계관, 인생관을 수립해 보려는 기도는 변함이 없는 것이다"라고 저간의 사정을 밝혔다. 《사상계》 창간호는 《사상》의 연속적 의미가 있었다. 새 잡지 창간을 위해 특별한 기획을 할 시간적 여유가 없었던 까닭에 학술지적인 성격이 짙었다.

잡지발행인(사장)의 역할은 책을 만드는 것으로 끝나는 것이 아니다. 창간호 3000부 중 1000부는 부산 시내서점에 배포

---

6 장준하, 〈인간과 인격〉, 《사상계》, 1953년 4월호, 4쪽.

하여 장준하가 직접 관리하고, 2000부는 《리더스 다이제스트》 이춘우 사장이 자기네 판매망을 이용하여 팔기로 했다. 판매대금으로 조판비, 인쇄비, 용지대를 갚기로 해 제작이 한결 수월했다. 《사상계》 창간과정에서 가장 힘이 되어준 사람이 《리더스 다이제스트》의 이춘우 사장이었다.

다행히 시내에 배포한 잡지의 반응이 예상 외로 좋았다. 3, 4일 만에 반 이상이 팔려나갔다. 고생한 보람이 나타났다. 서점주인들도 호의적인 반응이었다. 장준하는 일단 창간호의 좋은 반응에 안도하면서 다음 호 준비에 서둘렀다. 오전에는 원고청탁과 원고수집, 편집교정을 해서 조판소에 넘기고, 오후에는 서점을 돌며 수금에 나섰다. 저녁에는 수금한 돈으로 조판공들과 함께 막걸리 한두 잔씩을 나누기도 했다. 그리고 밤에는 집에서 늦게까지 원고와 씨름했다. 5월호 조판이 끝날 무렵에는 급한 교정식자나 간단한 문선 같은 것을 직접 할 수 있게 되었다. 그만큼 조판공들과 자주 어울리면서 눈여겨 배운 것이다.

장준하는 잡지의 기획, 원고청탁, 정리, 편집, 교정, 조판, 판매, 수금에 이르기까지 모두 혼자의 힘으로 처리해야 했다.

늦게 집으로 돌아가(집이라야 피난살이 4평 남짓한 단칸방이요, 어린애 하나와 동생들을 합해 다섯 식구가 사는 방이지만) 으레 편집 보따리를 펴놓고 이것저것 뒤적거리다 보면 2시가 넘어야 잠자리에 들게 된다. 이런 나날의 고된 생활이지만, 나 혼자의 힘으로 단 한 사람의 조력자도 사무실도 없이나마, 앞이 보이는 일이고 결과가 나타나는 일이고 보니 마냥 즐겁기만 하였다.[7]

7 장준하,《사상계지 수난사》, 86쪽.

《사상계》를 향한 집념

사람이 살다보면 가끔 예상 외의 도움을 받을 때가 있다. 일종의 행운일 것이다. 《사상계》 창간호가 나온 뒤 미국 대사관의 문정관 부로노의 연락을 받았다. 그는 《사상》의 중단을 애석히 여기던 중 《사상계》 창간이 반갑다면서, 이 잡지를 영문으로 요약 번역한 것을 보여주었다. 그리고 《사상계》 발간을 축하하는 뜻에서 향후 6개월간 용지를 지원해주겠다는 호의를 보였다.

당시 미국 공보원USIS은 전후 대한복구사업의 일환으로 한국에서 발행되는 잡지와 단행본출판에 용지를 지원해주고 있었다. 당장 5월호 제작비 때문에 눈앞이 캄캄하던 차에 200쪽짜리 3000부의 6개월분 용지, 여기에 표지용지까지 200연을 지원받게 된 것은 행운도 보통 행운이 아닐 수 없었다. 게다가 시중에 깔린 창간호가 거의 매진된 것을 보고 장준하는 용기백배하여 5월호의 제작에 열중했다.

5월호는 당시 사회적 움직임에 맞춰 "민주정치 문제와 사회질서 문제"를 특집으로 준비했다. 〈한국의 교육·과학·문화〉(백낙준), 〈한국전쟁의 역사적 의의〉(이태영), 〈민주주의론〉(김재준), 〈민주국가와 여성의 지위〉(김기석), 〈민주정치와 폭력〉(신상초), 〈동양정치사상과 그 양식연구〉(배성룡)과 외국 번역물, 최현배의 〈중국 문자개혁운동〉의 글을 실었다.

5월호는 창간호의 판매실적에 힘입어 5000부를 찍도록 준비했다. 그런데 인쇄과정에 차질이 생겼다. 계약된 인쇄소에서 국정교과서 인쇄로 차일피일 인쇄를 미룬 것이다. 5월 1일에 나와야 할 잡지가 5월 10일이 넘도록 인쇄가 되지 않았다. 시의에 쫓기는 월간지의 성격상 낭패가 아닐 수 없었다. 결국 5월호는 그달 중순이 지나서야 제본이 완료되었다.

장준하는 삼륜차를 세내서 《사상계》를 싣고 부산 시내서점을 돌며 직접 배달하는 방식으로 늦어진 시간을 보충하고자 노력했다. 서점주인들은 창간호 때와는 전혀 달리 친절하게 맞아주고, 대부분 잡지를 더 받으려고 했다.

장준하의 특징 중의 하나는 무서울 정도의 집념이다. 무슨 일을 하겠다고 결심하면 불 같은 집념으로 이를 해낸다. 전쟁의 상처가 가시지 않은 피난지에서 맨주먹으로 잡지를 내는 일이 결코 쉬운 일이 아니라는 것은 앞에서도 말한 대로다. 그런 와중에 그의 집념의 단면을 보게 되는 일이 있었다.

장준하가 창간호를 만들어 백낙준을 찾아갔을 때 그는 장

준하를 격려하면서 《동아일보》에 1930년 전후 연재된 정인
보 선생의 〈양명학연론陽明學演論〉을 찾아 《사상계》에 실으
면 좋을 것이라는 의견을 주었다.

이에 장준하는 5월호를 발행한 뒤 어느 날 짬을 내 서울로 올
라왔다. 신문이 보관된 국립도서관에서 1925년대부터 1935년까
지의 10년치 신문을 몽땅 뒤져 마침내 문제의 글을 찾아냈다.
첫날은 점심도 저녁도 먹지 않고 저녁 9시까지 글을 읽었다.
이튿날부터는 아침 개관시간에 맞추어 열람실에 들어가 필사
를 시작했다. 복사나 사진촬영이 불가능했던 시절이어서 손
으로 베끼는 수밖에 없었다.

첫 아침부터 밤늦게까지 이틀간을 베껴 먼저 6월호 게
재분으로 원고 3백 장을 아주 편집까지 하여 마침 인편이
있기에 부산에 있는 조판소에 상세한 지시편지와 함께 보
내 내가 돌아가기 전 조판을 하여줄 것을 부탁하였다. 그
리고 나머지를 7월호 게재분으로 모두 꼬박 닷새를 걸려
필사를 끝내 가지고 부산으로 내려왔다. 이렇게 하여《사
상계》 1953년 6월호에 58면, 7월호에 53면, 도합 111면의
지면을 할애하여 전문을 게재할 수가 있었다.[8]

▬▬ 8 앞의 책, 97쪽.

그러나 며칠 만에 내려온 부산에서는 반갑지 않은 소식이 기다리고 있었다. 5월호 판매실적이 부진한 것이다. 2000부를 더 찍은데다가 부실한 특집 내용 그리고 너무 늦게 발간되어 실제로 판매기간이 짧은 데서 나타난 현상이었다. 의욕만 앞섰다가 고배를 마시게 된 것이다. 이때부터 장준하는 특집 구상과 추가부수 발행, 발행일자 준수 등에 각별한 관심을 갖게 되었다.

이해 가을에는 비록 남의 사무실에 곁붙이지만, 사무실을 사용하게 되고 여직원도 한 명 채용했다. 그동안 다방, 조판소, 인쇄소, 제본소 등으로 옮겨다니며 일하다가 10월호를 준비할 무렵에 선배 사무실 구석에 책상을 놓고 편집업무를 하게 된 것이다. 갓 여고를 나온 직원을 채용하여 잔심부름과 경리를 맡겼다.

한청빌딩 시대

장준하는 11월에 정부의 환도가 결정되면서 어수선한 사회분위기 때문에 10~11월호를 합병호로 내고, 11월 20일 서울로 올라왔다. 화물차량에 용지와 반품된 《사상계》그리고 각종 비품을 싣고 상경하여 중구 무교동 71번지 고려문화협회 건물에 자리를 잡았다. 부산에서 4월호부터 9월호까지 모두 7권을 냈다. 《사상계》는 출생과 초창기를 보낸 부산을 떠나 서울로 올라왔지만, 갓 수복된 서울의 상황은 부산과 크게 다르지 않았다.

《사상계》는 얼마 뒤 종로 사거리 화신백화점 맞은편의 한청빌딩으로 옮겼다. 《사상계》의 가장 화려한 '한청빌딩시대'가 열린 종로구 종로2가 100번지의 한청빌딩은 연희대학교 재단법인이 관리한 건물인데, 당시 연희대학교 총장인 백낙준의 주선으로 장준하는 종로 중심가에 자리를 잡게 되었다. 이 건물에서는 《사상계》이외에도 《교육문화》《동방학지》

《역사학보》《진단학보》《국어국문학》《영어영문학》《철학》
등 학술단체가 위탁한 각종 학술지가 제작되고 있어서,《사
상계》편집실이 학자들의 사랑방으로 한몫을 하게 되었다.[9]

장준하는 어려운 여건에서 《사상계》를 발행하면서도 학
술분야에 많은 관심을 가졌다. 1953년 7월에 발행된《역사학
보》제5집부터 1959년 12월 발행의 제11집까지 장준하는 발
행인으로 참여하기도 했다.

장준하는 또《교육문화》라는 월간지를 1953년 12월호부
터 인수하여 결간 없이 발행했으며, 단행본으로 에밀 브룬너
의《정의와 사회질서》, 안드류 스카트의《공산주의의 이론과
실제》, 제임스 코난트의《교육과 두 개의 세계》, 송욱의 시집
《유혹》등을 간행했다.

그러던 중《사상계》에 시련이 닥쳤다. 총판을 맡은 대한도
서주식회사가 화재를 당해 수금이 끊겨버린 것이다. 이로 인
해 1954년 4, 5월호를 결간하고 간신히 6월호를 내게 되었다.
처음으로 결간호가 생긴 것이다. 조판전문시설을 갖춘 배화
사 대표 조영근의 도움으로 4월호의 원고를 정리하여 6월호
로 발행했다. 이 무렵 유창균, 강봉식 등이 무보수로 장준하
를 도와《사상계》와《교육문화》를 발행하는 데 힘썼다.

《사상계》가 본격적으로 시사문제 또는 정치문제에 뛰어

9　유경환, 〈기둥 잘린 나무 – 사상계 15년 소사〉,《광복 50년과 장준하》, 270쪽.

든 것은 1954년 9월호의 "독립투쟁사에서 본 한글운동의 위치"를 특집으로 꾸미면서부터였다.

이승만은 1949년 10월 9일 한글날, 한글표기법의 까다로움을 지적하면서 구철자법으로 개정할 것을 촉구하는 담화를 발표했다. 그뒤 1953년 4월에는 이것이 국무회의에 상정되어 정부문서와 교과서의 표기법을 구철자법으로 할 것을 결의하고, 이를 국무총리 훈령으로 시달하여, 이른바 '한글파동'이 일어났다.

한글단체는 물론 국회에서까지 문제를 제기했으나 정부는 이를 무시하고 1954년 7월 문교부·공보처 공동명의로 '표기법 간소화 공동안'을 정식 발표했다.

이 같은 상황에서 장준하는 《사상계》에 한글과 관련한 특집을 만들었다. 이전까지의 특집이나 기획내용을 살펴보면 시사나 정치문제보다 학술분야에 중점을 두었다. 전통적 의미의 '사상계 정신'은 아직 발양되지 않고 있었던 셈이다. 7월호도 학문적 차원의 접근이지 '비판지' 성격은 아니었다. 장준하는 8월호 권두언에서 '한글파동'에 대해 이렇게 썼다.

정치가 문화를 위하여 있어야지 문화가 정치를 위하여 있어서는 안 된다. 만약 국가가 개인의 인격을 지배하고 문화의 진로를 강요하거나 방해한다면 개인은 국가의 종이 되며 문화는 그 자율성과 독자성을 잃고 완전히 소멸되고 말 것이다. 이런 의미에서 한글간소화안에 대한 전번 제21차 국회 본회의의 결의는 민족문화수호를 위한 빛나는 기록이라 아니할 수 없다.

첫째로 이 결의는 입법부 전체가 행정부의 잘못을 솔직히 지적하여 그 시정을 위하여 노력하였던 일이며, 둘째로 민의원 제위는 정치와 문화관계의 올바른 자각하에서 민족문화수호를 위하여 용감하게 싸웠던 것이다.

특히 자유당은 이 문제에 대하여도 정부안을 무조건 지지하게 될 것이라고 생각했던 국민의 예상을 뒤집어엎고 반대당과 합세하여 정부안을 시정하고 건설적인 건의로서 사태를 수습하려고 애쓴 것은 잃었던 국민의 신임을 다시 찾을 만하다.

장준하는 《사상계》 10월호와 12월호에서 한글철자법에 대한 찬반논쟁을 싣는 등 계속하여 관심을 보였다. 11월호에는 이병도의 〈동학관의 역사적 의의〉와 박세명의 〈갑오경장과 천도교사상〉과 같은 비중 있는 논문을 실었고, 12월호에는 천관우의 〈갑오경장과 근대화〉를 게재하여, 이 분야의 연구를 개척하고자 노력했다. 그럼에도 《사상계》 초창기는 여전히 학술지의 범위에서 벗어나지 못한 상태에 있었다.

제 10 장

《사상계》, 정론지로 자리잡아

이 지중至重한 시기에 처하여 현재를 해결하고 미래를 개척할
민족의 동량棟樑은 탁고기명託孤寄命의 청년이요, 학생이요,
새로운 세대임을 확신하는 까닭에 본지는 순정무구한 이 대열의
등불이 되고 지표가 됨을 지상의 과업으로 삼는 동시에
종縱으로 5000년의 역사를 밝혀 우리의 전통을 바로잡고
횡橫으로 만방의 지적 소산知的所産을 매개하는 공기公器로서
자유·평등·번영의 민주사회건설에 미력을 바치고자 한다.

— 장준하, 《사상계》 헌장에서

● 편집위원 체제 갖추다

《사상계》가 '1인 잡지'의 형태에서 벗어나 본격적으로 편집위원 체제를 갖추게 된 것은 1955년부터다. 이해 1월 김성한을 초대 편집주간으로 엄요섭, 홍이섭, 정병욱, 정태섭, 신상초, 강봉식, 안병욱, 전택부를 편집위원으로 위촉해 편집방향과 기획을 세우도록 하고 내용에 대한 검토도 맡겼다.

이에 앞서 1954년 9월부터 일본신학교 동기인 전택부가 편집을 맡아 12월호까지 참여하고, 1953년 7월부터는 김재준(신학자), 김기석(윤리학자), 오영진(극작가), 홍이섭(사학자), 정태섭(변호사), 엄요섭(종교사학자), 김병기(미술평론가) 등이 편집자문위원 형식으로 참여했다.[1]

1955년 3월에는 광복군 동지로서 대륙장정을 비롯하여 '망명잡지'를 함께 만들었던 김준엽이 중국에서 귀국하여 편

━━ 1 유경환, 〈기둥 잘린 나무 – 사상계 15년 소사〉, 《광복 50년과 장준하》, 장준하선생20주기추모문집간행위원회 편, 1995, 270쪽.

집위원으로 참여했다. 김준엽은 해방 뒤 줄곧 중국에 남아 중국 국립중앙대학교 대학원과 중국 국립대만대학교 역사연구소에서 동양사를 연구하다가 귀국하였다. 김준엽의 참여는 장준하에게 백만원군격이었다.

당시 《사상계》 주간이던 김성한은 김준엽의 참여를 다음과 같이 술회했다.

> 같은 해(1955년) 3월에 대만대학원에 유학 중이던 김준엽 교수가 돌아왔다. 김 교수는 장 사장과 중국 망명동지였다. 초면이지만 그 명랑한 성품으로 해서 곧 통하게 되고 사내社內에는 웃음이 돌았다. 《사상계》가 일치단결해서 동지적으로 뭉치고 후일 크게 비약할 계기를 만든 것은 김 교수의 귀국이라 하여도 과언은 아니다. 이로부터 모두들 마음이 통하고 밤이면 어울려서 맥주도 마시고 식사도 하면서 《사상계》를 근사하게 만들 궁리로 시종했다. 이리하여 많은 월간지와 학보 《교육문화》《역사학보》《진단학보》《국어국문학》《동방학지》《철학》 가운데 하나에 불과했던 《사상계》는 동사同社의 지주로 상승하기 시작하여 그해 6월호는 8000부가 매진되고 그해 12월호는 1만 부가 매진되어 2일간에 다시 3000부를 증쇄하여 우리들의 기쁨은 이루 말할 수 없었다.[2]

장준하는 《사상계》의 발행에 전력하는 한편 《교육문화》
《역사학보》《진단학보》《국어국문학》《동방학지》《철학》 등
학술지 발행에도 물심양면의 지원을 아끼지 않았다.

필자는 역사학회 창설 때부터 오랫동안 학보의 편집간
사로서 학보발행을 위한 원고수집·편찬·간행까지의 실
무를 담당하여 와서,《사상계》편집이 아닌 《역사학보》출
간을 위해서도 빈번히 발행인 장준하 선생과 접촉을 해야
만 했었다. 더구나 《역사학보》제10집은 기념호로서 14편
의 논문으로 350페이지에 이르는 이를테면 거질巨秩이어
서 그 출간을 고대하는 필자는 《사상계》 사무실을 발이 닳
게 찾아갔다. 그 4층 계단을 몇 번이고 오르내리는 나의
근직한 태도를 바라보곤 하면서 아무 말도 없이 밝은 미소
를 짓곤 하던 장준하 선생의 그 너그럽고 인자스러운 모습
을 나는 지금도 잊을 수가 없다.
장 선생의 얼굴에는 그 어느 구석에도 어두운 그림자
는 찾아볼 수 없었던 것 같다. 그가 짓곤 하던 그 미소에도
그의 넓고 깊은 흉금이 배어 있었던 것이리라.[3]

장준하는 평소 학술분야에 각별한 관심을 갖고 있었다.

---

2 김성한,〈나와 사상계〉,《사상계》, 창간 10주년기념 특대호.
3 한우근,〈역사학계에 기여한 장준하 선생〉,《광복 50년과 장준하》, 73쪽.

《사상계》 편집실이 지식인들의 '광장'이 된 것은, 그의 개인적인 관심과 덕성이 학자들을 끌어들이게 한 측면도 없지 않았다.

《사상계》가 들어 있던 한청빌딩은 바로 종로 네거리 화신백화점 앞에 있었다. 서울의 중심가이다. 교통의 중심지이다. 또 《사상계》에서 되어지는 모든 일들은 정말 보람 있는 일들이었다. 거기에다 우리나라에서 발간되는 권위 있는 모든 학술잡지가 다 《사상계》에서 발행된다. 그러니 우리 학계의 중진학자, 소장학자를 막론하고 누구나 종로를 나오는 기회가 있으면 자연히 한청빌딩으로 발길이 옮겨지는 모양이었다. 이렇게 하여 어느덧 《사상계》는 각 대학교수들이 모이는 곳이 되어버렸다. 그러니 사무실이 협소하여 견딜 수가 없었다. 그래 할 수 없이 사무실을 옮겼다. 종래에 쓰던 방의 배나 되는 방 두 개를 얻어 한 방은 실무를 보는 사무실로, 또 한 방은 사장, 주간이 같이 쓰며 손님을 접대할 수 있는 응접실을 겸한 사무실로 사용하게 되니 맘이 안정되었다.[4]

▬▬▬ **4** 장준하, 〈브니엘〉, 《사상계지 수난사》, 장준하 문집 3, 사상, 1985, 118쪽.

《사상계》의 편집 방향과 지침

　《사상계》는 김준엽의 참여로 안병욱, 김성한과 함께 3명의 상임편집위원제로 운영되었다. 김준엽은 정치·경제의 사회과학분야, 안병욱은 교양일반의 인문과학분야, 주간 김성한은 문학예술분야를 각각 책임 맡아서 기획·편집에 참여했다.
　편집회의에서는 다음과 같은 편집방침을 세웠다.

　　1. 민족의 통일문제
　　우리 민족은 반드시 통일되어야 할 민족이며 통일 없이는 생존할 수 없는 민족이다. 그러므로 우리 민족의 최고의 이상이며 지상의 과제는 통일이다.

　　2. 민주사상의 함양
　　우리 민족은 민주적 민족이 되어야 한다. 이 민족의 통일도 생존도 또한 번영도 이 바탕 위에서만 이루어질 수 있다.

3. 경제발전

우리나라는 경제적으로 윤택해져야 하고 온 국민이 다 같이 잘 살 수 있는 복지국가가 되어야 한다.

4. 새로운 문화의 창조

한국을 현대화해야 한다. 동서의 또는 고금의 모든 문물을 받아들여, 그 장단을 가려 우리에게 맞는 문화를 창조해야 한다.

5. 민족적 자존심의 양성

오랫동안 이민족의 지배 아래 있어 온 우리 민족은 그 성정이 비굴할 대로 비굴해졌다. 이것을 거족적으로 청산해야 한다. 그리고 우리 선조들의 자랑스러운 전통을 찾아 그것을 되살리고 결코 우리는 못난 조상이 되지 않기 위하여 이 시대를 명예롭게 살아야 한다. 이런 바탕 위에 민족적 자존심을 키워야 한다.

이 다섯 가지의 방침은 이후 《사상계》의 이념이고 지침이 되었다. 민족통일·민주사상·경제발전·신문화창조·민족자존을 내세우는 편집방침은 한 교양지의 차원을 넘어, 국정의 지표로서도 합당한 내용이라 할 수 있다. 장준하와 동인들은 1950년대 중반에 이와 같은 비전을 제시하고 있었다.

《사상계》의 이념적, 인적 틀이 어느 정도 구성되면서 《사상계》는 '중점주의'로 승부를 걸었다. 2월호의 문학 특집, 4월호의 현대사상 특집이 그것이다. "학생에게 보내는 특집"은 〈학생에 기함〉(백낙준), 〈학문의 길〉(유진오), 〈학원·학문의 자유〉(한교석), 〈대학의 사명〉(장경학), 〈대학생활의 반성〉(안병욱), 〈나의 걸어온 학문의 길〉(최현배), 〈나의 연구생활의 회고〉(이병도), 〈회상〉(최윤식), 〈학생시대의 회고〉(이홍직), 〈나의 학생시대〉(이숭녕), 〈과학하는 심상〉(권영대), 〈나를 키워주신 선배들〉(토인비), 〈학생과 과학〉(윤일선), 〈학생과 철학〉(김기석), 〈학생과 예술〉(김팔봉), 〈학생과 연애〉(엄요섭), 〈학생과 사회〉(신상초), 〈문학을 뜻하는 학생에게〉(백철), 〈법학을 지망하는 학생에게〉(이종옥), 〈정치학을 공부하는 학생에게〉(이두산), 〈역사학을 지망하는 학생에게〉(홍이섭), 〈자연과학도, 철학도에게〉(박동현) 등 호화 필진에 전문주제가 선정되었다.

1955년 8월호의 특집인 "자유의 본질·자유의 과제"도 과감한 기획이었다. 〈자유의 윤리〉(안병욱), 〈사상의 자유〉(제카리아 세페), 〈자유와 권위〉(라인홀드 니이버), 〈고민하는 자유와 그 방향〉(버트런드 러셀), 〈자유주의의 현대적 고찰〉(신상초), 〈한국 자유민주주의의 과제〉(신도성) 그리고 부록으로 〈자유와 자유주의에 관한 문헌소개〉를 실었다. 《사상계》는 점차 자유와 민권에 관심을 보였고, 대학생과 20~30대의 청년층을 주된 대상으로 삼았다. 환도 이후 3000부씩을 찍던 《사상계》는 학생 특집호부터는 배로 늘려 6000부를 찍었다. 대단한 모험이었다. 맹목적으로 부수를 늘린 것이 아니다. 학생특집 포스터 300장을 만들고 크고 작은 규모의 전단 10만 장을 제작하여 대학, 중고등학교와 문화기관의 게시판에 붙이고, 전 직원이 새벽부터 동원되어 등교하는 학생들에게 나눠주었다. 그 결과 6월호 6000부가 발행 일주일 만에 매진되고, 재판 2000부를 더 찍은 것도 그달 중으로 모두 팔렸다. 3000부의 소화에도 급급하던 《사상계》가 일약 8000부나 팔린 것이다. 이는 《사상계》 도약의 계기가 되었다.

《사상계》 편집위원들은 우리 민족의 장래와 희망을 젊은 세대에게 기대한다는 데 뜻을 모으고 매달 반복하며 읽을 수 있는 글을 젊은 독자들에게 주고자 '사상계 헌장'을 제정하여 《사상계》의 권두에 실었다. 이 '헌장'은 《사상계》의 종말 때까지 실렸다.

《사상계》헌장

  자유와 평등을 근본이념으로 하는 근대적 과정을 거치
지 못하고 봉건사회에서 직접 제국주의 식민사회로 이행
한 우리 역사는 세계사의 조류와 격리된 채 36년간 암흑
속에서 제자리걸음을 하였다. 그것은 자기말살의 역사요,
자기모독의 역사요, 노예적 굴종의 역사였다.

  다행히 제2차 대전의 결과로 이 참담한 이민족의 겸제
羈制에서 해방은 되었으나 자기광정自己匡正의 여유를 가
질 겨를도 없이 태동하는 현대의 진통을 자신의 피로써 감
당하게 된 것은 진실로 슬픈 운명이 아닐 수 없다.

  그러나 모든 자유의 적을 쳐부수고 진정한 민주주의
사회를 이룩하기 위하여 또다시 역사를 말살하고 조상을
모독하는 어리석은 후예가 되지 않기 위하여, 자기의 무능
과 태만과 비겁으로 말미암아 자손만대에 누累를 끼치는
못난 조상이 되지 않기 위하여, 우리는 이 역사적 사명을

깊이 통찰하고 지성일관至誠一貫 그 완수에 용약매진해야 할 것이다.

이 민족사생관두民族死生關頭에서 우리는 과연 유신창업의 기백과 실천이 있었던가? 사私를 위하여 공公을 희생한 일은 없었던가? 정치인은 과연 구국대업에 헌신하고 발분망식하였던가? 민民은 과연 대大를 위하여 소小를 버릴 용의가 있었던가? 우리는 서슴지 않고 "그렇다"고 대답할 수 없음을 지극히 유감이라 아니할 수 없다.

이 지중至重한 시기에 처하여 현재를 해결하고 미래를 개척할 민족의 동량棟樑은 탁고기명託孤寄命의 청년이요, 학생이요, 새로운 세대임을 확신하는 까닭에 본지는 순정무구한 이 대열의 등불이 되고 지표가 됨을 지상의 과업으로 삼은 동시에 종縱으로 5000년의 역사를 밝혀 우리의 전통을 바로잡고 횡橫으로 만방의 지적 소산知的所産을 매개하는 공기公器로서 자유·평등·번영의 민주사회건설에 미력을 바치고자 하는 바이다.[5]

당대의 명문으로 꼽히는 내용이었다. '선언'은 일개 잡지 발행취지의 정신을 초월하여 곧 시대정신이고 지침이었다. 대학생과 젊은 지성들은 이 글에 매료되었다. 뒷날 4.19혁명

━━━ 5 《사상계》, 1955년 8월호.

당시 대학의 학생선언문이 여기서 영향받은 바 적지 않았다.

8000부 발간에 힘을 얻은 장준하는 1만 부 돌파라는 야심찬 계획에 들어갔다. 직원들을 지방도시로 보내《사상계》를 소개하는 선전전단을 뿌리고, 각 일간신문 광고를 통해 《사상계》를 홍보했다. 또 11월부터는 〈사상계 월보〉를 제작하여 각급 학교와 기관에 보냈다. 사륙배판 4면짜리의 월보는《사상계》의 내용뿐 아니라 간단한 논설과 시, 콩트 같은 것을 실어서 그것 자체를 읽을거리로 만들었다. 곳곳에서 환영을 받았다.

이런 결과 1955년 12월호는 1만 부를 발행하여 2, 3일 사이에 매진이라는 경이적인 판매기록을 세웠다. 충실한 내용과 판매전략, 홍보가 주효한 것이다.

장준하는 1956년 새해를 맞아 '독자 3배가' 운동을 벌이기로 했다. 각계각층에서 독자를 확보하기 위해서는 무엇보다 내용이 알차고 다양해져야 하며 필자도 각계를 망라하는 변화가 필요했다. 당시에는 이북 출신과 연세대학 교수들이 필자의 주종을 이루었다. 여기에 200쪽 내외이던 지면을 대폭 증면하여 매호 300쪽 안팎을 유지했다. 이렇게 되니 제법 볼륨이 있는 잡지가 되었다.

들사람 함석헌 '발굴'

《사상계》가 들사람 함석헌을 필자로 '발굴'한 것은 성공 요인 중 하나였다. 장준하와 함석헌은 《사상계》를 통해 만나 게 되고, 두 사람은 이후 한국 사상계와 정신계에 큰 족적을 남겼다. 그뿐 아니라 언론사言論史와 반독재 민권운동사에도 큰 업적을 남겼다. 장준하가 존재하므로 《사상계》가 있었고, 함석헌의 존재로 인해 《사상계》는 그 존재의 빛을 발휘할 수 가 있었다. 《사상계》를 매체로 하여 함석헌과 장준하의 가치 와 역량은 상승 효과를 띠게 되었다. 이후 두 사람은 《사상 계》가 사라진 뒤에도 반독재투쟁을 함께하면서 정신적 지도 자가 되었다.

함석헌을 처음으로 '발굴'한 사람은 안병욱이다. 안병욱 은 당시 연세대학의 전임강사로 철학을 가르치면서 《사상계》 교양란의 편집을 맡고 있었다. 장준하에게 함석헌은 선천의 신성중학교 시절부터 '함 도깨비'로 각인된 사람이었다. 어느

날 안병욱이 장준하에게 함석헌 선생의 글을 받아오고 싶다
고 제안하여 승낙을 얻었다. 안병욱은 함석헌을 '발굴'한 데
대해 다음과 같이 썼다.

　　잡지의 사명 하나는 훌륭한 필자를 발굴하여 천하의
정론을 펴게 하는 일이다. 내가 《사상계》에 관계하는 동안
에 《사상계》를 위해서, 또 한국의 문필계를 위해서 조그만
기여가 있다고 하면 두 분의 문필인을 발굴하여 글을 쓰게
끔 귀찮게 군 일이다. 그 한 분이 함석헌 선생이요, 또 한
분이 류달영 씨다. 《사상계》의 집필을 통하여 오산의 도깨
비는 한국의 도깨비가 되었고, 그의 예리한 필봉은 독재정
권의 아성을 겨누게 되었다. 의를 위하여 죽기를 각오한
사람은 천하에 두려운 것이 없다. 함 선생의 글은 언제나
피의 맥박과 생명의 리듬이 약동한다.[6]

　안병욱이 처음 받아온 함석헌의 글은 〈한국 기독교는 무
엇을 하고 있는가〉라는 200자 원고지 80매 분량의 원고였다.
이 글은 1956년 1월호에 전문이 실렸다. 함석헌이 처음으로
국민을 향하여 말하기 시작한 것이고 《사상계》와 인연을 맺
게 되는 단초였다. 몇 대목을 인용한다.

━━ **6** 안병욱, 〈나와 함석헌 선생〉, 《사상계》, 1963년 4월호, 270~271쪽.

지금 우리나라에 종교가 있다면 기독교다. 즉 국민의 양심 위에 결정적인 권위를 가지는 진리의 체계가 있다면 그것은 기독교적인 세계관, 인생관이지 다른 것이 될 수 없다. 그런데 그 기독교가 내부치는 교리와 실제가 다르고 겉으로 뵈는 것과 속과 같지 않은 듯하고 살았나 죽었나 의심이 나게 하니 묻지 않을 수가 없다. …… 지금 이 사회가 정신적 혼란에 빠져 구원을 위해 두 손을 내미는데 교회는 왜 아무런 활발한 활동을 보여주지 않는가?

　　이 나라의 기독교가 종파싸움이 심하다는 것은 그만큼 이 나라를 위해 하늘나라를 임하게 하려는 의욕이 적고 목적은 현세적인 권력에 두려는 증거다. 그래가지고는 저들은 그 역사적 사명을 다하지 못할 것이다. 기도할 때는 눈물을 흘리며 남북통일을 구하고 머리를 들고는 폭력을 써서 교회당 쟁탈전을 하고 그런 통일주의는 썩 잘한대도 자기 교파가 독재적 통일을 원하는 것밖에 될 것 없다.

　　장준하는 처음에 이 원고를 받고 '종교잡지가 아닌데 어떨까' 하는 걱정을 했지만, 원고를 읽고는 《사상계》에 싣기로 결정했다고 회고한 바 있다. 함석헌의 글은 내용과 문장뿐만 아니라 기독교 신앙인으로서 당시 기독교계의 문제점을 적시하고 있었기 때문에 독자들의 관심을 모았다. 반응도 대단히 좋았다. 이 글로 인하여《사상계》는 '낙양洛陽의 지가紙價'를 올리게 되었다. 주간 안병욱의 회상이다.

〈한국 기독교는 무엇을 하고 있는가〉라는 글은 그야말로 낙양의 지가를 올린 글이다. 이 글 때문에《사상계》가 일약 수천 부가 증가했다. 저마다 다투어서 사 읽었고, 모두 깊은 감명을 받았다. 읽은 뒤에 소감도 여러 가지였다.
이 글은 한국 기독교에 대한 가차 없는 비판과 신랄한 경고요, 또 선생님 자신의 기독교관을 적은 것이다. 무교회주의자인 함 선생은 이 글에서 프로테스탄트도 공격했고 가톨릭도 내리쳤다. 기독교인들은 분개했고, 비기독교인들은 쾌재를 외쳤다.[7]

장준하는 이 글이 발표된 뒤 안병욱과 함께 전셋집으로 함석헌을 찾아가 처음으로 만났다.

그때 대현동에서 내가 만난 함 선생님은 '퍽 수줍어하는 잘 생긴 노인'이라는 인상이었다. 그렇게 겸허한 노인이 그렇게 격렬하고 날카롭고 무서운 글을 쓰시나 하는 놀라움을 곁들게 하였다. 별로 말씀은 아니하시고 곁에서 안

━━ **7** 안병욱, 〈옆에서 지켜본 사상계 12년〉,《사상계》, 1965년 4월호, 265쪽.

병욱 형이 이것저것 묻는 말에도, "글쎄, 그럴까, 하기는" 등 비교적 모호한 말 한두 마디씩을 남기실 뿐이었다. 내가 《사상계》의 발간취지를 대강 말씀드리고 나서, 앞으로는 《사상계》를 선생님이 직접 하시는 잡지라고 생각하시고 계속하여 글을 써주십사 하고 부탁하였다. 그러나 선생님은 미소를 머금고 "글쎄요"라는 말씀만 남기실 뿐이었다.[8]

이렇게 《사상계》와 인연을 맺게 된 함석헌은 같은 해 4월호와 5월호에 〈새 윤리〉를 상하에 걸쳐 발표하고, 9월호에는 〈건전한 사회는 어떻게 건설될 것인가〉라는 좌담회에 백낙준, 유진오, 김팔봉, 윤일선과 함께 참석했다. 이어서 10월호에 〈진리에의 향수〉, 12월호에 〈사상과 실천〉을 썼다. 그때마다 독자들의 반응은 대단했고, 그만큼 《사상계》의 지면은 충실해지면서 일반에 널리 알려졌다.

---

8 장준하, 앞의 글, 129쪽.

낙양의 지가 올린 〈할 말이 있다〉

함석헌과 장준하 그리고 《사상계》의 명예와 위상을 한층 돋보이게 한 글은 1957년 3월호에 쓴 함석헌의 〈할 말이 있다〉라는 글이다. '할 말'은 주권재민의 국가에서는 너무나 당연한 권리이지만, 이승만 독재가 강화되면서부터 국민들은 '할 말'을 제대로 할 수 없게 되었다. 예나 지금이나 국민의 입을 틀어막는 권력은 반드시 변칙으로 종말을 고하고 만다. 이승만 정권은 그렇게 하다가 망했다. 함석헌의 이 논설은 《사상계》를 통한 그의 최초의 대對 사회발언이었다. 앞서 소개한 몇 편의 글이 대부분 기독교와 종교, 윤리차원의 문제제기였다면 이번 논설은 시사문제에 대한 함석헌의 본격적인 첫 번째 노호怒號였다. 다음은 〈할 말은 있다〉의 몇 대목이다.

밟아도 밟아도 사는 풀, 베어도 또 돋아나는 풀, 너는 무한의 풀 아니냐? 다 죽었다가도 봄만 오면 또 나는 풀,

심은 이 없이 나는 풀, 너는 조물주의 명함 아니냐? 푸른 너를 먹고 꾀꼬리는 노래하고 사자는 부르짖고, 썩어진 물에서나 마른 모래밭에서나 다름없는 향기를 너는 뿜어내니 너는 신비의 것 아니냐?

우리나라 역사는 벙어리 역사다. 무언극이다. 이 민중은 입이 없다. 표정이 없다. 사람인 이상 입이 없으리오만 있어도 말을 아니하고 자라온 민중이다. 할 말이 없어서일까? 아니 있다면 세계 어느 나라의 민중보다도 할 말이 많을 것이다. 입으로는 할 수 없는 말을 가슴에 사무치게 가진 사람들이다. 그러면서도 발표할 생각을 하지 않았다.

버리집같이 서 있는 학교 위에, 날아가는 돈 잡는다고 구더기 떼같이 밀려가는 군중들 위에, 그 군중을 또 박차고 먼지를 공중에 날리고 바람같이 지나가며 뒤도 돌아보지 않은 미친 년놈들 위에, 또 그 모든 것 다 보면서 나라 망하는 줄은 모르고 재미난 구경한다고 극장 앞에 입을 헤벌리고 줄지어 섰는 저 미친 젊은 놈 젊은 년들 위에 제발 구정물이라도 끼어얹어 줍시사!

이렇게 되는 역사에 무슨 잠꼬대라고 언론취채가 무어냐? 저와 조금 다르면 공산당이라, 비국민이라, 이단이라!

제발 그런 소리 맙시사! 시대착오다. 역사의 거꾸로 감이다. 하늘명령 거스름이다. 그것으로 망한 우리나라 아닌가? 제발 이 민중이 할 말을 하게 하라! 마이다스야 벌써 죽은 지가 오래지 않나? 나는 죽어도 말은 아니할 수 없다.

시시비비의 판단이야 없지 않지만 있는 소감을 발표했다가는 언제 판국이 바뀌어 어떻게 죽을지 모른다는 것을 오랜 역사의 경험에 비추어 알기 때문에 구차한 목숨 하나를 보전하기 위하여 그들은 벙어리가 되기로 했다. 그러나 민중이 무표정이면 무표정일수록 구경하는 격이 되면 될수록 특권자들의 싸움은 점점 더 노골적이 되고 압박은 더욱더 꺼림 없이 하게 된다. 그러면 비겁한 민중은 더욱 더 무표정한 구경꾼이 됐다. 이리하여 원인이 결과를 낳고 결과가 원인이 되어 세계에서 다시 볼 수 없는 무언극의 역사가 엮어졌다. 참혹하지 않은가. 비통하지 않은가.

함석헌의 논설은 한국사회에 일대 충격을 주었다. 다음은 장준하의 회상이다.

이 글은 《사상계》를 돋보이게 할 글이요, 함 선생님을 우리 사회에서 놀라움으로 바라보기 시작하게 한 글이다. …… 각계의 반응은 충격적으로 나타났다. 시원하고 통쾌

한 글이라는 사람, 독설이 심하다는 사람, 또 너무 독선적이라고 하는 사람, 하여간 우리 인텔리 사회에 크나큰 화제를 던진 글임에 틀림없었다. 1956년 1월호에 발표한 함 선생님의 〈한국 기독교는 무엇을 하고 있는가〉란 글에서 크게 분개하여 《신세계》에 반박 논문을 썼던 윤형중 신부는 이 글 〈할 말이 있다〉에 대한 반박논문 〈함석헌 선생에게 할 말이 있다〉를 기고해왔다. 이 논쟁의 시기에 《사상계》는 '낙양의 지가를 올리는' 형편으로 판매부수 4만 부선을 육박하고 있었다. 우리나라 전 지식층의 관심을 한몸에 모은 잡지로 자리를 잡게 된 것이다.[9]

함석헌의 이 글은 '논쟁'의 발화점이 되기도 했다. 한국 천주교를 대변해온 윤형중 신부가 신랄한 반론을 제시하여 《사상계》 지상을 통해 일대 논쟁이 벌어졌다. 윤형중의 반론은 5월호 《사상계》에 게재되었다. 윤형중은 함석헌의 글을 극렬하게 반박한다. 심지어 '공산당의 오열五列 냄새'가 난다고까지 극언했다.

함 선생이 신부가 안 되겠다니 천만다행이다. 설령 신부가 되겠다 할지라도 천주교회는 '모가지가 열네 번 잘

▬▬▬ **9** 앞의 글, 134쪽.

리면 잘렸지' 함 선생 같은 욕설가, 험구가, 모든 것을 혼
동시만 하여 도무지 분별할 줄 모르는 그런 인물을 신부로
만들지는 않을 것이다.[10]

복음서를 손에 들고서 천당 지옥도 믿지 않는 미지근
한 함 선생이요, 현실의 모든 방면에 대하여 그처럼 지독
한 불평과 불만을 품고 있는 함 선생이면 복음서와 함께
그 미지근한 태도를 버리고 현행질서의 전복을 목표로 하
는 공산당에 본격적으로 입당함이 여하如何?[11]

함석헌과 윤형중의 논전은 이어졌다. 함석헌이 《사상계》
1957년 6월호에 〈윤형중 신부에게는 할 말이 없다〉는 글을
통해 반론을 폈다. 그러나 글의 형식은 윤 신부를 직접 겨냥하
지 않고 '민중'에게 직접 호소하는 방식이었다. "윤형중 신부
에게는 할 말이 없다. 천하의 신부가 다 떠들어도 말하고 싶은
생각이 없다. 그들은 다 교회라는 제도 밑에, 교황이라는 낮도
깨비 앞에 제 인격의 자존성을 내놓고, 의지의 자유를 빼앗기
고, 판단의 자유를 팔아버린 사람들이니, '제 말'이라고는 한
마디를 할 수 없는 이들이다"[12]라고 비판의 날을 세웠다.

■■■ 10 윤형중, 〈함석헌 선생에게 할 말이 있다〉, 《사상계》, 1957년 5월호, 45쪽.
■■■ 11 앞의 글, 49쪽.
■■■ 12 함석헌, 〈윤형중 신부에게는 할 말이 없다〉, 《사상계》, 1957년 6월호, 282~
         283쪽.

여기서 한 가지 덧붙여 두고자 하는 말이 있다. 함석헌과 격렬한 논쟁을 벌였던 윤형중은 뒷날 민주회복국민회의 상임 대표로서 유신체제와 싸우면서 함석헌과 '화해'하고 1979년 6월 15일 별세했다. 유언으로 "자기가 가지고 있는 재산을 모두 민주회복을 위해 일하는 사람들에게 전달해줄 것"을 당부했다.

그런데 함석헌의 〈윤형중 신부에게는 할 말이 없다〉에서 한 가지 놀라운 사실이 드러난다. 《사상계》가 함석헌의 〈할 말이 있다〉는 글 중 일부를 삭제했다는 점이다. "나는 윤 신부에게는 할 말이 없다. 왜 없나? 공개토론 하자는데 할 말이 없다는 것은 비겁한 일인 듯하나 겁이 나서는 아니다. 〈할 말이 있다〉는 글에서 잡지사가 깎았다는 부분은 이 대통령과 군인에 대한 말이었다. 나는 사실은 내 성의껏 말한 담엔 어떤 일을 당해도 좋다 생각했다. 군인·경찰·위력도 두려워하고 싶지 않은데 신부 한 사람 두려워할까?"[13]

《사상계》가 함석헌의 글에서 이 대통령과 군인에 대한 부분을 삭제하고 실었던 이유는 무엇일까? 이승만 독재가 절정으로 치닫고 있을 때라 '역린逆鱗'을 거슬리지 않으려는 의도였던 것 같다. 이때까지만 해도 장준하는 아직 이승만 독재체제에 정면도전을 머뭇거리고 있었던 것 같다. 필자(저자)는 함

━━ 13 앞의 글, 286쪽.

석헌의 〈할 말이 있다〉는 글에서 삭제된 부분이 있었다는 사실을 이번에 처음 알았고, 참으로 놀랐다.

함석헌의 반론에 대해 윤형중의 재반론이 《사상계》 7월호에 게재되었다. 그러는 동안 《사상계》는 시중의 화제가 되고 공전의 판매부수를 늘리게 되었다.

'신인문학상' '동인문학상' 제정

장준하는 《사상계》가 정상적인 궤도에 오르고 체제가 잡히자 신인문학상과 동인문학상을 차례로 제정하여 문학의 발전과 문인들의 활동을 지원했다. 《사상계》 지면에도 몇 차례 문학특집을 마련하여 좋은 반응을 받았다. 《사상계》 지면이 딱딱한 논설 위주에도 불구하고 대중성을 갖게 된 데에는 창간 이래 빠지지 않고 실은 다양한 문학작품이 독자층을 넓혀 주었기 때문이다.

신인문학상 중 소설분야는 1954년 10월호부터, 시詩분야는 1958년 10월호부터 시작되었다. 역대 수상자는 다음과 같다(괄호 안은 연도와 월을 나타낸다).

소설

김광식(1954. 10)　정병조(1955. 8)　박경수(1955. 7)
구혜영(1955. 7)　한남철(1958. 11)　송상옥(1959. 5)

김동립(1959. 6)	박헌구(1959. 8)	현재훈(1959. 12)
강용준(1960. 7)	서정인(1962. 12)	박순여(1964. 11)
박상륭(1964. 11)	이청준(1965. 12)	

시

황운헌(1958. 10)	민웅식(1959. 12)	윤일주(1959. 1)
김종원(1959. 2)	강계순(1959. 3)	이유경(1959. 3)
홍완기(1959. 4)	김정각(1959. 5)	이창대(1959. 8)
서임환(1959. 9)	김영태(1959. 9)	박재호(1959. 10)
장영용(1959. 11)	정 열(1959.11)	김규태(1959. 12)
강태열(1960. 1)	임종국(1960. 1)	허의령(1961. 1)
신중신(1962. 12)	윤태수(1963. 11)	이세방(1965. 12)

동인문학상 제도는 1955년 10월호부터 운영되었다. 동인
문학상은 소설가 김동인金東仁(1900~1951)의 문학정신을 기리
기 위하여 제정되었다. 김동인은 평양 출신으로 부유한 교회
장로의 아들로 태어나 숭실중학교를 마친 뒤 일본으로 건너
가 동경 명치학원 중학부를 거쳐 동경 천서미술학교에서 공
부하다가 중퇴하고, 문학으로 방향을 전환했다. 일군위문작
가단의 일원으로 중국의 일본군 장병을 위문격려하고, 1939년
1월 이른바 문필보국과 내선일체를 표방하는 조선문인회 간
사직을 맡았다.

김동인은 이에 앞서 1938년 봄 한 마디 넋두리 때문에 '천황모독죄'로 헌병대에 끌려갔다가 나왔다. 그후 김동인은 자진해서 총독부 학무국을 찾아가 친일하겠다고 자청하여 화제가 되었다. 친일작가로 변신한 김동인은 《매일신보》에 〈태평양송〉〈감격과 긴장〉〈반도 민중의 황민화—징병제실시 소감〉〈일장기 물결〉〈문화인의 총궐기〉〈전시생활 수감〉등을 게재해 이른바 '성전독려'와 '내선일체'를 열렬히 주창했다.

장준하가 일제강점기의 대표적인 친일문인에 속했던 김동인을 기리는 문학상을 제정한 이유는 무엇 때문이었을까. '교회 장로의 아들'로 같은 기독교인이라는 것 외에는 장준하가 적지 않은 상금을 내걸고, 그를 기리는 문학상을 제정한 이유를 어디서도 찾기 어렵다. 《사상계》 창간 이래 필진의 상당수가 친일경력의 소유자들인 것은 당시 한국 지식인 사회의 어쩔 수 없는 상황이었다고 하겠다. 그런데 '동인문학상' 제정만은 납득하기 어려운 대목이다.

《사상계》에서 시행한 역대 동인문학상 수상작가는 다음과 같다.

김성한(제1회, 1956)　　　선우휘(제2회, 1957)
오상원(제3회, 1958)　　　손창섭(제4회, 1959)
이범선(제5회 후보상, 1960)　서기원(제5회 후보상, 1960)
남정현(제6회 후보상, 1961)　전광용(제7회, 1962)

이호철(제7회, 1962)   송병수(제9회 1964)

김승옥(제10회, 1965)   최인훈(제11회, 1966)

이청준(제12회, 1967)

김동인의 친일변절과 문학적 성향과는 상관없이 이 상의
수상자들은 1950~1960년대 중반기 한국문학의 금자탑을 이
루는 작가들이었다. 신인문학상과 함께 《사상계》를 거쳐간
문인들의 면면은 한국문인 화첩과 같다고 하겠다.

친일 지식인 '최남선' 기념호 발행

《사상계》1957년 12월호에는 표지에 "육당 기념호"라는 타이틀을 붙였다. '육당'은 최남선을 말한다. 표지 맨 윗자리에 〈육당기념 구고재록─백제 구강舊疆으로〉란 최남선의 구고를 알리고, 권두논문으로 이 글을 실었다. 최남선의 글은 1926년 백운사에서 발간한《심춘순례》에 이미 실렸던 글이다.

이 무렵 장준하는 친일문인 김동인의 문학상을 제정한 데 이어 친일학자 최남선을 기리는 "육당 기념호"를 발행하여 뜻 있는 분들의 의구심을 사게 되었다.

1957년 12월호《사상계》는 표지 안쪽에 "사상계 편집위원회는 뜻을 문화의 소장과 민족의 명운에 두는 모든 인사들과 더불어 충심으로 고 육당 최남선 선생을 추도하고 그 출중한 인격과 생전에 남기신 업적의 위대성을 명감銘感하여, 이를 영세에 전하고자 선생이 서거하신 이해 1957년 송년호를 육당 기념호로 삼가 재천在天의 영전에 드리나이다"라는 글을 고딕체로 실었다. 그리고 뒤쪽에는 '육당 최남선 선생 유영遺影'이란 캡션과 함께 전면에 사진을 게재했다.

장준하는 또 〈육당 최남선 선생을 애도함〉이란 권두언을 썼다.

우리는 이해를 보내면서 돌이켜 생각할 때 정치·경제·사회·문화의 모든 면에서 한스러운 일이 한두 가지가 아니었다. 그중에서도 뜻 있는 모든 인사들이 가장 애석하여 마지않은 것은 육당 최남선 선생의 서거였다. 선생은 약관 18세에 이미 궤란을 기도에서 구하려는 큰 뜻을 품고 우선 민족의 명영을 영원히 부지하려는 원대한 의도 밑에 문화의 황무지를 개척하는 데 혼신의 노력을 기울이기 시작한 이래 종시일관하여 68세를 일기로 세상을 떠날 때까지 민족의 재흥을 위하여 발분망식하였다. 선생이 우리 역사학에 전심하여 마침내 사학의 태두로 일세의 숭앙을 받기까지에 이른 근본연유도 실로 여기에 있는 것이다.

그뿐 아니라 선생은 상아탑의 일개 학구로 그치지 않고 실實에 즉하고 의義에 나아가 항상 민족사상의 고취에 힘썼고 3.1혁명에 가담하여 독립선언서를 기초하고 이어서 장시일의 옥고를 치른 후에도 한 길을 더듬어서 노력을 게을리하지 않았다.

이리하여 육당 선생은 이 민족이 가장 암담한 절망의

골짜기에 처해 있을 때에도 항상 우리와 더불어 있었고 우리의 가장 친근한 벗이요 경애하는 스승이었다. 그로 하여 민족의 생명은 싹을 부지하고 겨레는 위안을 받고 희망을 갖추어 광복에 이른 것은 만인이 다 아는 사실이다.

한때 선생의 지조에 대한 세간의 오해도 없지 않았다. 그러나 선생의 본의가 어디까지나 이 민족의 운명과 이 나라 문화의 소장에 있었음은 오늘날 이미 사실로서 밝혀진 바요, 항간에 떠도는 요동부녀妖童浮女들의 억설과는 전면 그 궤를 달리하는 것이다. 사람을 사秋하는 법이 없고 인재를 자기 눈동자 같이 아낄 줄 모르고 사물을 널리 생각하지 못하는 옳지 못한 풍조 때문에 우리는 해방된 후에도 선생에게 영광을 돌린 일이 없고 그 노고를 치하한 일도 없었을 뿐 아니라 도리어 욕된 일이 적지 아니하였다. 이 것은 실로 온 민족의 이름으로 부끄러워해야 할 일이다.[14]

이 글의 필자가 장준하일까 의문이 간다. 하지만 권두언 끝에는 '장준하 근기謹記'라고 기명하여 필자임을 분명히 했다. 장준하는 일본 유학시절 동경에서 한국인 학생들에게 일군에 지원하라는 최남선과 이광수의 강연을 듣고 분을 삭이지 못해 했었다. 그리고 일본군을 탈출하여 독립군이 되고, 해방 뒤에

■■■ 14 《사상계》, 1957년 12월호.

는 민족정기를 바로잡고자 하여 《사상계》를 발행했다.

그런 장준하가, 중추원참의가 되고 만주건국대학 교수가 되고 '내선일체'를 내세우면서 역사왜곡에 앞장섰던 최남선의 사망에 최상의 예우를 표하고, '추모의 밤' 행사를 연 데 이어, 그의 죄과에 대한 비판을 '요동부녀들에 대한 억설'이라고 매도한 이유는 무엇일까. 뒷날 박정희와 싸우면서 "3000만 국민 모두 대통령이 되어도 일군 출신 박정희만은 대통령이 되어선 안 된다"라고 사자후를 토했던 정신과는 크게 상치된다.

최남선은 해방 뒤 반민특위에 체포되고, 마포형무소에서 자신의 친일죄상을 뉘우치는 〈자열서自列書〉를 쓸 만큼 자타가 공인하는 반민족행위자였다. 이와 관련, 아시아문제연구소에서 《최남선 전집》 6권을 낸 바 있는 김준엽은 한 좌담회에서 다음과 같이 말했다. "그 당시에 춘원과 육당을 얘기할 수 있었던 건, 장준하 형하고 나하고, 그것도 임시정부에 가 있었으니까 할 수 있었지, 만약에 우리가 그런 배경이 없었더라면, 저 사람들 친일한 사람들 비호한다고 욕했을 거예요."[15]

그럼에도 불구하고 대표적인 친일반민족행위의 지식인 육당 최남선에 대한 장준하의 인식은 대단히 왜곡되고 있었음을 보여준다.

---

15 김준엽, 〈좌담─사상계는 자유민권운동이었다〉, 《광복 50년과 장준하》, 40쪽.

제 11 장

반이승만 투쟁과 4월 혁명

민족주의 물결이 세계를 뒤덮고 일어날 때 우리만이
그것을 타지 못하고 떨어져 민족 전체가 남의 종이 됐던 것은
우리나라의 씨올이 양반이라는 이리떼보다 더한
짜먹는 놈들의 등살에 여지없이 파괴를 당하였기 때문이다.
민족국가 시대에 제 노릇 못하고 남의 종이 됐기 때문에
그 다음 세대에도 다른 데 종으로 팔리는 수밖에 없었다.
우리가 일본으로부터 해방이 됐다 할 수 있으나
참해방은 조금도 된 것이 없다.

– 함석헌, 〈생각하는 백성이라야 산다〉 중에서

함석헌의 첫 필화사건

1950년대 중반 이후 이승만 독재는 날이 갈수록 포악이 더해갔다. 1956년 5월 15일 실시된 제3대 정·부통령 선거에서 이승만은 부정선거를 통해 가까스로 3선에 당선되고, 부통령에는 민주당의 장면이 자유당의 이기붕을 꺾고 당선되었다. 자유당 정권은 9월 28일 눈엣가시처럼 여기던 장면 부통령을 저격했으나 성공하지 못했다.

1957년 1월 13일 이승만을 지지한 성균관의 유도회 비주류세력은 독립투사인 김창숙 위원장을 축출하는 만행을 자행하고, 5월 25일 야당주최 시국강연회에 테러단이 난동을 벌였다. 1958년 1월 13일 이승만은 정적 조봉암을 제거하기 위해 진보당간부 7명을 간첩혐의로 구속하고, 2월 25일에는 진보당의 등록을 취소했다. 일제와 싸우다 7년 옥살이를 한 조봉암은 이승만 정권에서 초대농림부장관과 국회부의장을 지낸 혁신계 주자였는데, 이승만은 정치적 라이벌을 이유로 제거에 나섰다. 1958년 5월 2일에는 제4대 민의원 선거가 실시되었다. 관권이 총동원된 부정선거에서 자유당 126석, 민주당 79석, 무소속 27석이 당선되었다. 이승만은 1960년 봄으로 예정된 제4대 대통령선거를 앞두고 정적제거와 독재체제강화에 진력하고 있었다.

1958년 초 《사상계》는 안병욱을 주간으로, 상임편집위원에 김준엽과 성창환을 위촉했다. 한때 시인 박남수가 상임편집위원을 맡기도 했다. 편집위원은 김성한, 김상협, 김하태, 신상초, 오몽(신응균), 유창순, 이상구, 이종진, 장경학, 정병욱, 한우근, 현승종, 황산덕이 위촉되었다. 얼마 뒤에는 여석기, 이동욱, 이만갑, 엄요섭, 엄민영이 추가되고 몇 사람이 빠졌다.

또 《사상계》는 편집직원으로 계창호, 손세일, 이문휘, 김재희를 채용하고 기자를 공채하여 유능한 인재들을 불러모았다. 유경환, 안병섭, 박성룡, 박경수 등이 공채과정을 통해 입사하면서 《사상계》는 한국의 대표적인 지식인들로 구성된 편집위원과 신진 엘리트의 편집직원으로 최고의 진용을 갖추었다.

《사상계》의 필화사건이 터진 것은 바로 이 무렵이다. 《사상계》는 1958년 8월호에 함석헌의 〈생각하는 백성이라야 산다〉를 실었다. 8월호는 "실존주의"를 특집으로 꾸몄다. 박종홍, 김하태, 황산덕, 안병욱, 김붕구, 마이클슨 등이 필자로 참여하고, 그밖에 유기천의 〈자유사회〉, 김팔봉의 〈우리가 걸어온 30년〉, 고승제·김영선의 〈부흥백서비판〉 등이 실렸다.

문제가 된 것은 함석헌의 글이었다. 이 논설로 함석헌과 장준하는 필화를 입게 되었다. 반면에 《사상계》는 불티나게 팔렸다. 필화사건이 언론에 보도되면서 전국의 서점에서는 《사상계》를 찾는 사람이 줄을 이었다. 경찰은 함석헌의 구속과 함께 서점에서 《사상계》의 압수를 시작했지만 서점 주인들은 재빨리 숨겨두었다가 비밀리에 팔았다. 정부가 문제로 삼은 내용은 다음과 같다(발췌).

우리나라가 일본에서 해방이 됐다고 하나 참 해방은 조금도 된 것이 없다. 도리어 전보다 더 참혹한 것은 전에 상전이 하나던 대신 지금은 둘셋인 것이다. 일본시대에는 종살이라도 부모형제가 한 집에 살 수 있고 동포가 서로 교통할 수는 있지 않았는가? 지금은 그것도 못해 부모처지가 남북으로 헤어져 헤매는 나라가 자유는 무슨 자유, 해방은 무슨 해방인가.

남한은 북한을 소련·중공의 꼭두각시라 하고 북한은 남한을 미국의 꼭두각시라 하니 있는 것은 꼭두각시뿐이지 나라가 아니다. 우리는 나라 없는 백성이다. 6.25는 그 꼭두각시의 놀음이다. 민중의 시대에 민중이 살아야 할 터인데 민중이 죽었으니 남의 꼭두각시밖에는 될 것이 없지 않는가.

6.25 전쟁은 미국을 배경으로 한 이승만과 소련·중공을 배경으로 한 김일성의 싸움이었지 민중이 한 싸움은 아니었다. 그러니까 서울을 빼앗겼을 때 저 임진왜란 때 선조가 그랬듯이 이승만도 국민을 다 버리고 민중 잡아먹고 토실토실 살이 찐 강아지 같은 벼슬아치들과 여우 같은 비서 나부랭이들만 끌고 야밤에 한강을 건너 도망을 간 것이다.
　밤이 깊도록 서울은 절대 아니 버린다고 공포하고 슬쩍 도망을 쳤으니 국민이 믿으려 해도 믿을 수 없다. 저희끼리만 살겠다고 도망을 한 것이지 정부가 피난간 건 아니다.[1]

이승만 시대에는 '이 대통령' '이 박사' '대통령 각하' 정도가 일반적인 호칭이었다. 그런데 함석헌은 아무런 관형사나 존칭 없이 그냥 '이승만'이라 표기했다. 이것 자체가 '불경'이었다. 거기에다 이승만 대통령을 직설적으로 공격한 내용을 담았다. 6.25 때 서울을 버리고 피난한 것을 임진왜란 때의 선조에 비유하면서 야밤에 '도망'간 것이라고 썼다.

1　함석헌, 《생각하는 백성이라야 산다》, 생각사, 1979, 68~70쪽.

이승만 정권의 탄압

　이 논설로 이승만 정권이 발칵 뒤집혔다. 이승만이 '대노'
했다고 한다. 경찰은 8월 8일 함석헌을 국가보안법 위반혐의
로 구속하고 곧이어 발행인 장준하와 주간 안병욱도 불려가
조사를 받았다.

　　8월호가 발매된 지 열흘이 지난 8월 8일 서울시경 사찰
　과에서 함석헌을 국가보안법 위반혐의로 구속한다. 국가
　보안법 위반혐의는 대한민국을 꼭두각시로 표현했다는
　주장에다 두고, 이런 표현은 대한민국의 국체를 인정하지
　아니한 것일 뿐 아니라, 북한(당시 일반적 표현은 '북괴'였음)
　과 대한민국을 나란히 동일시하였기 때문에 군의 전투의
　욕을 감퇴시키고 비상시기에 놓인 사회의 사상과 질서를
　문란시킨 것으로 구속 이유를 들었다.[2]

함석헌의 이 논설은 "6.25 싸움이 주는 역사적 교훈"이란 부제가 말해주듯이 6.25의 교훈을 통해 위정자와 정치인들이 정신을 차리라는 '교훈'적인 내용이었다. 함석헌은 종래의 일반적인 논설형태의 글쓰기를 지양하고 쉬운 대중의 용어와 구어체의 독특한 문체의 글을 썼다. 그래서 독자들에게는 대단히 친근감을 준 대신, 지배자들에게는 지극한 불편함 그 자체가 되었다. 여기에 비수와 같은 내용이 담겼다. 함석헌은 "〈할 말이 있다〉부터는 독특한 구어체 문장에 토씨를 생략하는 직절적直截的인 한글 전용의 문장으로 바뀌었는데 〈생각하는 백성이라야 산다〉에서는 더욱 거침없이 노호하는 독설적인 투가 되었다."[3]

함석헌은 20일간이나 구속되었다가 풀려났다. 장준하와 안병욱은 구속은 되지 않은 채 조사만 받았다. 이승만 정권은 지식인과 광범위한 대중의 지지를 받고 있는 이들의 인신을 장기구속해서 이득을 얻을 수 없을 것으로 판단했던 것 같다. 또 그들은 진보당의 조봉암을 옭아매는 등 시급한 정치문제를 코앞에 두고 있었다.

《한국일보》는 《사상계》 필화사건과 관련하여 함석헌과 《사상계》의 표지사진을 싣고 〈보안법에 걸린 나라 없는 백

2   유경환, 〈기둥 잘린 나무―사상계 15년 소사〉, 《광복 50년과 장준하》, 장준하선생20주기추모문집간행위원회 편, 1995, 276쪽.
3   정진석, 《역사와 언론인》, 커뮤니케이션북스, 2001, 203쪽.

성, 함석헌의 필화사건의 전모〉라는 제목 아래 다음과 같이
보도했다.

함씨가 과거 일제시와 해방 후 괴뢰집단 밑에서 4차 투
옥당한 철저한 종교사상가인데다가 무교회주의자라는 좀
이단적인 종교관을 가진 인물로서 지성인 및 기독교인에
널리 알려져 있는 탓인지, 학계와 종교계는 물론 일반사회
에도 큰 파문을 일으키고 있다.[4]

함석헌의 이 글은 당시 편집부장이었던 계창호가 원고를
받아왔다. 그는 글의 제목이 없었던 것을 인쇄소로 달리는 지
프 안에서 〈생각하는 백성이라야 산다〉라고 붙였다.

58년, 이승만 독재정권의 전횡이 점점 심해지자 국민의
원성과 지탄의 소리가 높아가고 이에 맞춰 《사상계》도 반
독재 민주화운동의 정론지로 모습이 바뀌어갔다. 그러던
중 58년 7월, 시국에 대한 경종을 울리고자 청탁했던 함석
헌 옹의 글이 좀체로 들어오지 않았다. 마감일자는 이미
넘어 제작상 더 늦출 수 없는 지경에 이르자 여러 번 채근
끝에 내가 직접 원고를 받으러 원효로 함 선생 댁에 갔다.

━━ **4** 《한국일보》, 1958년 8월 13일.

시간이 촉박해 글을 받아 곧바로 인쇄소로 넘길 참이었다. 집에 찾아간 나에게 함 선생은 홍안에 그 특유의 함박웃음을 지으며 두툼한 원고뭉치를 넘겨주었다. 70매 정도였던 것 같다. 그런데 글의 제목이 없었다. 함 선생은 시간이 없어 미처 못 붙였으니 알아서 붙이라는 것이었다. 할 수 없이 나는 인쇄소로 달리는 짚차 안에서 원고를 읽어보고 〈생각하는 백성이라야 산다〉라고 붙였다. 비분강개하는 글이었으므로 달리 마땅한 제목이 떠오르지 않았다.[5]

함석헌은 필화사건의 와중에 감옥에서 〈"생각하는 백성이라야 산다"를 풀어 밝힌다〉라는 글을 《사상계》 9월호에 다시 썼다. "나는 죽어도 사상이 강제를 당하고 싶지는 않다. 타협도 아니요, 내 한 몸의 편리를 위해 하는 것도 아니다. 될수록 참을 하기 위해 하는 일이다. 참은 스스로 하는 것이요 참 그것을 위해 하는 것이다. 참은 완전한 마음의 자유에서만 될 수 있다"[6]라고 '자유의지'에 대한 변함 없는 신념을 밝혔다.

함석헌은 구속되었을 때 장준하를 신문하던 그 경찰관에게 구타를 당했다. "함 선생이 출감하신 후에 들은 얘기지만 나를 신문하던 바로 그 경찰관한테 구타를 당하였다는 것이다. 그는 말단 경찰관이니 그럴 수도 있다고 하겠지만 더욱

5 계창호, 〈젊음을 불사른 사상계〉, 《광복 50년과 장준하》, 151~152쪽.
6 함석헌, 앞의 책, 81~82쪽.

괘씸한 것은 계장이라고 하는 경찰간부에게도 구타를 당하신 것이다. 함 선생은 그때 60 노인이었다."[7]

　장준하의 8월호의 권두언 〈거족적인 각성을 촉구한다〉는 내용도 권력의 비위에 거슬렸다. 장준하는 함석헌이 구속되어 있는 동안 세 차례나 시경 사찰과에 불려가 조사를 받았고, 검찰에도 한 번 소환되어 신문을 받았다. 검찰은 장준하가 함석헌과 짜고 정부를 공격했다는 내용의 조서를 꾸몄지만 기소하지는 않고 풀어주었다. 《사상계》의 대내외적인 위상 때문이었다. '《사상계》 필화사건'을 전후하여 장준하가 겪은 일을 직접 들어보자(발췌).

　책을 내놓고 열흘인가쯤 후에 갑자기 함석헌 선생이 우리 《사상계》에 쓴 글 때문에 경찰에 붙들려가셨다는 소식이 사社에 들려오더니 시경 사람들이 우리 회사에 와서는 사에 남아 있는 책을 조사하여 억류해놓는 일방 나를 가자 하여 데리고 갔다. 그때 내가 끌려간 곳은 남대문 근처에 있었던 곳으로 소위 '통일사'라는 간판이 붙어 있는 건물이었다. 문 안에 들어서니 이방저방에 업무부, 기획부, 상무실, 전무실 하는 표시가 눈에 띄어 무슨 상사회사 같은 위장을 한 기관임을 알게 되었다. 후에야 그것이 시

■■■ 7　장준하, 《사상계지 수난사》, 장준하문집 3, 사상, 1985, 29쪽.

경분실로 대공사찰을 전담하는 기관이라는 것을 알았다.

그때 나를 취조하던 수사관은 무슨 경사라고 하는데 고약한 인상으로 끈질기게 묻기를 "당신네들 둘이(함석헌 선생과 필자) 공모해서 이런 글을 쓴 게 아니냐? 당신들은 빨갱이보다 나쁜 놈들이다"라고 전제하고 나의 권두언과 함 선생의 〈생각하는 백성이라야 산다〉를 함께 상의해서 쓴 거라고 진술하라는 것이다.

"당신이 함 영감에게 원고청탁을 했고 또 그 원고를 분명히 읽고 나서 잡지에 게재한 것은 사실 아니냐?"고 그 수사관은 나에게 따졌다. 물론 나는 그렇다고 했다. 수사관은 특히 그 대목을 강조하고 조서를 썼다. 그리고 그는 구체적으로 그 논문의 내용을 꼬집어내기 시작했다.

"남한은 북한을 소련·중공의 꼭두각시라 하고 북한은 남한을 미국의 꼭두각시라 하니 있는 것은 꼭두각시뿐이지 나라가 아니다. 우리는 나라 없는 백성이다. 6.25는 그 꼭두각시의 놀음이었다"라는 말은 대한민국의 국체를 부인한 말이 아니냐? 대한민국의 국체를 부인하는 놈은 빨갱이뿐이다. 너도 이 글을 읽어보고도 실었으니 똑같은 놈이라는 것이다. 또 "정부를 비판하기를 김일성 도당들이 비난하듯 하지 않았는가?"라면서 몇 구절을 더 읽어 내려갔다.

하여튼 7, 8시간을 그렇게 시달리다가 그날은 구속되

지 않고 나오고, 그후 4, 5차 같은 식의 환문을 당했으며 심지어는 함 선생이 수감된 서대문형무소까지 나를 끌고 가서 함 선생과의 대질신문을 하기도 했다.

결국 나는 불구속으로 송치된 후 검찰에 한 번 소환신 문을 받는 것으로 끝났고 함 선생도 기소요건을 갖출 수가 없었던지, 사회적 여론과 압력이 너무 컸던 때문인지 기소 를 못하고 그냥 불기소인 채로 20일간의 고생을 당하신 끝 에 석방되고 말았지만, 그때가 함 선생은 일제 때부터 시 작된 다섯 번째의 감옥살이라 하며 60 노인으로서 폭행까 지 당하시는 그 고초를 겪으신 데 대하여는 나의 책임도 컸던 것을 나는 늘 죄송하게 생각하며 잊지 못하고 있다.[8]

장준하는 《사상계》를 발행하면서 많은 양의 권두언을 썼 다. 1955년도부터 1950년대 말까지는 거의 기명으로 권두언을 집필하고, 주간이나 편집위원이 장준하의 의도에 따라 대리 집필하기도 했다. 정국에 중요한 사안이 있을 때는 장준하가 직접 쓰는 경우가 많았으며, 직접 쓴 권두언에는 장준하라는 필자를 반드시 밝혔다.

장준하의 기명 권두언은 뒷날 많은 이야기를 남긴다.

---

8 앞의 책, 27~28쪽.

55년도부터 50년대 말까지는 장준하가 직접 기명으로 집필하였다. 60년대에 들어서는 편집위원 가운데 어느 한 사람이 장준하의 의도대로 대리집필하는 경우가 생기는데 이때엔 집필자를 무기명으로 하여 밝히지 않았다. 그러나 1960년대 사상계가 5.16 군사정권과 극한대결 상태에 들어가고 난 뒤로는 사상계 주간이나 편집위원 가운데 어느 한 사람이 집필하되 장준하의 이름으로 게재한 예외적 경우가 없지 않다. 1965년도 겨울부터는 거의 편집실무의 책임자인 편집부장이 무기명으로 집필 게재하였다. 사상계 권두언 집필자는 엄격한 의미에서(밝혀진 것만으로) 장준하, 신상초, 양호민, 지명관, 유경환 등이다.[9]

---

[9] 유경환, 앞의 글, 273~274쪽.

백지 권두언

이승만 정권은 1960년으로 예정된 제4대 정·부통령 선거에 대비하여 비판세력 제거에 수단과 방법을 가리지 않았다. 정적 조봉암과 함석헌을 구속한 데 이어 12월 19일에는 민주당 의원들이 점심시간에 자리를 비운 틈을 타서 보안법개정안을 3분 만에 국회법사위에서 변칙처리했다. 야당과 무소속 의원들이 국회본회장에서 농성에 들어가자 12월 24일 자유당의 한희석 국회부의장은 경위권을 발동하여 무술경위 300여 명을 동원, 야당의원들을 끌어내게 한 뒤 자유당 의원들로만 보안법개정안 등을 변칙으로 처리했다.

자유당이 폭력을 동원하여 개정한 보안법은 △ 보안법 적용대상의 확대, △ 이적행위 개념의 확대, △ 정부를 참칭하거나 국가를 변란할 목적으로 구성된 결사 또는 집단의 지령을 받고 그 이익을 위해 선전, 선동하는 행위의 처벌규정 신설, △ 군인 및 공무원의 반항·선동행위 처벌규정 신설, △

헌법상 기관의 명예훼손행위에 대한 처벌규정 신설, △ 사법경찰의 조서 증거능력 인정 및 구속기간 연장가능, △ 군 정보기관의 간첩수사에 대한 법적 근거 마련, △ 허위사실을 적시 또는 유포하거나 사실을 왜곡하여 적시 또는 유포하는 행위에 대한 처벌 등의 내용을 담았다.

이 개정안이 국회에 상정되자 야당과 법조계, 언론계는 언론의 자유와 인권보장을 침해하는 악법으로 규정하고 강력히 투쟁했지만, 이승만 정권은 무술경위들을 동원하여 야당의원들을 끌어내고 변칙처리하기에 이르렀다.

1959년 새해를 맞은 장준하는 비장한 마음으로 〈새해는 '민권의 해'로 맞고 싶다〉는 기명 권두언을 썼다.

우리가 이 사업에 첫발을 옮길 제 비록 대해에 일조격인 일일망정 뜻을 '민권의 제고'에 두었었고 행을 그 보위 신장에 옮겨왔음은 자명한 사실입니다. 따라서 우리의 외침은 항상 자성에 그 기점을 두어왔으며 우리의 주장은 "민권의 정립 없이는 나라의 부강도 국민의 태안도 바랄 수 없고, 민도의 향상 없이는 특권의 횡포와 민권의 유린을 막을 길 없다"는 것이었습니다. "자유의 나무는 피를 마시고 자란다"라는 말도 있습니다. 우리가 특권에 항거하여 민권을 쟁취하려는 힘이 자라면 자랄수록 이를 막으려는 무리들의 행위는 날로 악랄해질 것입니다. …… 지각

없는 집권자들에 대한 민의 반항은 항상 민의 희생을 가져왔고 희생의 결과는 더욱더 큰 항거란 형태로 나타났으며 이렇게 하는 동안에 민은 그 자리를 더욱더 굳게 하고 민권을 약탈하려는 무리와 대결하여 결국 단결된 민의 힘으로 그 적을 물리쳤던 것이 선진 민주국민들의 산 체험입니다. …… 민권의 확립은 구국의 원칙이요, 재건의 목표요, 치국의 방향이요, 우리의 공통된 염원이기에 이해를 민권 확립의 해로 맞아 이해를 빛내고 보람 있는 해로 보내고 싶은 마음 간절합니다.[10]

장준하는 1959년 2월호 제작 중에 국가보안법파동(2.4파동)을 지켜보게 되었다. 자유와 민권을 사시로 내걸고 싸워온 장준하에게 이승만 정부의 언론에 재갈을 물리는 보안법개정은 용납할 수 없는 만행이었다.

마침 권두언을 쓰고 있던 참이었다. 장준하는 권두언을 쓸 때 "며칠씩 앓다가도 글귀 하나하나를 마치 피를 토해내듯 혼이 절규하듯 써내려가곤 했다."[11] 장준하는 권두언을 쓰고 있다가 보안법파동을 겪으면서 내용을 바꾸기로 했다. 그리고 고심에 고심을 거듭하고 있었다. 다음은 당시 편집장 계창호의 증언이다.

---

10 《사상계》, 1959년 1월호 권두언.
11 계창호, 앞의 글, 153쪽.

"어떻게 써야 좀더 신랄하고 좀더 적극적으로 이승만의 엉터리짓을 단죄하고 국민이 무섭다는 것을 알릴 수 있을지 선뜻 펜이 안 간다."

"형님, 그럴 것이 아니라 쓰시기도 힘든데 차라리 백지로 내시지요, 백 마디 말보다 더 위력이 있을지 모릅니다. 간디의 무저항이 무력항쟁보다 더 강하지 않습니까?"

"백지로 내면 인쇄가 잘못된 것으로 알지 않을까?"

"아니지요, 권두언 자리 두 면을 테로 두르고 머리에 권두언이란 글귀와 제목을 넣고, 또 끝에 장준하라고 박으면 그렇게는 안 볼 겁니다."

우리 언론사상 초유의 백지 권두언 〈무엇을 말하랴〉는 이렇게 해서 탄생했다. 우리는 글보다 더 강한 무언의 권두언으로 국내외에 엄청난 반향을 일으켰고, 한편으로는 《사상계》의 발행날짜도 지킬 수 있었다.[12]

장준하는 당시의 상황을 다음과 같이 회상한다.

그 자유당 정권의 횡포를 보고 《사상계》는 너무도 허기지고 말할 기운이 떨어져서 〈무엇을 말하랴 — 민권을 짓밟는 횡포를 보고〉라는 제목만 붙인 백지 권두언(통권

■■■■ 12 앞의 글, 154쪽.

67호, 1959년 2월호)을 내놓아 극한적인 항의를 했다. 그래서 그 정권에서는 《사상계》를 마치 무슨 대정부 포격용 포탄쯤으로 위험시했고 심지어 항간에서는 자유당 정권을 넘어뜨린 것은 《사상계》라 할 만큼 그의 비정을 가차없이 매도해왔던 것은 사실이다.[13]

장준하는 이승만 독재정권 12년 동안 야당이나 언론, 학계의 누구보다 치열하게 이승만과 싸웠다. 그것도 무슨 조직이나 집단의 힘이 아닌, 마치 볼테르처럼 붓 한 자루로 맞섰다. 기획특집과 시론, 권두언을 통해 이승만의 비정秕政을 파헤치고 규탄했다. 그래서 나중에는 권두언을 쓸 자유를 박탈당하기도 했다.

장준하는 《사상계》의 백지 권두언을 나중에 또 한 차례 썼다. 1966년 10월 26일 민중당이 주최한 "특정재벌 밀수진상 폭로 및 규탄 국민대회" 연사로 참가하여 행한 연설이 문제되어 구속되었다. 이 때문에 11월호의 권두언을 쓸 수 없었다. 하여 '이 난을 메꿀 수 있는 자유를 못 가져 죄송합니다 — 교도소에서'의 24자를 권두언에 실었다.

'백지사설'은 1984년 《동아일보》 광고탄압 때 익명의 백지광고로 부활되고, 박정희 독재체제에서 《씨올의 소리》 등

■■■ 13 장준하, 앞의 책, 22쪽.

비판적 잡지에서 이어졌다.

장준하의 권두언은 매호바다 '중천금重千金'의 무게를 지니면서, 독재정권을 비판하고 새로운 방향을 제시하는 키잡이가 되었다.

1950년부터 1970년 5월까지의 《사상계》 권두언의 내용을 분석한 글이 있다. 도표를 인용한다.[14]

사상계 권두언 내용분석

년 월	정 치	경 제	사 회	문 화	교 양
1950~1952	–	–	–	–	4건件 100%
1953~1960.4	12건 (16%)	–	27건 (38%)	3건 (4%)	31건 (42%)
1960.5~1965.12	44건 (65%)	13건 (30%)	–	–	10건 (15%)
1966~1970.5	40건 (80%)	8건 (17%)	–	–	1건 (3%)

---

14 변영희, 중앙대 신문방송대학원, 1983년 7월, 박경수, 《재야의 빛 장준하》 해돋이, 1995에서 재인용.

어용교수의 글, 불순광고 게재 거부

장준하가 독재정권의 탄압을 받으면서 《사상계》를 정론지로 키우고 이를 지킬 수 있었던 것은 민주언론에 대한 확고한 신념과 주위에 우수한 인력이 포진하고 있었기 때문이었다. 여기서는 어용교수의 원고와 일본산 피아노광고 게재거부에 대한 사례를 들고자 한다.

이승만 독재가 극한으로 치달으면서 신문과 잡지에서는 이승만 대통령을 찬양하는 글이 하루가 멀다 하고 게재되었다. 《사상계》에도 어용교수로 알려진 서울대 이 모 교수의 글이 '배당'되었다.

〈국부 이승만 박사의 계시啓示한 민주주의의 이념〉이란 제목의 글이었다. 다음은 장준하의 회고다.

어용작가 교수들을 동원하여 정부찬양의 글을 쓰게 해가지고 전국 각 신문잡지에 강제배당하여 게재시킴으로써 한때 '만송족晚松族'이란 말이 세상에 유행어가 되어 떠돌아다니기도 하였던 시절이 있다.

한번은 목사요 철학박사인 당시의 공보처장(지금의 문화공보부 장관과 같음)인 모씨로부터 서울대학교의 이○조 조교수의 명의로 집필된 〈국부 이승만 박사의 게시한 민주주의 이념〉이란 제목의 글을 《사상계》에 게재하기를 바란다는 전갈과 함께 50장 가량의 원고를 공보처 출판과장이 들고 온 것이다. 그 무렵 이 박사를 '국부'라 한 것은 하나도 새로운 것이 없는 것이지만 그분의 가르침을 갖다가 '게시'라고까지 이름 붙여 글에다 쓴 건 나로선 처음 구경한 일이었다. '게시'란 말할 것도 없이 사람의 지혜로 알 수 없는 것을 신이 가르쳐 있게 한다는 뜻이 아닌가? 요샛말로 말해서 참 웃기는 일이라고 아니할 수 없고 오늘날 생각할 때 자유당 정권이 넘어진 게 참 우연이 아니라는 생각도 든다. '국부'라 하는 것만으로는 안 되겠으니 이제 신격화시키자는 모양인데 못된 정권일수록 이런 간악한 아첨배들의 밑에 붙어서 갖은 교묘한 발상법으로 그 정권의 운명을 재촉하는 법인 것이다(중략).

우리 《사상계》 관계자들 중에는 후일 보복을 두려워하여 어떻게 제목만을 적당히 고쳐서 실어보자는 측도 있었지만 나는 단호히 이를 거절하고 그 원고를 되돌려보내고 말았다. 그런 걸 실어가며 구차히 목숨을 부지해 나가느니

차라리 죽게 되면 죽자는 비장한 생각이었던 것이다. 그렇게 생각할 수밖에 없는 것은 바로 그 공보처장은 '광무신문지법'까지 원용하여가며 당시의 유력 일간지 《경향신문》을 폐간시킨 관록(?)을 지닌 분이었기 때문이다. 이렇게 하여 그 무렵 그런 종류의 글을 다른 신문, 잡지에서는 거의 매호마다 계속하여 싣지 않고는 못 견디던 때인데도 우리 《사상계》만은 단 한 번도 안 싣고 말았다.[15]

당시 이승만 정부는 가장 격렬한 논조의 야당지 《경향신문》을 미 군정법령 88호를 적용하여 폐간시켰다. 표면상의 이유는 59년 1월 11일자 사설 〈정부와 여당의 지지멸렬상〉에서 스코필드 박사와 이기붕 국회의장 간의 면담사실을 날조, 허위보도했고, 2월 4일자 단평 〈여적〉이 폭력을 선동했으며, 2월 15일자 홍천 모 사단장의 휘발유 부정처분 기사가 허위사실이고, 4월 15일자 이승만 대통령 회견기사 〈보안법 개정도 반대〉가 허위보도라는 것 등이었다. 그러나 실제적 이유는 《경향신문》의 강력한 정부비판에 대한 보복이었다. 《경향신문》은 폐간된 지 361일 만인 1960년 4월 27일 4월 혁명과 함께 복간되었다.

이런 상황에서 장준하가 정부에서 '배당'한 이승만 대통

---

15 장준하, 앞의 책, 22~23쪽.

령 찬양논문을 싣지 않고 돌려보낸 것은 폐간을 각오하지 않으면 하기 어려운 결단이었다. "자유당 치하의 우리 《사상계》의 역사는 수난사라기보다는 투쟁사라고 하는 것이 맞겠다. 그것도 항상 이기는 투쟁사였다." [16]

다음은 박정희 정권 시기에 일어난 일이다. 《사상계》 광고 부장의 증언이다.

나는 어느 날 큰 광고주 하나를 만나게 되었다. 다름 아닌 야마하피아노 한국 대리점이 개설되어 피아노광고를 1년 계속해서 게재해달라는 부탁을 받고 광고신탁서를 받아온 나는 신바람이 나서 《사상계》에 와서 편집부에 보고했다. 다음날 장준하 사장께서 나를 좀 보자고 하시더니 근엄한 표정으로 광고를 주문받아 오느라 수고했지만 그런 광고는 우리 《사상계》에 게재할 수 없으니 되돌려주라고 말씀하신 그분의 모습은 지금도 잊을 수가 없다. 그 광고의 제품이 바로 일제 피아노였기 때문이다. [17]

16 앞의 책, 23쪽.
17 임광수, 〈그런 광고는 사상계에 안 되오〉, 《광복 50년과 장준하》, 221쪽.

4.19혁명기의 《사상계》 깃발

 명색이 민주주의를 내세운 나라에서 언론에 재갈을 물리
거나 신문사를 폐간하고, 대통령을 '국부'라 부르고, 그의 말
을 '계시'라고 떠받드는 어용교수들이 설친다면 동맥경화 말
기증세다.

 이승만 정부는 1960년 3월 15일 제4대 정·부통령 선거를
정상적인 방법으로는 승산이 없음을 알고 관권을 총동원한 엄
청난 부정선거를 저질렀다. 4할 사전투표, 3인조·9인조 공개
투표, 완장부대 동원 유권자 위협, 유령 유권자 조작과 야당성
유권자 기권강요, 투표함 바꿔치기, 개표 때의 혼표와 환표,
득표수 조작발표 등이 그것이다. 한 마디로 '선거라는 이름의
강도행위'였다.

 부정선거를 보고도 궐기할 줄을 모른다면 그것은 민주주
의를 누릴 자격이 없는 국민이다. 영국의 《더 타임》은 이승만
정권의 민주주의 압살정치를 평하여 "한국에서 민주주의를

바라기는 쓰레기통에서 장미가 피기를 기대하는 것보다 더 불가능하다"고 혹평했다.

대구학생들의 2.28 시위, 3.15마산 시위에 이어 전국 대학생들의 시위는 마침내 4.19혁명으로 폭발했다. '4.19 피의 화요일'에는 서울에서 100여 명, 광주에서 8명, 부산에서 19명 등 전국에서 186명이 사망하고, 6026명이 부상당하는 엄청난 희생이 발생했다.

1960년대 초에 《사상계》 기자를 지낸 노종호는 《사상계》의 편집역점과 역할을 네 시기로 구분했다.

제1기는 계몽지·교양지적 성격이 두드러지게 드러나는 시기로서, 1953년 창간에서부터 1958년에 걸치는 6년간이다. 대체로 이 시기에 학생층에 많은 독자를 갖고 있었는데, 철학·역사·교육·사회·문화예술과 관련된 지적 갈등을 풀어주었다고 평가된다.

제2기는 정치평론적 성격이 두드러진 시기로서, 1959년에서 1962년에 걸치는 4년간이다. 이 시기는 정치적 변동이 격심해지는 시기로서, 자유당 정권말기에서 4.19혁명과 이박사의 하야, 민주당 정권의 탄생과 혼란, 5.16군사쿠데타와 민주당 정권의 붕괴 그리고 군정이라는 격변의 소용돌이 속에서 《사상계》는 정치정세와 변화에 민감하게 반응하면서, 반독재·반부패·반봉건의 필봉을 휘두르면서 민주정치의

원론을 제시하는 데 주력하였다.

제3기는 정치투쟁적 성격이 두드러진 시기로서, 1963
년에서 1965년에 걸치는 2년간이다. 이 시기는 언론인으
로서의 장준하 선생이 야당정치인, 반체제 민주투사, 통일
운동 지도자로서 그 역할이 바뀌어지는 시기라 할 수 있
다. 이를 《사상계》 쪽에서 보면 《사상계》의 중심지도력이
해체되는 시기, 공동화되는 시기라 하겠고, 이로써 《사상
계》의 시대적 임무와 역할이 끝나게 되는 시기라 할 수 있
을 것이다.[18]

이 분류에 따르면 1960년은 《사상계》 제2기에 속한다. 장
준하는 1960년 《사상계》 4월호의 권두언에서 부정선거를 자
행한 정부·여당과 지식인들을 신랄하게 규탄한다(발췌).

이름일망정 민주국가인데 그 집권당의 횡포가 이처럼
혹독할 수 있으랴. 공명과 영달에만 현혹되어 거의 광적으
로 날뛰는 그들은 일당독재의 실을 확연히 노출시켰고 일
부 악질지도층은 악랄한 공산당의 수법으로 백성의 수족
을 꽁꽁 묶어버리려 들고 있었다.

더욱 가슴을 아프게 한 것은 부정과 불의에 항쟁은 못

━━ **18** 노종호, 〈나에게 사상계가 의미하는 것〉, 《광복 50년과 장준하》, 212~213쪽.

할망정 오히려 야합하여 춤춘 일부 종교가·작가·예술가·교육가·학자들의 추태다. 선거통에 한몫 보자고 교우敎友의 수를 팔아가면서 쪽지를 들고 돌아다니는 목사·장로 따위의 축복을 바라고 그가 높이 든 팔 아래 머리를 숙이고 '아멘'으로 화창한 신도들에게 신의 저주가 임할 것이다.

지조 없는 예술가들이여, 너의 연기는 독부의 미소 띠운 독약 섞인 술잔이다. 부정에 반항할 줄 모르는 작가들이여, 너의 붓을 꺾으라. 너희들에게 더 바랄 것이 없노라. 양의 가죽을 쓴 이리떼 같은 교육자들이여, 필을 던지고 관헌의 제복으로 갈아입거나 정당인의 탈을 쓰고 나서라. 너희들에게는 일제시대의 노예근성이 뿌리 깊이 서리어 있느니라. 지식을 팔아 영달을 꿈꾸는 학자들이여, 진리의 곡성은 너희들에게 반역자라는 낙인을 찍으리라.[19]

장준하는 《사상계》 1960년 2월호부터 〈콘론 어쏘시에츠 보고서―동아시아에 있어서의 미 외교정책〉을 4회에 걸쳐 번역 소개했다. 앞으로 10년 동안 아시아의 주요 동향을 분석하여 정책행동의 노선을 마련하고자 작성된 '보고서'는 한국과 관련하여 "지난 10년 아니 반세기의 제 조건을 생각해볼

<hr>

19 장준하, 〈창간 7주년 기념호를 내면서〉, 《사상계》, 1960년 4월호, 16~17쪽.

때 민주주의의 외형이나마 현존하고 있다는 것은 아마 기적에 가까울 일이다. 그럼에도 불구하고 지금 곧 민주주의의 제제도는 극히 심한 시련에 직면하고 있으며 그 결과는 예측할 수 없다"[20]고 분석했다.

　　이 '보고서'는 한국 정치의 대단히 민감한 부문을 다루고 있었다. "군대나 경찰의 내부에는 정변이 가깝다는 것을 느끼고 있는 자가 많으므로 지금 당장 군대나 경찰을 강압적 목적을 위해 이용할 수는 없다." "한국의 정치적 장래는 불투명하다. 만일 이 대통령이 1960년의 선거 전에 사망하더라도 자유당은 아마 무슨 수단을 써서 민주당의 장면 부통령을 취임 못하게 하여 정권을 유지할 것이다. 그러나 결국에 있어서 이 대통령의 사망 또는 은퇴는 보수 정당 사이에 어떠한 정당 재편성의 움직임이 생기게 될 것이다." "만일 정당 정부가 완전히 실패하면 언제나 한 번은 군사지배가 출현할 것이라는 것은 확실히 가능하다. 그러나 가까운 장래에 그것이 발생될 것 같지는 않다."[21]

　　장준하가 〈콘론 어쏘시에츠 보고서〉를 입수하여 4차에 걸쳐 《사상계》에 실은 것은 정치변동의 기미를 예측하고 있

---

20 《사상계》, 1960년 1월호, 124쪽.
21 앞과 같음.

어서일 가능성이 있다. 아니면 이 보고서를 통해 변동가능성
을 예측했을 수도 있었을 것이다.

'민권승리'의 기념호

마침내 4.19혁명이 폭발했다. 4.19의 날 시위군중들은 당시 경무대(현 청와대)와 중앙청, 국회로 행진하면서 어용신문사에 불을 지르고 《사상계》의 깃발을 달고 있는 지프에는 환호성을 보냈다. "나는 이기붕 가의 가재도구가 길거리에서 불타는 것을 보았다. 그리고 넘쳐흐르는 군중 속을 대형 사기社旗를 휘날리며 질주하는 《사상계》의 짚차를 눈물을 흘리며 바라보았다"[22] "4월 19일 두 분(함석헌과 장준하-저자)이 학생들과 시민들을 한청빌딩에서 지켜보시던 모습은 묵묵히 역사의 격류 속으로 되새기고 있는 것같이 보였다."[23] "4.19혁명의 대열이 서울 종로 화신 앞에서 종로5가에 이르기까지 한길을 가득 메웠을 적에, 그들이 한청빌딩의 사상계 깃발을 보고 외치던 환호는, 당시 편집실 근무스텝에게 영원히 잊지

▬▬▬ **22** 계창호, 앞의 글, 155쪽.
▬▬▬ **23** 이문휘, 〈문화강연회 기치를 높이 들고〉, 《광복 50년과 장준하》, 162쪽.

못할 감격을 안겨준다."[24]

4.19혁명기에 《사상계》의 위상을 보여주는 증언이다. 장준하는 4.19혁명 직후, 이미 썼던 5월호의 권두언을 바꿔서 새로 썼다.

"자유라는 나무는 피를 마시며 자란다"고 하는 말이 있습니다. 이 말은 서구사회의 민권운동이나 미국 시민들의 자유를 쟁취하기까지의 노정이 가장 잘 압축되어 표현된 말인 줄 압니다. 실로 '자유'니 '민권'이니 하는 말은 그저 안일한 농담이 아니고 이것을 찾으려는 '전사들의 피'로 새겨놓은 말들임을 뚜렷이 볼 수 있습니다. 한국의 민권운동도 이제 피를 흘리기 시작하였으니 만방의 자유민들 앞에 머리를 들 수 있게 된 것입니다. 천인이 공노할 관권의 야만적 횡포 아래서도 그저 울고만 있는 유약한 백성이란 낙인은 우리에게 다시는 찍혀지지 않을 것입니다. …… 여기에서 절실히 요청되는 것은 전국의 지성과 용기를 모음에 총명을 기울이는 일입니다. 확실히 우리 민족은 희망이 있는 민족입니다. 부정을 거부하고 악에 항쟁할 줄 아는 민족입니다. 이 민족의 자유와 민권을 위한 투쟁은 반드시 성취될 것입니다. 관권의 어리석음은 물러갈 것입

24 유경환, 앞의 글, 284쪽.

니다. 참된 민주사회는 건설될 것입니다. 자유와 민권은 어느 누구로부터 주어지는 것이 아닙니다 오직 민의 손으로 쟁취되는 것일 뿐입니다.[25]

1960년 6월호는 혁명 뒤 처음으로 4.19혁명의 기획특집으로 만든 《사상계》다. 표지 밑에 "민중의 승리 기념호"라는 타이틀과 특집 세 가지를 제목으로 뽑았다. 〈4월 혁명의 성격〉 〈제2공화국의 방향〉 〈제1장 제1과〉 그리고 화보 〈피의 화요일〉을 각각 게재하였다.

4월호는 그야말로 '민중의 승리 기념호'였다. 〈피의 화요일—자유의 여신은 부활하였다〉의 사진화보는 15쪽에 33컷을 실었다. 학생시위와 경찰의 폭력, 대학교수단의 시위, 태극기를 들고 총에 맞아 쓰러지는 학생의 모습, 불타오르는 신문사, 파고다공원에서 이승만의 동상을 무너뜨려 새끼줄로 끌고다니는 시민들 그리고 도망치듯 망명길에 오른 이 대통령의 초췌한 모습까지를 담았다. 4월 혁명의 생생한 기록화보집이었다.

'혁명기념호'답게 알찬 내용으로 꾸몄다. 주요 목차는 〈폭풍을 뚫은 학생제군에게〉(유진오), 〈학생과 자유민권운동〉 (김성식), 〈이승만 폭정의 종언〉(신상초), 〈리禾의 시대와 의義

---

25 〈민권전선의 용사들이여 편히 쉬시라〉, 《사상계》, 1960년 5월호 권두언.

의 시대〉(안병욱), 〈군인=침묵의 데모대〉(이만갑), 〈현대사와
자유민주주의〉(민석홍), 〈4.19와 민족의 장래〉(류달영), 〈혁명
에서 운동으로〉(고병익), 〈나의 부통령 재직 4년〉(장면), 〈어용
학자군의 숙정〉(태윤기), 〈국토통일의 가능성〉(조순승), 〈지성
인과 독재〉(이봉구), 〈제2공화국 헌법의 경향〉(한태연), 〈혁명
의 현단계와 금후〉(부완혁)였다.

　4월 혁명 특집에서 시인 박두진은 〈우리들은 깃발을 내린
것이 아니다〉에서 이렇게 썼다.

　　　우리는 아직도
　　　우리들의 깃발을 내린 것이 아니다.
　　　그 붉은 선혈로 나부끼는
　　　우리들의 깃발을 내릴 수가 없다.(후략)[26]

　신동문은 〈아ー신화같이 다비데군群들〉에서 다음과 같이
외쳤다.

　　　서울도
　　　해 솟는 곳
　　　동쪽에서부터

_____ 26 《사상계》, 1960년 6월호, 344쪽.

이어서 서 남 북
거리거리 길마다
손아귀
돌 벽돌알 부릅쥔 채
떼지어 나온 젊은 대열
아 — 신화같이
나타난 다비데군들.(후략)[27]

《사상계》는 이해 1월호부터 황순원의 소설 〈나무들 비탈
에 서다〉를 연재하기 시작했다. '나무'는 이때의 청년, '비
탈'은 정상적이지 못하는 한국의 정치·사회상을 상징하는
소설이었다. 4월 혁명을 예상한 듯한 기획이고 줄거리였다.

장준하는 6월호 《사상계》의 권두언 〈또다시 우리의 향방
을 천명하면서〉에서 결연한 의지로 앙시앵레짐(구체제)의 청
산과 혁명과업완수를 천명했다. 장준하는 4월 혁명의 주체는
지식인과 학생이라고 주장했다(발췌).

'4월 혁명'은 자유민권의 선각자인 이 땅의 지식인들
의 손에 의한 혁명이다. 그 기반을 닦아온 것은 정객들보
다도 양심 있는 이 나라의 교수들과 교사들을 포함한 지식

───── **27** 앞의 책, 353쪽.

인들이요, 이에 박차를 가해준 것은 신문이나 잡지들을 포함한 매스콤의 힘이요, 그 불길이 되어 탄 것은 가장 감수성이 강하고 정의감이 가장 두터운 학도들이었음이 분명하다. 혁명군중의 입에서 어떤 정당의 만세를 외치는 구호를 찾아볼 수 없었던 것은 말할 것도 없고 지금 혁신을 부르짖는 어떠한 정치인에게도 깃발을 들어달라고 하지 않았다. 경무대 어구에서, 광화문 네거리에서, 마산의 부둣가에서 또한 전국 각지에서 독재자의 흉탄에 피를 뿌리며 쓰러지던 젊은이들이 최후까지 외치던 구호는 '자유'요, '민권'이요, '대한민국 만세'였었다. 이 땅에 혁명을 가져온 모든 젊은이들의 가슴속에는 오직 독재를 물리치고 '자유'와 '민권'을 완전히 누릴 수 있는 복된 나라 대한민국을 이룩하겠다는 정성뿐이었음을 역연히 볼 수 있다.

10유여 년의 부패와 독재의 마전魔殿은 무너진 듯하다. 그러나 이 마궁에서 흩어진 군마群魔들은 우리 사회의 구석구석을 파고들고 있음이 확실하다. '정의情誼'라는 탈을 쓰고 '돈'이라는 선악과를 내어놓으며 '정치'라는 간판을 들고 다시 이 사회를 부패시키려 들고 있어 전비前非를 되풀이하게 되지나 않을까 하는 생각이 들어 모골이 송연함을 느끼게 된다.

우리는 또다시 민중의 편에 서노라. 완전한 복지국가가 이룩되는 날까지 여하한 정당에게도, 정권에게도 대결하여 민중과 더불어 싸우겠노라. 감시자의 전위의 대열에 서겠노라. 혁명은 아직 그 전도가 요원하다. 마음의 혁명 없이 제도만을 바꾼들, 사상적 기초 없이 독재자만을 제거한들 또 다른 형태의 독재나 또 다른 모양의 부패를 어떠한 방법으로 막을 것인가.[28]

4월 혁명기에 《사상계》는 전성시대였다. 포악한 독재와 싸우면서 민권쟁취에 앞장선 장준하와 《사상계》에 국민은 아낌없는 성원과 갈채를 보냈다. 1955년 12월에 1만 부를 돌파한 《사상계》는 1956년에 발행부수가 3만을 넘어 계속 유지되다가 1958~1960년에는 8~9만 부에 이르렀다. 특히 1960년 6월호는 10만 부가 넘었다. 당시 《동아일보》《조선일보》의 발행부수가 7~8만 부 수준일 때 《사상계》가 이들 일간신문을 크게 제친 것이다.

그 시절(내가 기자로 일한 1958~1960년) 《사상계》는 가히 전성기를 맞은 때로 이 나라 잡지사상 최고 발행부수(8~9만 부, 당시 국내 중요 일간지의 실제 발행부수가 10만 부를 넘지 못했다)와 연조를 함께 누리고 "사상계를 읽지 않는 대학생은 대학생이 아니다"라는 말이 세상에 생겨났으리만큼

▬ 28 《사상계》, 1960년 6월호 권두언.

명실상부한 대학생, 지성인의 반려가 되었다. 서점에서
《사상계》만은 봉투에 담아 팔지 않고 그대로 들고 다니던
것이 유행이고 자랑이었기도 하였다.[29]

■■■ 29 박경수, 〈죽음을 각오한 장 선생의 맞서기〉, 《광복 50년과 장준하》, 172쪽.

전국순회 문화강연회와 《사상문고》 발행

1950년대 장준하는 《사상계》의 발행 이외에도 몇 가지 의미 있는 일을 더했다. 앞에서 소개한 바 있는 학술지의 발행 뿐 아니라 1954년부터 '사상계 신인상'을 제정하여 신인 등용의 길을 만들었다.

1959년 8월부터는 '전국순회문화강연회'를 열었다. 내세우기는 '문화강연'이었지만 이승만 정권말기의 폭정을 비판하고 민중들의 의식을 일깨우기 위한 장준하의 국민교육운동의 일환이었다. 첫 번째 순회강연회는 8월 16일부터 전국 16개 도시에서 개최되었다. 연사는 함석헌, 장준하, 황산덕, 한태연, 안병욱, 양호민, 김하태, 이길상 등이었다. 《사상계》 편집위원을 비롯하여 저명한 인사들이 참여하고, 지방에서는 보통 500~1000명 이상의 청년과 학생들이 몰려와 성황을 이루었다.

장준하는 또 《사상문고》와 《현대사상가총서》를 발간하여 청년·지식인들의 민주주의이념 교육에 기여했다. 《사상문고》는 1950년대 말부터 1960년대 초까지 우리나라 최초의 문고 시리즈다. 문고에 소개된 책은 대부분 세계사상과 철학을 중심으로 대학교수들이 번역을 맡았다. 수첩만한 크기 《사상문고》의 가격은 담배 한 갑 수준이어서 학생들이 크게 부담 없이 사서 읽었다.

《현대사상가총서》의 기획 역시 100권을 목표로 1960년에 시작하였다. 첫해에는 안병욱의 《키엘케골》, 황산덕의 《막스 웨버》, 하기락의 《니이체》, 김준섭의 《럿셀》이 간행되었다. 이밖에 이진숙의 《프로이드》, 민병태의 《라스키》, 김하태의 《듀이》, 정석해의 《베르그송》, 이양하의 《엘리옷》, 김두희의 《케인즈》, 이종우의 《야스퍼스》, 권영대의 《아인슈타인》, 박종홍의 《하이덱커》 등이 예정되었다. 뒤이어 5.16군사쿠데타가 일어나고 《사상계》의 사정이 어려워지면서 《사상문고》와 《현대사상가총서》가 이어지지 못한 것은 안타까운 일이다.

제 12 장
제2공화국 참여와 반군정 투쟁

무릇 민주정치의 발전을 위해서는 굳건하고도 탄력성 있는 지도력과
무거운 책임이 수반되지 않으면 안 된다. 본지는 상금도 자중자애,
신중과 인내를 견지하고 있으나, 여기에도 스스로 한계가 있는 것이다.
만일 현 국회와 정부가 이 이상 우유부단과 무능, 무계획을 일삼으면서
그 정치적 책임의 수행을 망각한다면, 본지는 새롭고도 힘찬
민족적 자활의 길을 개척하기 위하여 가차 없는 투쟁을 전개하지
않을 수 없음을 또한 첨부해두는 바이다.

– 장준하, 《사상계》 창간 8주년 기념호, '권두언' 중에서

혁명과업에 대한 인식

　　지식인(선비)의 정치참여를 두고 예부터 논란이 많았다. 공자의 주장은 명쾌하다. "나라에 도가 섰을 때는 나서야 하고, 도가 깨지면 나서지 말아야 한다." 나라가 왕도王道일 때는 나서도 되지만 패도覇道일 때 공직을 맡아서는 안 된다는 것이 유교사회의 올곧은 기준이었다.

　　4월 혁명으로 이승만 독재는 종언을 고하고, 허정의 과도정부에 이어 내각책임제 개헌에 따라 실시된 총선으로 장면 민주당 정부가 수립되었다. 그동안 반독재투쟁을 벌여온 민주당은 집권과정에서 신구파로 분열하고, 신파의 장면이 간신히 내각책임제의 첫 국무총리에 취임했다.

　　장준하는 4월 혁명을 지식인 중심의 혁명으로 인식하면서, 혁명과업을 성취하기 위해서는 지식인의 역할과 책임이 중요하다고 판단했다. 당시 《사상계》를 중심으로 엮어진 지식인 그룹은 어느 대학이나 언론사에 못지않은 유능, 유력한 집단이었다. 이 같은 현상은 박정희 정권 때도 마찬가지였다. 세간에서는 '사상계 그룹'을 섀도캐비닛(예비내각)에 비유하기도 했다. 실제로 《사상계》 편집위원 중에 국무총리나 장관에 기용된 사람도 여럿 있었다.

장준하는 참으로 '인복人福'이 많은 사람이다. 독립운동 시절 귀국하여 김구 주석을 모실 때 그리고 《사상계》 시절에 한국의 대표적인 지식인들과 교우관계를 맺게 되었다. 여기에는 《사상계》가 한 시대의 지성과 양식을 대표하는 잡지이기 때문이기도 했지만 장준하 개인의 겸손한 품성과 학구적인 인품에 기인한 바도 적지 않았다. 그는 《사상계》의 경영이 대단히 어려울 때도 필자의 원고료를 거르지 않았고, 빚을 내서라도 필자·학자들을 융숭히 접대했다. 지식인을 대접할 줄 아는 지식경영인이었다. 자기 집 한 칸 마련하지 못한 처지에서도 동지들의 어려움을 들으면 망설이지 않고 도왔다.

그래서 그의 주변에는 항상 인재들이 모였다. 따라서 장준하는 《사상계》 편집위원을 최고의 전문인재로 선임했다. 장준하가 민주당 정부에 참여하게 된 데는 편집위원인 김영선이 교량역할을 했다.

"그는(장준하―저자) 4.19혁명과 성취를 위한 지식인 집단으로서의 《사상계》 차원의 활동을 모색하게 되었다. 그것은 《사상계》 동인이었던 김영선과의 교류를 계기로 이루어졌다."[1] 4월 혁명의 역사적 책무의식에 빠져 있던 장준하에게 김영선이 참여의 길을 튼 것이다.

김영선은 장면 국무총리와 가까운 경제통으로 민주당
정권이 수립되자 재무장관이 되었다. 《사상계》의 동인 중
의 일원이었던 그는 장준하와도 가까운 사이였다. 하여,
《사상계》 내에 '국제연구소'를 설치하기로 합의하고, 《사
상계》 편집위원들을 주축으로 한 국내의 학계·언론계·
문화계·경제계의 저명인사 30여 명을 연구위원으로 위촉
하여 활동을 개시했다. 첫 사업이 30여 명 모두에게 연구
착수금을 지급하고 연구과제를 주어 그중 10여 개 완성된
논문을 《사상계》 특별부록으로 출간했다.[2]

《사상계》 1961년 2월호부터 5월호까지 3회에 걸쳐 발표된
논문은 이갑섭의 〈외국원조 도입의 제 문제〉, 박기순의 〈무역
정책의 방향〉, 나웅배의 〈우리나라 재정의 구조문제〉, 박동묘
의 〈곡가정책의 문제점과 그 혁신책〉, 최철주의 〈농지개혁과
한국농업〉, 한웅빈의 〈한국 농업금융의 이상책〉 등이다.
장준하는 《사상계》가 집권당 정책산실의 역할을 한 데 대
해 다음과 같이 언급했다.

■■■ 1 김기승, 〈제2공화국과 장준하〉, 《한국민족운동사연구》 34호, 2003, 117쪽.
■■■ 2 장준하, 《사상계지 수난사》, 장준하문집 3, 사상, 1985, 32쪽.

이렇게 되자 《사상계》는 잡지사라기보다 오히려 나라 정책 산실과도 같은 것이 되었으며, 종래에는 국정에 관한 토론이라도 잡지를 만들기 위한 것이었지만 그 후부터는 직접 국정에 반영시키기 위한 것이라는 그 생각이 앞섰던 것이 사실이었다.[3]

장준하는 이승만 치하에서 《사상계》의 정치적 중립을 고수해왔던 원칙을 바꾸어 장면 정부의 '정책산실'의 역할을 하게 된 것을 두고 뒷날 "후회도 되지만 그때로서는 부득이"[4]한 바도 없지 않았다고 회고했다. 그리고 '부득이'한 이유를 다음과 같이 설명했다.

첫째는 오매에도 잊을 수 없이 지긋지긋하였던 독재(자유당 정권)가 쓰러지고 바야흐로 나라가 자유의 신천지가 되려는 그 시점에 그 나라를 피안의 잔칫집으로만 건너다 볼 수는 없는 것이고, 둘째는 이 땅에 난생 처음으로 민중의 힘으로 쟁취한 민주주의가 시작되는 것으로 그 유아적인 민주주의를 기르는 데 정치하는 사람에게만 맡겨서는 힘이 부친다. 그러니 우리가 도움을 주어 함께 길러나가자. 이런 생각이 《사상계》의 전 동인들의 일치된 견해였

3 앞의 책, 32~33쪽.
4 앞과 같음.

고, 셋째는 그 건의 당사자인 김영선 장관 자신이 우리의 중요한 동인으로 늘 생각을 같이하여온 사람이기 때문에 그의 의견은 곧 우리 전 동인의 의견이나 같은 것이었다는 그것 등이었다.[5]

5 앞과 같음.

국토건설본부의 책임 맡아

　장면 정권은 출범하면서 '경제 제일주의'를 천명하고 1961년을 '경제건설 출발의 해'로 설정하여 경제건설을 본격적으로 추진했다. 이때 제시한 경제정책의 골자는 첫째, 국민정신의 혁명을 위한 국토건설사업의 시행 둘째, 제1차 경제개발 5개년 계획의 수립이었다.[6] 이 중에 국토건설사업은 국민 대다수와 직접 관련된 사업으로 장면 정부가 심혈을 기울여 추진한 역점사업이었다.

　새 정부는 국토건설사업을 통해 국민에게 가시적인 성과를 보여주고 싶었고, 무엇보다 심각한 실업자 구제의 방안으로는 이만한 정책도 찾기 어려웠다. 그래서 정부는 이 사업의 추진을 위해 국토건설본부를 설치하고 장면 국무총리가 직접 담당하게 되었다. 장면 정부가 이 사업을 얼마나 비중 있게

6　〈1961년 국민경제의 전망〉,《경제조사월보》, 제6권 제1호, 부흥부, 1961, 11～12쪽.

여겼는가를 '본부장＝총리'의 조직에서도 알 수 있다. 장준하는 기획부장을 맡아 사업을 추진했다. 국토건설본부의 조직은 다음과 같다.

　　본부장 : 장면 국무총리
　　기획부장 : 장준하(사상계 사장)
　　관리부장 : 신응균(국방부 차관보)
　　사회홍보부장 : 이만갑(서울대 교수)
　　기술부장 : 최경열(토목학자)
　　간사 : 유익형, 박경수

　　국토건설본부의 인사는 국무총리를 제외하면 모두 장준하와 《사상계》 인맥이었다. 명실상부하게 '사상계팀'이 정부의 핵심국책사업의 책임을 맡게 된 것이다. 새 정부의 실력자가 된 재무장관 김영선의 적극적인 권유 때문이었다. 김영선 장관은 장준하의 능력과 비중, 《사상계》 그룹의 역량을 익히 알기 때문에 총리에게 이를 추천했고, 마침내 일이 성사된 것이다.
　　장준하는 1961년 2월 초 서울대학교의 한 강연회에서 국토건설사업의 4가지 원칙을 밝혔다.

　　첫째, 국토건설을 하자면 국민여론을 존중하여야 한

다. 따라서 국민여론에 따른 국민운동을 전개할 것.

둘째, 원조국가의 요구와 우리의 필요성이 일치되는 점만 종합적으로 취급한다. 즉 국가이익에 부합되도록 해야 한다.

셋째, 원조물자를 재생산될 수 있는 사업에 쓸 것, 따라서 자손만대에 부끄럽지 않은 사업을 이룩해보자.

넷째, 국민에게 희망을 줄 수 있는 사업, 국민 앞에 내놓을 수 있는 사업, 즉 금년 내로 완성시키는 사업에 집중시켜보자.[7]

장준하는 국토건설사업을 추진하기 위하여 국토건설대를 설치했다. 사무직 1614명, 기술직 452명의 요원을 선발하여 국토건설의 현장감독 역할을 맡겼다. 이들을 교육한 강사진은 장준하와 함석헌, 박종홍, 류달영 등 각계의 명사들이다. 이들은 정신, 사상교육을 통해 요원들을 정신무장시켰다. 국토건설사업은 장면 정권이 짧은 기간에 추진한 가장 효과적인 것으로서 장준하의 열정이 배인 사업이었다.

장준하가 국토건설본부를 운영하면서 직면한 어려움이 적지 않았지만, 그중에서도 이 사업을 일선에서 시행할 '요원'들의 처우문제가 심각하게 제기되었다. 이들의 신분문제 때문이

<hr>

7 김기승, 앞의 글, 재인용, 121쪽.

었다. 국토건설요원들은 민주당 정부가 새로 출범하는 시점에서 행정쇄신을 기하기 위하여 대학을 갓 나온 졸업자 중에서 선발한 사람들이었다. 공무원 신분이 아닌 데다가 아직 행정기관에 배치되기 전이기 때문에 신분이 애매했던 것이다. 게다가 4월 혁명의 주역임을 자부해온 이들은 기개가 이만저만이 아니었다. 일반행정직 관료들과는 의식이 달랐다.

그러한 동태(요원들의 동요-저자)를 알았는지, 장준하 기획부장은 서울대학교의 문리대 강당에서 있은 국토건설요원들에 대한 오리엔테이션 과정에서 자기 자신도 요원들과 같이 빵조각을 저녁식사 대신 씹으면서 밤늦게까지 기탄 없이 의견을 교환하고 성심성의 소신을 피력하는 노력을 기울였다. 그 때문에 동요하여 이탈할까 생각했던 요원들도 마음을 돌려, 그렇다면 다시 마음을 잡고 나라를 위해 한 번 일을 해보겠다고 다짐할 만큼 요원들간의 분위기가 일신되었다고 한다.[8]

"혁명적 과업을 비혁명적 방법으로 수행한다"는 민주당 정부의 국정수행은 엄청난 도전에 직면했다. 12년 독재에서 풀려난 국민들은 제각기 목소리를 냈고, 시민·학생들에게

━━━ 8 이만갑, 〈국토건설사업과 장준하 선생〉, 《광복 50년과 장준하》, 장준하선생 20주기추모문집간행위원회 편, 1995, 106쪽.

총질을 했던 공권력의 전위인 경찰은 무력한 상태에 빠져 있었다. 민주당 구파에서 분당한 야당은 함께 반독재투쟁을 하고서도 집권경쟁에서 패배했다는 감정 때문에 장면 정권을 사사건건 집요하게 공격했다. 따라서 '혁명과업'은 지체되고 "데모로 날이 밝고 데모로 날이 저문" 혼란상이 이어졌다. 국민의 기대욕구는 충만했지만 현실적 여건은 이를 충족시키기가 쉽지 않았다.

장준하는 이 기간에 《사상계》의 일보다 국토건설사업에 더 열중했다. 그래서 제2공화국 9개월 동안 《사상계》 권두언을 3회밖에 쓰지 못했다. 그만큼 '국토사업'에 열정을 쏟았다.

그 자신의 본업이라고 생각했던 《사상계》 일을 소홀히 할 만큼 그는 민주당 정권에서 추진하고 있는 사업에 전심전력을 기울였다. 그렇기 때문에 그는 민주당 정권의 정책 하나하나에 대해 구체적 비판과 평가에 대한 글을 별로 남기지 않았다. 오히려 그는 그 시기의 사회분위기에 대해 더 세심한 주의를 기울였다. 국토건설사업도 국민운동의 형태로 추진하여 정신혁명으로 승화시키고자 했던 그였다. 따라서 《사상계》를 통해서는 지식인의 여론선도 기능에 초점을 맞추어 권두언을 집필했다.[9]

장준하가 국토건설사업에 열정을 쏟고 있을 즈음인 1961년 11월호는 《사상계》 지령 100호가 된다. 그래서 '지령 100호 기념호'로 제작했다. 주요 내용은 특집 〈저널리즘과 사회적 진보〉, 함석헌의 〈생각하는 갈대〉, 양호민의 〈민주주의와 지도세력〉, 강원룡의 〈회칠한 무덤을 파헤쳐라〉, 이긍하의 〈말의 깡패에 관하여〉 등이었다.

장준하는 권두언 〈본지 지령 100호 기념호를 내면서〉에서 "'못난 조상이 되지 않기 위하여'라는 강렬한 의욕의 불길이 내 가슴을 태우던 시절이 다시 새롭다. 왜적에 항거하여 중국 대륙에 망명하던 선배들의 뒤를 따라 나의 젊은 넋도 민족혁명의 제단 위에 불살르겠노라 맹세하며 나섰던 길이건만 그대로 참아 견디기에는 그리 쉬운 일이 아니었다"고 회고하면서 "우리는 '못난 조상이 되지 않기 위하여' '후손들에게는 이런 고생을 시키지 않기 위하여' 새롭고도 과감한 전전을 약속한다"라고 썼다.

---

9 김기승, 앞의 글, 34쪽.

● 박정희 주도의 5.16쿠데타

1961년 5월 16일 박정희 육군소장이 주도한 쿠데타가 일어났다. 장면 정부 9개월 만의 일이었다. 그즈음에는 학생시위나 이익집단들의 시위도 어느 정도 수그러들어, 사회안정이 이루어지고 있었다. 정부의 제1차 경제개발 5개년 계획도 순조롭게 추진되었고, 장준하가 주도하는 국토건설사업이 본궤도에 올라서고 있었다. 이들에게 5.16쿠데타는 그야말로 날벼락이었다. 따지고 보면 박정희의 '경제개발 5개년 계획'은 장면 정부가 시작한 것을 '표절'한 것이고, '새마을운동'은 장준하의 국토건설사업을 변용한 것이었다.

장준하는 민주당 정권 참여가 언론인으로서는 '외도'였고 '잘못'이었지만, 나라를 위해서는 바람직한 일이었다고 다음과 같이 회고했다.

(국토건설사업 참여는) 나라를 위해서는 더할 나위 없

이 바람직한 일이었지만 그러나 내가 원래 표방하고 잡지를 시작한 그 언론의 본도에서는 일탈된 외도임이 틀림없다. …… 언론이란 항상 민중 편에 서서 치자의 그릇된 정치로부터 민중을 보호하고 치자의 비정을 가차 없이 고발하고 또한 민중을 대변하는 것이 본질이지만 사실 그때는 대다수의 국민이 그 정권(민주당 정권)을 환영하였고 소망을 걸었던 시절이라, 나 역시 그럴 수밖에 없었던 것 같다.[10]

장준하의 국토건설사업과 관련하여 한 가지 '비화'가 있다. 어느 날 김종필이 이력서 한 통을 들고 왔다. 그때 군 하극상 문제로 예편되어 실업자 상태에 있었던 김종필이 국토건설사업에 참여하고자 한 것이다. 당시 장준하가 바빠서 미처 챙기지 못했던 것이 그의 5.16 주동으로 이어졌다. 한국 현대사의 운명이 바뀌게 되는 순간이었다.

군사구데타는 《사상계》에 실린 〈콜론 어쏘시에츠 보고서〉에서도 지적되었다. 하지만 1년 전에 민권혁명을 이룩한 마당에 '설마' 군사쿠데타가 일어나겠는가, 하다가 당한 변란이었다. 쿠데타 정보는 장면 총리에게 보고되었지만 '우유부단한 성격'과 윤보선 대통령의 '이해하기 어려운 언행'으로 기정사실이 되고 말았다. 1950~1960년대 아시아, 아프리카 후

▬▬ 10 장준하, 앞의 책, 33~34쪽.

진국에서 열병처럼 일게 된 쿠데타가 한국에서도 일어나게 된 것이다. 군사정권이 수립되고 전국에 비상계엄령이 선포되었다. 국토건설본부가 해체된 것은 말할 나위도 없다.

장준하는 《사상계》로 '복귀'했다. 《사상계》 6월호는 이미 제작이 거의 진행된 와중에 5.16을 겪은 때문인지 권두언과 화보 그리고 편집후기에만 쿠데타의 내용이 실렸다.

"현대군사혁명의 유형"이란 특집은 버마, 파키스탄, 이집트, 라틴아메리카의 군사혁명에 대한 번역물로 꾸며졌다. 미리 준비했던 것인지, 5.16을 맞아 황급히 마련한 것인지는 확인되지 않는다.

필자의 주관인지는 몰라도 《사상계》 15년의 역사에서 1961년 6월호의 권두언, 화보, 편집후기는 '사상계 정신'을 가장 크게 훼손한 내용이 아닐까 싶다. 화보 〈혁명 새벽에 오다〉에서는 쿠데타의 전개과정을 장도영과 박정희의 인물사진과 함께 24컷으로 장식했다. 1년여 전 "민중의 승리 기념호"의 화보와는 180도 달라진 모습이다. 무기명으로 실린 권두언 〈5.16혁명과 민족의 진로〉는 아무리 계엄하의 상황이라해도 이것이 과연 《사상계》의 권두언일까 싶을 정도의 글이다. 몇 대목을 발췌한다.

국민경제는 황폐화하고 대중의 물질생활은 더 한층 악화되고 사회적 부는 소수자의 수중으로만 집중하였다. 그

결과로 절망, 사치, 퇴폐, 패배주의의 풍조가 이 강산을 풍미하고 있었으며 이를 틈타서 북한의 공산도당들은 내부적 혼란의 조성과 붕괴를 백방으로 획책하여왔다. 절정에 달한 국정의 문란, 고질화한 부패, 마비상태에 빠진 사회적 기강 등 누란의 위기에서 민족적 활로를 타개하기 위하여 최후수단으로 일어난 것이 다름 아닌 5.16군사혁명이다.

4.19혁명이 입헌정치와 자유를 쟁취하기 위한 민주주의 혁명이었다면, 5.16혁명은 부패와 무능과 무질서와 공산주의의 책동을 타파하고 국가의 진로를 바로잡으려는 민족주의적 군사혁명이다. 따라서 5.16혁명은 우리들이 육성하고 개화시켜야 할 민주주의 이념에 비추어볼 때 불행한 일이요, 안타까운 일이 아닐 수 없으나 위급한 민족적 현실에서 볼 때 불가피한 일이다. 그러나 이번의 군사혁명이 단지 정치권력이 국민의 한 집단에서 다른 집단으로 넘어간 데서 그친다면 그것은 무의미한 것이다. 혁명공약이 암암리에 천명하고 있듯이, 무능하고 고식적인 집권당과 정부가 수행하지 못한 4.19혁명의 과업을 새로운 혁명세력이 수행한다는 점에서 우리는 5.16혁명의 적극적 의의를 구하지 않으면 안 된다. 따라서 이러한 의미에서 5.16혁명은 4.19혁명의 부정이 아니라 그의 계승, 연장이 되어야 하는 것이다.[11]

6월호 편집후기도 '사상계 정신'을 잃고 혼란에 빠지기는 마찬가지였다.

민족의 새로운 진로를 출발하는 종鐘은 울리고야 말았다. 4.19를 기해서 독재 이 정권이 물러났고, 5.16의 거사로 무능부패한 장 정권이 물러났다. 이제 무엇을 주춤거리겠는가. 새로운 삶의 고동소리 드높은 오늘, 우리는 진정 참다운 민주국가의 건설을 기다린다. 아니 기다리는 것이 아니라 온 겨레가 다 함께 여기에 매진해 나아가야 한다. 문자 그대로 총 역량을 발휘해서 이 사업을 돕는 것만이 새로운 진로이리라. 이 엄청나고 거대한 사업에 누구 하나 주춤거릴 것 없다. 다같이 공동사명을 지니고 있는 것이다. 만인은 맡은 바 자기 직분에 충실함이 바로 그 길로 통하는 대로大路이리라. 우리는 계속 어김없는 편집에 노력한다. 이것도 반드시 혁명완수의 일익이 된다는 것도 잘 안다.[12]

권두언과 편집후기는 무기명으로 되어 있다. 장준하가 직접 쓴 글은 아니라는 뜻이다. 하지만 '발행편집인' 장준하의 책임이 면제되는 것은 아닐 것이다. 합법정권이 총칼로 전복

---

11 《사상계》, 1961년 6월호 권두언, 34~35쪽.
12 앞의 책, 378쪽.

되고 정부각료를 비롯하여 수천 명이 갖가지 이유로 체포·구금되고 국회가 해산된 공포정치의 상황에서 《사상계》 편집위원이나 직원들이라 해도 어찌하기 어려웠을 것이다. 그리하여 《사상계》 15년 역사에서 가장 치욕적이고 굴욕적인 '쿠데타 수용'의 글이 활자화되었을 터이다.

《사상계》뿐이 아니었다. 4.19 이후 '자유의 공간'에서 기존의 신문, 잡지와 우후죽순처럼 생긴 신생언론이 장면 정부를 두들겨 팼다. 언론의 만용시대였다. 그러던 언론이 5.16의 광풍으로 서리맞은 가을풀처럼 시들어졌다. 글 쓰는 사람의 책임이 얼마나 무겁고 무서운 것인가를 새삼 새기게 된다.

정론정신 회복, 반군정 투쟁 벌여

《사상계》의 일탈은 오래가지 않았다. 7월호는 '사상계 정신'을 회복하고 대對 군정 포문을 열었다. 장준하의 본령으로 돌아온 셈이다. 권두논설에 함석헌의 〈5.16을 어떻게 볼까?〉라는 글을 실었다. 함석헌은 모든 정치인, 언론, 지식인, 종교인이 침묵하고 있을 때 5.16에 대놓고 할 말을 했다. 이 글은 많이 알려진 까닭에 여기서는 한 구절만 뽑는다.

그런데 나 보기에 걱정은 이 혁명에 아무 말이 없는 것이다. 말이 사실은 없지 않은데, 만나면 반드시 서로 묻는데, 신문이나 라디오에는 일체 이렇다는 소감비평이 없다. 언론인 다 죽었나? 죽였나? 이따금 있는 형식적인 칭찬 그까짓 것은 말이 아니다. 그것은 혁명의 말이 아니다. 의사 보고 가뜬히 인사하는 것은 병인 아니다. 의사 온 줄 모르면 죽은 사람이다. 참말 명의는 병인이 허튼소리를 하거나 몸

부림을 하거나 관계 아니한다. 왜? 자신이 있기 때문이다.

아무래도 이 사람들이 총칼 보고 겁을 집어먹었지. 겁
난 국민은 아무것도 못한다. 국민이 겁이 나게 하여가지고
는, 비겁한 민중 가지고는, 다스리기는 쉬울지 몰라도 혁
명은 못한다. 다스리기 쉽기야 죽은 시체가 제일이지, 시
체를 업어다 산 위에 놓고 스스로 무슨 공이 있다 할 어리
석은 사내가 없을 것이다. 그것은 공동묘지의 매장인부 아
닌가?[13]

장준하는 기명 권두언 〈자급을 요하는 혁명과업의 완수와
민주정치에로의 복귀〉에서 다음과 같이 썼다.

국가재건의 엄숙한 공약을 내걸고 5.16 혁명정권이 이
나라의 국정을 담당한 지도 이제 만 2개월을 산하게 되었
다. 혁명정권은 초기의 혼란을 재빨리 수습하고 혁명과업
수행의 원칙과 구체적 대책을 수립함에 과감했으며, 목전
의 부정과 부패, 사회악을 소탕하는 데도 또한 신속했다.
…… 이제 혁명정책의 틀이 잡히고, 정부가 재조직되고 정
권 자체가 공고화함으로써 과도기는 지나가고 혁명은 바
야흐로 새로운 국면으로 들어서게 된 것이다. …… 이 단

13 《사상계》, 1961년 7월호, 37쪽.

계 역시 첫 단계와 마찬가지로 최단시일 내에 급속히 통과
하지 않을 수 없는 단계이다. …… 이 단계를 원활하게 신
속하게 통과함으로써, 우리들의 궁극적 목표인 민주주의
복귀의 길을 마련해야 할 것이다. …… 5.16혁명은 우리들
이 추구하는 민족적 이상에서 볼 때 4.19혁명의 과업을 군
사정권이 과감하게 수행한다는 점에서 5.16혁명의 긍정적
의의를 발견할 수 있는 것이다. 우리들은 그 어느 때보다
도 지금 공산제국주의의 도전을 받고 있다. 공산당의 전체
주의적 공포세력을 분쇄할 수 있는 최대의 사상적 무기는
민주주의적 자유의 선용에서 구해야 한다.[14]

장준하는 초기에 5.16에 대한 인식이 절대적인 반대의 입
장이 아니었던 것 같다. "민족적 이상에서 볼 때 4.19혁명의
과업을 군사정권이 과감하게 수행한다는 점에 5.16혁명의 긍
정적 의의를 발견할 수 있는" 것이라고 썼다. 뒷날 박정희 정
권을 '반민족, 반민주'로 규탄한 것과는 상당한 차이가 있다.
그의 인식변화가 5.16의 주체가 일본군 장교 출신 박정희라
는 점을 알고 달라진 것인지, 처음부터 그랬는지의 여부는 입
증할 자료를 찾기 어렵다.

장준하는 자신도 민주당 정부의 주요 포스트에 참여하고

━━ **14** 앞의 책, 34~35쪽.

서도 민주당 정부를 매섭게 비판했다. 민주당 정부 9개월도 안 돼 내분, 친일파 관료등용, 공산당의 위협에 대한 미온적 대처, 민생도탄 등으로 국민을 배신하여 국가적 위기를 자초 했다고 9월호의 기명 권두언에 썼다.

한편 4.19 이후 90퍼센트 이상의 득표라는 국민의 절대 지지의 근거와 명분을 가지고 후계 정권담당자로 임하였 던 민주당은 분열과 내분을 거듭함으로써 국민에게 배신 하여 그 기반을 완전히 잃어버렸을 뿐더러 일제관료 출신 들과 친일 경향의 인물들을 중심으로 구성된 그 지도집단 의 영도에 반발하는 세력을 억누를 만한 명분이 없어 이리 부닥기고 저리 이끌려 갈팡질팡 하는 동안 민생은 더욱 심 한 도탄에 빠지고 백성의 불안은 날로 더하고 이에 틈을 탄 공산도당들의 마수는 나라 전역에 뻗쳐 국가를 위태롭 게 할 제 5.16이라는 군사혁명을 다시 맞게 되었던 것이 다. 여기에서 잊을 수 없던 것은 이 같은 모든 도덕적 근거 와 명분을 잃은 민주당이니 그 허무한 몰락에 전 국민의 시선은 너무도 냉랭하였던 일이다.[15]

---

15 〈작금의 추세에 붙이는 몇 마디〉, 《사상계》, 1961년 9월호 권두언, 34쪽.

함석헌 선생과 함께 체포

장준하의 5.16에 대한 인식과는 상관없이 쿠데타세력은 《사상계》 7월호와 관련하여 장준하와 함석헌을 체포했다. 제2의 필화사건이다. 7월호가 서점에 깔린 지 4, 5일이 지난 뒤 장준하는 취재부장 고성훈과 함께 수사기관원에 연행되어 중앙정보부 부장 앞으로 끌려갔다.

당시 중정 부장은 나는 새도 떨어뜨린다는 김종필 예비역 중령이었다. 김종필은 36세, 장준하는 44세였다. 장준하는 이날 안내인에 따라 중정 부장실 접객용 소파에 20여 분 동안 앉아 있었다.

혁명의 주체 중의 주체요 귀신도 떤다는 군사혁명정권의 총사령탑인 바로 그 사람의 방에서 잠시나마 뒤에 올 일들을 생각하여 명상에 잠겨 있을 때 요란스런 발자욱소리와 함께 당시의 중앙정보부장 김종필 씨가 계급장이 없는 군복차림으로 호위하는 몇 사람과 함께 어딘가에서 들어왔다. 한 젊은이가 그가 허리에서 끌러 던지는 쌍권총이 달린 탄띠를 받아 옷걸이에 걸쳐놓는다. 물론 초면의 터였지만 그때 신문 등에서 많이 본 얼굴이라 나는 그가 누구임을 곧 알 수 있었다. 그는 우리를 다만 곁눈으로 슬쩍 한 번 쳐다볼 뿐 아무 인사소리도 없이 자기 책상으로가 무슨 서류인가를 한참이나 뒤적이다가는 얼마 만에야 겨우 우리가 앉아 있는 앞 쇼파로 와서 역시 아무 인사도 없이 앉았다. 그때 보좌관인 듯한 사람이 흰 종이로 표지를 싼 책 한 권을 갖다가 그에게 주었는데, 그 종이가 반투명의 것이어서 그 책이 바로 《사상계》7월호임을 알 수 있었다.

그는 그때까지도 뭣 때문인지 알 수 없지만 하여튼 금방 주먹질이라도 할 것 같은 살기등등한 모습으로 거치른 숨결을 억제하며 《사상계》 표지에 나온 제목인 〈5.16을 어떻게 볼까?〉라는 부분의 둘레에다 볼펜으로 선을 쳐서 내 앞에 내놓더니 역시 '당신이 장준하냐? 나는 누구다' 하는 그런 뭣도 없이 맨 처음으로 하는 소리가 이런 얘기였다.

"정신분열자 같은 영감쟁이(필자인 함석헌 선생을 지칭하는 말)의 이따위 글을 도대체 어떤 저의로 갖다가 여기에 실었소? 성스런 혁명과업 수행과정에서 당신은 우리 군사혁명을 모독하는 거 아니오? 이것을 싣게 된 목적과 경위를 말해보시오."[16]

장준하는 이 오만무례한 '혁명주체'와 심한 논쟁을 벌였다. 장준하는 "자신이 직접 함 선생님께 집필을 부탁했고, 직접 받아다가 실었다. 남의 글을 전체를 보고 평가해야지 부분적인 대목을 가지고 말하느냐"고 따졌다. 김종필은 궁지에 몰렸던지 장도영(5.16 때 계엄사령관, 군사혁명위원회 의장 내각수반, 국방장관을 맡고 장준하와 김종필의 대면 전날 '반혁명죄'로 구속됨)과의 관계를 꺼냈다. "장도영과 같은 고향이라 5.16에 반기를 든 것이 아니냐?"라고 엉뚱한 문제를 따져 물었다.

장준하로서는 어처구니없는 노릇이었다. 사실 장준하는 장도영을 대단히 비열한 군인으로 알고 있었다. 중국 서주에서 한국인 병사의 탈영이 잦자 장도영은 일본도를 빼들고 탈주자는 자신이 먼저 처단하겠다고 설치다가 장준하의 질책을 받았던 일이나, 츠카다부대에서 '잔반불식동맹' 때의 충돌사건 등이 있었다. 그후 그는 끝까지 일본군으로 복무하다가 해방을 맞았고, 해방 후 국군에 들어가 승승장구하여 장면 정부에서는 육군참모총장으로 있으면서 쿠데타세력의 밀모를 알고도 양다리를 걸치고 이것이 성공하자 장면 총리를 배반, 박정희와 손을 잡았다. 그리고 권력투쟁에서 밀려나 구속신세가 되었다. 이런 사정을 설명하자 김종필은 어느 정도 이해가 가는 모습이었다.

▬▬ **16** 장준하, 앞의 책, 15~16쪽.

쿠데타세력이 장준하와 장도영을 '한 패'로 의심할 만한 일이 있었다. 7월 4일 장준하는 《사상문고》 100권 출간기념 리셉션을 창경원의 수정궁에서 열었다. 이날이 미국 독립기념일인데도 주한미국대사가 직접 참석하고 장도영도 참석했다. 박정희나 김종필은 물론 나오지 않았다. 이것은 당시 《사상계》와 장준하의 위상 때문이지 어떤 정치적 역학관계는 아니었다. 그러나 쿠데타 실세 측은 이를 의심하고 장준하를 소환했던 것이다. 이날 김종필은 쿠데타세력이 의욕적으로 시작한 '재건국민운동본부'를 이끌고 있는 고려대학교 유진오 총장을 교체하겠다는 등, 사안과 별로 관계없는 얘기까지 하며 장준하의 의중을 떠보기도 했다. 김종필은 헤어지면서는 "앞으로 자주 만나 얘기하기를 원한다"고 말했지만, 그것이 처음이자 마지막 대화였다.

시련이 끝난 것은 아니었다. 중정 소환이 일어난 지 2주일쯤 지난 뒤 군사정부의 '부정축재처리위원회'에서 출두명령서가 나왔다. 장준하는 지정된 시간에 서울시청 안에 자리잡은 위원회에 출두했다.

'부패 언론인'이란 오명

눈이 벌겋게 충혈된 호리호리한 몸매의 육군 소령이 그 담당이었다. 그에게 그 명령서를 제출하였다.

"너, 김영선이 한테서 얼마나 받았어?"

그 충혈된 눈으로 쏘아보며 살기가 등등하여 첫말이 그런 투에 그런 소리였다. 그 어투며 내용이며 어이가 없어 잠시 상대의 얼굴을 쳐다본 채 잠자코 있자 상대는 더한층 언성을 높여,

"김영선이가 네게 돈 줬잖아? 그게 얼마냔 말야?"

그제서야 나는 상대의 어투를 탓할 세상과 자리가 이미 아니라는 것을 겨우 깨달아 스스로 마음을 달랬고, 그리고 아울러 상대가 묻는 말의 내용이 뭐라는 것도 대강 짐작이 갔다. 그때 이미 수감 중인 김영선 씨와 나와의 사이에 그런 물음을 받을 만한 일이 있다면 있다고 할 수 있기 때문이었다.[17]

장준하의 부채문제는 설명이 필요하다. 당시 《사상계》는
미국잡지 《타임TIME》과 《라이프LIFE》의 국내보급을 맡고 있
었다. 《사상계》 독자들에게 국제소식을 빠르고 정확하게 알
리자는 목적에서였다. 장준하는 민주당 정권이 들어서면서
환율 현실화정책에 따라 3000만 환의 빚을 떠안게 되었다. 이
같은 사정을 안 《사상계》 동인 김영선이 장준하에게 국토건
설 관련 책임을 맡기면서 그 부채를 정부가 갚도록 하겠다고
약속했다. 다음은 이와 관련하여 《사상계》 기자 출신 작가 박
경수가 정리한 내용이다.

　　김영선은 장준하를 어떻게든 자기들 정부의 일에 참여
　시키고자 설득하던 중 장준하의 빚 이야기를 듣게 되고 그
　것을 나라의 재무장관인 자기가 책임으로 융통해주겠다
　고 하였다. 그런데 그때 내각의 집권총리 장면이 도시락을
　지참 출근할 만큼 가난해 빠진 정부의 재무장관 김영선은
　《사상계》의 빚 3000만 환을 해결해주겠다고 호헌해놓고
　막상 다음날 사람을 시켜 보내온 돈은 1000만 환이었다.
　우선 이것으로 채무 중 급한 불을 끄고 나머지는 또 어떻
　게 주선해보겠다는 것이었다. 그 뒤로 김영선은 돈을 더
　구해 보내지 않았고 장준하도 그게 무슨 약속이라고 채근

▬▬ **17** 앞의 책, 32쪽.

해 조르지도 않았다.[18]

이런 연유로 하여 장준하는 여러 차례 부정축재처리위원
회와 혁명검찰, 혁명재판소, 서울지방국세청 등으로 불려다
니며 조사와 신문을 당했다. 장준하는 김영선으로부터 받은
돈을 그해 연말까지 분납하기로 하고 사건은 일단락되었다.
그리고 그 빚은 1962년 3월에야 다 갚을 수 있었다.

쿠데타세력은 계엄사령관으로 모셨던 장도영을 축출하고
5.16을 주도한 박정희를 국가재건최고회의 의장으로 앉혔다.
모든 권력은 그의 수중으로 들어갔다. 박정희는 1962년 3월
16일 구정치인 및 군내 반대파의 손발을 묶기 위한 조치로 무
려 4374명의 정치활동을 봉쇄했다. 이때 명단에 오른 사람은
비판적인 언론인을 비롯하여 자유당, 민주당, 신민당 및 진보
적 군소정당의 저명한 지도자, 전직 고위관리, 부정축재자,
남북학생회담 관련 학생지도부 등이었다. 이들에게는 6년간
공직선거에 후보로 출마하거나 선거운동원, 정치집회연사,
정당활동이 금지되었다. 쿠데타세력이 본격적으로 정치일선
에 나서기 위해 일정 기간 동안 구정치인과 정치활동 예비인
사들을 규제하고 그 사이 치러질 두 차례의 선거를 통해 국민
들에게 자신들을 인식시키고자 하는 치밀한 계산에서 제정한

---

18 박경수,《재야의 빛 장준하》, 해돋이, 1995, 337쪽.

악법이었다.

장준하는 '부패언론인'으로 찍혀 정치활동정화법에 규제
되었다. 정치활동에 나설 의사가 없었기 때문에 특별히 활동
에 지장을 주는 것은 아니었지만 '부패언론인'이란 낙인은 오
명이 아닐 수 없었다. 오명과 치욕을 씻는 길은 《사상계》를
잘 만드는 길뿐이었다. 장준하는 잡지를 잘 만들겠다는 의지
를 굳히면서 몇 가지 원칙을 확인했다.

① 민주재건을 촉구하는 이론의 전개
② 헌정복귀를 위한 전全 국정의 검토
③ 민주주의의 근본이념의 추구
④ 자유의 재인식(공산주의와 대결할 정신적 거점으로서)
⑤ 민주재건을 위한 지도세력문제
⑥ 언론과 지식인의 각오
⑦ 경제건설문제
⑧ 교육문제

이밖에 장준하는 군정 하의 우리 사회를 파헤치는 '르포' 등
을 통하여 국정 전반에 걸쳐 비판하고 편달하고 의견을 제시하
는 일에 《사상계》 동인들을 위시한 전국의 지성을 총동원한다.[19]

■■■ **19** 장준하, 앞의 책, 41쪽.

《사상계》 고사작전에 맞서

장준하는 《사상계》를 통해 군사독재와 싸우면서 민주헌정질서를 회복하는 데 목표를 두었다. 그렇지만 《사상계》의 상황은 점차 악화되었다. 항상 5만 부를 상회하던 판매부수가 6000~7000부 선까지 떨어졌다. 군사정변의 소용돌이와 '부패언론인' 딱지의 영향이었다. 게다가 군사정부의 방해는 날이 갈수록 노골적으로 나타났다. 경영이 어려워질 수밖에 없었다.

그럴 즈음 마닐라에서 한 가닥 희소식이 날아왔다. 이해 8월 필리핀 막사이사이 재단에서 1962년도 막사이사이상 언론문학부분 수상자가 장준하로 결정되었다는 낭보였다. 한국인으로서는 최초의 수상이었다. "지식인들이 국가재건에 정력적 참여를 촉진시키기 위하여 불편부당한 잡지를 발간함에 있어서 성실성을 나타냈고 금전상의 이익이나 정치적 권력을 잡기 위하여서가 아니라 한국의 새로운 세대를 계몽하여 그들로 하여금 보다 자유로운 사회를 건설하는 길을 찾게 하였다"가 수상결정 이유였다.

국내에서는 쿠데타세력에 의해 '부패언론인'으로 낙인찍히고, 정치활동정화법에 묶여 있을 때 해외에서는 모범적인 언론인으로 표창하고 적지 않은 상금까지 주었다. 장준하는 이 상금으로 독립문화상을 창설했다. 독립문화상은 1963년부터 시행하여 제1회는 함석헌, 1964년 제2회는 한국신문편집인협회를 수상자로 결정, 시상했다. 그러나 이후 《사상계》와 장준하가 어려운 국면에 놓이게 되면서 중단되었다. 장준하는 독립문화상을 제정한 데 이어 1963년에는 다산茶山문화상을 제정했다. 제1회는 로얄아시아학회, 1964년 제2회는 리처드 럿트 신부에게 시상했지만, 이것 역시 중단되고 말았다.

막사이사이상 수상을 계기로 장준하 활력을 되찾게 되고, 더욱 예리한 논조로 군사정부의 부정비리를 비판했다. 그러던 어느 날(1962년 11월) 중앙정보부 고위간부 2명이 찾아왔다. 용건은 미국에서 발행되는 《뉴스위크Newsweek》가 한국 군사정부의 4대 의혹사건 등의 부패와 퇴폐풍조에 대해 크게 보도했는데, 한국의 권위지 《사상계》가 이를 비판하는 글을 실어달라는 것이었다. 실어주면 협조는 아끼지 않겠다는 '당근'도 제시했다.

장준하는 한 마디로 이를 거절했다. 자신의 견해는 《뉴스위크》보다 몇 배나 더 심각한 편인데, 이를 반박하라니 말이 되느냐는 질타였다.

군사정부는 권력연장을 위해 시나리오를 착착 진행해나
갔다. 정치활동정화법에 반대하여 윤보선 대통령이 사임하자
박정희가 대통령 권한대행까지 맡고, 이해 11월 12일 김종필
과 일본 오히라大平 외상 사이에 비밀회담에서 무상공여 3억
달러, 차관 2억 달러 제공으로 대일청구권 문제를 합의했다.
12월 17일에는 대통령제를 채택하는 개헌안 국민투표가 실
시되었다. 해가 바뀌어 1963년 1월 1일을 기해 민간인의 정치
활동금지를 해제했다. 군사통치에 반대할 만한 사람은 대부
분 묶어놓고 지지자들만 활동케 한 것이다. 2월 26일 관제여
당 민주공화당이 창당되었지만, 내분과 국민의 거센 반대에
부딪친 박정희는 민정불참을 선언했다. 3월 6일 공화당 사전
조직을 위해 벌인 4대 의혹사건이 터지고, 3월 16일 박정희는
민정불참 선언을 뒤집었다. 다시 말해 4년간 군정연장을 선
언한 것이다. 어쩌면 이것이 박정희의 본심이었을 것이다.

장준하는 1963년 봄 《사상계》 창간 10주년을 앞두고 "창
간 10주년 기념 특별증간호"를 냈다. 〈오늘의 세계와 내일의
세계〉 〈20세기 사상의 모험〉 〈전후세계의 정치와 행동〉 〈복
지사회로 가는 길〉 〈소외시대의 인간과 사회〉 〈민족해방의 세
기〉 〈새로운 한국의 길〉 등 7개의 특집에 46명의 국내외 학
자, 전문가를 동원하는 특별기획이었다. 이 특별증간호는 당
시 한국사회 전반을 관찰하는 알찬 내용이었다.

김종필과 민족주의 논쟁

4월호는 통권 120호, 창간 10주년 기념호였다. 그러나 장준하는 편집이 끝나갈 무렵에 박정희의 번의파동, 즉 군정 4년 연장소식에 접하고 급히 내용을 바꾸었다. 장준하는 권두언 〈신뢰감에 기반한 '마음의 혁명'〉에서 다음과 같이 썼다.

> 오늘날 우리 사회는 허위로부터 진실을 가려내는 총명의 등불을 켜야 할 때가 왔다. 성급한 나머지 고요한 민주주의 혁명 대신 반동을 자초할지도 모르는 마음과 마음의 심판을 할 때가 온 것이다. 민족적 주체성이 소영웅주의자들의 장식물이어서는 안 되며 세대교체론의 역사적 의의가 정략적 이용물로 희생되어서도 안 된다.

이어서 함석헌의 〈민중이 정부를 다스려야 한다〉는 시론, 김재준, 한경직, 홍현설 목사의 〈지상기도〉, 홍승연, 김성식,

신상초, 탁희준, 조지훈, 부완혁의 〈문제인식을 바로잡자〉는 특집, 김병로, 변영태, 윤보선, 이범석, 허정, 홍익표, 김기두, 김진만, 백철, 신일철, 안병욱, 양호민, 이희승, 최석채, 홍종인 등 각계 지도층 인사들의 군정종식을 촉구하는 발언을 실었다. 가장 눈길을 끄는 것은 〈번의! 번의! 번의!〉라는 긴급화보였다.

《사상계》 4월호는 초판 5만 부가 1주일 만에 매진되고 재판 1만 부, 3판 5000부를 더 찍어 배포했다. 이어서 5월호 편집에 들어가 군정종식과 민정이양과 관련되는 논문, 즉 독재정당의 비극을 주제로 하는 〈법과 독재〉〈지도자 국가 당 국가〉〈볼셰비키당과 파시스트당〉〈중공당의 독재화과정〉〈한국의 일점 반 정당론〉〈신생국가와 일당독재〉〈군사쿠데타의 가는 길〉을 특집으로 꾸몄다. 그리고 7월호는 "군정의 영원한 종말을 위하여"란 특집을 마련하여 박정희 독재를 매섭게 질타했다.

《사상계》는 박정희 정권에 눈엣가시였다. 고사작전이 시작되었다. 4, 5월호의 반품이 쏟아져 들어왔다. "정기독자 1만 6000을 제외하고는 거의 7, 8할이 팔리지 않고 발송한 포장을 풀어보지도 않은 채 창고에 처박았다가 꼬리표만 바꾸어 붙여 되돌려 보내온"[20] 것이다. 권력기관이 지방의 서점

---

20 앞의 책, 49쪽.

에 압력을 넣어 책을 판매하지 못하도록, 창고에 쌓아두었다가 반품케 한 것이다. 《사상계》에 대한 보복이었다. 《사상계》는 짧은 기간에 1400~1500만 원이라는 거액의 부채를 떠안게 되었다. 박정희 정권은 경영에 타격을 가함으로써 이 잡지를 고사시키려 들었다.

1963년 10월 15일 치러진 제5대 대통령선거에서 야당이 분열한 가운데 박정희가 15만 표 차이로 윤보선을 누르고 당선되었다. 5.16쿠데타를 일으키고 몇 차례 번의소동을 벌인 끝에 '민정이양'의 이름 아래 치러진 선거에서 대통령에 선출된 것이다. 장준하는 대선이 끝난, 1963년 11월 5일 고대에서 김종필과 이른바 〈민족주의 논쟁〉을 벌였다. 《사상계》가 곤경에 빠지게 되면서 장준하는 대중 앞에 직접 연설하는 방법으로 '사회참여'에 나선 것이다. 공식적으로는 장준하가 대중을 상대로 정치적인 강연을 하기는 이번이 처음이었다. 다음은 한 신문의 보도내용이다.

《사상계》 사장 장준하 씨는 5일 하오 고려대학 강당에서 전날 동소에서 있었던 민주공화당의 김종필 씨에 대결하는 강연을 벌여 학생들의 열렬한 박수를 받았다.

고대 총학생회 주최로 열린 이날 학술강연회에서 장씨는 "우리의 민족주의는 우리 역사에 면면히 흘러오고 생장했으며 3.1운동, 광주학생사건에서 만발했고, 4.19혁명으로 결실을 본 것"이라고 전제하고 "요즘 민족주의를 팔아 자기옹호나 자기변명의 수단으로 이용하려는 무리들을 경계해야 한다"고 강조했다.

장씨는 또한 김종필 씨가 주장하는 민족주의는 "귀한 외화를 써가면서 사치한 외국호텔 창가에서 향수에 젖어 흐르는 눈물 같은 것"이라 비꼬고 자신은 중국 광야에서 광복군으로 일본군과 싸우면서 춥고 배고프고 발톱이 빠지도록 조국을 찾아헤매는 가운데 뼛속으로 체험한 민족주의를 말하는 것"이라고 다짐했다.[21]

━━ **21** 〈민족주의는 감상으로 읊을 수 없다〉, 《대한일보》, 1963년 11월 6일자.

박정희 사상문제에 초점 맞춰

　　이해 11월호 《사상계》는 박정희의 사상문제를 본격적으로 추적, 비판하는 특집을 마련했다. 대통령선거 과정에서 야당에 의해 제기되었던 '사상논쟁'을 심층분석한 것이다. 이미 박정희 후보가 당선되어 실질적으로 군정이 연장되어 있는 상황에서 박정희 대통령의 아킬레스건에 해당하는 사상문제를 집중기획한 장준하의 용기는 알아줄 만하다. 11월호는 권두 논문에 이상은의 〈박정희 씨에게 부치는 글〉에 이어 최석채의 〈대통령선거의 분석〉, 정인량의 〈외국이 본 10.15 선거〉, 김성식의 〈민족주의와 민주주의〉, 조순승의 〈절대권력은 절대 부패한다〉, 임홍빈의 〈군정의 부산물〉을 실었다.

　　11월호가 의욕적으로 기획한 특집 "진위를 가리라!"는 박정희의 사상문제였다. 김경래의 〈전향자냐? 아니냐?〉, 정종식의 〈군사혁명과 윤보선〉, 신상초의 〈무엇이 사상논쟁이냐?〉, 임방현의 〈자주·사대논쟁의 저변〉, 서기원의 〈정치자금 수수께끼의 실마리〉 등이다. 그중에서 김경래의 글은 〈박 의장은 정말 공산당원인가?〉〈여순반란사건의 관련자 정부 안에 있나?〉〈박씨는 사형선고를 받았나?〉〈세칭 간첩 황태 성 사건의 전모를 밝히라〉〈간첩 황은 2년 전 박 의장을 포섭 하러 남파됐었나?〉〈박 의장은 군대 남로당 책임자였나?〉 〈YTP 비밀결사의 정체를 밝히라〉〈선거 후 법으로 규명하겠다〉 〈민정당의 반증자료 제시〉 등의 소제목에서 드러나듯이, 박 정희의 의혹에 쌓인 사상문제에 초점을 맞추었다. 필자 김경 래는 당시 《경향신문》 정치부장이었다. 장준하는 기명 권두 언에서 다음과 같이 '사상논쟁'의 당사자들에게 촉구했다.

윤씨(윤보선 후보―저자)의 설에 의하면 ① 박씨가 과거 군대 남로당 조직책이었다는 것과 ② 당시의 《경향신문》 《서울신문》 양 신문의 기사를 인용하여 박씨가 무기징역 을 받았다는 것 등을 주장하고 이와 반대로 여 측은 이런 설이 허무맹랑한 인신공격이라는 것이었다.

국민은 과연 어느 말을 믿어야 하는가? 만일 여 측의 주장이 옳다면 윤씨야말로 용서받을 수 없는 매카시즘의 한국판이요, 또한 생사람을 적색분자로 모는 악례를 남긴 격이 된다. 단순히 득표를 위해서 이런 허위사실을 유포했 다고 하여도 그 책임은 민주주의의 모독이요 국민에 대한 배신이라는 법의 심판을 면할 수 없을 것이다. 그러나 윤

씨 측의 폭로내용이 사실이라면 그리고 국민을 기만하기
위해서가 아니라 진실임을 믿고 발설한 것이라면 당선 후
꽃다발까지 보낸 축하인사는 무엇인가? 이토록 아무렇지
않은 문제를 가지고 정적의 사상을 의심했다면, 그것도 적
색 관련까지 주장했다면 선거 때에는 여하한 극단의 허위
사실의 유포도 허용된다는 민주정치의 악례를 남기게 될
것이다. 그런데 여 측의 해명 역시 부인에만 급급하고 무
엇인가 은폐하고 있다는 인상을 주고 있는 것도 사실이 아
닌가?[22]

이 특집으로 장준하는 박정희(정권)와는 회복할 수 없는
사이가 되었다. 《사상계》는 박정희 정권이 음성, 양성으로
자행하는 갖가지 탄압으로 점점 경영이 쪼그라들고, 장준하
는 그럴수록 더욱 강경하게 박정희 정권에 맞섰다. 예나 지
금이나 한 언론사가 거대한 독재권력과 맞서기는 상대가 되
지 않는다. 그렇다고 장준하는 서서 죽을지언정 꺾이지는 않
는 인물이었다. 장준하의 반독재장정은 멈출 줄을 모른다.
박정희 독재체제에 강력하게 도전하면서 한일굴욕회담의 정
국을 맞게 된다.

---

22 《사상계》, 1963년 11월호, 27쪽.

제 **13** 장
《사상계》의 수난과 반독재투쟁

박정희란 사람은 우리나라 밀수왕초다.
존슨 대통령이 방한하는 것은 박정희 씨가 잘났다고
오는 것이 아니라 한국 청년의 피가 더 필요해서
오는 것이다.

– 장준하, 대구 수성천변 강연에서

●굴욕회담 반대투쟁

　　모든 독재정권이 그러하듯이 박정희 정권 역시 국민에게
가시적인 성과를 보여주고자 서둘렀다. 그렇지만 군정 2년과
민정 2년이 지나도록 이렇다 할 성과를 내지 못했다.

　　오히려 구악보다 몇 배나 규모가 큰 신악이 나타나고, 4대
의혹사건 등 군사정부의 부정부패는 국민의 분노를 불러일으
켰다. 박정희는 뭔가를 보여주고 싶었다. 일본 자본을 끌어와
서 경제성장을 이루는 방안이 모색되었다. 미국에서도 소련
의 남하정책에 대항하기 위해서는 한미일 협력체제가 시급하
다고 믿고 한일국교정상화를 부추겼다.

　　그때까지도 한일관계는 국교가 정상화되지 않았고, 일본
은 36년 동안의 식민지배와 온갖 착취와 살상에 대한 배상을
하지 않았다. 박정희 정권은 이 점을 노려 일본 자본을 끌어
들이기로 했다. 군사정부는 중앙정보부장 김종필을 내세워
비밀리에 일본 측과 협상을 벌였다. 그 결과 1965년 6월 22일

한국 외무장관 이동원, 한일회담 수석대표 김동조와 일본 외상 시이나 에츠사부로, 동수석 대표 다카스키 신이치 사이에 한일기본조약과 이에 부속된 4개의 협정 및 25개 문서의 총칭으로 '한일협정'을 맺게 되었다.

이 '기본조약'의 문제점은 ① 양국관계 정상화의 전제조건인 일제 식민통치 시대의 죄악상에 대한 일본 측의 공식사과를 한마디도 포함하고 있지 않았고, ② 청구권 및 경제협력에 관한 협정에서는 일본이 한국 측에 청구권 명목으로 재정차관 2억 달러를 10년에 걸쳐 제공하도록 했는데, 액수도 문제려니와 그나마 배상금이 아닌 '독립축하금' 조로 얻어내어 동남아국가들이 전승국으로서 배상을 받은 것과 큰 차이를 이루었다. ③ 이 협정에 따라 평화선이 철폐되었으며 한국의 40해리 전관수역 주장이 철회되고 일본의 주장대로 12해리 전관수역이 설정되었으며, 어류의 씨를 말리는 기선저인망 어구의 사용이 허용되었다. ④ 재일교포의 법적 지위 및 대우에 관한 협정에서는 영주권문제, 강제퇴거문제 등 교포들에 대한 차별대우를 일본 정부의 임의적 처분에 맡겨버렸다. ⑤ 문화재 및 문화협력에 관한 협정에서는 일제가 36년간 불법으로 강탈해간 모든 한국 문화재를 일본의 소유물로 인정해 주었다. 이밖에도 한국인 징용, 징병, 여성위안부, 사할린 교포, 한국인의 일본은행 예치금 반환문제 등 한국의 이익과 관련된 많은 현안이 제외되고 말았다.

이 같은 밀실회담의 내용이 전해지면서 1964년부터 학생과 야당을 주축으로 굴욕회담 반대투쟁이 전개되었다. 1964년 3월 정부가 한일회담 3월 타결, 4월 조인, 5월 비준 방침을 세우자 야당은 즉각 이에 반발하여 굴욕외교반대 범국민투쟁위원회를 결성하여 전국순회강연에 나섰다. 대학생들은 한일회담의 즉각 중지를 요구하는 집회를 갖고 서울대 문리대에서는 '민족적 민주주의 장례식'을 거행하는 등 박정희 정권의 퇴진운동에 나섰다.

이 무렵 《사상계》는 대일저자세외교 반대투쟁의 전략본부 역할을 하게 되었다. 각계 전문가들을 초청하여 문제점을 찾아내고 이를 지상에 발표하여 국민적 관심을 불러일으켰다. 1964년 4월호에서 굴욕회담의 실상을 파헤친 데 이어 150쪽에 달하는 긴급증간호를 발행했다. 함석헌의 〈매국외교를 반대한다〉는 권두논문은 한일회담 반대투쟁에서 가장 명문으로 알려진다.

　　정부는 매국적인 외교를 집어치워야 한다. 툭하면 한일회담을 조속히 해야 한다고 서두는 너, 제2의 이완용을 자처하면서 하겠다는 너, 말마다 방정맞게 국운을 걸고라도 하겠다는 너는 정말 이 나라의 정부政府냐? 일본의 정부情婦냐?[1]

너는 무엇이 무서우냐? 무엇을 아끼느냐? 네 생명이 동물적인 생명에 있느냐? 국민적인 정신에 있느냐? 우리와 오고 오는 자손을 짐승으로 팔아넘기고 한때의 부귀와 권력을 누리려는 간악한 손이 방약무인으로 노는데 너는 그것을 못 막는단 말이냐? 아니 막는단 말이냐? 우리가 무슨 낯으로 조상을 대하고 세계를 대하느냐? 아아, 답답하구나, 슬프구나![2]

이 긴급증간호는 굴욕외교를 반대하는 사람들의 이론적인, 정신적인 텍스트가 되었다. 〈문화적 식민지화의 방비〉 〈일본 경제와 한국 식민지화 과정〉 〈아시아에 있어서의 한국의 위치〉 〈일본 자본 가외론可畏論〉 〈일본의 전후배상현황〉 등 학계의 논설과 〈기본관계의 문제점〉 〈청구권문제〉 〈재일교포의 법적 지위문제〉 〈독도귀속문제〉 등 한일문제의 '係 쟁점'을 파헤쳤다.

장준하는 《사상계》 긴급증간호를 발간하여 반대운동의 텍스트로 제공하는 한편, '한일굴욕외교 반대투쟁위원회'의 초청연사로 3월 19일 부산, 20일 대구, 21일 대전, 22일 서울에서 각각 10만여 명의 청중을 상대로 열띤 강연을 했다. 장준하는 야당지도부를 포함하여 함석헌, 유진오 등 각계의 대

▬▬ 1 《사상계》, 1964년 4월호 긴급증간호, 10쪽.
▬▬ 2 앞과 같음.

표적 인사들과 함께 대도시 연설 초청연사로 나선 것이다. 청중들은 특히 광복군 출신 장준하의 논리정연한 강연에 박수갈채를 보냈다. 이 기간 장준하의 전국순회강연은 70회에 이르렀다. 특히 서울 장춘단공원의 집회는 70만 인파가 모이는 대성황을 이루었다. 장준하는 이때의 연설사진을 오랫동안 사장실에 걸어놓았다.

전국순회강연회가 열기를 보이고 학생시위는 날이 갈수록 격렬해졌다. 3월 24일 서울대 문리대생들이 '제국주의자 및 민족반역자의 화형식'을 거행하고, 가두시위에 돌입한 것을 시발로 서울·부산·광주·대구 등 대도시 대학생들의 대규모적인 항의시위에 이어 500여 명의 고교생들은 미국 대사관 앞에서 연좌농성을 벌였다.

마침내 6월 3일 학생과 시민 1만여 명이 경찰저지선을 뚫고 박정희 퇴진을 요구하며 광화문까지 진출하여 청와대 외곽의 방어선을 돌파함으로써 절정에 달했다. 같은 날 지방의 대도시에서도 시위가 벌어지고 투석전이 전개되었다.

정부는 이날 저녁 서울 일원에 비상계엄령을 선포하고 서울시내의 통금과 휴교령을 내렸다. 이날 하루 동안 200명의 시위대원이 부상을 당하고 1200여 명이 체포, 384명이 구속되었다. 이른바 6.3사태다.

장준하는 계엄령선포 소식이 전해지면서 긴급히 피신하여 그해 7월 25일 계엄이 해제될 때까지 남산의 한 허름한 호텔에 은신하였다. 계엄이 해제되자 장준하는 다시 전국을 순회하면서 굴욕회담 반대운동에 나섰다. 이번에는 대규모 집회가 어렵게 되자 대학과 교회를 찾아 한일회담의 부당성을 역설했다.

●정치보복 세무사찰 당해

해가 바뀌어 1965년이 되었다. 장준하의 굴욕외교에 대한 반대투쟁의 집념은 꺾이지 않았다. 일본군 출신 박정희가 추진하는 한일회담을 '매국외교'로 규정하면서 7월에는《사상계》의 두 번째 긴급증간호를 발행했다. 〈신을사조약의 해부〉특집과 함석헌의 〈한국은 어디로 가는가〉, 백낙준의 〈한국의 근대화와 일본침략〉, 이범석의 〈이제 더는 침묵할 수 없다〉, 박두진, 백남수, 조지훈의 연작시 〈우리는 또다시 노예일 수 없다〉, 각계의 한일협정조인 반대성명서, 지식인 115인의 증언 등의 내용이었다. 역시 굴욕회담 반대의 텍스트가 되었다.

이와 같은 장준하의 반대투쟁에 박정희 정권은《사상계》세무사찰이라는 보복으로 맞섰다. 3월 중순 종로세무서 직원 10명이 회사로 몰려와 모든 장부와 서류를 압류하고 세무사찰을 시작했다.

부당한 권력과 싸우는 사람들이 그러하듯이, 장준하도 독재와 싸우면서 공사생활에 한 점 약점이 없도록 처신해왔다. 빚에 쪼들리면서도 《사상계》와 관련하여 세금도 꼬박꼬박 납부했다. 10일 동안의 세무사찰에도 별다른 불법사실이 드러나지 않자 그들은 모두 철수했다. 하지만 《사상계》를 없애고 장준하의 활동에 족쇄를 채우려는 박정희 정권의 복심은 변하지 않았다.

이번에는 서울지방 국세청의 증원부대까지 포함된 20여 명의 세무서원이 들이닥쳤다. 본사는 물론 인쇄소, 제본소, 지업상, 광고주, 지방 거래서적상까지 찾아가 장부와 문서를 대조하는 등 여러 날 동안 이 잡듯이 뒤졌다. 중정요원들이 뒤에서 조종한다는 소식이었다. 며칠 뒤 종로세무서장은 장준하가 백 수십만 원의 세금을 포탈했다면서 7일 이내에 납부하라는 통고서를 보냈다.

장준하는 재심청구를 했지만 '이유 없다'고 반송되었고, 행정소송을 제기하려 하자 이번에는 거래업체들이 나서서 "그리되면 모든 장부를 압수당해 모두 망한다"고 하소연하였다. 이것으로 끝나는 것이 아니었다. 박정희 정권은 거래은행에 지시하여 담보물을 공매하도록 강요하였다. 담보물로 빌렸던 친구의 집이 공매의 위기에 놓이게 되자 장준하는 신촌에 있던 집을 헐값에 팔아 갚아주고 10여 명의 식구가 여관에서 지내게 되었다. 가족은 1개월 반만에 서대문 평동에 조그만 전셋집을 얻어서 입주했다. 이후 장준하 가족은 전셋집 신세를 면하지 못하게 되었다.

형편이 이렇게 되니 사채를 빌려준 채권자들은 내가 아주 망하는 줄로 알고 더욱 아우성이어서 소송을 제기하여 출판사의 집기들과 나의 개인소장의 집기와 가산에 차압을 붙이기가 부지기 회수이고, 그러니 자연 회사는 더욱 엉망으로 되어갈 수밖에 없었다. 내 집에 매어 있던 전화와 함께 회사의 전화가 모두 종로세무서에 의해 공매되어 헐값으로 팔려가고, 회사 조사부에 비치된 책들이 팔려나가고 8년간 사용하던 승용차가 역시 헐값으로 팔려 세금과 채권자의 손으로 들어갔다.

그러고도 전기의 그 소위 포탈했다는 추징세금 납부독촉은 열화 같은 것이어서 이겨내지 못하여 다시 급한 사채를 얼마큼씩 얻어 갚을 수밖에 없었다. 그러고는 매일 달라 이자라는 고액의 이자돈을 얻어 은행의 수표를 막는 곡예를 부리는 형편이었다. 회사와 집에는 매일 남녀 채권자들이 떼로 몰려오는 등쌀에 살 수가 없고 몇 가지 남지 않은 가산에 사흘이 멀다 하게 차압딱지가 이것저것에 붙여지는 난리를 겪어야만 하였다.[3]

---

3 장준하, 《사상계지 수난사》, 장준하 문집 3, 사상, 1985, 63~64쪽.

독립운동가 출신의 반독재 언론인이 겪은 수난은 가혹하고 처절했다. 장준하와 《사상계》의 수난이 가중되면서 필자들에게서 원고기피현상이 나타났다. 더러는 밀린 원고료부터 먼저 해결하라고 요구하는 교수도 있었다. 이즈음 《사상계》 편집위원 중 '정치교수'로 찍혀 대학에서 쫓겨나는 일이 생기면서 《사상계》는 속표지에 공개하던 편집위원의 명단을 삭제했다. 박정희 정권은 《사상계》의 세무사찰로 경영을 옴짝달싹 못하게 만드는 한편, 저명한 필자들을 '정치교수'로 묶어 대학에서 추방함으로써 필진을 위협했다. "집필진들의 《사상계》 편집실 발길이 사실상 끊기고 《사상계》의 두께는 줄어들기 시작한다. 제10회 동인문학상 수상자로 김승옥(작품 〈서울·1964년 겨울〉)을 가려내기 위한 심사회의의 자리가 썰렁해진 것으로 문단인이 먼저 외면한 것을 알게 된다."[4] 장준하는 문학인들에 대한 애정이 각별하여 문학상을 제정하고, 문예증간호를 3회나 내는 등 배려를 아끼지 않았었다.

염량세태, 어느 시대나 불의한 권력이 광기의 칼춤을 추면 어용지식인들이 추임새를 넣고 타락한 언론인들이 장단을 친다. "어느 교수가 집에 쌀이 떨어졌다는 이야기를 들으면 듣고 그대로 지나는 성격이 못되었다. 쌀 한 가마를 사서 보내야 하는 성품이었다. 집필자 교수가 사무실에 찾아오는 시간

4 유경환, 〈기둥 잘린 나무─사상계 15년 소사〉, 《광복 50년과 장준하》, 장준하선생20주기추모문집간행위원회 편, 1995, 286쪽.

은, 보통 수업을 끝내고 오는 관계로 저녁 때에 만나게 되었다. 장 선생은 그대로 보내지 못하는 성격이어서 저녁을 대접하곤 하였다. 그것도 값싼 음식이 아니라 비싼 술을 함께하는 식사를 대접했다."[5]

'한국 지성계의 징표'로 인식되던 《사상계》가 군사정권의 고사작전에 말려들고, 그 선장이 고난에 처하게 되었다. '동지'들은 하나 둘씩 발을 뺐다. 회사의 가구와 전셋집의 집기에는 더덕더덕 차압딱지가 붙었다.

그 무렵 그 차압딱지와 관련하여 잊어버릴 수 없는 일이 몇 가지 있다. 그때 여덟 살 난 나의 막내아들놈이 몹시 귀애하여 항상 함께 놀던 강아지 한 마리가 있었는데, 이 녀석이 그 강아지에도 붉은 딱지를 붙일까봐 울며 제 엄마와 나에게 강아지에게도 붙이려거든 차라리 자기 몸뚱이에 붙이게 하라고 하던 일, 그리고 큰 딸애가 하루에 230원씩의 용돈으로 피아노를 살 수 있다는 신문광고를 보고 나를 졸라 18개월 월부로 피아노를 한 대 사주었다가 4개월 만에 그것이 공매처분을 당하게 된 일들이다.[6]

■■■ 5 엄요섭, 〈광복군 장준하와의 만남과 우정〉, 《민족혼·민주혼·자유혼—장준하의 생애와 사상》, 장준하선생20주기추모문집간행위원회 편, 나남, 1996, 100쪽.
■■■ 6 장준하, 앞의 책, 64쪽.

《사상계》는 종말을 향하여 나날이 쪼그라들고, 장준하는 피로와 불면증에 걸려 쇠약해지기 시작했다. 《사상계》 1966년 신년호는 1월 하순에, 그것도 두께가 크게 줄어든 상태로 발행되었다. 한청빌딩의 3개 층을 쓰던 사무실은 한 층으로, 다시 절반으로 축소되고 직원도 10명 이하로 줄어들었다. 신년호 편집후기가 당시 《사상계》의 실정과 의지를 잘 보여준다.

조국의 운명과 자유민의 민권과 정의의 구현을 위해 《사상계》는 지금도 멎지 않은 광풍 앞에 그 기치를 드높이 올리는 것. 이것이 우리의 변할 수 없는 신념이며 사시社是인 것입니다.[7](사시 '是' 자가 '示'로 오기된 것을 바로잡음)

《사상계》는 날이 갈수록 경영이 어려워지고, 장준하의 가족들은 생계의 위협을 받기에 이르렀다. "애들은 버스비가 없어 서대문에서 신촌까지 걸어서 통학을 하고 공납금은 1년 반 이상이나 밀려버렸다."[8]

엎친 데 겹치는 격으로 건강이 악화된 장준하는 급성간장염으로 입원하게 되었다. 입원할 때 간기능검사 담당의사가 3일을 더 넘기기 어렵다는 진단을 내렸다. 며칠 동안 사경을

---

7 《사상계》, 1966년 1월호, 286~287쪽.
8 장준하, 앞의 책, 64쪽.

헤매는 투병 끝에 기적적으로 병세가 좋아진 장준하는 4개월 뒤에 퇴원할 수 있었다. 《사상계》는 1966년 6, 7월호를 결간하고 간신히 8월호를 냈다.

"박정희는 밀수왕초다"

　이즈음 야당은 요동치고 있었다. 한일국교정상화 문제와 월남파병 문제를 둘러싸고 노선투쟁으로 분열과 이합집산을 거듭하다가, 1965년 6월 원내 제1야당인 민정당과 제2야당인 민주당이 통합하여 박순천을 대표최고위원으로 하는 민중당이 창당되었다.

　그러나 민중당은 1965년 8월 한일협정 비준안과 베트남 파병안을 둘러싸고 당론이 양분되어, 의원직 사퇴와 당 해산을 주장하는 윤보선계가 결별, 1966년 3월 신한당을 창당함으로써 통합 5개월 만에 다시 분당하게 되었다. 윤보선계의 강경파는 한일기본조약이 체결되고 공화당 단독으로 국회비준이 이루어지자 이에 반발, 의원직을 사퇴하고 민중당을 탈당하여 신한당을 창당하였다.

　장준하는 1966년 10월 민중당의 초청으로 삼성계열회사의 밀수규탄대회의 연사로 나섰다. 거대재벌이 사카린을 밀수하여 시판한 것이 폭로되면서 비난여론이 들끓게 되고 야당이 규탄대회를 개최한 것이다. 10월 대구 수성천변에서 열린 규탄대회의 초청연사로 나선 장준하는 "박정희란 사람은 우리나라 밀수왕초다" "존슨 대통령이 방한하는 것은 박정희씨가 잘났다고 보러 오는 것이 아니라 한국 청년의 피가 더 필요해서 오는 것이다"라고 공개적으로 비판했다가 10월 26일 국가원수모독 혐의로 구속되었다.

일요일, 5월 7일 오전 11시, 신민당 중앙당 대표최고위원실에 있던 나에게 드디어 수갑이 채워졌다. 선거공고 13시간 전인 순간이었다.

그러나 두 번째 서대문교도소행은 밀수규탄발언으로 인한 초행길보다 훨씬 마음이 가벼운 편이었다. 낯익은 교도관들이며, 아직도 있는 옛 철창동지들이 반겨줄 생각에서 나는 서울지검 6호실에서 심문에 그대로 응했다.

현저동 1번지의 미결수용소, 독방 5사 8방, 벽돌담 안에 내려앉은 하늘이 숨죽이며 어둠을 빨아들이고 있었다. 그리고는 하늘이 보이지 않았다.[9]

장준하는 대구의 연설장에 나가기 전에 《사상계》 10월호

━━━ 9   장준하, 〈어두워야 모여드는 청중〉, 《신동아》, 1976년 7월호.

권두언을 써서 실무진에게 맡겼다. 아마 구속될 것을 작심하고, 박정희를 겨냥했던 것 같다. 이 권두언은 〈우리는 또다시 할 일을 밝힌다〉는 제목을 달았다.

오늘에 이르러서는 우리의 가는 길을 혼란시킴에 그치지 않고, 《사상계》의 존립조차도 허용하지 않으려고 달려들고 있다. 악랄한 수법은 더욱 지능화되어, 음성적인 탄압(끈덕진 제작의 방해, 판매망에 대한 교란, 제작 유관처에 대한 압력)으로 《사상계》를 고립화시키려고 획책한다. 집권층의 이러한 탄압이 과연 상부로부터의 지시에 의한 것인가, 또는 말단에서 시도하는 과잉충성의 결과인가는 모르나, 그것이 《사상계》를 궁지에 몰아넣어 스스로 그 발간이 불가능함을 절감하도록 하려는 일관된 의도의 노출임이 명백해진 것이다.[10]

장준하는 '밀수왕초' 발언으로 구속되었다가 그해 12월에 석방되었지만, 이듬해 2월 공판에서 징역 6월이 선고되어 구속되고, 옥고를 치르는 동안 건강이 크게 악화되었다. 일대 수난이었다. 장준하 투옥되고 《사상계》는 고사상태에 빠져들고 동지들은 떠나갔다. 그리고 빚쟁이들은 회사와 전셋집

━━ 10 《사상계》, 1966년 10월호 권두언.

을 가리지 않고 몰려와 행패를 부렸다.

그래도 죽지 않는 《사상계》를 기어코 없애야겠다는 듯
이 이번에는 나를 형무소에 옭아넣었으니 그로써 그들이
나에게 할 수 있는 방법은 죄다 동원한 셈이었다. 결국 나
도 《사상계》도 지칠 대로 지쳐 《사상계》는 그후 점점 숨결
이 흐려가고 나도 그들과의 투쟁방법을 달리해야 될 것을
강구치 않을 수가 없었다. 그리하여 그 다른 투쟁방법으로
택한 것이 내가 정계에서 발을 들여놓게 된 동기가 되고
그때 나의 《사상계》는 사실상 숨을 거둔 셈이다.[11]

장준하의 고백처럼 이때부터 《사상계》는 빈사상태에 빠
져들었다. 독재권력의 전방위적인 탄압에 견뎌내기가 어려웠
다. 야박한 것이 세상의 인심인가, 지식인들은 하나둘씩 《사
상계》에 발걸음을 기피하고, 회사의 경영상태가 어렵다는 소
문이 퍼지면서 글쓰기를 주저하였다. 그럴수록 박정희에 대
한 증오심은 깊어만 갔다. 장준하의 박정희 증오감정은 사적
인 것만은 아니었다. 일왕에게 충성을 다짐하면서 일본군인
의 길을 충직하게 걸었던, 그의 과거행적에 대한 증오이고 비
판이었다. "악한 행위보다 악한 존재는 더욱 사악한 것이다.

■■■ 11 장준하, 앞의 책, 65쪽.

허언자의 입에서 아무리 미화된 현실의 말이 나온데도 역시 그것은 거짓이다. 인간을 적대시하는 악인의 형제애적인 행위도 역시 증오가 될 뿐이다. 따라서 민족애와 정의의 탈을 쓰고 국민을 현혹케 하며 허위와 잔인의 패덕을 일삼는 독재자의 존재는 없애야 한다고 그는 역설했다."[12] 장준하가 가끔 언급했다는 본회퍼의 말이다.

장준하는 《사상계》에 히틀러 처단을 시도하다가 처형당한 신학자이며 목사인 디트리히 본회퍼의 글을 여러 차례 실었다. 장준하의 의지가 배인 기획이었다면 무리일까.

---

12 고범서, 〈독재에 피로 항거한 신학자〉, 《사상계》, 1964년 10월호, 170쪽.

'정치참여' 의지인가 숙명인가

　장준하는 자신의 분신과도 같은 《사상계》가 고사되어가는 참상을 겪으면서 정계에 뛰어들어 박정희와 온몸으로 싸울 결심을 하기에 이르렀다. '정계진출'이 자의보다는 '마지못해서' 이루어진 측면이 강하다. '완물상지玩物喪志'라는 말이 있다. 쓸데없는 놀음에 빠져들어 자기의 지조를 잃어버린다는 뜻이다. 장준하의 경우 이에 해당되는 것일까, 아닐까.

　1950년대 후반 《사상계》 주간을 지낸 안병욱은 장준하의 '정치야심'에 대해 증언한다.

　　그는 정치에 야망이 있었다. 국회의원으로는 성이 차지 않았다. 그는 대통령의 꿈을 꾸고 있었다. 화신 뒤에 있는 어떤 병원에 입원하고 있을 때 대통령에 출마할 의사를 나에게 비치었다. 나는 극구 만류했다. 그의 책상 위에는 《대통령이 되는 길》이라는 상 · 하 2권의 일역본이 놓여 있었다. 나만큼 박 정권과 싸운 사람이 누가 있느냐, 나에게는 투지도 있고 명성도 있다는 것이다. "조직도 없고 돈도 없고 정당도 없고 이북 출신이 아니냐, 무엇을 가지고 대통령이 되려고 하느냐. 그만두는 것이 좋을 것이다." 나는 장 형에게 직언을 했다. 그가 섭섭해할 것을 알면서도 진정 그를 위하여 반대하지 않을 수가 없었다. 그것은 그의 분과 도에 넘치는 생각이었다.

그는 사상계사 사장시절에 정치에 대한 꿈이 대단했다. 그래서 어느 날 김성한, 김준엽과 나는 이런 이야기를 했다.

"장 형, 정치의 꿈을 버리시오. 사상계를 잘 키워서 일본의 암파岩波처럼 문화한국을 건설합시다. 우리 셋이 삼총사가 되어 장 형을 위하여 헌신적으로 도와드리는 까닭은 문화한국의 건설에 있소. 《사상계》를 정계진출의 수단으로 삼을 생각이라면 우리는 주간과 편집위원을 그만두겠소. 장 형, 장 형의 인격과 양심을 걸고 우리 세 사람 앞에서 맹세하십시오. 절대로 정치에 나서지 않겠다고."

"절대로 정치에 나서지 않겠다고 하늘을 두고 맹세하오." 우리 앞에서 엄숙히 맹세했다. 그러나 결국 정치에 나서게 되었고 그것이 그의 생명을 단축시키는 결정적 계기가 되었다.[13]

안병욱의 증언대로라면 장준하는 정치에 나서지 않겠다고 약속했다. 《사상계》가 박정희 정권의 고사작전에 휘말리기 전이었다. 장준하가 《사상계》를 제대로 발간할 수 있는 상황이었다면 정치에 나서지 않았을지 모른다. 그는 절벽으로 몰리고 있었고 《사상계》는 거의 고사상태에 놓이게 되었다. 선택의 여지가 없었다고 해야 할 것이다.

1967년은 제6대 대통령선거와 제8대 국회의원 총선거가 있는 해였다. 여당인 공화당에서는 박정희의 재출마가 기정사실로 굳어 있었지만 야당은 산산이 분열되어 있었다. 1966년 2월 민중당 강경파가 분당하여 신한당을 창당하면서 전통야당이 둘로 쪼개지고, 군소정당을 발판으로 자천타천의 후보가 줄을 서고 있었다.

《사상계》는 1967년이 되면서 사세가 더욱 어려워져 450쪽 분량이던 것이 50쪽 안팎의 납본용으로 쪼그라들었다. 두 차례 결간이 되면 등록취소가 되기 때문에 초라한 모습의 잡지를 만들어 납본과 정기독자에게만 보냈다. 장준하는 4월호의 권두언 〈주권자의 관용이 민주주의를 교살한다〉에서 공무원들의 선거개입 등을 비판하면서 다음과 같이 《사상계》의 의지를 다진다.

---

13 안병욱, 〈청淸과 의義와 용勇의 인, 장준하〉, 《광복 50년과 장준하》, 77쪽.

본지는 이 4월로서 창간 14주년을 맞이하였건만, 아직 고난의 십자가를 벗지 못하고 있다. 그것은 비정을 규탄하는 때문이요, 부정을 고발하는 때문이요, 불의와 타협하지 않는 때문이다. 하지만 이것을 본지의 사명으로 이 조국의 현실이 엄숙히 규정지워주는 것을, 어찌 마다할 것이냐? 통권 168호의 기초 위에 세워진 한 줄의 비문으로 우리는 '불의와의 비타협'을 새기고자 한다.[14]

그러나 12월호를 마지막으로 장준하의 《사상계》는 종언을 고하게 된다. 10월에 장준하는 〈머리를 숙이라 민권 앞에〉라는 논설을 썼다. 이른바 '4자회담'에 관한 내용을 기술하면서 다음과 같은 의미심장은 말을 한다.

기독교의 생활화를 그의 주창으로 하는 본회퍼는 2차 대전 당시 미국에서 라인홀드 니버의 충고와 만류를 뿌리치고 끝내 나치 치하의 조국 독일로 되돌아갔다. 그리고 그가 남긴 말이 있다. 동료 종교신학자 니버는 이렇게 술회한다.

"조국의 승리를 위해서 기독교를 버리느냐 아니면 기독교의 승리를 위해 지금의 조국을 버리느냐?"

▬▬ 14 《사상계》, 1967년 4월호 권두언.

그는 그의 신앙, 아니 그의 신념을 위해 조국으로 죽음을 알면서 돌아왔고, 반나치 지하운동으로 독일교회를 지키려다가 결국 체포 총살당하고 말았던 것이다. 그러나 종전 뒤에 본회퍼는 지금 새로운 독일 국민의 정신으로 살아 있다.

신민당이 야당으로서 한국사의 한 구비를 돌고 있는 이 시점에서, 갖춰야 할 능력은 바로 이 본회퍼의 숭고한 정신을 일으킨 투쟁신념의 결합인 것이다. 다행히 우리는 떳떳한 투쟁의 상대를 만나고 있는 시대에 살고 있다.[15]

---

15 《사상계》, 1967년 10월호, 5~6쪽.

●정계진출, 국회의원 옥중당선

야권은 1967년 5월로 예정된 제6대 대통령선거를 앞두고 이해 2월 7일 신한당과 민중당이 통합하여 신민당을 창당했다. 야당의 분열상태로는 박정희 후보를 꺾기 어렵다는 국민여론 때문이었다. 그런데 차기대통령 후보에 누구를 내세우느냐가 초미의 관심사이고 선거결과에도 크게 영향을 미치게 되는 절체절명의 과제였다. 당시 야권에서는 윤보선, 이범석, 허정, 백낙준, 유진오 등이 자천타천으로 후보군에 오르내리고 있었다.

장준하는 측근들과 상의하여 후보단일화 작업에 나섰다. '4자회담'을 은밀히 주선한 것이다.

야권에서 '4자회담'이 있었지요. 이것을 뒤에서 《사상계》가 주선을 했어요. 백낙준, 이범석, 윤보선, 유진오 등 지도자들이 만나게 되었지요. 이분들이 모이게 설득작업을 각각 분담해서 맡았는데, 백낙준 씨는 장 선생이 맡았고, 윤보선 씨는 제가(지명관—저자) 맡았고, 유진오 씨는 부완혁 씨가 맡았을 거예요. 그리고 유창순 씨가 이범석 씨를 맡았어요. 이분들이 매일 저녁 모여서 상의해가지고 가서 설득작업을 벌였던 것이지요. 그래 가지고 성사가 되었는데, 아무도 모르게 감쪽같이 해냈지요.[16]

'4자회담'을 장준하와 《사상계》가 주선한 것은 함석헌의 증언에서도 드러난다.

내가 '4자회담'이 되어가는 것을 안 것은, 여기 《사상계》에 와서 안 겁니다. 그래도 뒤에서 그것을 줄기차게 염려하고 추진하고 어느 정도 뒤에서 획책도 하며 걱정을 한 것은 장준하 사장, 부완혁 씨 둘이 늘 만나면 그저 의논하고 성사시켜야 되겠다고 말하는 것을 들었고 또 그래서 알았지요.[17]

장준하는 야당후보를 단일화시켜 평화적 정권교체를 이루고자 했다. 하지만 결과는 그의 뜻과는 달리 나타났다. 당수는 유진오, 후보는 윤보선이 되면서 선거전은 맥이 빠졌다.

■■■ 16 지명관, 〈주간좌담 : 사상계 시절을 말한다〉, 《광복 50년과 장준하》, 48쪽.
■■■ 17 〈'4자회담'을 말한다〉, 《사상계》, 1967년 4월호, 15쪽.

집권 6년을 넘긴 박정희는 경제발전과 재건국민운동 등을 통해 상당한 수준의 지지기반을 확보하고 있었다. 윤보선은 낡은 이미지에다 야권분열 과정에서 국민적 지지도가 크게 훼손되고 있었다. 선거결과는 참패였다. 장준하는 백낙준이 후보가 되기를 바랐지만, 윤보선의 당선을 위하여 대도시의 선거유세에 나서는 등 정권교체를 위해 최선을 다했다.

장준하는 이때 지원유세에서 "박정희 씨는 국민을 물건취급, 우리나라 청년을 월남에 팔아먹었고 박씨는 과거 공산주의 조직책으로 임명되어 조직활동을 한 사람이다"라고 한 말이 허위사실 유포죄와 대통령선거법 위반혐의가 되어 선거가 끝난 5월 7일에 구속되었다. 박정희 정권에서 두 번째로 구속된 것이다.

서대문형무소에 수감된 장준하는 5월 8일 《사상계》 편집부장 유경환을 불러 자신이 살고 있는 서울 동대문을구에 옥중 출마의사를 밝히고, 〈출마의 변〉을 언론에 발표토록 했다. 이에 앞서 《사상계》의 부장들에게 총선 출마의사를 밝히고 준비를 하도록 했다. 총선을 며칠 앞두고 구속된 관계로 후보자 없는 선거운동이 시작되었다. 상대후보는 육사 8기생으로 국가재건최고회의 최고위원을 지낸 현역의원이었다.

상대 측은 탄탄한 조직을 통해 거칠 것 없이 선거운동을 진행했다. 하지만 장준하 진영은 돈도, 조직도, 후보도 없는 황량한 불모지와 같았다. 《사상계》 취재부장으로 선거운동을 지켜봤던 고성훈의 증언이다.

　　국회의원 선거일을 한 달 앞두고 주인공인 후보가 갇혀버린 상황에서, 그의 선거운동을 지원하기 위해 파견된 우리 《사상계》팀(필자를 포함한 부장급 3인)은 어떻게 해야 할지 몰라 우왕좌왕하고 있을 뿐이었는데, 평소에 장준하를 아끼던 함석헌 선생이 스스로 찾아오셔서 장 후보를 위하여 선거운동에 발벗고 나서겠다며 오히려 우리를 격려하여 주었다. 함 선생은 그때로부터 보름 동안을 거의 홀로 선거연설회(30회 이상)를 이끌어서 끝내는 옥중당선이라는 영예의 꽃다발을 장준하에게 안겨주었던 것이다.[18]

　　야당 측의 첫 유세, 그것도 옥중출마로 후보 본인이 없는 연설회가 어찌 진행될 것인가 궁금했던 청중의 눈에 들어온 것은 흰 두루마기, 흰머리, 흰 수염의 노인 함석헌 옹의 모습이었다. 호기심에 찬 청중 앞에 등단한 함석헌 선생의 첫말은 이러했다.

　　"여러분! 장준하를 살려주세요. 장준하 《사상계》 사장을 국회로 보내주셔야 합니다. 안 그러면 장준하 이 사람

━━ **18** 고성훈, 〈장준하 사장의 옥중당선 이야기〉, 《민족혼·민주혼·자유혼—장준하의 생애와 사상》, 203~204쪽.

은 죽습니다. 자살할지도 모른단 말입니다."

이 대목에 이르러 함 선생의 목은 갑자기 꽉 막히고, 이어 눈물이 글썽거리는 것이 아닌가. 잠시 침묵이 흐르고 술렁대던 청중이 순간에 조용해져버렸다.

청중들 가운데는 눈시울을 닦는 사람이 보이며, 나 또한 코끝이 찡해오면서 눈물이 쏟아지는 것을 어찌할 수 없었다. 청중은 감동한 듯 요지부동으로 앉아 있었다.[19]

함석헌의 지원연설로 여론이 움직이고, 지식층을 중심으로 장준하의 독립운동과 《사상계》의 가치가 알려지면서 선거 판세는 하루가 다르게 바뀌었다. 여기에 구속된 장준하 후보에 대한 동정여론이 가세되어 바람이 일게 되자, 공화당 후보가 검찰의 영향력 있는 사람에게 진정하여 장준하 석방운동을 하고 있다는 소문이 나돌았다. 그런 결과였는지는 몰라도 장준하는 투표일을 일주일 남겨놓은 6월 1일 오후 가석방되었다. 그는 곧 바로 선거유세장으로 달려오고, 이 소식을 들은 유권자들은 석방된 후보의 얼굴이라도 보고자 유세장으로 몰려왔다. 이렇게 하여 대세는 굳어지고, 5만 7119표(차점은 3만 5386표)라는 압도적 득표로 당선되어, 제7대 국회의원이 되었다.

▬▬ **19** 앞의 책, 206~207쪽.

장준하가 옥중출마하여 당선된 6,8총선은 공화당이 129석 (지역구 102석, 전국구 27석)을 획득하여 압승하고, 신민당이 45석 (지역구 28석, 전국구 17석), 대중당이 지역구 1석을 얻었다. 박정희는 3선개헌에 필요한 3분의 2 의석을 확보하기 위해 무더기표, 매표, 위협투표 등 온갖 부정선거를 저질렀다. 이른바 3.15에 버금가는 6.8부정선거가 치러진 것이다.

공화당은 6명의 당선자를 부정선거의 책임을 물어 제명하는 등 제스처를 썼지만, 부정선거를 규탄하는 학생시위가 1개월간 지속되고 신민당 소속 당선자들은 재선거를 요구하며 6개월 동안 등원을 거부했다. 장준하도 당선은 되었지만 당의 등원거부 방침으로 《사상계》사에 머물면서 회사문제와 의정활동의 준비에 바쁜 나날을 보냈다.

《사상계》발행권 부완혁에게 넘겨

장준하는 《사상계》의 명맥을 유지하고자 했다. 하지만 국회의원의 겸직금지조항에 걸려 누군가에게 발행권을 넘기지 않을 수 없었다. 그때 추천된 사람이 편집위원이며 《조선일보》주필을 지낸 부완혁이었다. 《사상계》에 여러 차례 글을 쓰고, 의식과 능력이 출중하여 편집위원으로 위촉했던 사람이라 믿을 수 있었다. 장준하는 국회의원을 그만둘 때 똑같은 무상양도의 형식으로 판권을 되돌린다는 조건으로 부완혁에게 양도했다.

국회의원 겸직금지조항에 걸려 장준하는 《사상계》편집위원이며 《조선일보》주필이었던 부완혁과 함께 '의정서'를 쓰고 판권명의를 넘겨준다. 이 문서는 유경환, 고성훈에 의해 변호사 사무실에서 공증된다. 공증내용은 장준하가 국회의원직을 벗을 때 똑같은 (무상양도) 형식으로 판권을 되돌린다는 것이다. 김세영 신민당 소속 국회의원이 《사상계》에 자금을 댈 것을 장준하, 부완혁, 김세영 3자가 합의한다.[20]

장준하는 《사상계》가 정부의 탄압으로 사경에 빠져 있을 때 몇 갈래로 '판권양도'의 제안을 받은 일이 있었다. 김영선 (전 장관)을 통해 어느 출판사에서 1500만 원에 사겠다는 제안도 있었다. 그러나 이를 모두 거부하고, 부완혁에게 무상양도를 한 것은 그가 '사상계 정신'을 지킬 것으로 생각했기 때문이라 했다.

부완혁은 1968년 2월호 통권 제177호부터 컬러 표지판 《사상계》를 속간하면서, 장준하 사장 라인의 편집직원을 모두 해임하고 직원을 새로 채용하여 일을 맡긴다. 이로써 장준하의 《사상계》 15년사는 막을 내린다. 부완혁의 《사상계》는 1970년 5월호에 김지하의 담시 〈오적〉을 실었다가 필화사건에 휘말리게 되고 이후 장기휴간상태에 들어갔다. 장준하가 '국회의원직을 벗을 때 판권을 되돌린다'는 의정서는 두 사람 사이의 '악화된 감정'으로 이루어지지 않았다. 왜 두 사람 사이가 악화되었는지는 증언자들의 말에 차이가 있어서 여기에 옮기기를 삼간다.

20 유경환, 앞의 글, 291쪽.

이렇게 하여 장준하가 "독립운동을 하는 심정으로" 만들었던, 한 시대의 지성과 양식을 대표했던 《사상계》는 장준하 사장 15년, 부완혁 사장 3년여 만에 막을 내리게 되었다. 박정희 정권의 중앙정보부 김계원이 《조선일보》에 《사상계》의 인수를 타진했고 그 신문사가 이를 받아들여 《조선일보 사상계》가 발간될 뻔했으나, 장준하와 부완혁의 감정대립과 법정소송 사태, 부완혁의 양도거부로 이 계획은 무산되었다.[21]

《사상계》의 운명으로서는 '변질'되는 것보다 차라리 '객사'당하는 편이 나았을지 모른다.

《사상계》는 펜을 가지고 칼에 대항했다. 지성의 무기를 가지고 권력의 아성에 육박했다. 《사상계》는 계몽의 메시지가 있었고, 비판의 언어가 있었다. 독재에 항거하는 자유의 절규가 있었고, 관권에 대결하는 민권의 필봉이 있었다. 부정과 부패를 파헤치는 진실의 메스가 있었고, 새로운 비전과 확고한 신념을 불러일으키는 산 말씀이 있었다.[22]

4.19혁명의 정신적 에네르기가 되었던 《사상계》가 1960년대 중반 이후 옛날의 영광을 잃고 과거의 권위를 상실한 데는 몇 가지 요인이 복합적으로 작용했다. 가장 큰 이유는 박정희

21 정진석, 《역사와 언론인》, 커뮤니케이션북스, 2001, 531쪽.
22 안병욱, 〈칼의 힘과 펜의 힘〉, 《사상계》, 1991년 12월호, 42~46쪽.

정권의 전방위적인 탄압이었다. 뒷날 장준하는 이승만과 박정희 정권의 탄압상과 관련하여 다음과 같이 회고했다.

오늘날 생각할 때 나는 자유당 정권시절에 대해서 한 가지 불가사의한 일이 있다. 뭐냐면 그 시절에 내가 생각하기로는 자유당 정권은 이미 패망한 히틀러의 나치즘이나 뭇소리니의 파시즘 또는 일제군국주의의 망령이 되살아나지나 않았나 하리만큼 그 독재상과 정치악이 거의 극에 달해서 결국은 자멸하기에 이른 것이라고 그렇게 확신했던 것인데 우리 《사상계》가 그토록 강력하게 그 정권을 비판매도하는 것으로 일관하여 왔는데도 그 정권하에서는 쓰러지지 않고 오히려 번창하여왔던 것이다. 그러나 《사상계》가 싸워온 오늘의 정권은 아직도 건재해 있는데도 《사상계》는 벌써 오래전에 오늘의 정권을 못 이겨 먼저 쓰러져버렸기 때문에 생각되는 일이다.

독재나 그에 따르는 언론탄압의 방법도 세월과 함께 발달하는 것이어서 옛식의 독재는 이미 골동품 독재에 불과한 것이 되고 말았다는 의미인가?[23]

---

23 장준하, 앞의 책, 21쪽.

《사상계》 몰락의 배경

《사상계》가 몰락, '사양길'에 빠지게 된 사유를 두고, 발행인 장준하의 정치색깔 또는 정치입문을 들기도 한다. 선과 악이 싸울 때 중도가 악의 편이듯이 독재와 민주주의가 싸울 때 산술적인 중도나 가치중립은 악의 편에 속한다. 박정희의 포악한 철권통치에 대항하기 위해서는 예리한 비판정신이 요구되었을 뿐 '황희정승식'의 양비론은 궤변이거나 곡필일 뿐이다.

장준하의 《사상계》는 불의한 권력과 타협하거나 그런 사람들의 글을 원천적으로 배제했다. 보복이 따랐고, 길이 막혔다.

장준하가 정계로 들어간 것과 함께 가해진 당국의 음성·양성적인 탄압이 《사상계》에 결정적인 타격을 주었다고 볼 수 있다. 그러나 장준하로서도 다른 선택의 여지가 없었는지도 모른다. 그것은 중국에서 김구로부터 영향을 받은 민족주의 그리고 그의 신념이었던 민주주의를 구현하기 위해서는 계몽적인 내용의 편집에 안주할 것이 아니라 현실에 뛰어들 수밖에 없다는 정세판단 때문이기도 했을 것이다.[24]

이와 함께 몇 가지 외적인 상황도 있었다. 월간 교양종합지가 속속 창간되어 《사상계》의 영역을 파고들었다. 일본에서 재일교포를 상대로 하는 월간지 《한양》이 1962년 3월호로 창간되어 국내에서도 판매되고, 진보적인 교양지 《청맥》이 1964년 8월에 창간되었다. 《동아일보》는 1964년 9월 《신동아》를 복간했고, 1968년 4월에는 《중앙일보》가 《월간중앙》을 창간했으며, 정부가 자금을 지원하는 월간 《세대》도 1963년 6월에 교양종합지로 선을 보였다.

특히 거대신문사에서 발행하는 월간지는 자사의 필진과 판매보급망, 여기에 자사 신문에 광고를 통한 홍보력을 갖추고 있어 《사상계》는 경쟁의 상대가 되지 않았다. 불리한 여건은 또 있었다. 각종 문학지가 속속 창간되고 특히 1964년 《한국일보》가 《주간한국》을 창간하면서, 딱딱하고 원론적인 논설보다 쉽게 읽고 즐길 수 있는 교양지와 주간지를 선호하는 독자들이 늘어났다. 신문사들이 경쟁적으로 발행하는 스포츠

24 정진석, 앞의 책, 540쪽.

신문, 정부의 '3S정책'(스포츠·스크린·섹스)이 젊은 독자들을 빼앗아갔다. 《사상계》 몰락의 또다른 배경이다.

《사상계》 신인문학상(1964년)을 수상한 바 있는 작가 박태순은 〈민주·민족이념을 추구하다 쓰러진 《사상계》〉에서, 이 잡지의 역할을 이렇게 정리했다.

> 얄타체제·냉전체제의 최대 희생국이며, 탈냉전·탈분단의 '전후사 극복' 명제가 그 어느 나라보다도 당면한 과제가 되었어야 할 분단한국의 현실은 과연 어떠하였던가?
> 군사독재는 이 모든 논의들을 억압하였고, 잔인하게 짓밟았다. 1960년의 4월 혁명과 1964년의 6.3사태를 겪으면서 성장한 한국의 학생운동이 1970~1980년대를 거쳐가는 과정에서 그 어느 나라에서도 예를 구할 수 없을 만치 민족·민주·민중담론을 끊임없이 확대 재생산시켜갈 수 있었던 것은 한국사에 부여된 이 같은 세계사적 전환시대 인식을 담지해내게 되었기 때문이었다. 바로 이들의 뒷전에 《사상계》가 노둣돌처럼 놓여 있었다는 사실을 분단시대는 기억하게 될 것임에 틀림없다.[25]

■■■■ 25   박태순, 《역사비평》, 1974년 여름호, 역사비평사, 314쪽.

국회의원 장준하의 활동

제7대 국회는 1967년 7월 1일부터 임기가 시작되었지만 11월에야 신민당이 국회에 등원하면서 실질적인 활동이 개시되었다. 장준하의 의정활동 역시 마찬가지였다. 국회에서 국방분과위원회에 소속되어 의정활동을 시작했다.

장준하가 의정활동을 한 1967년 7월 1일부터 1971년 6월 30일까지 4년은 격동기였다. 우선 1968년 1월 21일 무장공비의 청와대 습격을 위한 서울 침입, 4월 1일 향토예비군 창설, 8월 24일 통일혁명당사건 발표, 12월 5일 국민교육헌장 선포, 1969년 6월 8일 울진·삼척 무장공비 출현, 9월 14일 3선개헌안 날치기 통과 등 박정희의 영구집권체제로 가는 길목이었다. 박정희는 무장공비의 침입을 계기로 안보체제를 강화하면서 3선개헌을 감행했다. 마치 '적대적 공생관계'처럼, 남북 지배자들은 상대를 적으로 상정하고, 이를 자신들의 권력강화의 명분으로 활용해왔다.

장준하의 의정활동은 '국회의원 장준하'보다 '《사상계》
장준하'의 연장선상이었다. 다른 의원들이 기피하는 국방위
원에 지원하여 군 내부의 부패와 문제점을 파고들었다. 박정
희와 간접싸움을 벌인 셈이다. 이 무렵의 비화가 있다. 당시
2군단장 김재규는 국방위 장준하의 의정활동과 청렴상을 지
켜보고 크게 감동하여 의문사 후에 가족을 돌봐주었다. 장준
하가 의문사 당하기 전에 모종의 '거사'를 준비하면서 군 일
부에서도 동조자가 있는 것처럼 발언한 적이 있다. 이 역시
국방위활동과 연관되는 대목이다.

박정희 정권은 1.21무장공비사건을 빌미로 향토예비군을
창설한 데 이어 향군의 무장과 향군대상자들을 1년에 20일간
동원훈련하는 향군법개정안을 국회에 상정하기에 이르렀다.
이에 대해 신민당은 당론으로 표결 참석을 거부했다. 그러나
박정희는 공화당 의원들만으로 개정안을 처리하고자 했다. 장
준하는 이 나라 청년들을 제도적으로 묶고, 생업에 막대한 지
장을 주게 된다는 이유를 들어 향군법 개정의 부당성을 국방
위에서 주장했지만 공화당은 의원수로 밀어붙였다. 장준하는
의원 배지를 떼고 국회방청석에서 여당만의 향군법개정안 처
리를 지켜보기로 했다.

나는 이 법률안의 통과에 대해서만은 똑똑히 나의 두
눈에 기록하고 싶었던 어떤 무의식적 충동에 이끌리어, 방

청석에 자리를 잡았던 것이다. 한 나라의, 역사의 톱니바퀴가 돌아가는 그 순간이 나에게는 긴장을 주었다. 그것이 원활히 돌아가는 것이 아닌 한, 변칙적으로 어떤 예측할 수 있는 물리적인 힘에 의해서 돌아가는 한국사의 톱니바퀴. …… 그 맞부딪는 금속성이 나에겐 짜릿한 암시를 가슴에 꽂아주었다.[26]

장준하는 이 글에서, 진정한 국가안보를 위해서는 국민에게 자유를 주고 민주주의를 실행하여 청년들의 병역의무가 보람과 긍지를 갖도록 해야 한다고 주장했다. 장준하는 1968년 제67회 국회 대정부질의에서 〈월남참전－파병인가, 용병인가〉라는 제목으로 베트남 파병과 수많은 희생자를 낸 데 대해 신랄하게 따졌다.

월남과 우리 사이에는 아직도 무슨 상호방위조약이라든가, 혹은 잠정적인 군사협정이라든가 이런 것이 체결된 것이 아무것도 없다. 또 그렇다고 해서 월남이나 우리나라는 지역적 무슨 집단안전체제에 두 나라가 같이 들어 있는 것도 아니다.

우리 국군의 파병을 또한 국제적으로 뒷받침해주는 국

<hr>

26 장준하, 〈향토예비군 무장의 선행조건〉, 《신동아》, 1968년 7월호, 76쪽.

제연합의 출병결의가 있는 것도 물론 아니다. 6.25 사변에 있어서 16개 참전국이 출병해준 것은 여러분께서 다 아시는 것과 마찬가지로 유엔의 결의에 의하였던 것이라는 것을 여기서 말하지 않을 수 없는 것이다.

정부는 월남의 방위는 한국 방위의 일환이라고 말하지만 월남의 위급한 국면을 바로 눈앞에 보고 있는 태국·필리핀 그밖에 여러 나라들, 이 나라들은 우리 못지않게 대미관계에 있어서 깊은 연결을 가지고 있고, 또 월남과는 지역적 방위체제 속에 끼어 있는 나라들이 많은데, 이들 나라는 지극히 상징적인 지원 이상을 넘어서지 않고 있는 사실을 상기할 때 우리가 5만 명을 파병하고 있는 것은 엄청난 처사가 아니었나 생각한다.[27]

장준하는 국회의원 신분으로 반독재투쟁의 선두에 섰다. 특히 박정희가 자신의 장기집권을 위해 추진한 3선개헌 반대투쟁에는 야당의 어느 누구 못지않게 격렬하게 싸웠다. 장준하는 박정희의 3선개헌 음모가 진행되자 재야세력을 주축으로 '3선개헌반대 범국민투쟁위원회(범투)'를 조직하여 고문 함석헌, 윤보선, 위원장 김재준을 위촉하고 자신은 선전위원장을 맡아 활동에 들어갔다. '범투' 산하의 청년위원회에서는

---

27 장준하, 〈국회대정부질의〉, 1968년 11월 5일.

3선개헌 음모를 낱낱이 폭로하는 전단 50만 장을 만들어 서울시 전역에 살포했다.

종로경찰서에서는 전단작성 및 불온내용과 관련하여 장준하를 소환, 유인물의 작성자를 밝힐 것을 요구했다. 장준하는 청년들의 신변을 염려하여 자신이 직접 만들었다고, 모든 책임을 지겠다고 약속하고 풀려났다. 장준하는 '범투'가 주최하는 3선개헌반대 국민선언대회를 마치고 종로에서 시위를 벌이다가 경찰에 연행되기도 했다. 다음은 7대 의원생활을 함께한 두 사람의 회고담이다.

나는 이 데모(3선개헌 반대)의 수행 전후에 장 선생의 인간됨을 다시 한 번 절감한 바 있다. 그분 정도의 캐리어를 가진 국회의원은 점잖게 뒤로 앉아서 앞장서지 않는 것을 마치 권위인 양 내세우는데 장 선생은 그 점에서 너무도 소탈했다. 역시 아무도 하지 않으려는 애국운동을 해온 분이 다르구나 하는 것을 뼈저리게 느끼게 한 것이다.[28]

지금도 잊히지 않는 것은, 3선개헌을 반대하는 국회의원 데모를 모두 꺼리는데 장 선생만은 누가 제의하든 데모만은 결코 빠지지 않는 것이었다. 겉모습은 하얀 선비형인

28 박영록, 〈온몸으로 실천한 애국운동〉, 《민족혼·민주혼·자유혼―장준하의 생애와 사상》, 305쪽.

데 어디서 그처럼 강인한 힘이 솟아나는지 물불을 가리지
않고 박정희 정권과 줄곧 맞서기만 했으니 과연 광복군으
로 일본군과 싸운 독립운동가의 모습이 그대로 아로새겨
졌다.[29]

장준하가 의정활동을 하는 동안에도 가정의 살림살이는
전혀 나아지지 않았다. 당에서 유진오 총재가 의원들에게 나
눠주는 이른바 의례적인 '떡값'도 출처가 청와대라는 사실을
알고는 이를 받지 않았다. 오히려 이 같은 불순자금을 받지
말도록 총재에게 당부했다. 장준하의 이와 같은 청렴과 강직
성이 알려지면서 '떡값'이나 정치자금은 항상 그를 빼놓고 분
배되었다.

국회의원의 세비는 빚쟁이들이 이중삼중으로 가차압하여
압류되고, 정치자금은 스스로 거부하여 지구당 관리나 가정
살림살이는 엉망이 되었다. 당내에서도 그의 강직성과 원칙
론 때문에 따돌림을 당하는 경우가 적지 않았다. 그는 한국적
정치현실에 적응하기에 너무 청렴하고 강직하고 비정치적이
었다. '비동시성非同時性의 동시성' 그리고 '심사모순心事矛
盾'의 갈등에서 장준하의 고민은 깊어갔다.

━━ 29 김상현, 〈옥중에서의 만남과 헤어짐〉, 《민족혼·민주혼·자유혼—장준하의
생애와 사상》, 312쪽.

제 **14** 장
사활을 건 박정희와의 싸움

국헌을 준수한다고 서약한 귀하 스스로가 그 선서를 헌신짝같이
버리고 헌법기관의 권능을 정지시키고, 헌법제정권력의 주체인
국민을 강압적인 계엄하에 묶어놓고 '국민투표'라는
요식행위를 통해 제정한 소위 '유신헌법'으로 명실상부하게
귀하의 일인독재제제만을 확립시켰습니다.

— 장준하, 〈박 대통령에 보내는 공개서한〉 중에서

●영구집권을 향한 친위쿠데타

　박정희 대통령은 1972년 10월 17일 군대를 동원하여 헌법
기능을 정지시키고 반대세력의 정치활동을 전면 봉쇄하는
'10월 유신', 사실상의 친위쿠데타를 감행했다. 5.16군사쿠
데타를 일으킨 지 11년, 3선 연임금지의 헌법을 고친 지 3년,
제8대 대통령에 취임한 지 1년 반 만에 또다시 헌정질서를 짓
밟고 1인독재체제를 강화했다.

　박정희는 전국에 비상계엄을 선포한 가운데 비상국무회
의에서 헌법개정안을 의결, 공고하고 반대의견이 금지된 일
방적인 국민투표를 거쳐 전제적 1인체제를 뒷받침하는 '유신
헌법'을 만들었다.

　주요 내용을 살펴보면 △ 대통령선거제를 국민직선제에
서 통일주체국민회의 대의원에 의한 간선제로 바꾸고, △ 대
통령에게 긴급조치권, 국회해산권 등 초헌법적 권한을 부여
하며, △ 대통령이 정수의 3분의 1에 해당하는 국회의원 및

법관의 임면권을 갖고, △ 국회의원 선거제도를 소선거구제에서 2인 선출구제로 바꿔 여야 의원이 동시에 당선되도록 만들어 야당의 의석수에 제한을 가하고, 국회의 비판기능을 전면 제한하는 등 대통령에게 권력을 집중시키고 입법부와 사법부를 정권의 시녀로 만든 악법이었다.

박정희가 유신체제를 구축하기까지는 몇 단계의 정치적 작위가 벌어졌다. 1971년 10월 15일 서울에 위수령 발동, 12월 6일 국가비상사태선언과 12월 27일 국가보위법제정, 1972년 〈7.4남북공동성명〉 발표 등을 통해 유신으로 가는 터를 닦고, 명분을 만들었다.

장준하는 1971년 4월 신민당을 탈당하여 무소속 의원으로 활동했다. 신민당 탈당배경은 간단하지가 않다. 약간의 설명이 필요할 것 같다. 유진오 신민당 총재는 3선개헌 저지투쟁에서 과로로 쓰러져 정계은퇴를 선언하고, 유진산이 당권을 거머쥐었다. 그의 정치형태에 대해서는 당 안팎에서 비판의 소리가 많았다. 선명하지 못한 행보 때문이었다. 이런 와중에 신민당은 40대 기수론이 제기되고, 김대중, 김영삼, 이철승 등 40대가 속속 대통령후보 출마를 선언했다.

장준하는 신민당의 이와 같은 사정을 지켜보면서 자신의 진로를 심각하게 고민했다. 자신이야말로 박정희와 대결하여 한판 자웅을 결할 수 있는 적격 인물이라고 믿었다. 독립운동가와 친일파, 광복군과 일본군 출신, 《사상계》를 통한 민주신 봉자와 군사쿠데타를 일으킨 독재자……. 무엇으로 보든 자신이야말로 박정희를 꺾을 수 있을 것으로 보았다. 주변의 양심적인 인사들도 이렇게 생각하는 사람이 적지 않았다. 장준하는 신민당의 '40대 기수'를 대수롭게 여기지 않았다. 제도권 정치인의 수준으로밖에 평가하지 않았다.

하지만 현실의 장벽은 너무 높았다. 장준하를 아끼는 사람들은 출마를 말렸다. 정당이나 자금, 조직도 없는 데다가 이북 출신이라는 단점을 안고 있었다. 장준하는 고심 끝에 신민당을 떠나 새로운 민주세력의 규합을 위하여 신당운동을 추진했다. 1971년 4월 27일 치러진 제7대 대통령선거는 당내경선 끝에 신민당의 후보가 된 김대중이 공화당 정권의 관권부정선거로, 박정희에게 94만 표를 뒤져 패배했다.

이해 5월 25일 제8대 국회의원선거가 있었다. 장준하는 국민당의 후보로 동대문을구에서 입후보했다. 4년 전에는 여당 후보와만 싸웠지만, 이번에는 신민당 후보와도 싸워야 하는 이중삼중의 격전이었다. 따라서 패배는 이미 예정되어 있었다.

관권의 촉수는 장준하 후보에게만 집중되고, 상대진영에서는 선거운동원들을 경쟁적으로 빼내어갔다. 개인연설회에는 제7대 선거 때와 같이 어두워진 후에야 청중이 모여들었다. 다른 후보들은 대낮에 유세를 하는데 장준하는 어둠 속에서만 연설을 할 정도로 탄압이 심했다. 유권자들이 유세장에 나오기를 두려워하는 선거전에서 승리한다는 것은 기적이 아니면 불가능한 일이었다. 끝내 기적은 일어나지 않았고, 장준하는 정치인에서 재야로 바뀌앉았다.

⟨7.4남북공동성명⟩ 지지선언

　장준하에게 정치나 국회의원은 어울리지 않는 직업이다. 그의 성격이나 의식이 '정치'를 하기에는 너무 비정치적이었다. 현실의 흙탕물에서 이전투구를 벌여야 하는 정계보다 차라리 재야가 그의 본령이고 그가 베고 누울 돌베개였다. 1960년대 말부터 국제정세는 서서히 냉전시대를 벗어나고 있었다. 한반도 주변상황도 바뀌어갔다. 1969년 7월 25일 미국은 닉슨 독트린을 발표하여, 아시아에 대한 미국의 직접적 정치·군사개입을 회피하고, 주한미군의 단계적 철수방침을 밝혔다. 이해 11월 17일에는 미·소가 전략무기제한협상SALT을 개시하고, 1970년 3월 19일 동서독 정상회담이 열렸다.

　1971년 10월 25일 중국이 유엔에 가입한 데 이어 1972년 2월 21일 미국 닉슨 대통령이 중국을 방문했다. 이해 5월 26일에는 미·소 간에 핵무기제한협정이 조인되었다. 이처럼 국제정세나 한반도 주변상황이 데탕트 무드로 가고 있는데, 국내에서는 안보를 내세운 강권체제가 들어선 것이다.

이러한 국내외의 조건을 냉엄히 검토한 장준하 선생은 이에 대처하는 방법으로, 기존 야당에 대신할 정치세력으로 70년도 말경 '민주통일국민회의'를 구상하였고, 또 한 편으로는 근로자·학생 그리고 서민대중을 상대로 민족문제를 논의하고 실천하는 지성의 유격전, '민족학교'를 지도하였다. 또한 1972년 〈7.4남북공동성명〉이 나오자 이에 긍정적인 반응을 보이고 '백범사상연구소'의 발족을 서둘렀다.[1]

1972년 7월 4일 〈7.4남북공동성명〉이 발표되었다. 중앙정보부장 이후락과 북한의 제2부 수상 박성철이 평양과 서울을 비밀리에 서로 방문하고 '자주·평화·민족대단결의 3대 통일원칙'을 비롯하여 상호중상, 비방 및 무력도발의 중지와 다방면에 걸친 교류의 실현 등에 합의했다. 그리고 이러한 합의사항을 추진해 남북 간의 제반문제를 개선·해결하고 합의된 통일원칙에 기초하여 통일문제를 해결할 목적으로 서울 측의 이후락 중앙정보부장과 평양 측의 김영주 노동당 조직지도부장을 공동위원장으로 하는 '남북조절위원회'를 구성·운영할

1 백기완, 〈민족주의자 장준하의 생애〉, 《민족주의자의 죽음》, 김삼웅 편, 학민사, 1993, 33쪽.

것에 합의했다.

〈7.4남북공동성명〉은 국민들 몰래 정부당국자들 간의 밀담을 통해 통일문제를 처리했다는 한계성에도 불구하고 많은 국민이 환호했다. 장준하도 예외는 아니었다. 장준하가 박정희의 정책에 지지를 밝힌 것은 이것이 처음이고 마지막이었다. 장준하는 "7.4성명이야말로 우리 민족의 거울이다"[2]라고 찬사를 보내기도 했다. 박정희 정권 아래에서 한두 차례의 투옥되고 관권개입으로 총선에서 낙선하고 분신과도 같았던《사상계》가 고사하는 등 '한 맺힌' 사연이 많았음에도 불구하고 장준하는 '민족적 대의大義'에는 흔쾌히 지지를 보낸 것이다.

일설에는 장준하가 이렇게 나오자 박정희 정부에서 사람을 보내 그에게 남북조절위 남측대표를 맡도록 교섭해 왔다고 한다. 그러자 장준하는 현재의 독재정권하에서는 맡지 않겠다고 일축했다는 것이다.[3](장준하의 장남 장호권도 필자에게 비슷한 말을 했다)

〈7.4남북공동성명〉은 27년 동안 남북 간에 가로막혔던 장벽을 일거에 철거할 것처럼, 거대한 해일같이 밀려왔다. 남북한은 〈7.4남북공동성명〉의 규정에 따라 '남북조절위원회'를

---

2 박경수,《재야의 빛 장준하》, 해돋이, 1995, 407쪽.
3 앞과 같음.

설치했다. 이에 1972년 10월 12일 판문점에서 제1차 남북조절위원회가 열리고 2차 회의는 평양에서 열기로 했다. 마침내 한반도에도 화해의 데탕트가 찾아오는 것 같았다.

"통일 이상의 지상명령은 없다"

장준하는 《씨올의 소리》 1972년 9월호에 〈민족주의자의 길〉이란 글을 썼다. 장준하의 민족통일에 관한 철학을 담은 글이다. 《씨올의 소리》는 함석헌이 1970년 4월에 창간한 개인잡지 성격의 정론지였다. 장준하는 편집위원으로 참여하고 가끔 글을 썼다. 이 잡지는 박정희 정권의 탄압으로 창간 2개월 뒤 등록취소처분을 받고, 등록취소처분 취소판결로 승소하여 1971년 8월에 복간되었다. 장준하의 《사상계》에는 함석헌이 글을 쓰고, 함석헌의 《씨올의 소리》에는 장준하가 글을 썼다. 《씨올의 소리》는 《사상계》의 혼을 잇고 있었다. 〈민족주의자의 길〉의 몇 대목을 싣는다.

민족주의자가 가야 할 길은 무엇인가? 한 인간이 민족적 양심에 따라 자기의 생애를 살아가는 길은 무엇인가?

그것은 자기의 개인적인 인간적인 삶, 고달픔과 보람

을 민족의 그것과 함께하는 것이리라. 민족적인 삶이 헐벗고 굶주리고 억압받고 있을 때 민족적인 양심에 살려는 사람의 눈물과 노력은 모두 이런 민족적인 간난을 극복하려는 데 바쳐진다.

민족적 양심에 살려는 사람 앞에 갈라진 민족, 둘로 나누어진 자기를 다시 하나로 통일하는 것 이상의 명제는 없다. 이를 위한 안팎의 조건을 만들어가는 일 이상의 절실한 과제는 없다. 어떤 논리도 이해도 이 앞에서는 뒤로 물러나야 한다. 이런 대원칙 아래서 굳어진 논리, 고집스러운 자세를 고쳐야 한다. 근본과 말단을 바꾸어서는 안 된다.

모든 통일은 좋은가? 그렇다. 통일 이상의 지상명령은 없다. 통일이 갈라진 민족이 하나가 되는 것이라면, 그것이 민족사의 전진이라면 당연히 모든 가치 있는 것은 그 속에서 실현될 것이다. 공산주의는 물론 민족주의 · 평등 · 자유 · 번영 · 복지 이 모든 것에 이르기까지 통일과 대립하는 개념이 되는 동안은 그 진정한 실체를 획득할 수 없다. 모든 진리, 모든 도덕, 모든 선이 통일과 대립하는 것일 때는 그것은 거짓 명분이지 진실이 아니다.

민족적인 생명과 존재와는 따로 있는 자기, 민족의 생

명이 끊어진 뒤에도 살아 있는 자기, 민족이 눌리고 헐벗고 있을 때 그렇지 않은 자기는 이미 자기도 인간도 아닌 자기이며, 그렇기에 진정한 자기의 생명을 실현하는 인간이 아닌 것이다.

지난 7월 4일 남북공동성명이 발표되고 8월 말과 9월 초에는 적십자회담을 위하여 갈라졌던 동포가 27년 만에 오고갔다. 민족적 양심에 살려는 사람의 지상과제가 분단된 민족의 통일이라고 할 때 어떻게 이 사실을 엄청난 감격으로 받아들이지 않겠는가?

말로 따지고 글자로 적기 전에 콧날이 시큰하고 마침내 왈칵 울음을 터뜨리지 않을 수 있으랴.[4]

〈7.4남북공동성명〉에 대한 장준하의 인식은 '비장감'마저 들게 한다. 북에 고향을 둔 광복군 출신, 민주주의와 민족통일을 위해 생애를 바쳐온 그로서는, 아무리 정적 박정희가 추진하는 사업이기는 하지만 '민족통일'을 향한 첫걸음에 감격하지 않을 수 없었을 것이다.

하지만 장준하의 통일관은 감상에 젖은 내셔널리즘이 아니었다. 진정으로 '자기희생'을 전제로 하는 민족의 하나 됨

▬▬▬ 4 장준하, 《민족주의자의 길》, 장준하문집 1, 사상, 1985, 53~57쪽.

을 바랐다.

나의 사상, 주의, 또한 지위, 나의 재산, 나의 명예가 진실로 민족통일에 보탬이 되지 않는 분단체제로부터 누리고 있는 것이라면 우리는 이를 과감하게 희생시키지 않으면 안 된다.

하나의 조국은 두 개의 국가 때문에 피해받은 민중의 조국임은 물론이다. 따라서 두 개의 국가란 그러한 상황에서 권력을 장악하는 몇 사람의 것이요 민중의 조국은 끝까지 하나이다.[5]

장준하의 대북관이나 민족통일관은 상당히 경직되어 있었다. 1950~1960년대에 쓴 그의 글이나 《사상계》의 논조를 보면 대결주의적 북한관, 반공논리로 일관되고 있었다. 하지만 〈7.4 남북공동성명〉을 계기로, 1970년대에 이르러 국제정세의 변화 추이에 따라 평화통일론, 심지어 통일지상주의로 입장의 변화를 보인다.

치열한 '반유신' 투쟁을 벌이던 시기의 장준하에게 특

---

5 앞의 책, 59쪽.

기할 것은 첫째, 이 시기를 통해 그의 민족통일관 및 대북한관이 크게 변하게 되는 사실이다. 즉 이승만 정권 아래서는 말할 것도 없고 장면 정권 아래서도 그다지 변하지 않았던 대결주의적 대북한관 및 민족통일관이 〈7.4남북공동성명〉을 계기로 하여 평화통일론, 화해통일론 및 통일지상주의적 통일론으로 변한 것이다.

이 변화의 구체적 계기로 〈7.4남북공동성명〉을 들 수 있지만, 그의 내면에 잠재했던 김구 노선의 평화주의, 화해주의적 민족통일관 및 대북한관이 한일협정 반대운동 과정에서 다시 되살아난 것이라 할 수 있다. 그리고 그것은 한일협정 체결과정에서 드러난 식민지시대 친일세력의 준동과 앞에서 말한 미국 쪽의 자국이익을 위한 적극적 개입에 자극된 것이라 할 수 있다.[6]

6 강만길, 〈장준하와 민족·민주운동〉, 《민족혼·민주혼·자유혼―장준하의 생애와 사상》, 장준하선생20주기추모문집간행위원회 편, 나남, 1986, 520~521쪽.

반유신 저항운동진영 결집 나서

장준하를 비롯하여 온 국민을 꿈에 부풀게 했던 〈7.4남북
공동성명〉과 남북조절위원회 합의서는 한갓 휴지조각으로
변하고 말았다. 〈7.4남북공동성명〉은 남북정권이 국민들 몰
래 남북정부당국자들 간에 밀담을 통해 통일문제를 처리하려
한 한계성과, 양측이 권력기반강화를 위해 이용하고 용도폐
기함으로써 오히려 남북 간의 불신과 대결을 심화시키는 계
기가 되었다.

남쪽에서는 1972년 10월 17일 박정희의 유신쿠데타를 통
해 종신집권의 길에 들어섰고, 북쪽에서는 같은 해 12월 25일
최고인민회의 제5기 1차 회의에서 주석제 신설을 골자로 하
는 새 헌법을 공포했다. 북한은 이어서 1973년 8월 28일 김대
중 납치사건을 이유로 남북대화를 거부한다고 발표하여, 결
국 〈7.4남북공동성명〉은 남북 권력자들의 체제강화에 이용
되고 폐기되었다.

박정희의 〈7.4남북공동성명〉의 '속임수에 놀아난' 꼴이
된 장준하는 이를 통해 통일의 주체인 민중을 새롭게 바라보
기 시작했다. 《사상계》 중심의 엘리트 지식인운동에서 민중
의 역할을 깨닫게 된 것이다. 단재 신채호가 국권이 기울어져
갈 때 영웅사관에 따른 민족영웅론에서 점차 민중직접혁명론
으로 의식이 바뀐 것처럼 장준하도 민중 속으로 내려오고 그
들 속으로 뛰어들었다.

그때 박정희는 유신쿠데타를 감행하고 개헌을 통해 영구
집권체제를 갖췄다. 언론인들에게는 재갈이 물리고 국회와
정당은 해산되었으며 지식인들은 꿀 먹은 벙어리가 되었다.
1970년대 초반 대한민국에는 중세의 짙은 어둠이 깔리고 있
었다.

유신체제에서 신민당은 유진산을 중심으로 하는 체제순응
적인 정치인들이 주류가 되었다. 김대중은 해외에서 반유신
투쟁을 전개하고, 제8대 국회에서 강경투쟁을 벌였던 의원들
은 대부분 구속되거나 다른 이유로 발이 묶였다.

신민당 수석부총재 양일동은 유신에 대한 인식차이로 유
진산과 결별하고 민주통일당을 창당했다. 그는 강경·선명
야당의 가치를 들었다. 장준하는 통일당에 참여하여 최고위
원에 선임되었다. 통일당에는 독립운동가 정화암, 김홍일 장
군, 윤재술, 김선태 전 의원 등 투사형 인사들이 핵심멤버가
되었다.

장준하는 통일당후보로 제9대 국회의원 선거에 출마했으나 낙선했다. 유신체제의 국회의원선거는 한 선거구에서 2명씩을 뽑는 이른바 '동반선거'였다.

대부분 공화당과 신민당 후보가 동반 당선되었다. 공화당은 73명, 신민당은 52명, 무소속은 12명이 당선되었지만 통일당은 양일동 총재마저 낙선했다. 당선자는 2명뿐이었다.

유신체제에서 국회의원에 출마하는 것 자체가 장준하의 대의나 입지立志와는 걸맞지 않는 행동이었다. 박정희 체제와 싸울 길이 달리 없으므로 택한 수단이었을 것이다. 이것은 장준하의 생각이 짧았을 수도 있고, 여전히 박정희 집단의 본질과 행태를 제대로 파악하지 못하여 내린 서툰 선택일 수도 있다. '유신국회'는 장준하가 들어앉을 자리도, 들어갈 수도 없는 장막이었다.

이해 8월 8일 중앙정보부는 야당 대통령후보였던 김대중을 일본에서 납치해왔다. 김대중은 신병치료차 미국에 갔다가 유신쿠데타 소식을 듣고 미국과 일본을 오가면서 반유신활동을 하다 납치된 것이다.

한민족의 위대성은 어떤 곤경에서도 압제와 싸우는 면면한 저항정신에 있다. 10월 2일 서울대 문리대생들이 유신체제에서 최초로 반독재 민주화시위에 나서고, 이후 전국의 대학으로 확산되었다. 민족의 위기 앞에서 학생들이 언제나 먼저 횃불을 들었다.

전국 대학생들이 궐기하면서 11월 5일 함석헌, 김재준, 법정, 강기철, 지학순, 천관우 등 대표적 지식인 15인의 〈시국선언〉이 발표되었다. 이에 앞서 10월 16일 중앙정보부에서 조사를 받던 최종길 서울법대 교수가 의문사를 당했다. 또 서울대 문리대생들의 시위를 보도하지 못하는 등 언론의 역할을 다하지 못한 《동아일보》 기자들이 마침내 언론자유 수호선언을 하자 다른 신문기자·방송기자들도 뒤를 따랐다. 그러나 정치권은 강 건너 불 구경하듯 했다. 장준하는 통일당을 떠났다. 범야권을 하나로 묶기 위해서는 통일당의 당적을 갖고 있는 것이 불리하다는 판단에서였다.

신민당과 통일당을 하나로 묶고 재야의 대부격인 윤보선, 김대중 두 분을 합하여 이른바 4자회담을 성립시킨 게 장준하였다. 박 정권의 숨을 죽이게 만드는 거창한 작업이었다.

이 4자회담이 성공을 거두고 하나로 뭉치면 모든 저항세력은 여기에 집합할 수밖에 없었고, 이를 꿰뚫어본 장준하는 이 작업을 시작한 것이다. 윤보선, 양일동, 김영삼, 김대중 4인은 원칙적으로 합의를 보았으나, 제1야당의 기득권을 가진 신민당과 원내의석 3석에 불과한 통일당의 당 대 당 통합이라는 문제는 미묘한 갈등을 불러일으켰다.

이때 장준하는 자신이 통일당에 속해 있으면서 이 문

제를 처리하면 다른 사람에게 '통일당 쪽 사람'이라는 오해를 살 수도 있다고 판단하고 양일동 총재와 상의한 끝에 전략상 통일당을 탈당하기로 조정한 것이었다.[7]

그러나 장준하가 의도했던 4자회담, 야권의 대통합은 이루어지지 못했다. 당시 김대중은 동교동 자택에 연금되어 있는 형편이었고, 양일동의 경우 김대중 납치사건과 관련하여 의혹을 사고 있었던 처지였던 것 등이 4자회담의 성사가 어렵게 된 요인이었을 것이다.

7 전대열, 〈민주통일당 최고위원 장준하〉, 《민족혼·민주혼·자유혼—장준하의 생애와 사상》, 350쪽.

100만인 서명운동

장준하는 방향을 바꾸었다. 믿을 수 있는 곳은 재야 쪽이었다. 장준하는 12월 24일 함석헌, 천관우, 계훈제, 백기완, 안병무, 김숭경, 김윤수, 이정규 등과 함께 서울 YMCA 회관 2층 회의실에서 각계 인사 30인이 서명한 개헌청원 100만인 서명운동본부를 결성한다고 발표했다. 헌법개정청원운동본부는 취지서에서 "오늘의 사태는 경제의 파탄, 민심의 혼란, 남북긴장의 재현이라는 상황 속에서 학원과 교회, 언론계와 가두에서 일고 있는 자유화의 요구"로 요약된다고 말하고, "현행헌법은 그 개정의 발의권이 사실상 대통령에게만 속해 있는 것"이기 때문에 대통령에게 현행헌법의 개정을 요구하는 100만인 청원운동을 전개할 수밖에 없다고 선언했다. 개헌청원운동은 불과 10일 만에 30만 명이 서명에 참여하는 등 요원의 불길처럼 타올랐다.

장준하는 100만인 서명운동을 준비하면서 취지서와 서명록을 직접 자신의 전셋집에서 제작했다. 극도의 보안이 요구되었기 때문이다.

73년 12월 20일경부터 논의가 본격적으로 진행되었고 74년 신년 초 장 선생, 백기완 선생 그리고 허술 형과 나(이부영–저자)는 장 선생 면목동 전셋집에서 직접 글을 쓰고 필경인쇄를 해야만 했다. 지금 되돌아보면 원시적이라고 해야 할 수작업이었다. 그러나 다른 어느 곳에서도 할 수 없는, 극도의 보안을 필요로 했기에 장 선생 댁에서 직접 작업이 이루어졌던 것이다. 성명서와 서명부 약 300여 부를 필경인쇄한 후, 허술 형과 나는 새벽에 빠져나오고, 바로 그날 장 선생과 백 선생은 '헌법개정 100만인 서명운동'을 발표했고, 곧이어 긴급조치 제1, 2호가 발동되어 탄압이 시작되었던 것이다.[8]

장준하는 이에 멈추지 않고 12월 31일 민주수호국민협의회 백낙준 임시의장 명의로 ① 국민기본권 보장, ② 3권분립 체제의 재확립, ③ 공명선거에 의한 정권교체의 길 등을 내용으로 하는 시국선언문을 대통령에게 보냈다. 장준하는 박정희에게 강펀치를 연타한 셈이다.

8 이부영, 〈돌베개의 길〉, 《민족혼·민주혼·자유혼—장준하의 생애와 사상》, 350쪽.

긴급조치 제1·2호 발동, 세 번째 구속

1974년 새해가 밝으면서 유신헌법철폐와 민주회복을 요구하는 국민의 소리는 더욱 거세게 확산되었다. 박정희 정권과 유착설이 나돌던 유진산의 신민당까지 1월 8일 개헌을 당론으로 정하기에 이르렀다.

이렇게 사태가 진전되자 정부는 개헌정국을 뒤엎는 초강경책을 들고 나왔다. 1월 8일 저녁에 긴급조치 제1, 2호를 선포한 것이다. 긴급조치는 유신헌법을 반대·부정·비방하거나 개헌을 주장하는 일체의 행위를 금지하고, 위반자는 영장 없이 체포하고 군법회의에서 15년 이하의 징역에 처하며(1호), 이에 따른 비상군재를 설치한다(2호)는 내용이었다.

긴급조치 제1호는 헌법 관련 외에도 유언비어의 날조, 유포금지, 금지행위의 선동·선전 및 방송·보도·출판 등 전파행위 금지, 이 조치의 위반자 및 비방자는 영장 없이 체포하여 15년 이하의 징역에 처할 수 있도록 되어 있다. 명색이 민주공화제의 나라에서 주권자인 국민이 국가의 기본법인 헌법 개정을 요구하거나, 방송·보도하는 것을 중범죄로 다스리겠다고 '대국민선전포고'를 한 것은 하늘 아래 둘도 없는 폭거였다.

장준하가 첫 희생자가 되었다. 1월 15일 비상보통군재 검찰부는 장준하와 백기완을 긴급조치 위반혐의로 구속, 안양 교도소에 수감했다. 속전속결로 진행된 이들에 대한 재판에서 재판부는, 2월 1일 비상보통군법회의 제1심판부에서 각각 징역 15년, 자격정지 15년을 선고하고, 3월 2일 열린 비상고등군법회의에서도 같은 형량을 선고했다. 8월 20일 대법원 형사부는 상고를 기각하고 각각 징역 15년, 자격정지 15년형을 확정하여 장준하는 장기수 신세가 되었다.

장준하는 감옥에서 심한 병환에 시달렸다. 심장협심증과 간경화 증세가 악화된 것이다. 추운 날씨에 1년여 동안의 옥고는 생명의 위협까지 불러왔다. 더 이상 수형생활이 어려워진 장준하는 연말에 형집행정지로 풀려났다. 몸을 가누기 어려울 정도로 망가진 상태였다. 서울 종로1가 소재 조광현 내과에 입원하여 치료를 받았는데 병원 현관에는 하루 종일 기관원이 내방자들을 감시하면서 눈알을 부라렸다.

장준하는 더 이상 설 땅이 없는 듯했다. 광복군 출신의 지식인이 일본군 출신이 지배하는 조국에서 설 땅을 찾지 못하는 것은 '민족모순'이었다. 사회정의가 땅속으로 기어들어가고 민족정기가 하늘로 올라가버리는 듯했다.

장준하는 광복절 날 《씨올의 소리》 편집회의에 참석하기 위해 신촌의 김옥길 이화여대 총장의 집으로 가다가 기관원에게 연행되었다. 늘상 있었던 일이고, 정보부 요원들이 그림자처럼 따라다녔지만, 광복절에 당한 연행은 참을 수 없었다.

"광복군 장교였던 내가, 조국광복을 위해 중국땅 수천리를 맨발로 헤맨 내가 오늘날 광복이 되었다고 하는 조국에서, 그것도 광복절 날 이런 데로 끌려다녀야 하겠소?"
하고 노성을 쳐서 가까스로 풀려났다고 잠시만에 돌아와서는 말을 하기도 하였다.[9]

《사상계》가 박정희 정권의 탄압으로 50쪽의 납본용과 정기구독자에게만 간신히 발송하게 되는 고사직전에 처했을 때 장준하는 자살을 시도했다. 죽음의 문턱을 수없이 거쳐온 그에게 자살은 어울리지 않지만, 오죽했으면 하는 마음도 든다.

《사상계》 인쇄물이 겨우 우리 공장에 운반되어 작업이 진행되고 있는데 뜻하지 않게 장 선생이 작업현장으로 나를 찾아오셨다. 때는 오후 3~4시경이었을까? 작업현장을

<hr>

9 박경수, 앞의 책, 425쪽.

둘러보시더니 저녁 겸 술이나 한 잔 하자고 청하시는 것이
었다. 나는 옷을 갈아입고 장 선생을 따라나섰다. 찾아간
음식점을 충무로 2가에 있는 어느 한식집이었다. 자리를
잡고 술이 몇 순배 돌아갔으나 치하의 말씀 이외에는 한동
안 별다른 말씀이 없었다. 그러더니 갑자기 "나 지금 한강
에 갔다오는 길이에요." 하는 것이었다. 한강에 투신자살
하려고 갔었는데 뜻을 이루지 못하고 돌아오셨다는 것이
다.[10]

10 박종호, 〈옆에서 본 사상계의 수난〉, 《광복 50년과 장준하》, 장준하선생20
    주기추모문집간행위원회 편, 1995, 134쪽.

박 대통령에게 보내는 공개서한

장준하는 '운명의 해'가 되는 1975년 1월 8일 박정희 대통령에게 장문의 공개서한을 보냈다. 이제까지는 매체를 통하거나 시국강연 등 연설을 통해 박정희에게 전하던 메시지를 공개서한의 형식으로 직접 전하는 방법을 택한 것이다.

긴급조치 아래서 신문이나 방송·잡지 어디에서도 장준하의 글을 싣거나 말을 전해줄 곳이 없었다. 대중강연의 집회도 금지되었다. 그래서 택한 것이 공개서한이었다. 몇 대목을 뽑았다.

5.16군사정변 이후 귀하의 정치노선에 계속 비판적이었던 본인도 벅찬 감격으로 통일을 위한 남북대화가 기필코 성공되기를 기원하면서 귀하가 처한 역사적 결단에 찬사와 성원을 아끼지 않았던 것입니다.

그때 본인은 세계사적 조류와 국제적 조건을 주체적으

로 극복해서 다시는 외적 조건이 우리를 결정하지 못하게 하고, 전변하는 외적 조건을 우리의 자결의 계기로 삼아야 한다고 생각했습니다. 그러기에 민족의 실체인 남북한 민중의 민주적 참여가 있어야 함을 강조한 바 있었습니다. 그러나 이 같은 우리의 모든 기대와 감격은 그해 10월 17일 이른바 '유신'이란 이름으로 무참히도 무산되고 말았습니다.

국헌을 준수한다고 서약한 귀하 스스로가 그 선서를 헌신짝같이 버리고 헌법기관의 권능을 정지시키고, 헌법 제정권력의 주체인 국민을 강압적인 계엄하에 묶어놓고 '국민투표'라는 요식행위를 통해 제정한 소위 '유신헌법'으로 명실상부하게 귀하의 일인독재체제만을 확립시켰습니다.

민주주의만이 북과 대결할 수 있는 우리의 정신적 지주요, 도덕적 바탕인 것입니다. 이에 본인은,

一. 파괴된 민주헌정의 회복을 위해 대통령 자신이 개헌을 발의하되 민족통일의 기초가 될 수 있는 완전한 민주헌법으로 하여 이 헌법에 의해 자신의 거취를 지혜롭고 영예롭게 스스로 택함은 물론 앞으로 올 모든 집권자들의 규범으로 삼게 할 것.

一. 긴급조치로 구속된 민주인사와 학생들을 전원 무조건 석방할 것.

一. 학원·종교·언론사찰을 즉각 중단하고 야비한 정보정치의 수법인 이간, 분열공작으로 더 이상 불신풍조와 상호배신행위의 습성을 우리 사회에 조장하지 말 것.

一. 자유언론에 대한 비열하고 음흉한 탄압정책을 즉시 철회할 것.

一. 정부의 경제적 실책으로 가중되는 당면한 민생문제를 해결하고 사회정의를 구현할 수 있는 획기적인 경제정책을 강구할 것.

一. 한반도의 긴장완화와 평화통일을 위한 이상적이고 현실적이고 적극적인 통일정책을 수립, 추진하되 민중의 대표가 참여할 수 있도록 할 것.

一. 이 지구상에는 수백억의 인간이 살다 갔습니다. 그중에 '가장'이 되었던 사람들은 누구나 "내가 죽으면 내 집이 어찌 되겠는가"라는 걱정을 안고 갔습니다. 그러나 인간사회는 발전하여왔습니다. 우리들도 예외일 수는 없습니다.[11]

■■■■ 11 졸저,《민족·민주·민중선언》, 일월서각, 1984, 255~256쪽.

'재야 대통령'의 재야 지도자로

장준하의 거침없는 '도전'에 박정희는 어떻게 대응했을까. 박정희가 얼마나 장준하의 일거수일투족을 상세하게 살피고 있었는지는 한 '삽화'를 통해 알 수 있다.

장준하가 《씨울의 소리》를 만드느라 이대 총장 김옥길의 집을 드나들 무렵이었다. 5남매의 자녀에 그의 집 살림이 딱한 사정인 것을 아는 김옥길이 하루는 쌀 한 가마를 자기 차에 싣고 청량리 밖 중화동에 있는 장준하의 사글세 집으로 직접 실어다준 일이 있었다. 그뒤 김옥길이 국무총리 김종필을 만나는 자리가 있었는데 거기에서 김종필이 말했다.

"김 총장께서 협조를 덜 하시는 것 같다고 각하가 서운해하십니다."

"무슨 말이신가요?"

"장준하네 집에 총장께서 직접 쌀을 실어다주셨다구요."

김옥길은 물론 이렇게 사소한 것까지 대통령이 보고받고 챙기는가 싶어 놀랐지만 그것은 박정희가 장준하라는 인물에 대한 주의에 얼마나 비중을 두고 있는가를 말해준다.[12]

어느 때부터인지, 재야·운동권에서는 '재야 대통령'이라는 호칭이 나돌았다. 물론 장준하를 두고 한 말이었다. 장준하는 반유신투쟁의 과정에서 재야의 대표적인 인물로 부상되고 있었다. 함석헌과 윤보선은 너무 고령이었고, 김대중은 납치되어온 이래 연금상태에 있었다. 김영삼은 유신체제 내의 야당총재라는 한계에 가로막혀 있었다. 박정희가 "장준하를 그냥 두고서는 대통령을 못해먹겠단다"라고 했다는 말까지 나돌았다. 사실 여부와는 상관없이 이런 말이 재야인사들의 입을 통해 회자될 만큼 장준하는 박정희의 명실상부한 라이벌이었다. 더욱이 박정희는 자신의 경력에 대해 장준하에게 심한 콤플렉스를 갖고 있었을 것이다.

주변에서 장준하의 신변을 걱정하게 되었다. 제1야당 대통령후보가 납치되고, 서울대 법대 교수가 중앙정보부에서 고문을 당하다가 변사하고, 인혁당으로 날조된 8명의 사형이

━━ 12 박경수, 앞의 책, 427~428쪽.

집행되는 살벌한 분위기였다.

유신헌법 개정청원운동을 준비하는 무렵 선생님께 이렇게 말씀드릴 수밖에 없었다. "선생님, 유신헌법을 고치자고 하는 것은 바로 박 대통령 그만두라는 얘기 아닙니까? 지금 여건에서 그만두는 것은 그쪽에서 보면 대통령 자리를 그만두는 것이 아니라 생명마저 위협받는 것이 아닙니까. 그렇다면 이쪽의 생명도 위협받지 않겠습니까?"

사실이 그럴 것이다. 선생님은 이 일을 시작하시면서 정말로 생명을 이미 거셨다고 나는 느꼈다. 그래서 선생님과 함께 행동하는 것이 두려웠다는 것이 솔직한 고백이다. 투옥 정도가 아니라 죽음일 수 있다는 것이 당연히 예측될 수 있는 일이었다.[13]

모든 혁명가들이 그렇듯이 장준하에게 죽음은 크게 두려움의 대상이 아니었다. 죽음이 두려웠다면, 붙잡히게 되면 처형되는 일군을 탈출하지도 않았을 것이고, 일본군과 공산군과 도적떼가, 추위와 굶주림이 기다리는 6000리의 행군에 나서지도 않았을 것이다. 또 OSS대원으로 지원한 것이나, 아직 일본군의 독기가 서려 있는 정진대 지원, 이승만과 박정희와

---

13 김도현, 〈우리 앞에 지금도 계신 이〉, 《민족혼·민주혼·자유혼—장준하의 생애와 사상》, 360쪽.

의 사상결단의 싸움, 박정희의 '역린'을 건드리는 발언 등은
하지 않았을 것이다.

　장준하는 박정희의 유신체제, 긴급조치에 생명을 걸고 싸
웠고, 싸우다 죽었고, 상대도 스스로 친 덫에 걸려 죽었다. 그
래서 역사는 불가지론不可知論의 영역에 속하는 것인가.

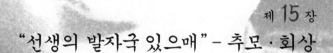

제 **15** 장
"선생의 발자국 있으매" – 추모·회상

그는 결코 우물우물하다 썩어지고 말 부류의 인간이 아닙니다.
뜻을 품은 사람입니다.
몸이 없어졌다고 결코 우리를 떠날 사람이 아닙니다.
20년간 같이 생활하여 나는 그것을 확신합니다.
그는 자기가 생전에 가졌던 목적을 사후에도 결코 버리지 않을 것입니다.
다만 우리와 교제하는 방법이 이제는 달라져야 할 뿐입니다.

– 함석헌, 〈아, 장준하〉에서

●친일파 세상에 설 땅 잃은 광복군

《사상계》를 빼앗긴 장준하는 앞장에서 기술한 대로 1972년 10월 유신으로 일체의 활동이 금지되었다. 그런 상황에서도 민주회복을 위한 개헌청원 100만인 서명운동을 주도하다가 1974년 1월 15일 대통령 긴급조치 제1호 위반혐의로 구속되었다. 2월 1일 비상보통군법회의 제1심판부는 장준하에게 징역 15년, 자격정지 15년을 선고했다.

군사재판은 속전속결로 진행되어 3월 2일 비상고등군법회의는 장준하에게 1심대로 징역 15년, 자격정지 15년을 선고하고, 8월 20일 대법원 형사부는 장준하의 상고를 기각, 징역 15년과 자격정지 15년형을 확정했다. 박정희의 철저한 보복이었다.

장기수가 된 장준하는 기약 없는 감옥살이 1년여를 지내면서 협심증과 간경화 증세로 더 이상 수형생활을 하기가 어려웠다. 협심증세는 학생시절부터 앓았던 고질이고, 간경화는《사상계》발간과 반독재투쟁의 과정에서 심신의 과로가 겹쳐 생겨난 증세였다. 옥고를 치르면서 이것이 합병증세로 악화되었다.

박정희로서는 장준하가 감옥에서 죽기라도 하면 '민주화의 영웅'이 되기 때문에 그대로 방치할 수 없는 노릇이었다. 일본 제국주의자들도 독립운동가들이 감옥에서 옥사하는 것을 한사코 막았다. '독립운동의 영웅'이 되지 못하도록 한 것이다. 중국에 "죽은 공명이 산 중달을 잡는다"는 고사가 있듯이 장준하가 옥사라도 하게 되면 국민이 궐기하여 자신을 타도하게 될지도 모를 일이었다. 산 장준하도 두렵지만, '죽은 장준하'도 두려웠다.

이 같은 사유로 박정희는 1974년 12월 말 장준하를 형집행정지 조치로 석방했다. 만신창이가 된 장준하는 서울 종로 1가 조광현 내과에서 기관원들의 감시 속에 2개월여 치료를 받고, 완치되지 않은 몸으로 퇴원했다. 이후 장준하는 민주회복국민회의와 함석헌이 발행하는 월간지《씨올의 소리》편집위원으로 활동하면서 반독재투쟁을 멈추지 않았다.

또 장준하는 1975년 1월 8일 박대통령에게 민주헌정회복촉구와 대통령 스스로 개헌발의 및 거취결단 요구 등을 내용으로 하는 〈박 대통령에게 보내는 공개서한〉을 발표했다. 서한의 말미는 "이 지구상에는 수백억의 인간이 살다 갔습니다. 그중에 '가장'이 되었던 사람들은 누구나 '내가 죽으면 내

집이 어찌 되겠는가'라는 걱정을 안고 갔을 것입니다. 그러나 인간사회는 발전하여왔습니다. 우리들도 예외일 수는 없습니다"라고, 박정희 대통령이 스스로 퇴진할 것을 촉구했다.

이 공개장은 민주화운동에 기름을 끼얹는 격이 되어 전국 각지에서 유신헌법철폐와 개헌의 함성이 요원의 불길처럼 타올랐다. 다시 구석에 몰린 박정희 정권은 5월 13일 긴급조치 제9호를 선포하여 유신헌법에 대한 비방·반대·개정주장 및 긴급조치 제9호에 대한 일체의 비판을 중지시켰다. 민주주의에 대한 최소한의 '예의'도 지키지 않는 패악이었다.

장준하는 다시 맨 먼저 '금지된 동작'을 시도하다가 1975년 8월 17일, 꼭 30년 전 일본군의 항복을 받기 위해 광복군 장교의 신분으로 국내에 들어왔던 바로 그날, 일본군 장교 출신들이 설치던 조국, 경기도 포천 약사봉 계곡에서 의문사를 당하게 되었다(자세한 내용은 제1장 참고).

"민족의 동량을 너무 일찍 잃었다"

장준하가 누구이고 어떻게 살았고, 사후에 어떤 평가를 받았는지 생전의 동지와 후학들의 견해를 모았다.

내가 아는 한 장 선생의 인격은 고결했고 인품은 청아했다. 그는 신촌집을 팔아넘긴 후에는 셋집을 전전하는 청빈한 생활로 일생을 마쳤다. 그는 때로는 독단적이요, 지나치게 비타협적인 성격의 일단을 보일 때도 있었지만, 그것은 그가 혼탁한 시류에서 생의 원칙을 굽히지 않았던 때문이다. 우리는 뛰어난 민족적 동량을 너무 일찍 잃어버렸다. 생각할수록 애석하기 그지없는 일이다.

— 양호민(《사상계》 주간대리, 한림과학원 객원교수)

그는 청빈했고 또 청렴했다. 그는 돈에 욕심이 없었다. 물욕과는 거리가 멀었다. 그는 일밖에 몰랐다. 《사상계》를

키워 자유언론을 창달하고 민주적 교양을 펴고 자주독립
국민의 자질을 향상시키려는 것이 그의 커다란 사명이오,
염원이었다.

— 안병욱(《사상계》 주간, 숭실대 명예교수)

1966년 일이 아니었던가 생각하지만 아마도 《사상계》
가 수여하던 마지막 '통일문학상'의 날이었다. 아침에 회
사에 나가니까 장 선생의 그 흰 얼굴이 흙색으로 변해 있
었다. 이제 두세 시간 후면 시상식이 있다는 아침이다.

"왜 안색이 좋지 않으신데요."

"수상식을 해야겠는데 상금이 있어야지."

그때 상금이 얼마였는지 기억이 잘 나지 않지만 3만 원
이 아니었던가 생각한다. 나는 곧 내가 근무하던 학교에
전화를 걸어 그 돈을 차용해왔다.

그때 환히 웃으시던 장 선생, 정말 잊을 수가 없다.

— 지명관(《사상계》 주간, 한림대 일본학 연구소장)

무엇보다 소중한 것은 장 선생과의 만남이었다고 할
수 있다. 지금도 눈을 감으면 선생의 미소를 머금은 해맑
은 얼굴이 떠오른다. 선생과의 만남 그것은 나의 키(방향
타)였다.

— 계창호(《사상계》 편집부장)

장 선생께선 잡지 저널리즘에서 언제나 우리들의 '사표'이셨고, 《사상계》는 언제나 우리들의 '화두'였다는 것, 그리고 장준하 선생께선 우리에게 무엇이 참다운 지성이고 무엇이 참다운 용기인가, 그리고 무엇이 참다운 지사의 길인가를 일깨워주신 '참 지도자'이셨다는 것을 부인할 수 없을 것이다.

　　　　　　　　　　　　　　　— 노종호(《사상계》 기자)

그 가운데서도 특히, 어려운 시국상황에다 극심한 경영난까지 겹쳐든 그 66년과 67년 두 해 동안의 힘든 시절은 곁에서 함께한 발행인 장준하 선생의 의연하고 돌올한 모습은 오늘날까지도 나에게 두고두고 한 거대한 동상의 그림자를 넓게 드리우고 있거니와, 그럼에도 그 어려운 시절을 끝끝내 선생 곁에서 함께하지 못한 내가 어찌 더 여기서 《사상계》를 말하고 선생을 말할 것인가.

　　　　　　　　　　　　— 이청준(《사상계》 기자, 작가)

《사상계》는 한국의 근대화와 민주주의라는 네이션 빌딩을 위한 주춧돌놓기 과정에서, 서구식 민주주의와 그리고 실용주의적 문화 및 유럽의 새 예술사조, 특히 동구의 반체제 작가들의 정신을 필요한 크기의 주춧돌로 배우는 데 중요한 역할을 했다. 민주주의와 민족주의가 어떻게 성장할 수 있는가도 1960년대 시민사회의 시민에게 아울러 체험시켰다. 이것은 고귀한 업적이다. 이 업적을 이룩한 지식인들은 《사상계》 15년에 걸쳐 편집에 참여하고 헌신한 지식인 그룹이다. 이 가운데서 가장 용기 있게 기수노릇을 한 사람으로서, 민주주의를 위한 순교자로서 장준하를 우리는 남달리 기억하고자 한다.

— 유경환(《사상계》 편집부장, 전 《문화일보》 논설위원)

장준하 선생을 가끔 떠올리면, 아주 부드러운 외모, 그리고 미소를 잘 짓는 얼굴이 생각난다. 내가 지금도 가지고 있는 그 사람의 이미지는 강직하고, 고집이 세고, 투쟁을 해도 타협이 없는, 그러면서도 상당히 인정적인 사람이라는 것이다. 그는 함석헌 선생을 참 좋아했다. 함석헌 선생도 그를 참으로 아꼈다. 지금 장준하가 살아 있으면 한국의 역사가 많이 달라졌을 텐데, 그렇게 죽고 그 죽음에 대한 수수께끼가 아직도 제대로 풀리지 않고, 그렇게 20년을 맞으니 감회가 깊다.

— 강원용(크리스찬아카데미 원장)

장 선생과 같은 애국자들의 헌신과 희생이 있어서 이제 냉전의 벽도 녹아내려 남북간의 새 시대가 열리고 야만적 독재도 상당히 완화되었다. 아직도 애국자들의 헌신과 희생을 자신들의 전리품으로 만들어 나라와 겨레의 진운을 가로막고 있는 세력들이 있다.

갈 길이 먼 것 같으나 선생의 발자국이 있으매 우리의 발진이 흐트러지지 않을 것이며 선생의 말씀이 있기에 우리의 눈과 귀는 어둡지 않을 것이다.

— 이부영(전 국회의원)

한 인물에 대한 평가는 시대의 흐름에 따라 변하게 마련이지만, 의롭게 싸우시다가 비명에 돌아가신 선생의 삶과 사상은 아직도 뜻 있는 많은 사람들의 가슴 깊은 곳에 변치 않고 자리하고 있다. 그것은 '돌베개'의 길을 스스로 선택하여 걸어가신 선생의 삶이 너무나 애국적이고 경건한 순교자의 삶이었기 때문일 것이다.

— 최혜성(전 통일원 상임연구위원)

민족 장준하 선생, 당신을 손문에게도 사바다에게도 견주지 않겠습니다. 당신은 어느 누구도 아닌 민족 속의 당신일 뿐이며, 당신 이상으로서의 민족자치이기 때문입니다.

장준하 선생, 살아 계실 때는 안경을 썼으나 이제 우리들이 가진 민족통일의 꿈속에서 당신은 안경조차도 내던진 맨 얼굴입니다. 우리 모두 당신처럼 온돌방 아랫목에서

죽지 말아야 합니다. 바람 찬 서낭당 마루에서 시멘트 매
탄 건물들이 내뿜는 냉방장치의 폭염을 뒤집어 쓴 거리에
서, 광장에서, 감옥에서 쓰러져야 합니다.

— 고은(시인)

나라사랑에서 그분을 떼어놓을 수 있는 것은 아무것도
없었습니다. 가난도, 투옥이나 박해의 위협도, 그 어떤 시
련도, 죽음까지도 그를 나라사랑에서 떼어놓지는 못했습
니다. 장 선생이 간절히 바란 것은, 자신을 다치면서까지
바란 것은 이 나라가 참되게 통일이 되는 것, 이 겨레가 하
나가 되는 것이었습니다.

아무렇게나 통일되는 것이 아니라 의롭고 밝고 또한
옳게 하나가 되는 것이었습니다. 장 선생은 이것을 거스르
는 모든 세력과 싸웠습니다. 불의와 부정과 독재에 대항에
서 목숨을 내걸고 싸웠습니다. 매일 자신을 불사르고 자신
의 전부를 던지면서 싸웠습니다.

— 김수환(전 추기경)

선생님이 내게 보여주신 것은 결코 시정의 정치인이
아니었습니다. 누구보다도 이 나라를 아끼고 사랑하는 지
성인이었고, 불의 앞에 용감히 도전하는 행동인이었습니
다. 이런 선생님을 가리켜 한 동료는 "그는 금지된 동작을

맨 먼저 시작한 혁명가"라고 말합니다. 이 말은 바라보고
한 말입니다.

— 법정(승려)

선생님은 전반생을 항일구국투쟁으로, 후반생을 민주
화투쟁으로 생애를 바치셨습니다. 그분은 우리 민족의 창
의성을 북돋우고 동원하여 국가적인 현실에 참여하게 함
으로써 일체감을 가지게 하셨습니다. 역사창조의 물결과
세계정세 속에서 우리가 처해 있는 위치와 나아갈 바를 정
확히 판단하여 확고한 신념으로 행동화하여 항상 민중에
의지하고 민족과 자유를 위하여 전진하였기 때문에 민중
으로부터 무한한 신뢰와 존경을 받으셨으며 스스로 정의
구현의 십자가를 지셨습니다.

— 홍남순(변호사)

아! 어찌할 것인가. 선생님의 고매한 인격과 불 같은 신
념, 우뚝 선 정의의 혼을, 자유정신을, 민족애를 실천적으
로 담아낼 수 있는 참다운 양심을 지닌 민족지사가 없는
현실을. 나는 비록 의지 또한 약하지만 오늘도 장 선생님
의 뜻을 받들기 위해 기도하며 하루를 산다.

— 안병원(함석헌기념사업회 상임감사)

장준하는 격랑 속에서도 틈만 나면 글을 썼다. 그러기에 44년 7월 7일 탈출부터 45년 8월 3일 삭발 때까지의 일기를 쓴 것이 노트 7권이나 됐다고 했고, 또 《등불》5권과 《제단》2권을 편찬할 수 있었을 것이다. 그러한 생활은 후일 《사상계》편찬의 자산이 되었겠지만, 글을 좋아하면서도 감상적인 문약에 젖지 않았다고 한 사실은 기억해둘 만한 것이다. 그러므로 투지 넘치는 장준하로 존경을 받고 있는 것이다.

— 조동걸(국민대 명예교수)

그때 우리가 철석같이 모여 가지고 자유민권운동을 한다고 했는데, 왜 그때는 마음을 같이했던 편집위원들이 군사독재자들에게 협력했느냐, 더구나 《사상계》가 탄압받고 장준하가 잡혀 들어가고 했는데 왜 그랬느냐, 뒷날에 이에 대한 물음이 틀림없이 나올 것 같아요. 이 말을 왜 하느냐면, 우리도 우리 자체도, 그것을 유감으로 생각한다는 것이 기록에 남아야겠다고 해서입니다. 나는 정말 그걸 유감으로 생각합니다.

— 김준엽(《사상계》 편집위원, 전 고대총장)

너
외로운

산중 고혼아

염라대왕도 눈앞이 흐려
감히 끌어갈 생각을 못한,
하늘님도 너무 아까와
차마 불러올릴 생각을 못한
너 외로운 산중 고혼아–

을지문덕 장군, 세종대왕, 이순신 장군, 정봉준 장군,
유관순 불덩어리, 백범 김구 주석, 4.19 영령들, 전태일, 김
상진 열사들의 혼백에 덮씌워
미쳐 춤을 추다가
산중 고혼이 된
아 –
우리 5천만의 뜨거운 님.

— 문익환(목사)

동양의 선비, 서양의 인텔리겐치아

　장준하는 한 인간으로서는 감내하기 어려운 고통과 수난 속에서도 평정심을 잃지 않고 항상 온화한 미소와, 한 점 흐트러짐이 없는 자세로 살았다. 내면에는 열정과 투지가 용솟음치고, 외모에는 봄바람 같은 온기가 흘렀다. 동양적 선비와 서양적 인텔리겐치아였다. 생전에 가깝게 지냈던 분들의 평가다.

　　장 선생의 얼굴에는 그 어느 구석에도 어두운 그림자는 찾아볼 수 없었던 것 같다. 그가 짓곤 하던 그 미소에도 그의 넓고 깊은 흉금이 배어 있었으리라.

— 한우근(역사학자)

　　나는 종로 화신백화점 바로 건너편에 있는 《사상계》사에서 처음으로 장준하 선생을 보고 그 인품과 얼굴에 매료당했다. 옥과 같이 맑은 구슬이요, 순수하고 티가 없었다.

한문식으로 표현하면 영롱여옥玲瓏如玉이요, 순수무잡純粹
無雜이었다.

— 안병욱(《사상계》 주간)

1947년 겨울 어느 날 숭덕학사에서 있었던 철기 이범
석 장군 환영집회에서였다. 이때 청년 장준하를 보고 받은
인상은, 중년 이후와는 달리 체구가 호리호리 가늘고 얼굴
이 약간 창백한 백면서생 그것이었다. 중국 대륙에서 목숨
을 걸고 항일전선에 투신하여 싸운 혁명투사답지 않게 그
의 모습은 온유해 보였고 과묵했다.

— 양호민(《사상계》 편집위원)

그 학교(시안학교—저자)에 '장 선생 신화'라고 할 만한
것이 남아 있었다. 폭우가 쏟아지는 밤이었다. 분명히 이
런 날이면 지붕기와 사이로 비가 새어 그야말로 교실 안에
도 비가 내리다시피 될 것이 분명했다. 교장인 장로가 눈
을 비비면서 언덕을 올라와 학교지붕을 쳐다보니까 벌써
누구인지 검은 그림자가 지붕에서 비를 막으려고 일하고
있는 데 놀라지 않을 수 없었다. 그것이 장 선생이었던 것
은 물론이다. 그분은 그런 미담의 주인공이고 강한 윤리의
식에 살았던 분이다.

— 지명관(《사상계》 주간)

내가 《사상계》사에서 직접 본 장준하 사장은 아주 잔잔한 분이었다. 고요한 물결과도 같았다 할까. 그러면서도 그 속에서는 늘 이글거리는 분노가 있었다. 저분은 분노주의자다. 나는 장 사장을 뵐 때마다 늘 그렇게 생각했다.

— 송복(전 연세대 교수)

맨 처음 그분을 뵈온 인상은 한마디로 그처럼 잘 생길 수가 없다 싶으리만큼으로 이목이 수려한 30대 후반의 미남사장이었다. 그것은 비단 내 눈에만 그렇게 보인 것이 아닌 것으로 그후 그분을 처음 보게 되는 사람들로부터도 "참 잘생긴 분이더라" 하는 말을 자주 들을 수가 있었다. 희고 깨끗한 얼굴, 그 얼굴과 눈가에는 시종 조용한 미소가 떠 있었다. 기름을 바르지 않은 머리의 한 가닥이 흰 이마에 내려와 있는 것이 인상적이었는데 이분의 그 기름을 바르지 않는 머리와 함께 역시 그것밖에는 입지 않는 곤색 양복은 유명한 것이었다.

— 박경수(《사상계》 기자)

주석에서 젊은 우리와 온갖 담소를 나누었지만, 옷깃 한번 흐트러지지 않으셨다. 무한주량이 아니신가 싶었다. 독립군가인 〈용진가〉를 부르셨고 당신이 젊어서 섬마을에서 교사생활을 하셔서인지 한 해 한두 번 〈섬마을 선생님〉을 불렀고 가끔은 하이네의 〈장미〉를 독일어로 부르시기도 했다.

겨울에도 내복을 안 입으셨고 냉수로 멱을 감고 머리를 단정하게 빗으셨다. 등산 때는 사모님께 부담을 안 주시겠다고 손수 장에서 우리 몫까지 인절미를 사서 갖고 오셨고, 흑감색 양복에 짙은 색 넥타이를 매셨는데 단정한 용모에는 신경을 쓰신 것 같았고, 여름에는 무늬 없는 노타이도 잘 입으셨고, 나중에는 한복도 잘 입으셨다.

— 김도현(전 강서구청장)

산정山頂에서는 선생님이 준비해오신 고량주 한두 잔씩을 돌려 피로를 풀며 후배들은 앉아서 쉬게 하고서 선생님께서 직접 정상 한참 아래에 있는 옹달샘에 내려가서 쌀을 씻고 야채를 다듬어 점심준비를 해서 후배들을 배불리 먹였을 뿐 아니라 뒷설거지까지 혼자서 다 해치우신 것을 나는 잘 기억하고 있다.

— 유광언(전 문광부차관)

장준하는 죽은 것도 떠나간 것도 아닙니다. 죽을 수가 없습니다. 떠날 리가 없습니다. 나는 20년 동안 사귀어보아서 그것을 압니다. 결점이 없다는 말이 아닙니다. 완전한 사람이라는 말도 아닙니다. 내가 장준하에게 가까이 한

다고 친구들의 충고도 듣고 시비도 많이 받았습니다. 그리
고 그것이 전혀 까닭이 없는 것이라고 말하지도 않습니다.
그에게 잘못도 있고 부족한 점도 있습니다.

어리석은 나지만 그것을 모를 리만큼 어리석지는 않습
니다. 또 내게 무슨 기대가 있어서 속여도 속고 이용을 당
해도 당하겠는데, 사실 양심으로 말이지만 내가 그에게 기
대한 것은 아무것도 없습니다. 내가 그를 믿는 것은 부족
함이 있는데도 불구하고 그에게 믿어지는 것이 있었기 때
문입니다.

— 함석헌(사상가)

청렴·선공후사의 표상

장준하의 공사생활은 다소 진부한 표현이지만 청렴결백, 선공후사의 표상이다. 전국 최대부수의 언론사를 경영하고 국회의원을 지내고도 전셋집을 면치 못하고 아들 둘을 대학 문턱에도 들여보내지 못하면서, 이웃의 어려움을 풀어주는 마음 씀씀이는 차라리 성자의 모습을 닮았다고 할까. 측근들이 지켜보았던 '미담' 몇 가지를 소개한다.

우리 《동아일보》 해고자들 가운데 장 선생 큰 자제 장호권의 약혼녀 신정자 씨가 있었다. 두 사람은 우리가 해고된 뒤인 5월 중순 종로 태화관에서 결혼식을 올렸다. 장 선생은 축의금을 몽땅 당시 동아투위 위원장이던 권영자 여사에게 넘겨주시면서 생활에 어려움을 겪는 동아일보·동아방송 해직언론인들의 생활비에 보태라고 내놓으셨다.[1]

70년대 초 어느 날, 아주 궁핍하신 생활 때문에 가족회의에서 둘째 아드님 대학진학을 포기하고 공군입대를 결정하셨던 그때, 동대문구 중화동에 거주하는 노 야당원 한 분이 찾아와 자기 막내아들 대학입학금이 없으니 장 선생님께 도와달라는 간곡한 부탁을 거절 못하시고 지금 당장 없으니 사흘 후에 다시 오시면 마련해보겠다고 하시며 여기저기 지인들에게 어렵게 돈을 마련한 후 입학금 전액을 그분에게 전해주시고 입학을 축하해주신 선생님, 옆에서 지켜본 저는 그냥 고개만 숙여질 뿐이었습니다.[2]

한때 우리나라에서 최대부수를 자랑한 잡지사의 사장이었고, 국회의원도 지낸 그였건만 정말 찢어지게 가난한 생활이었다. 혹자는 그의 청빈한 생활을 위선이라 하거나, 비아냥거리기도 했지만, 그가 떠난 후 그의 자녀들이 가난 때문에 학업까지 중단했다는 사실이 모든 것을 설명했다. 그토록 가난하면서도 내색을 않던 그분이 떠나버린 오늘, 우리는 모두 죄인이라고 아니할 수 없겠다.[3]

1 이부영, 〈돌베개의 길〉, 《민족혼·민주혼·자유혼—장준하의 생애와 사상》, 장준하선생20주기추모문집간행위원회 편, 나남, 1996, 351쪽.
2 이철우, 〈조국의 통일을 기원해주소서〉, 《민족혼·민주혼·자유혼—장준하의 생애와 사상》, 377쪽.
3 이태영, 〈내가 아는 장준하 선생〉, 《민족혼·민주혼·자유혼—장준하의 생애와 사상》, 450쪽.

편집회의(《씨올의 소리》—저자)까지도 항상 자기 집에서 모이자고 자청하는 것이었다. 모일 때마다 집이 옮겨지곤 했다. 《씨올의 소리》 편집회의도 그의 전셋집을 따라 옮겨지곤 했다. 더욱 의아스럽고 놀랐던 일은 자기 집에 손님을 초대해놓고 차려내는 저녁 밥상이었다. 항상 콩비지, 오이나물, 김치 그리고 밥뿐이었다. 처음에는 너무 한다는 생각도 없지 않았다. 그래도 손님들인데 이럴 수가 있는가 싶었다. 그러나 여러 차례 그 집 밥상을 대하게 된 후에는 오히려 내 쪽에서 송구스럽게 생각되었다. 그런 밥상을, 내놓으면서도 미안해하는 표정도 없고 고통스런 표정도 없이, 전연 개의치 않고 항상 웃는 얼굴로 조용한 농담을 즐기는 그의 안빈낙도가 나로 하여금 머리를 숙이게 했다.[4]

당신이 돌아가신 날 60만 환짜리 삭월셋방과 쌀뒤주에 쌀 한 됫박을 부인 김희숙 여사와 아들 삼형제들한테 남겨두었습니다. 초상집에 소주를 사가지고 가서 술을 마신 일은 어느 때 어느 곳에도 없었던 가슴팍 찌르는 풍경이었습니다. 조객들이 밤샘의 밤참으로 호주머니를 털어 라면을 사가지고 가서 끓여먹는 풍경이 어느 초상집에 있었겠습니까.[5]

---

4 앞과 같음.
5 고은, 〈땅속의 장준하 선생이시여〉, 《민족혼·민주혼·자유혼—장준하의 생애와 사상》, 452쪽.

부 록

장준하 선생 연보

1918년 8월 27일
평북 의주에서 목사인 아버지 장석인張錫仁, 어머니 김경문金京文 사이의
4남 1녀 가운데 둘째아들로 태어나다.

1933년
삭주 대관보통학교를 졸업, 평양 숭실중학교에 입학하다.

1934년 4월
신천 신성중학교에 전학, 1938년 3월 졸업하다.

1938년 4월
정주 신안소학교 교사로 3년 봉직하다.

1941년
일본동양대학 철학과에 입학하다.

1942년 4월
동경 일본신학교에 입학하다.

1943년 11월
김준덕金俊德, 노선삼盧仙三 사이의 맏딸 김희숙金熙淑과 결혼하다.

1944년 1월
일본군 학도병에 입대, 중국으로 끌려가다. 7월 탈출, 중국군에 가담하다.

1945년 1월
중국 중경에서 광복군에 편입, 광복군 대위에 임관되고, 《등불》, 《제단》을
간행하며 광복투쟁에 헌신하다.

1945년 11월

대한민국 임시정부의 일원으로 입국, 김구 주석 비서, 비상국민회의 서기 및 민주의원 비서 등을 역임하다.

1947년 12월

조선민족청년단에 참가, 중앙훈련소 교무처장을 역임하다.

1949년 1월

도서출판 '한길사'를 설립하다. 2월 한국신학대학에 편입, 6월에 졸업하다.

1950년 3월

대한민국 정부 서기관에 임관, 국민사상연구원 기획 · 서무과장, 사무국장 등을 역임하다.

1952년 9월

월간 《사상》을 창간하다.

1953년 4월

사상계사를 설립, 월간 《사상계》를 발행하여 16년간 자유 · 민주 · 반독재투쟁에 헌신하다.

1960년 5월

유네스코 한국위원회 중앙집행위원에 피임, 홍보분과위원장을 역임하다.

1962년 8월

1962년도 필리핀 막사이사이상 언론 · 문학부문상을 수상, 그 상금으로 독립문화상을 창설하다.

1964년

언론자유수호투쟁위원회에 참가, 언론윤리법 반대투쟁에 나서다.

1965년

조국수호협의회에 참가, 한일조약 반대투쟁에 가담하다.

1966년 10월
사카린 밀수 규탄연설 중 이른바 '밀수왕초' 사건으로 1개월간 투옥되다.

1967년 2월
4자회담을 주선, 야당통합을 추진하여 신민당에 입당하다.

1967년 6월
옥중 출마로 서울 동대문을구 국회의원에 당선되다.

1970년 2월
새로운 민족세력의 규합을 위하여 신당운동을 추진하다.

1971년
출판사 '사상사'를 설립, 저서 《돌베개》를 출판하다. 민족학교운동에 참여하다.

1972년
민주수호국민협의회에 참가하다.

1973년 1월
민주통일당 창당에 참여, 최고위원에 피임되다.

1973년 12월
민주회복을 위한 개헌청원 100만인 서명운동을 주도하다.

1974년 1월
긴급조치 제1호 위반으로 구속되다.

1975년 4월
개헌 · 민주운동 노선단일화 촉구를 위하여 민주통일당을 탈당하다.

1975년 8월 17일
경기도 포천군 이동면 도평 3리 약사봉에서 의문투성이의 사고로 서거하다.

1975년 8월 21일
경기도 파주군 광탄면 신신리 천주교 묘지에 안장되다.

1991년 8월 15일
건국훈장 '애국장'을 수여받다.

1993년 4월 15일
제1회 '한신상'을 수상하다(미망인 김희숙 여사가 수상함).

수기처럼 돌베개를 베고

김희숙(장준하 선생 미망인)

상봉동 골목길에서 큰길로 꺾어나가던 영구차를 향해 한 경찰관이 깎듯이 경례를 붙였다. 뒤따르던 내게 울컥 복받치는 게 있었다.

그 순간 닷새 동안이나 참아왔던 가슴속의 둑이 더 이상 지탱 못하고 울음으로 터졌다. 내가 대한민국 경찰관에게서 이런 예禮를 받아보기란 생전 처음이라는 생각 때문이었을까? 그래서 서울운동장에 이르도록 흐느꼈다. 무엇인가 순수한 것을 대할 때 걷잡을 수 없이 허물어지는 마음 벽의 무너짐이었으리라.

남편과 같이 산 서른 해 동안 장준하의 아내였기 때문에 경찰관의 모습이 달리 보였던 것이었을까. 아니면 그런 직업의 많은 사람들이 내게 달리 대했던 것일까.

남편은 10년 연상이었고 결혼 1주 만에 일제의 학병으로 나갔다. 8.15 뒤에 다시 만나, 큰아들이 이제 스물일곱이다.

철 없던 3남 2녀가 자라는 동안 온갖 고생을 겪게 했어도 이제는 세인世人에게서 욕먹지 않을 아버지였다는 것을 그들에게 가르칠 책임만 남게 되었다.

남편이 《사상계》를 동생이 아닌 타인에게 떠맡기고 난 뒤부터 정치적 문제에 관여하는 동안, 어깨너머 풍월風月로라도 듣고 보고 배운 체험이 있어서, 5일장에 어린 아들 옆에서 문상을 받을 때마다 남편 사인死因에 대한 여러 가지 얘기를 들었지만 귀를 막았었다.

해보고 싶은 말을 해도 가슴이 시원치 않을 땐 오히려 앙가슴에서 그것을 삭이는 것이 훨씬 덜 고통스러운 것이다.

늑대울음이 들리는 감투봉 밑에서 다음날 새벽까지 칠흑의 깊은 골짜기에 모닥불 피우고 사고지점서 옮겨졌다는 남편 시체를 지키는 동안 죽은 지 13시간의 남편이 살아있듯, 마음속으로 약속했던 것이다. 장례만이라도 소박한 가족의 뜻대로 치러질 수 있게 노력하는 것이 남편에 대한 마지막 내 나름의 정성이고 또한 나의 소원이란 것을, 단 한 번도 남편과 나의 뜻대로 가정인답게 살아보지 못한 우리 생활은 결혼 1주일부터 연속적인 것이었기에 그의 죽음은 내게 소중한 마지막 기회라고 말할 수 있는 것이다.

비좁아 집안으로 들어오지 못하고 만 사흘 밤이나 멍석과 신문지를 깔고 앉은 골목길에서 밤참은커녕 차 한잔 대접 못한 형편에 제 돈으로 소주병을 사다 까놓고 밤샘을 해주던 이름도 얼굴도 다 기억 못하는 100여 명의 그 청년들에게 어떻게 무어라고 마음을 전하고 갚아드려야 할는지 알 수가 없다. 죽은 이는 갔건만 끝내 이런 인정과 의리상의 빚까지 내게 남기고 갔다. 그러나 이것을 괴로움이라기보다는 요즘 밤이 새도록 곰곰 다져보는 장준하의 아내의 긍지라고 자위해본다.

뻔질나게 옷보따리를 꾸려가지고 서대문구치소니 안양교도소, 영등포구치소니 옥중 뒷바라지를 할 때마다, 난 한 여인으로서 불행감을 느꼈었고 입술을 깨물며 쓰고 마른침을 삼킨 적이 한두 번 아니었으나, 그러나 영결식장에 모여들어 남편 이름으로 만세를 불러주던 그 환성을 듣고 그런 고생이 그나마 내 생애를 통해 가장 행복했던 순간순간이었음을 새삼 깨닫게 되었다.

남편의 이상을 짓밟아 뭉개던 사람들 중의 어떤 이도 다녀 갔고, 남편이 못마땅히 여기던 사람들도 절을 하고 갔지만, 망우리 가까운 상봉동 구석 좁은 골목길을 물어 찾아와준 그 성의를 깨끗한 고마움 그 대가로 바꿔 생각하기엔 한 인간의 죽음이 너무나 비싼 것이다. 하지만 죽음이란 엄숙한 것임을 다시 배웠다. 뒤늦게라도 모두 고마운 일들이다.

주검을 옆에 놓고 그 앞에서 마지막까지 자신의 전시효과를 생각하는 속마음으로나, 정치와 연결시키려는 눈치로 잘못 봤을 때, 그때 비로소 남편의 나라 생각(다른 이는 나라사랑이라고 합디다만)이 얼마나 힘들고 어려웠던 것인가를 새삼 깨닫게 되었던 것이다.

어떤 이는 "김희숙만의 남편이 아니라 역사 속의 한 공인公人"이라는 말로 위로도 해주었고, 또 흙이 듬성듬성 덮이는 하관식 끝마당에서 누군가는 "민주주의의 한 소절이 묻힌다"는 말로 우릴 울리기도 했으나, 내겐 남편에게 부끄럽지 아니한 아이들을 키울 책임이 더 크게 남은 것이다.

그러나 아이들에게 남편처럼 살라고 가르치기가 이 마당에선 두렵기 짝이 없다. 그도 인간일진대, 왜 다른 정치인 남편이나 아버지와는 달리 어째서 남이 안 하고 주저하는 일을 먼저 나서서 말하고 먼저 시작해서 태극기가 휘날리는 하늘 밑에서도 찬 바닥 옥중에서 고생해야만 했던 것인가.

버스비가 없어 걸어 학교 다닌 딸아이의 발이 부르텄을 때 참자고 타일렀지만, 이제부터는 뭐라고 타일러야 한단 말인가.

가버린 남편이 어떤 사람이라는 것을 내 입으로 다시 말할 필요는 없다. 그러나 목사의 아들이고 신학神學을 했던 그가 법률혼法律婚 30년 만인 한 20일 전쯤 천주교의 관면혼배를 스스로 제안해서 나를 위해 다시 천주교 의식대로 혼례식을 해준 것이나, 임정臨政의 태극기를 어디에 기증한 것이나, 또 새사람이 된 것처럼 나와 아이들 그리고 관심도 별로 갖지 않았던 친척에게까지도 따뜻이 마음을 써주었던 3주 정도가 그의 죽음 앞에 있었기에 그 회상이 지금 가슴을 뭉클거리게 한다.

그는 분명 새로운 계획을 가졌던 것 같고, 그래서 집안일을 한 가지씩 정리했던 것 같다. 남들은 쉬운 말로 그것이 어떤 예감이 아니었을까라고도 말하지만, 그렇게 생각하고 싶지 아니한 맥脈 있는 육감六感이 이 가슴엔 깊이 앙금져 있다. 아니면 더 비참한 죽음을 면케 해주려고 그를 일찍 불러간 것일까.

그의 수기手記《돌베개》처럼 그는 돌베개를 베고 먼 곳으로 아주 갔다.

옥중에서의 병고가 완치, 회복되었다는 주치의의 확언진단이 있었기에 그는 새로운 삶에 뜻을 찾느라 다른 때와 달리 유쾌한 3주간을 살았던 것이고, 그래서 그가 죽을 것이라고는 단 한 번도 생각지 못했었다.

그가 투쟁을 택한 것은 그의 생각이고 그의 판단이며 그의 신념인 이상 아내로서는 무어라 말할 수 없다. 그의 외고집과 비타협이 오늘의 생활에서 산이나 찾게 했고 결국 그것이 죽음으로 그를 떨어뜨린 원인이지만, 이렇게 결판나야 하는 세상이 기가 차는 일 아닌가?

억울할 만큼 남편의 한평생은 늘 핍박받는 투쟁의 불연속선이었기에 가슴이 저린 게 아니라, 남편에게 고통을 주고 그 대신 잘사는 사람들이 계속 죽은 남편을 바른 역사에서 지워버리려 할 것이 마음 아프다.

돌베개를 벤 남편에게 솜베개를 베게 하면서 무슨 말을 더하랴만, 파주군 나자렛 천주교 공동묘지에 눕게 한 것은 고향으로 가는 제일 가까운 길에 있는 송악산이라도 바라보고 누우라고 한 속마음 때문이다.

투쟁할 게 없는 세상, 그리고 고향도 마음대로 갈 수 있는 세상—그런 내일을 하루라도 빨리 앞당겨 실현시켜보겠다던 그의 이상이 이렇게 한 줌 흙이 되다니!

할 말이 없다. 내 그의 곁으로 가게 될 때 "당신이 바라던 세상을 뒷사람들이 해주었으니 이젠 소원 풀었소" 하고 말할 수 있게 될는지 모르겠으나, 그러나 나는 믿는다.

내 그의 곁으로 가기 전, 남편의 길지 아니한 생애가 헛되지 아니했음을 보게 될 것도 믿는 바이다.

진심으로 그를 아껴주던 분과 장례에 보탬을 준 분들과 그리고 여러 가지로 그동안 보살펴주신 분에게 하나님이 대신 축복해주실 것을 기도한다. 이 여인의 능력이 부족함을 안타까워하면서.

민주당 사인규명조사위원회 보고서

김영삼 정부 시절의 야당인 민주당은 1993년 3월 29일 최고회의에서 '장준하 선생 사인규명조사위원회'(위원장 한광옥 최고위원)를 구성하여 조사활동을 벌였다. 조사위원회는 약사봉 현장답사를 비롯하여 유일한 사고목격자 김용환, 당시 호림산악회 회장 김용덕, 당시 동아방송 기자, 당시 의정부지청 검사, 법의학자 문국진 박사 등을 접견하고 김용환과는 현장조사도 실시했다.

민주당 조사위원회에는 사고 당시 사체를 검안했던 의사 조철구 박사도 참여하여 소견을 제시했다. 수사권이 없는 야당 조사위원회의 한계에도 불구하고 권력개입 의혹의 여러 가지 정황을 제시했다. 한광옥 위원장은 이해 9월에 발간한 〈장준하 선생 사인규명 조사활동보고서〉 발간사에서 다음과 같이 적시했다.

첫째, 장준하 선생의 사인은 결코 실족추락에 의해서가 아니라, 가운데에 홈이 파여진 원형의 인공물체에 의한 후두부 골절이었다.

둘째, 사건의 유일한 목격자인 김용환과의 증언면담과 현장조사 결과, 목격자의 증언이 맞는다면 장준하 선생은 지금까지 알려진 것보다 훨씬 높은 75미터 지점에서 실족 추락한 것으로 되는데, 이는 사체의 상태로 보아 실족추락이 아니라는 의문을 더욱 깊게 만든다.

셋째, 따라서 유일한 목격자인 김용환의 증언에 대해서는 회의적인 시각이 크며, 장준하 선생의 사인규명을 위해서는 목격자의 증언과 무관한 새로운 각도에서의 접근이 필요하다.

조사활동 결과 새로이 제기된 문제점

1. 사인에 관한 문제점

1) 장준하 선생 사망의 결정적인 원인은 직경 2센티미터, 중앙부에 홈이 있는 인공적인 물체를 가지고 직각으로 가격하여 생긴 후두부 함몰상으로 추정됨(문국진 박사, 조철구 박사).

2) 오른쪽 팔과 엉덩이의 의문의 주사자국은 보통 주사자국보다 크게 확장된 것으로서 짧은 시간에 많은 양을 주사한 경우에 해당되며, 마취주사 후 선생의 몸을 고정시킨 뒤 후

두부 급소부위를 강타했을 가능성이 높음(문국진 박사, 조철구 박사).

2. 사고현장에 관한 문제점

1) 김용환 씨의 증언에 따르면, 추락지점에 돌무덤이 아닌 고운 모래가 있었다고 하였는데 현장답사 결과 사고현장은 견치석(모난 돌) 투성이였으며, 높은 벼랑에서 굴러 떨어진 물체가 정지하기 어려운 곳임(당 조사위의 현장답사 및 사건 1주일 후의 추모등반에서 확인).

2) 현장답사 결과 김용환 씨는 등반을 개시한 산 입구, 장 선생과 같이 점심을 먹었다는 바위, 계곡으로 내려가는 길을 찾지 못했음(2차 답사).

3) 김용환 씨가 지적한 야산 입구에 도달해본 결과 그곳에는 약사봉에 이르는 등산로가 없었고, 조금 올라가서 2명의 군인과 만난 지점에서 보았다는 개울도 전혀 존재하지 않았음(2차 답사).

4) 김용환 씨는 2개의 작은 능선을 넘어서 계곡을 건너뛰었다고 증언했는데, 현장에서는 그러한 지형지물을 찾을 수가 없었고, 그의 진술에 따라 하산한 결과 엉뚱하게도 약사계곡 유원지 입구로 도달하게 되었음(2차 답사).

5) 사고현장에서 김용환 씨는 지금까지 알려진 추락지점보다 훨씬 높은 곳(고도계로 측정결과 사체로부터 약 75m 높이)을

지정. 그곳에 올라가본 결과 밑이 보이지 않을 정도로 높은 절벽이었으며, 만약 그곳에서 추락하였다면 장 선생의 신체가 많은 손상을 입었을 것이 경험칙상 명백함에도 불구하고 아무런 상처도 없이 반듯이 누워 있었다는 것은 추락사로 믿기 어려웠음(2, 3차 답사).

6) 검찰조사 결과 장 선생이 잡았다가 놓쳤다는 소나무가 휘어진 상태로 있었다고 발표했으나 김용환 씨는 소나무에 대해서 전혀 언급한 적이 없었다고 진술함(면담조사 및 2차 답사).

3. 사고 당시 해소되지 않은 기타 문제점

1) 김용환 씨에게 평소 존경하던 장준하 선생의 죽음이 일생의 충격적 사건이었음에도 불구하고 인공호흡시의 장 선생의 모습을 전혀 기억하지 못했으며, 사고 당시의 상황을 자기 체험적으로 설명하지 못하고 '가능성' 운운하면서 마치 다른 사람으로부터 들은 것처럼 진술하는 등 목격자라고 하기 어려운 점이 많음(면담조사 및 2차 답사).

2) 김용환 씨가 사건 10일 전에야 겨우 군사시설 보호구역에서 해제되어 등산로도 없는 8월의 우거진 숲 속으로 들어가서 어떻게 장 선생을 만날 수 있었는지는 의문임(2, 3차 답사).

3) 김용환 씨는 당시 장 선생을 뒤쫓아가 등반을 개시했다는 지점 주위에 집이나 논밭이 전혀 없었다고 주장하고 있으나, 주민들은 당시 군인가족들이 많이 살았기 때문에 지금보

다 집이 더 많았으며, 논밭의 경우도 30여 년 전부터 경작해
온 것이라고 증언함으로써 주변정황에 대한 김씨의 설명이
사실과 전혀 부합되지 않음(2차 답사).

4) 김용환 씨의 증언에 의하면 추락시에 장 선생이 배낭을
메고 있었다는데 장 선생의 안경과 지참한 보온병이 깨지지
않은 채로 발견되었음(사건 1주일 후 추모등반 때 제기).

5) 추락시 소나무가 휘어질 정도로 잡았다면 손바닥 안쪽
에 상처가 있어야 하는데도 불구하고 상처가 없었고, 손바닥
상단에만 엎어질 때 생긴 것으로 보이는 멍이 발견되었음(조
철구 박사 증언).

6) 새벽 1시에 현장에 가서 임시방편으로 플래시를 들고
현장을 점검했던 검찰이 낮에 유일한 목격자인 김용환을 대
동 현장검증을 실시하지 않았음(서돈양 당시 의정부지청 검사 면
담조사).

7) 사건발생 1주일 후 현장을 답사하고 사건진실을 밝히
려고 하던 당시 동아방송 송석형 기자는 부장으로부터 이유
는 묻지 말고 무조건 취재를 중단하고 철수하라는 명령을 받
았음(송석형 당시 동아방송 기자 면담조사).

8) 가족들이 오후 3시경 익명의 전화로 사고소식을 들었
고, 《동아일보사》에서도 거의 같은 시간에 취재기자를 수소
문하고 있었다는데, 당시 산에는 전화가 없었고 인가도 멀리
떨어져 있어서 현장에 있던 사람이 그 시각에 연락하는 것은

불가능함(가족들과 장봉진 당시 《동아일보》 기자 증언).

9) 장남 호권 씨는 사고 직전 청와대 고위관계자로부터 몸조심하라는 전화가 걸려왔다고 함(장 선생의 장남 호권 씨 증언).

10) 장 선생의 사망원인에 대해서 일부 관계자들이 사실과 다르게 선생이 술을 먹고 다른 사람들이 말리는데도 불구하고 계곡으로 뛰어내리다가 실족추락사했다고 조작하여 이를 현장에서 유포시키고, 이 조작한 내용을 당시 현장에서 들은 위생병의 진술과 선우연 당시 청와대 공보비서관의 진술이 거의 유사한데도 불구하고 검찰에서 그 진위를 가려내지 않았음(실족추락사라는 시나리오를 유포시킬 계획이 사전에 결정되었을 가능성—SBS 제기).

11) 당시 인근 군부대 수사과에 근무했던 오영 씨는 사건 당일 밤 11시경에 현장에 도착, 첫 보고는 실족사로 올리고 다음날 추가로 현장을 조사하려고 했으나 상부의 명령으로 수사종결(SBS에서 오영 씨 증언).

12) 김용환이 목격했다는 군인 2명에 대한 조사여부와 조사결과에 대해서 밝혀진 바 없음(사건 1주일 후 추모등반 때 제기).

13) 장 선생의 사망원인에 대해 의문을 제기했던 기사 작성자인 당시 《동아일보》 장봉진 기자를 검찰이 연행하고, 편집자인 성낙오 기자를 긴급조치위반으로 구속하고도 긴급조치 사상 처음으로 기소유예 석방한 것은 사건의 원인규명을 차단하려는 시도였을 가능성이 높음.

의학적 소견

1. 사체검안 소견(조철구 박사)

1) 두부(머리)

— 안면부 : 얼굴 전체에 좌상, 찰과상, 열창 등의 외상이
있음. 단 우측 콧구멍에서 출혈을 확인.

— 두개골부 : 우측 측두 기저부에 직경 약 2센티미터의 정
원형의 두개골 함몰골절을 촉진으로 확인. 골절 변연은
부드럽고 불규칙하지 않음. 골절부위의 피부는 골절크
기와 동일하게 좌상흔이 있고 중심부는 작은 구멍(면봉
삽입 정도)의 개방창이 있고 이곳으로 출혈이 약간 있음
을 확인. 기타 부위에서는 외상이나 골절상 확인 안 됨.

2) 경부(목) : 외상 및 경추골절상 확인 안 됨(없음).

3) 흉부

— 전흉부(앞가슴) : 외상 및 늑골 골절상 확인 안 됨(없음).

— 후흉부(등) : 우측에만 상부에서 하부로 향한 빗살모양
의 찰과상을 확인(모래에 긁힌 것 같음). 흉추골절상 확인
안 됨(없음).

4) 복부(배) : 외상 및 복강 내 출혈 확인 안 됨(없음).

5) 요부(허리) : 우측으로만 후흉부와 같은 찰과상을 확인,
요추골절 확인 안 됨.

6) 골반부(엉덩이) : 우측 둔부에만 후흉부와 동일한 찰과

상이 있고 드문드문 굵은 모래가 박혀 있음을 확인. 우측 둔부(궁둥이) 상 외면에 주사바늘 자국을 확인. 골반골이나 대퇴골두부 골절상은 확인 안 됨.

7) 상지부(양팔, 손) : 양측 액와부(겨드랑)에 방사선상의 피하익혈상이 확인됨. 우측 상박외측부에 주사바늘 자국 확인.

8) 하지부(다리, 발) : 우측 대퇴 후면부에 후흉부와 동일한 찰과상이 약간 있음. 상하 시부 전체에서 골절상 확인 안 됨.

이상의 검안소견으로 보아 직접 사망의 원인은 우측두 기저부 함몰골절상으로 인한 두개강 내 손상으로 추정됨. 두부를 비롯해서 외상을 입기 쉬운 견갑부, 주관절부, 수족관절부 등 돌출부위의 외상이 전혀 없는 점으로 보아 넘어지거나 구른 흔적이 없고 후두부 골절부위가 해부학적으로 추락으로 인해 손상당하기 어려운 부위라는 것을 지적할 수 있음.

2. 법의학적 소견(문국진 박사)

일　시 : 1993년 4월 19일 10:00

장　소 : 여의도 문 박사 자택

참석자 : 강수림 의원(조사 1반장), 조철구 박사

내　용 :

ㅡ 우측 귀의 뒷부분에 난 정원형 함몰골절, 피하익혈상, 중앙부 출혈점이라는 당시 검시를 하였던 조철구 박사의 그

림을 가지고 문의.

첫째, 그림에 나타난 것과 같은 상처는 요철상태가 중앙부분이 연필심과 반대편으로 오목한 형태의 인공적인 물체를 가지고 직각으로 충격을 가한 것이라는 문 박사의 설명.

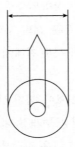

둘째, 주사자국의 경우 짧은 시간에 많은 양을 주사하면 구멍이 커진다고 함.

셋째, 부검을 해보면 정확하며 지금도 사체를 보면 탈골상태를 확인해볼 수 있으며, 후두부의 함몰골절도 확인할 수 있다고 함.

●의문사진상규명위원회 '진상규명 불능' 판정

장준하에 대하여는 사망 이전에 민주화운동을 한 사실
은 인정되나, 그 사망이 위법한 공권력의 직간접적인 행사
에 의한 것인지의 여부에 관하여 명백히 밝히지 못한 경우
에 해당하여 진상규명 불능으로 결정한다.

— 대통령 소속 의문사진상규명위원회

대통령 소속 의문사진상규명위원회(이하 위원회)는 2002년
9월 16일 장준하의 유족이 제출한 〈장준하 선생 의문사 진상
규명〉과 관련하여 조사보고서 주문에서 "이 건은 진상규명
불능이다"라는 판정을 내렸다. 그러나 '위원회'는 "장준하가
높이 약 12미터 또는 75미터 절벽에서 추락사하였다는 김O
환의 진술 및 과거 수사결과는 대단히 신뢰하기 어렵다"고
단정했다.

조사보고서는 특히 유일한 목격자 김용환이 장준하 사망

뒤 갑자기 고등학교 교사로 취직한 사실, 일관성이 없는 진술, 사체에서 추락의 흔적이 거의 없는 점 등을 들어 '의문사' 쪽에 무게를 두었다. "사체 발견장소에서 추락사하지 않은 것으로 추정되고, 또 관계기관이 그 사망 사실을 인지하였을 개연성이 있으나, 조사미진 및 조사시안 부족" 등으로 진상규명 불능에 해당한다고 밝혔다.

국가기관이 최초로 조사한 보고서이기 때문에 주요 내용을 옮긴다.

중앙정보부의 장준하에 대한 동향 파악

1) 중앙정보부 차장보의 지시를 받은 6국(안전조사국) 국장 모O진은 5과장 최O환에게 지시하여 장준하의 위와 같은 개헌운동 등을 저지시킬 목적으로 장준하를 위해분자로 선정케한 다음, 통일사회당 윤O덕을 첩보원으로 활용토록 하는 등 직간접적인 미행, 감시의 방법 등을 통해 그에 대한 동향을 면밀히 파악토록 하였다.

2) 위와 별도로 중앙정보부의 지시를 받은 태릉경찰서 정보과 형사 박O성은 장준하의 정치활동, 외부인사 접견 등 장준하 주변에 관한 정보를 수집한 후 이를 중앙정보부에 지속적으로 보고하였다.

3) 위 모O진, 최O환의 지시를 받은 중앙정보부 6국 5과

3계장 박○식은 1975년 3월 31일경 "장준하의 위와 같은 개헌 운동 계획을 사전에 탐지하여 이를 와해, 봉쇄함으로써 조직 확장을 방지하고 범법자료를 수집토록" 하고, 아울러 "공작 필요시 보고 후 실시한다"는 내용의 문건을 작성한 다음 상부에 보고한 후 이를 실행한 바 있다.

목격자 김○환의 약사봉 등산 경위

1) 김○환은 1967년경 장준하가 신민당 동대문을구에서 국회의원선거에 출마할 당시 직접 지구당에 찾아와 선거 관련업무를 돕겠다고 하여 장준하를 알게 된 자로서, 1975년 초순경 집안문제를 이유로 아무 연락 없이 고향인 충남 당진으로 낙향한 바 있다.

2) 김○환은 대학졸업 후 10여 년 동안 삼촌인 김○식이 한국전쟁 당시 의용군으로 월북하였다는 이유로 취직하지 못하였으나, 당진으로 낙향한 후 당진중학교 강사로 취직하였고 장준하 사후에는 당진 소재 호서고등학교 교사로 취직하였다.

3) 중앙정보부 6국 5과 3계장 박○식은 장준하 등에 대한 정보수집을 위해 사설정보원(Private Personal Agent. 이하 'P/A'라 한다)을 고용한 바 있는데, 위 김○덕, 김○환도 장준하 관련 P/A였던 것으로 알고 있다고 진술했으나, 위 박○식의 기억이 명확하지 않고 P/A를 직접 관리한 중앙정보부 요원에 대한

조사가 조사기한 만료로 이루어지지 않아, 위 김O환이 중앙정보부에 장준하 관련정보를 제공하는 P/A였는지 확정하기 어렵다.

4) 낙향 이후에도 아무런 연락이 없던 김O환은 장준하의 사망 전날인 1975년 8월 16일 저녁 무렵 갑자기 김O덕을 찾아와 장준하에게 인사를 드리자고 제의하였고, 위 김O덕으로부터 장준하가 다음날 약사봉을 등산할 계획이라는 얘기를 듣고, 아무런 등산용구 없이 1975년 8월 17일 약사봉을 같이 등산하게 되었다.

위 김O덕, 김O환, 김O로 등 호림산악회 회원들은 1975년 8월 17일 오전 8시 30분경 관광버스를 이용하여 동대문운동장을 출발, 상봉동에서 장준하를 태운 뒤 정오경 약사계곡 입구에 도착하였다.

사망 이후의 사실관계

1. 사체상태 및 주변정황

1) 사체가 발견된 장소는 양쪽이 산으로 가려진 폭포 형태의 직각에 가까운 절벽 아래로 그 공간은 사람 1명이 겨우 누울 만한 정도였고, 바닥은 물이 얇게 고인 채 돌과 모래 등이 깔려 있었으며, 절벽은 물기로 촉촉이 젖어 있었다.

2) 사체는 절벽으로부터 50센티미터 정도 떨어진 지점에

절벽과 평행한 형태로 반듯이 눕혀져 있었다.

3) 장준하는 귀 뒷부분에 위치한 후두부 부위의 함몰골절상, 손바닥 부위의 열상, 양쪽 겨드랑이 안쪽의 멍자국, 왼쪽 둔부의 쓸린 흔적을 제외하고는 다른 외상이 없어 외관상 추락사로 보기에는 깨끗한 편이었고, 장준하가 당시 착용한 의복에도 미끄러지거나 긁힌 흔적이 전혀 없었다.

4) 사체 주변에는 안경, 등산 모자, 등산 가방, 보온병 등이 놓여 있었으나, 깨지기 쉬운 물건인 안경, 보온병이 깨지거나 위 물건들에 긁힌 흔적은 없었다.

2. 사체 이동 경위

김O환 등 일행들은 김O덕의 지시로 오후 3시경 내지 4시경 들것을 만들어 사체를 계곡 옆에 위치한 오솔길 옆 편평한 바위 위에 옮겨놓았다(당시 포천 경찰서 이동지서 소속 순경 이O기는 사체를 옮길 당시 자신이 있었다고 진술하고, 사체를 옮긴 것이 포천 경찰서의 지시에 의한 것이라고 하나, 이에 관하여 다른 진술이 있어 특정하기 어렵다).

3. 사망신고 경위 및 유족들에게 사고소식을 전하게 된 경위

1) 김O식, 박O배는 오후 4시경 김O덕의 지시로 관광버스를 이용하여 포천경찰서 이동지서에 가서 장준하 사망소식을 신고하였고, 김O식은 서울로 가 이미 사고소식을 알고 있던

장준하의 아들 장호권, 장호성과 함께 사고현장으로 다시 돌아왔다.

2) 김O로는 사체 이동 후 김O덕의 지시로 인근에 위치한 제O기갑여단 105기계화 보병대대에 사고소식을 신고하고, 위 신고를 받은 위 부대 소속 위생병 최O태, 장교 유O현은 사고현장에 와서 사망 사실을 확인한 후 부대로 복귀하였다.

4. 포천경찰서 이동지서 이O기의 현장출동 경위

1) 포천경찰서 이동지서 소속 순경 이O기는 위와 같이 김O식 등이 사고소식을 신고하기 전인 오후 4시경 본서인 포천경찰서를 경유하지 않고 직접 경기도경으로부터 장준하가 약사봉에서 등산하다 추락사하였다고 하면서 이를 확인 후 보고하라는 경비전화를 받고 오후 5시경 사고현장에 도착하였다.

2) 이후 이O기는 이동지서에 돌아와 사고경위 등을 포천경찰서에 보고한 후 다시 현장으로 돌아가 다음날까지 사고현장을 보존하였다.

5. 군 수사기관, 중앙정보부 직원의 현장출동

1) 당시 육군 O군단 헌병대 수사과 소속 속보병이었던 오O은 외박 후 부대복귀 중 상부의 지시로 장준하 사망현장에 도착하여 사고경위, 사망현장 등을 확인한 다음 이를 부대에 보고하였으나, 이후 상부의 지시로 더 이상 사건에 관여하지

못하였고, 위 헌병대 소속 수사계장 모O진도 오후 10시경 현장에 와서 상황파악 후 이를 상부에 보고한 바 있다.

2) 당시 105보안부대장이었던 한O규는 오후 10시경 사고현장에 와서 상황파악 후 이를 보안사령관에게 보고하였다.

3) 중앙정보부 요원 수 명도 사고현장에 와서 오후 5시경 이O기에게 '안 본 것에 대하여 쓸데없는 말 하지 마라'는 얘기를 한 바 있고, 이후 서O양 검사의 변사체 검시시에도 현장에 있었다. 중앙정보부 요원이 사고현장에 오게 된 경위와 관련하여 중앙정보부 6국에서 사망 당일 현장에 요원을 파견하였다는 진술은 있으나 구체적으로 중앙정보부의 사망 사실 인지경위, 현장에 파견된 요원의 신원, 그의 활동상황은 자료미비, 조사시한 만료 등으로 확인할 수 없었다.

6. 변사사건 수사

1) 이동지서로부터 장준하 사망 사실을 보고받은 포천경찰서 소속 경찰관들 상당수는 사고현장에 출동하였으나, 같은 날 밤 12시경 실시된 현장검증시까지 목격자인 김O환의 신원을 확보한 바 없고, 사망경위를 제대로 조사하지도 않았으며, 사체 발견장소라는 현재 비석이 세워진 지점에 대한 현장감식뿐 아니라 이에 대한 사진촬영조차 한 바 없다. 이에 대해 포천경찰서 소속 경찰관들은 현장검증 당시 외부의 지시로 자신들은 사건조사에서 완전 배제되었고, 또한 중앙정

보부 요원이 현장검증 후에도 변사사건 기록을 복사해갔다고 진술하고 있어 중앙정보부 요원의 사건조사 개입 가능성이 높다.

2) 장준하 사망사건 담당 서울지검 의정부지청 소속검사 서O양은 1975년 8월 17일 밤 12시경 검안의사, 사진사 등과 함께 사체가 옮겨진 지점에 와서 사체검안과 현장검증을 하였다.

3) 당시 검사 서O양은 유일한 목격자인 김O환으로부터 현장진술을 들은 바 없고, 추모비석이 세워진 지점에 대한 현장검증도 한 바 없으며, 단지 사체를 검안한 의사로부터 후두부 함몰골절 등으로 미루어 추락사한 것으로 보인다는 진술을 들은 후 약 5분 만에 현장검증을 마쳤다.

4) 부검은 실시되지 않았다.

5) 위 서O양은 다음날인 1975년 8월 18일 의정부지청 검사실에서 위 김O환을 조사하였던 바, 장준하가 자신과 함께 약사봉 정상에서 하산하다 높이 약 12미터인 절벽에서 추락하여 사망하였다는 위 김O환의 진술을 근거로 추락사로 내사 종결하였다.

7. 목격자 김O환의 행적

1) 김O환은 오후 4시경 김O덕 등 일행들과 함께 시신을 비석이 세워진 지점에서 오솔길 옆 편평한 바위로 옮긴 뒤 현

장을 이탈하여, 최소한 밤 12시경까지 사고현장, 이동지서, 포천경찰서, 의정부경찰서, 의정부지청에 있지 않았고, 현장검증에도 참여한 바 없는 것으로 보이나 그가 구체적으로 어디에 있었는지는 객관적으로 확인할 자료가 없다.

2) 이후 같은 날 밤 12시경 이동지서에서 위 김O환을 목격하였다는 진술이 있으나, 이동지서 관계자들은 위 시경 김O환을 본 기억이 없다고 진술하고 있어 위 시경부터 의정부지청에서 검사 서O양에게 조사를 받을 때까지의 행적도 구체적으로 알 수 없다.

8. 추모등반 경위

1) 장준하 사망 1주일 후 추모등반이 있었는데, 당시 김O환은 김O덕에게 추모등반에 참여하기로 약속하였으나, 아무런 연락 없이 불참하였다.

2) 이후 장준하의 지인들은 김O환이 장준하의 사체를 발견하였다는 지점에 장준하를 추모하는 비석을 세웠다.

9. 기타

이후 1988년경 의정부지청 검사 조O현 지휘로 장준하 사망사건에 대한 재조사가 있었고, 1993년경 민주당 진상조사위원회의 진상조사가 있었으나 특별히 밝혀진 바는 없었다.

10. 법의학적 감정결과

서울대 법의학교실은 변사자의 손상으로 보아 자유낙하하여 추락한 손상으로 보기는 어려우나 후두부 함몰골절이 생긴 원인은 추정하기 어렵다고 감정하였다.

위법한 공권력의 직간접적인 행사로 인한 사망 여부

1. 장준하가 추락사하였는지 여부에 대한 판단

1) 장준하가 김O환과 함께 약사봉 정상을 등반하다 추락사하였다는 취지의 김O환 진술 및 과거 수사결과

(1) 김O환은 장준하가 혼자서 점심식사 준비장소를 거쳐 약사봉에 올라갔다는 얘기를 듣고 뒤쫓아, 약사봉 초입부분에서 통일화를 신은 이등병 2명과 커피를 마시고 있던 장준하를 발견하고, 함께 커피를 마신 후 단둘이 약사봉 정상을 향하였다고 진술하고 있다.

(2) 김O환은 장준하가 약사봉 정상에 도착 후 하산하면서 근처 바위에 앉아 함께 샌드위치를 먹던 중 자신에게 일행들이 있는 계곡 쪽으로 직선으로 내려가자고 제의하여, 자신은 장준하보다 3~4미터 앞선 채 7부 능선 2~3개를 넘어 일행들이 있는 계곡 쪽으로 내려왔다고 진술하고 있다.

(3) 김O환의 진술을 근거로 하는 과거 수사내용은 김O환이 장준하와 함께 능선을 넘다 사체 발견지점으로부터 12미

터 높이에 위치한 단애斷崖에 이르러 자신은 소나무를 잡고 이를 건넜으나 뒤에서 어떤 소리가 나기에 뒤돌아본 결과 장준하가 보이지 않아 확인하여 보니 추락사하였다는 것이다. 이후 김O환은 1993년 민주당 진상조사위원회 조사시 추락지점이 사체 발견장소로부터 75미터 높이의 절벽지점이라고 진술하였으나, 위원회 조사시에는 즉답을 회피하였다.

(4) 이후 자신은 절벽 옆으로 돌아가는 방법으로 하산하여 사체를 발견하였다고 진술하였다.

(5) 그러나 김O환의 위와 같은 진술은 다음과 같은 점에서 믿기 어렵다.

2) 추락사로 보기 어려운 약사봉 지형

(1) 사체 발견장소 상단은 그 경사가 수직에 가까울 정도로 매우 가파른 절벽형태인데, 위 절벽형태는 산 정상에까지 이어진다.

(2) 위원회의 실지조사에 의하면 약사봉 정상에서 계곡 쪽으로 하산할 수 있는 길은 오직 사체 발견장소 옆 비탈길과 연결되는 하나의 길밖에 없는 바, 위 길은 통상적인 등산로가 아닌 경사가 가파른 지형이고 그 아래는 양쪽이 절벽으로 이어지는 소위 칼 모양의 형태여서 하산이 불가능한 것은 아니나 매우 어려운 길이다.

(3) 위 하산길에서 당시 김O환의 진술을 근거로 추락지점

으로 알려진 사체 발견장소로부터 12미터 높이 지점까지의
지형은 전문산악인 도움 없이는 접근이 불가능한 곳이다.

(4) 또한 김○환이 1993년경 민주당 진상조사위원회 조사
시 추락지점으로 지적하고 있는 높이 75미터 지점 또한 접근
이 불가능할 뿐만 아니라 이 지점에서 추락하였다고 보기 어
려울 정도로 험준하다.

(5) 위와 같은 정황 등으로 미루어 장준하와 김○환이 위
길로 하산하였을 가능성은 크지 않고, 장준하가 사체 발견지
점으로부터 높이 12미터 또는 75미터인 절벽에서 추락사하
였다고 보기 어렵다.

3) 추락사로 보기 어려운 사체상태

(1) 당시 시신은 절벽으로부터 겨우 50센티미터 정도밖에
떨어지지 않은 지점에 절벽과 평행한 채 가지런히 눕혀져 있
었고, 그 공간은 불과 사람 1명이 누울 정도뿐인 점을 고려하
면 장준하가 높이 12미터 또는 75미터 절벽에서 정확히 위 지
점으로 추락하였다고 보기 어렵다.

(2) 또한 장준하는 위 높이에서 추락하였음에도 후두부에
함몰골절상을 입은 것 외에 외상을 거의 입은 바 없는 등 상
태가 깨끗하였고, 착용한 의복에도 미끄러진 흔적이나 긁힌
흔적이 없어 위 지점에서 추락사하였다고 보기 어렵다.

(3) 당시 장준하가 착용한 안경, 등산용구 등도 위와 같은

높이에서 떨어졌다고 보기 어려울 정도로 사체 주변에 깨지거나 긁힌 흔적이 없이 놓여 있던 점으로 보아도 추락사하였다고 인정하기는 어렵다.

(4) 결국 사체의 위치, 손상 정도, 의복 등의 상태 등을 고려할 때 장준하가 위 지점에서 추락사하였다는 것은 믿기 어렵다.

4) 김O환의 진술을 신뢰할 수 없는 정황

(1) 김O환의 장준하 사망 전후의 행적

김O환은 아무런 연고 없이 자신이 직접 신민당 동대문구 지구당에 찾아가 선거일을 돕겠다고 자청하면서 장준하를 알게 된 점, 1975년 초순경 수년 동안 함께 활동하였던 장준하 내지 김O덕 등에게 일체 연락을 남기지 않은 채 갑자기 고향인 충남 당진으로 낙향하였고, 낙향 후 대학졸업시부터 10여 년 동안 삼촌의 월북전력 때문에 취직하지 못하였음에도 장준하 사망 후 갑자기 호서고등학교 교사로 취직하게 된 점, 이후 4개월 동안 장준하, 김O덕에게 전혀 연락한 바 없음에도 사망 전날인 1975년 8월 16일경 갑자기 김O덕을 찾아와 함께 장준하에게 인사하러 갈 것을 제의하였고, 또한 전혀 등산장비를 구비하지 않은 채 약사봉을 등산하게 된 점, 사체 이동시인 오후 4시경부터 다음날 의정부지청에서 조사를 받을 때까지 그 행적이 묘연한 점 등 장준하 사망 전후로 여러 가지 석연치 않은 점이 있어 위 김O환의 진술을 그대로 믿기는 어렵다.

(2) 일관되지 않는 진술

① 김O환은 위원회의 실지조사시 위와 같이 군인을 만났던 장소, 샌드위치를 먹었다는 바위 위치, 정상에서 계곡 쪽으로의 하산경로 등 당시 행적을 현장에서 전혀 지적하지 못하였다.

② 김O환은 최초위원회 조사시 사체 발견장소는 현재 비석이 세워져 있는 지점이고 장준하는 그 위에서 추락하였다고 진술하였으나, 위와 같은 실지조사결과 약사봉 지형이 사체 발견장소로부터 12미터 또는 75미터 높이의 절벽에서 추락사할 만한 형태가 아님을 확인한 후에는 위 지점으로는 하산하지 않았고 추락장소도 위 장소가 아니라고 진술하는 등 상황에 따라 수시로 진술을 번복하여 그 진술을 신뢰하기 어렵다.

③ 장준하 사망 이후 행적에 대해 김O환은 2001년 3월경 다방에서 김O덕을 만나 당시 집으로 내려가 쉬고 있던 중 경찰관에 의해 경찰서로 연행되어 조사를 받았다고 얘기하였으나, 위원회에서는 이를 부인하는 등 그 진술을 신빙할 수 없다.

5) 소결

위와 같은 점에 비추어 장준하가 높이 약 12미터 또는 75미터 절벽에서 추락사하였다는 김O환의 진술 및 과거 수사결과는 대단히 신뢰하기 어렵다.

2. 중앙정보부의 요원 내지 이로부터 지시받은 자에 의해 살해되었는지 여부에 대한 판단

1) 중앙정보부의 정보수집 및 공작활동은 국민의 기본권을 침해하는 유신헌법을 유지시킬 의도하에 장준하의 개헌운동을 저지하기 위한 행위일 뿐 아니라, 법상 허용되지 않는 감청 등의 방법을 동원하였고, 사설정보원 고용, 철저한 주변 동향 파악 등 개인 사생활을 과도하게 침해한 행위로서 위법한 국가공권력의 행사라 판단된다.

2) 그러나 당시 중앙정보부가 1975년 3월경 장준하에 대한 공작문건까지 작성한 사실은 인정되나, 장준하가 위와 같은 공작의 연장선상에서 중앙정보부에 의해 살해되었는지, 당시 동행인 중 장준하 관련 P/A가 있었는지 여부는 현재로서는 확인할 수 없어, 장준하가 중앙정보부 요원 내지 이로부터 지시받은 자에 의해 살해되었는지 알 수 없다.

3) 그리고 목격자 김O환과 관련해서는 ① 장준하 사망 전후 행적에 여러 가지 의혹이 있고, ② 특히 김O환이 장준하 사망 이후 밤 12시경까지 현장, 이동지서 등에 없었던 것으로 추정되는 것으로 미루어 장준하 사망 후 기관원을 만났을 개연성이 있으며, ③ 김O환의 약사봉 등산 경위 및 추락 목격경

위 등에 관한 진술은 당시 사체발견 주변지형, 사체상태, 일관되지 않는 진술 등에 비추어 대단히 신뢰하기 어렵고, ④ 전 중앙정보부 직원 박○식은 정확하지는 않지만 김○환이 장준하 관련 P/A였던 것으로 알고 있다고 진술하고 있어 김○환이 장준하 사망과 관련하여 중앙정보부와 연계되었을 가능성이 제기되고 있으나, ⓐ 김○환이 장준하 관련 P/A였는지 여부는 국가정보원에서 그 확인을 거부하고 있어 더 이상 확인할 방법이 없었고, ⓑ 김○환이 장준하 사망 후 관계기관원을 만났는지 여부도 현재로서는 김○환 진술 외에 이를 확인할 방법이 없어 이에 대한 판단이 불가능하다.

3. 관계기관의 사망 사실 사전인지 여부에 대한 판단

1) 일행이 아닌 성명 미상인 자가 1975년 8월 17일 낮 12시경 내지 오후 1시경 장준하 자택에 전화로 장준하가 사고를 당하였다는 소식을 전달하였고, 남이섬으로부터 장준하가 사망하였다는 소식을 듣고 자택으로 돌아온 장호성, 장호권도 오후 2시경 내지 3시경 일행이 아닌 성명 미상의 자로부터 장준하가 오후 1시경 사망하였다는 전화를 받은 바 있어 관계기관이 장준하 사망 사실을 사전에 인지하였을 개연성이 있다.

2) 또한 이동지서 순경 이○기도 위 김○식이 이동지서로 사고신고를 하기도 전에 경기도경으로부터 직접 장준하 사망 소식을 전해들었다고 진술하고 있어, 관계기관이 장준하 사

망 사실을 일행들의 신고 전에 인지하였을 개연성이 있으나 더 이상 이를 구체적으로 확인할 방법이 없다.

4. 소결

장준하가 사체 발견장소 위에서 추락사하지 않은 것으로 추정되고, 또한 관계기관이 그 사망 사실을 사전에 인지하였을 개연성이 있으나, 조사미진 및 조사시한 부족 등으로 구체적인 사망경위를 확정하지 못하였던 바, 결국 본 건은 장준하의 사망이 위법한 공권력의 직간접적인 개입으로 인한 것인지의 여부를 판단하기 어려워 법 제24조의 2에 규정된 진상규명 불능에 해당한다.

진상규명 불능 사유

1. 목격자 김O환 관련 의혹

목격자 김O환이 P/A였는지 여부 등 그에 대한 의혹에 대해 국가정보원에서 더 이상 그 확인을 거부하고 있어 김O환과 중앙정보부의 관계를 명확히 규명하지 못하였고, 장준하 사망과 관련하여 김O환의 진술에 일관성이 없거나 다른 사람의 진술과 모순되는 상황이나, 위에서 본 바와 같이 구체적인 사실을 확인할 자료가 없다.

2. 중앙정보부 자료의 미확보

1) 국가정보원이 제출한 장준하 관련자료에 의하면 ① 중앙정보부는 1960년대 후반부터 장준하 동향을 매일 면밀히 파악 후 자료화하여 관리하는 한편, 사망 1주일 전에도 장준하가 광주 소재 무등산을 등반할 계획이라는 정보를 사전에 입수하여 중앙정보부 광주지부에 그에 대한 동태파악 후 보고하라는 지시를 하명한 사실이 있음에도, 장준하 사망 당일 행적과 관련해서는 위와 같은 취지의 정보보고 내지 하명 관련자료가 전무하고, ② 장준하 사망 관련자료는 오직 1장 분량의 보고서가 전부여서 위와 같은 정보수집 행태 등에 비추어 위 자료가 전부라고 하는 것은 믿기 어려우며, ③ 또한 사망 몇 달 전 존안자료에 의하면 장준하와 전혀 무관한 김일성 관련 4쪽 분량의 잡지기사가 수록되어 있어 그 부분에 있던 자료가 현재의 자료로 바꾸어진 것이라는 의혹이 있다.

2) 또한 박O식, 최O환 등의 진술에 비추어 국가정보원이 장준하 관련 P/A자료를 보관하고 있었던 것으로 보이나, 그 현존 여부 등은 확인하지 못하였다.

3) 그리고 국가정보원 제출자료에 의해서도 위 박O식이 위와 같이 장준하 관련 공작문건을 작성한 사실이 인정됨에도 그에 대한 사후처리 문건 등은 위원회에 전혀 제출되지 않았다.

4) 그뿐 아니라 당시 중앙정보부 요원이 포천경찰서 경찰

관 작성 장준하 사망관련 변사사건 기록을 사본해갔던 바, 위 사본의 존재도 확인하지 못하였다.

5) 이상과 같은 이유로 현재 국가정보원에 장준하 관련 추가자료가 더 있을 것이라 사료되나 국가정보원이 위원회에서 실시한 실지조사에서 정보기관의 특성상 자료검색 등 조사에 응할 수 없다고 하여 실지조사를 거부하였을 뿐 아니라 더 이상 자료제출을 거부하고 있어 진실접근에 어려움이 있었다.

3. 그밖의 불능 사유

(1) 당시 일행들 및 경찰관계자들이 당시 상황을 명확히 기억하지 못해 진실접근에 어려움이 있었고, 핵심 경찰관계자들 상당수도 이미 사망하여 더 이상 조사를 할 수 없었다.

(2) 당시 변사사건 수사가 형식적으로 이루어져 초동수사가 제대로 이루어지지 않았고, 변사기록마저 폐기되었다.

결 론

그렇다면 장준하에 대하여는 사망 이전에 민주화운동을 한 사실은 인정되나, 그 사망이 위법한 공권력의 직간접적인 행사에 의한 것인지의 여부에 관하여 명백히 밝히지 못한 경우에 해당하여 진상규명 불능으로 하여 주문과 같이 결정한다.

찾아보기

인 물

차

하

내 용

하

기타